Frames interdisziplinär:
Modelle, Anwendungsfelder, Methoden

Alexander Ziem, Lars Inderelst & Detmer Wulf (Hrsg.)

d|u|p

Hana Filip, Peter Indefrey, Laura Kallmeyer,
Sebastian Löbner, Gerhard Schurz & Robert D. Van Valin, Jr. (Hrsg.)

Proceedings in Language and Cognition

2

Proceedings of the Interdisciplinary Workshop
„Frame-Theorien im Vergleich:
Modelle, Anwendungsfelder, Methoden"

Alexander Ziem, Lars Inderelst & Detmer Wulf (Hrsg.)

d|u|p

Bibliographic information
published by the Deutsche Nationalbibliothek
The Deutsche Nationalbibliothek lists this publication in the Deutsche Nationalbibliografie; detailed bibliographic data is available in the Internet at http://dnb.dnb.de.

All rights reserved. No part of this book may be reprinted or reproduced or utilized in any form or by any electronic, mechanical, or other means, now known or hereafter invented, including photocopying and recording, or in any information storage or retrieval system without permission in writing from the publishers.

© düsseldorf university press, Düsseldorf 2018
http://www.dupress.de
Cover Design: Doris Gerland, Christian Horn, Albert Ortmann
Typesetting: Thomas Gamerschlag, Detmer Wulf
Printed and bound in Germany by docupoint GmbH, Barleben

ISBN 978-3-95758-002-3

Inhalt

Frames interdisziplinär: zur Einleitung
Alexander Ziem 7

I. THEORETISCHE GRUNDLAGEN UND MODELLE

Gibt es eine einheitliche Frame-Konzeption? Historisch-systematische Perspektiven
Christoph Kann & Lars Inderelst 25

Überlegungen zu einem integrativen Frame-Modell: Elemente, Ebenen, Aspekte
Dietrich Busse 69

II. METHODISCHE ZUGÄNGE

The treatment of emotion vocabulary in FrameNet: Past, present and future developments
Josef Ruppenhofer 95

Mediale Value-Frames – Theoretisches Konzept und methodische Herausforderungen
Bertram Scheufele & Ines Engelmann 123

Medien-Frames als semantische Frames: Aspekte ihrer methodischen und analytischen Verschränkung am Beispiel der ‚Snowdon-Affäre'
Alexander Ziem, Christian Pentzold & Claudia Fraas 155

III. ANWENDUNGSFELDER

Frames als Mittel zur systematischen Klassifizierung von psychiatrischen Störungen
Gottfried Vosgerau, Jürgen Zielasek & Patrice Soom 185

Eine frame-semantische Modellierung des juristischen Diebstahl-Begriffs
Detmer Wulf 215

Frames als Repräsentationsformat in modernen Terminologie-Systemen
Birte Lönneker-Rodman & Alexander Ziem 251

Frame und Framing: Frametheoretische Konsequenzen aus der Praxis und Analyse strategischen politischen Framings
Josef Klein 289

Intermedialität von Frames in einer Polit-Talkshow
Werner Holly 331

Frames interdisziplinär: zur Einleitung[1]

Alexander Ziem

Abstract
Der vorliegende Beitrag führt in Konzeption und Zielsetzungen des Bandes ein, indem er (a) einen kursorischen Überblick über die Vereinnahmung des Frame-Konzeptes in verschiedenen Fachdisziplinen gibt, (b) übergreifende, auch für den vorliegenden Band leitende Fragestellungen moderner Frame-Theorien skizziert und (c) den Aufbau sowie die einzelnen Beiträge des Bandes kurz vorstellt.

1 Frame-Ansätze in verschiedenen Fachdisziplinen: Ausgangspunkte

Frames sind Ordnungsstrukturen von Wissen. So rasant die Karriere der Frame-Theorie in den letzten zwei Dekaden verlaufen ist, so vielgestaltig und ambig erweist sich das Frame-Konzept angesichts seiner Vereinnahmung in ganz verschiedenen Fachdisziplinen und Forschungskontexten. Nun könnte man daraus den Schluss ziehen, dass sich hinter dem Terminus des Frames gänzlich Verschiedenes und nichts Vergleichbares verbirgt, der Ausdruck *Frame* also so polysem ist, dass es sich nicht lohnt, einen vergleichenden Blick auf verschiedene Frame-Konzeptionen zu werfen. Der vorliegende Band teilt diese Annahme nicht. Vielmehr ist er durch die Hypothese geleitet, dass zwischen den verschiedenen Ansätzen – trotz aller Unterschiede im Detail – Affinitäten und strukturelle Ähnlichkeiten bestehen, deren Wahrnehmung für jeden Ansatz erkenntnisgewinnend sein kann.

---

[1] Der vorliegende Band ist im Rahmen des DFG-geförderten Sonderforschungsbereichs 991 „The Structure of Representations in Language, Cognition, and Science" entstanden. Die Herausgeber danken der DFG für die großzügige Förderung.

Alexander Ziem

Die Frame-Theorie hat sich seit der Jahrtausendwende zu einem transdisziplinären Ansatz entwickelt, der schon wegen seines Anspruchs, sowohl als Methode der Wissensanalyse zu fungieren als auch ein kognitiv adäquates Modell der Wissensrepräsentation bereitzustellen, nicht auf eine einzelne Disziplin beschränkt sein kann. Neben der Linguistik – zuerst im Anschluss an Fillmore (1976; 1977), im deutschsprachigen Raum auch in der Folge von Konerding (1993) – und den Kognitionswissenschaften (Barsalou 1992) sind dies insbesondere die Medien- und Kommunikationswissenschaften (vgl. Entman 1993; Matthes 2007) sowie die Künstliche Intelligenz-Forschung (vgl. Charniak 1976; Hayes 1980) und Philosophie (vgl. Chen/Barker 2000; Zenker 2010). Inwiefern den in diesen Disziplinen entwickelten Modellen ein einheitliches Frame-Konzept zugrunde liegt, ist eine offene Frage. Welche Affinitäten, Diskrepanzen und Komplementaritäten lassen sich ausmachen? Ein übergreifendes Ziel des Bandes besteht darin, Frame-Ansätze aus benachbarten Disziplinen und Teildisziplinen miteinander in Beziehung zu setzen und über die Unterschiede, die Kompatibilität und Anwendbarkeit der vertretenen Modelle zu diskutieren.

Seit der Einführung des Frame-Begriffs durch Minsky (1975) und Fillmore (1968; 1977; 1982) sind viele, teilweise verwandte, teilweise sehr unterschiedliche Modelle im Anschluss an die dort gemachten Vorschläge und Konzepte entwickelt worden. Aber auch Minskys und Fillmores Konzeption haben Vorläufer. Der wichtigste ist Bartletts Gedächtnistheorie; diese basiert auf einem Schemabegriff, der dem Frame-Begriff stark ähnelt (vgl. hierzu ausführlich Busse 2012, 311–331). Bartletts kognitiver Ansatz steht Goffmans (1974) soziokognitiver Frame-Begriff („Handlungsrahmen") gegenüber. Für Goffman sind Frames Orientierungs- und Interpretationsrahmen, an denen InteraktionsteilnehmerInnen ihre Handlungen in einem konkreten Interaktionssetting ausrichten. Frames tragen nach diesem Verständnis also dazu bei, Handlungen zu koordinieren und zu interpretieren. Es war Minsky (1975), der als Erster den Nutzen von Frames zur Repräsentation von Wissen in so unterschiedlichen Domänen wie Wissenschaftsgeschichte, visueller und sprachlicher Kognition aufgezeigt hat. Minsky gilt zu Recht als Wegbereiter framebasierter Wissensmodellierungen in der Künstlichen-Intelligenz-Forschung.

Frames interdisziplinär: zur Einleitung

Auch in Nachbarbereiche, wie der Kognitiven Psychologie, so etwa der Frame- und Skript-Theorie von Schank/Abelson (1977), wurde das Frame-Konzept importiert, die breiteste Akzeptanz und Relevanz genießt es aber zweifelsohne in der Sprachwissenschaft. Eingeführt durch Charles Fillmore (1968) im Kontext seiner so genannten Kasusrahmen-Grammatik („case grammar"), entwickelt sich die Frame-Konzeption von ihrer stark satzsemantischen Ausrichtung immer mehr zu einer veritablen, eigenständigen Bedeutungstheorie. Dies geschieht ab Mitte der 1970er Jahre zunächst in Fillmores Ansatz einer interpretativen Semantik (vgl. Ziem 2008; Busse 2012, 92–132), dann ab den späten 1990er Jahren im Rahmen des groß angelegten Berkeleyer FrameNet-Projekts, das in einem lexikografischen Zugriff valenzorientiert Bedeutungsrahmen von lexikalischen Ausdrücken ermittelt und dokumentiert.[2]

Davon konzeptionell unterschieden ist Konerdings (1993) Versuch, mithilfe sogenannter Hyperonymtypenreduktionen Matrixframes zu ermitteln, mit denen sich Bedeutungsrahmen von lexikalischen Ausdrücken korpusbasiert ermitteln lassen.[3] Dieser Ansatz erfuhr insbesondere in der germanistischen Linguistik eine breite Rezeption (vgl. auch Lönneker 2003 und den Überblick in Reisigl/Ziem 2014, Abschnitt 3.5).

Ausgehend von Barsalous (1992) kognitionswissenschaftlicher Frame-Theorie, in der Frames als rekursive Attribut-Wert-Strukturen konzeptualisiert werden, entstand ferner im Düsseldorfer Sonderforschungsbereich 991 „The Structure of Representations in language, cognition, and science" ein einflussreicher Theorieansatz (vgl. hierzu etwa Petersen 2007; Löbner 2014). Im vorliegenden Band illustrieren Wulf sowie Vosgerau, Zielasek & Soom, dass das im SFB entwickelte Frame-Format sich auch zur Beschreibung von Begriffs- und Klassifikationssystemen in so unterschiedlichen Anwendungsbereichen wie der Jurisprudenz und der Psychiatrie eignet.

Die Karriere des Frame-Konzeptes ist aber nicht nur in der Sprachwissenschaft beachtlich; auch in den Kommunikationswissenschaften ist die Vielzahl an framebasierten Studien kaum mehr überschaubar (vgl. hierzu die illustrative Metastudie von Matthes 2009). Der einst durch Entman (1993) begründete und durch

---

[2] Vgl. http://framenet.icsi.berkeley.edu/. Die konzeptionellen Entwicklungsstufen von der Kasusgrammatik bis zum FrameNet-Projekt werden im Detail in Ziem (2014) nachgezeichnet.
[3] Zur Anwendung von diesem Ansatz auf multimodale Kommunikation vgl. Holly in diesem Band.

Goffman (1974) inspirierte kommunikationswissenschaftlichen Frame-Ansatz zielt darauf ab, Aneignungs- und Rezeptionsprozesse von (massen-)medialen Kommunikaten zu erfassen (Matthes/Kohring 2004; Scheufele 2004; Matthes 2007). Eine Weiterentwicklung erfährt der kommunikationswissenschaftliche Frame-Begriff in so genannten Value-Frames, in diesem Band exemplarisch vorgestellt in dem Beitrag von Scheufele und Engelmann.

Tabelle 1 gibt einen Überblick über die verschiedenen Frame-Ansätze und weist ihre jeweilige Ausrichtung und fachdisziplinäre Zugehörigkeit aus.

Vertreter	Ausrichtung	Fachdisziplin
Bartlett (1932)	kognitiv	Psychologie
Goffman (1974)	interaktional/ soziokognitiv	Anthropologie / Soziologie
Minsky (1975)	computationell	KI-Forschung
Schank/ Abelson (1977)	kognitiv/computationell	Kognitive Psychologie
Fillmore		
a) Case frames (1968)	sprachlich	Linguistik (Syntax/Semantik)
b) Frames of understanding (1985)	kognitiv/sprachlich	Linguistik (Semantik)
c) FrameNet (Baker et al. 1998)	sprachlich/kognitiv	Linguistik (Semantik)
Barsalou (1992, 1993)	kognitiv	Kognitive Psychologie/Kognitionswissenschaften
Entman (1993)	medienwissenschaftlich/sprachlich	Kommunikations- & Medienwissenschaften

Tabelle 1: Frame-Theorien im Vergleich

2 Fragestellungen und Zielsetzungen des Bandes

Der vorliegende Band versucht, der Vielzahl an frameanalytischen Ansätzen und Methoden Rechnung zu tragen, indem er – freilich nur exemplarisch und ausschnitthaft – verschiedene Theoriebildungen und Anwendungsbereiche vorstellt. Ein übergeordnetes Ziel besteht darin, Vergleiche zwischen verschiedenen Theoriebildungen zu ermöglichen und dabei insbesondere (a) Varianten der Modellierung und Bestimmung von Frames herauszustellen, (b) verschiedene Anwendungsfelder, in denen Frames für empirische Analysen Einsatz finden, vorzustellen sowie (c) einen Einblick in die Vielfalt der Methoden, mittels derer Frames identifiziert und analysiert werden, zu geben.

Spätestens seit Minsky, in gewisser Weise bereits seit Fillmores (1968) Kasusrahmen-Theorie, werden Frames durch eine relativ überschaubare Anzahl an Bestandteilen und strukturellen Eigenschaften charakterisiert. Dazu zählen etwa die Strukturkonstituenten Slots bzw. Attribute, Fillers bzw. Werte, Standardwerte, Relationen, Constraints und übergreifende Eigenschaften wie die der Rekursivität. Die Frage, welche dieser Bestandteile und Bestimmungen für Frames konstitutiv sind, wie sie in einzelnen Modellen implementiert werden und warum – teilweise explizit, teilweise implizit – auf sie verzichtet wird, ist bislang kaum hinreichend beantwortet worden. Aus philosophischer Perspektive stellt sich zudem die Frage nach einer ontologischen Bestimmung von Frames: Sind Frames primär kognitive Strukturen? Kommt ihnen ein Status zu, der ontologisch von Repräsentationen unabhängig ist (wie etwa Eigenschaften oder Relationen)? Sind Frames nicht nur kognitive, sondern auch kulturelle Einheiten? Handelt es sich bei Frames um theorieabhängige Konstrukte? Auch was Überlegungen zum Status von Frames betrifft, gibt es bislang keinen übergreifenden Konsens unter Frame-Theorien.

Ob Frames tatsächlich, wie Barsalou (1992) postuliert, als universales kognitives Repräsentationsformat taugen, hängt auch mit dem Gegenstands- und Anwendungsbereich des Ansatzes zusammen. In der Linguistik werden Frames vor allem in zwei zentralen Bereichen eingesetzt: der Syntaxtheorie im Rückgriff auf sogenannte Prädikat-Frames, wozu auch Kasusrahmen zählen, und der (lexikalischen) Semantik im Rückgriff auf so genannte Konzept-Frames.[4] Daneben wurden Frames aber auch in die Textlinguistik, die Wissenschaftstheorie und -geschichte sowie die sozialwissenschaftlich orientierten Kommunikations- und Medienwissenschaften eingeführt. Frames werden hier als Analyseinstrument für so unterschiedliche Gegenstandsbereiche wie wissenschaftliche Paradigmenwechsel, Rechtsbegriffe (vgl. auch Wulf in diesem Band) oder psychiatrische Klassifikationen von geistigen Erkrankungen (vgl. auch Vosgerau/Zielasek/Soom in diesem Band) eingesetzt, und sie werden zugleich zur Analyse des öffentlichen Sprachgebrauchs und der Rahmung von Nachrichten in den Massenmedien herangezogen (vgl. auch Scheufele/Engelmann in diesem Band, Ziem/Pentzold/Fraas in diesem Band).

Die Anwendungsbereiche stellen jeweils spezifische Anforderungen an das zugrundeliegende Frame-Modell. Die Möglichkeit, Frames für empirische Analysen zu operationalisieren, steigt in dem Maße, wie es gelingt, eine geeignete Methode für empirische Analysen zu entwickeln. Es verwundert daher kaum, dass in verschiedenen Disziplinen ganz unterschiedliche Analysemethoden entstanden sind. So fungieren etwa im Anschluss an Konerding (1993) so genannte Matrixframes zur Analyse von Texten im öffentlichen Sprachgebrauch oder in Fachdiskursen (etwa Fraas 1996; Holly 2001; Klein/Meißner 1999; Klein 2002; Ziem 2008), und vielfach fungieren Matrixframes auch als Kodierschemata von Sprachdaten (etwa Fraas/Meier/Pentzold 2010). Dieser eher deduktiven Vorgehensweise stehen eher induktive Zugänge wie FrameNet (vgl. Fillmore 2006) oder kommunikationswissenschaftliche Untersuchungen von Medien-Frames gegenüber (Matthes 2007; Scheufele 2004; 2010). Sie zeichnen sich dadurch aus, dass Analysekategorien (insbesondere Slots bzw. Frame-Elemente) aus dem jeweils zu untersuchenden Datenmaterial selbst gewonnen werden. Gewissermaßen quer zu der Unterscheidung zwischen deduktiven und induktiven Zugängen liegen zwei weitere Perspektiven: eine verstehensorientierte und eine konzeptorientierte. Erstere zielt auf nicht-explizite, durch Wörter evozierte Wissensstrukturen, die für das Verstehen (etwa von Texten) relevant sind (Busse 2012, 539–550), letztere ist eher lexikalisch orientiert und zielt auf konzeptuelle Strukturen, etwa von Begriffs-/

---

[4] Zur Unterscheidung von Prädikats- und Konzeptframes vgl. auch Busse 2012: 550–553.

(Fach-)Terminologiesystemen. Schließlich ist ein weiterer methodischer Zugang kognitiver Art; er steht in der Tradition der psychologischen Frame-Forschung zur mentalen Wissensrepräsentation (vgl. Barsalou 1992) und ist unter formallogischen Vorzeichen im Düsseldorfer SFB 991 erweitert worden (vgl. etwa Löbner 2014; Petersen 2007).

Vor diesem Hintergrund möchte der vorliegende Band dazu beitragen zu eruieren, welche analytischen Möglichkeiten unterschiedliche methodische Zugänge eröffnen, aber auch welche Beschränkungen und Grenzen die Wahl einer Methode nach sich zieht. Überlegenswert scheint in diesem Zusammenhang auch zu sein, verschiedene methodische Zugriffe miteinander zu kombinieren.

3 Die Beiträge in diesem Band

Der vorliegende Band gliedert sich in drei Teile. Teil I befasst sich mit grundlagentheoretischen Aspekten und theoriegeschichtlichen Voraussetzungen der Frame-Theorie. In Teil II stehen methodische Fragestellungen im Vordergrund. Bei den Beiträgen in Teil III handelt es sich schließlich um Fallstudien, in denen verschiedene Anwendungsbereiche der Frame-Theorie vorgestellt werden.

3.1 Teil I: Theoretische Grundlagen und Modelle

Der erste Teil des Bandes – „Theoretische Grundlage und Modelle" – befasst sich mit den grundlagentheoretischen Aspekten einer modernen Frame-Theorie. Er umfasst einen wissenschaftsgeschichtlich-philosophischen Beitrag von Christoph Kann und Lars Inderelst sowie einen stärker linguistisch orientierten Beitrag von Dietrich Busse. Beide ergänzen sich insofern komplementär, als Kann und Inderelst akribisch die theoriegeschichtlichen Grundlagen der Frame-Theorie nachzeichnen und mithin aus historisch-epistemologischer Perspektive eine kleine Genealogie des Frame-Konzepts erarbeiten, während Busse einen systematisierenden Blick auf verschiedene Frame-Ansätze wirft.

Ausgangspunkt von **Christoph Kanns & Lars Inderelsts** Beitrag „Gibt es eine einheitliche Frame-Konzeption? Historisch-systematische Perspektiven" bildet die Annahme, dass trotz der ganz unterschiedlichen Vereinnahmungen und Ausdifferenzierungen des Frame-Konzeptes in verschiedenen Fachdisziplinen eine gewisse Kohärenz festzustellen ist. Die Autoren machen sich zur Aufgabe, die kohärenzstiftenden Aspekte – insbesondere solche theoriekonstitutiven Bestimmungsmerkmale, die alle Frame-Konzeptionen teilen – über fachdisziplinäre Grenzen und historischen Veränderungen hinweg zu eruieren. Als theoriegeschichtlicher Dreh- und Angelpunkt fungiere, so die Autoren, Minskys Ansatz eines „Framework for representing knowledge" aus dem Jahr 1975. Minskys Beitrag entstand in der damals aufbegehrenden Künstliche-Intelligenz-Forschung, entfaltete aber eine breite Wirkung weit über diesen Forschungszweig hinaus. Kann und Inderelst argumentieren, dass Minskys Ansatz erstmalig wesentliche Momente einer einheitlichen und vereinheitlichten Frame-Theorie umfasse, da er auf integrative Weise wesentliche Aspekte von Vorläufer-Theorien – zuvorderst Bartletts kognitive Theorie der schemabasierten Erinnerung sowie Kuhns (1976) Modellierung der Wissenschaftsgeschichte als Paradigmen-Wechsel – aufgreift und zueinander in Beziehung setzt. Weiterhin diene Minskys Ansatz auch für spätere Frame-Theorien als wichtiger Referenzpunkt, so etwa für Barsalous kognitionswissenschaftlichem Ansatz, Fillmores linguistischer Frame-Konzeption sowie framebasierten Ansätzen aus der KI-Forschung (Rumelhart, Charniak) und der Psychologie (Bateson). Neben den Gemeinsamkeiten rekonstruieren Kann und Inderelst auch Unterschiede zwischen den Vereinnahmungen des Frame-Konzeptes in diesen Ansätzen.

Dietrich Busse widmet sich in seinem Beitrag „Überlegungen zu einem integrativen Frame-Modell: Elemente, Ebenen, Aspekte" ebenfalls den aus seiner Sicht konstitutiven Bestandteilen einer Frame-Theorie; ihm geht es dabei jedoch vorrangig um linguistische – insbesondere semantische – Beschreibungsansätze zur Beschreibung von verstehensrelevantem Bedeutungswissen. Busse interessiert sich insbesondere für die Unterschiede linguistischer Frame-Konzeptionen mit dem Ziel, diese kritisch zu diskutieren und, ggf. in modifizierter Weise, in ein übergeordnetes Modell zu integrieren sowie hinsichtlich dreier Parameter, nämlich Frame-Elemente, -Ebenen und -Aspekte, zu vereinheitlichen. Grundsätzlich differenziert Busse dabei zwischen einer Frame-Theorie, die sich primär auf Prädikate richtet (Fillmore/FrameNet), und einer solchen, deren Gegenstandsbereich insbesondere (sortale) Nomen bilden (Barsalou). Busses zentrales Anliegen besteht darin, die jeweiligen Unzulänglichkeiten dieser Zugänge auszuweisen und Grundpfeiler einer linguistisch-epistemologischen Frame-Theorie zu skizzieren, die sich zur umfassenden Analyse und Repräsentation von verstehensrelevantem Bedeutungswissen eignet.

3.2 Teil II: Methodische Zugänge

Ein Indiz dafür, welchen Entwicklungsstand eine wissenschaftliche Theorie erreicht hat, ist zweifelsohne der Grad ihrer methodischen Ausdifferenzierung und ihrer methodologischen (Selbst-)Reflexion. Mangelte es frühen Frame-Konzeptionen an Möglichkeiten ihrer empirischen Operationalisierung, so zeichnen sich moderne Weiterentwicklungen dadurch aus, dass sie in der Regel Instrumente für empirische Untersuchungen entwickelt haben.[5] Vor diesem Hintergrund legt der zweite Teil des Bandes den Fokus auf methodische Verfahren, mit denen moderne Frame-Ansätze operieren. Ziel ist es, Methoden zur framebasierten Datenanalyse vorzustellen. Die Vielfalt der methodischen Zugänge in verschiedenen Disziplinen kann hier zwar nicht abgebildet, aber zumindest angerissen werden. Mit Frames operierende Methoden variieren nicht nur von Disziplin zu Disziplin, auch innerhalb einer Disziplin gibt es durchaus unterschiedliche methodische Zugänge, so etwa in der Linguistik, wo eine valenzorientierte Operationalisierung wie in FrameNet (vgl. Ruppenhofer in diesem Band) einer eher formallinguistisch motivierten Methode im Anschluss an Barsalous Frame-Theorie gegenübersteht (vgl. Vosgerau/Zielasek/Soom in diesem Band, Wulf in diesem Band).

In dem zweiten Teil des Bandes stellt der Beitrag „The treatment of emotion vocabulary in FrameNet: Past, present and future developments" von **Josef Ruppenhofer** zunächst jenes methodische Vorgehen vor, das im linguistischen FrameNet-Projekt praktiziert wird. Dies geschieht exemplarisch am Beispiel des Emotionsvokabulars im Englischen. Konkret wird anhand dieser Domäne gezeigt, wie sich das FrameNet-Projekt über die Zeit entwickelt und sich die Erfassung und Beschreibung von Frames verändert hat. Ruppenhofer arbeitet dabei die Leistungsfähigkeit von FrameNet-Frames heraus, indem er demonstriert, dass Frames auch in speziellen Wissensdomänen semantische Inferenzen und Konnotationen

---

[5] Kann und Inderelst (in diesem Band) gehen deshalb zu Recht davon aus, dass es sich bei den Theorieentwicklungen vor Minsky um die „Vorgeschichte" der Frame-Theorie handelt; erst mit Minsky nehme die „Geschichte" der Frame-Theorie ihren Anfang.

erfassen können; in der Domäne der Emotion betreffen diese beispielsweise Wissen über Einstellungen, das die Analyse anschlussfähig für Sentiment-Analysen und Opinion Mining macht.

Aus kommunikationswissenschaftlicher Perspektive berichten **Bertram Scheufele & Ines Engelmann** in ihrem Beitrag „Mediale Value-Frames – Theoretisches Konzept und methodische Herausforderungen" darüber, wie Frames als inhaltsanalytisches Instrument Einsatz finden können. Gegenstand sind so genannte Value-Frames, die sich neben der framebasierten Produktions- und Wirkungs- bzw. Rezeptionsforschung zu einem wichtigen Tool im Werkzeugkasten der Kommunikationswissenschaften entwickelt haben. Dabei soll mit dem Konzept der Value-Frames zwischen der kommunikationswissenschaftlichen Framing-Forschung und der politikwissenschaftlichen Werteforschung eine Brücke geschlagen werden. In methodologischer Hinsicht diskutieren Scheufele und Engelmann, Möglichkeiten und Grenzen eines inhaltsanalytischen Zugriffes auf Medientexte. Als Anschauungsmaterial dienen Untersuchungsergebnisse eines Forschungsprojektes zur Analyse von Bundestagswahlen.

An der Schnittstelle von Sprach- und Medienwissenschaft stellen schließlich **Alexander Ziem, Christian Pentzold & Claudia Fraas** in ihrem Beitrag „Medien-Frames als semantische Frames: Aspekte ihrer methodischen und analytischen Verschränkung am Beispiel der ‚Snowdon-Affäre'" einen integrativen Analyseansatz vor, der Frames (im Anschluss an die Konzeption von Frames in FrameNet) für kommunikationswissenschaftliche Untersuchungszwecke nutzbar macht. Zur Veranschaulichung des gewählten methodischen Zugriffs dient eine Analyse der Presseberichterstattung über die so genannte „Snowden-Affäre". Basierend auf einer semantischen Korpusanalyse werden kommunikationsrelevante Faktoren wie Adressatenspezifik und Bewertungen einbezogen und analytisch gleichrangig berücksichtigt.

Über diese Beiträge des zweiten Teils hinaus werden auch im dritten Teil des Bandes methodische Aspekte thematisiert, hier allerdings mit konkretem Bezug auf empirische Fragestellungen. Die weiteren Methoden, die dabei zum Einsatz kommen, betreffen insbesondere Begriffsanalysen mithilfe der Frame-Konzeption, die Barsalou (1992; 1993) entworfen und im Sonderforschungsbereich 991

Frames interdisziplinär: zur Einleitung

„The Structure of Reprentations in Language, Knowledge, and Science" weiterentwickelt wurde (vgl. Vosgerau/Zielasek/Soom in diesem Band; Wulf in diesem Band).

3.3 Teil III: Anwendungsfelder

Während im zweiten Teil des Bandes methodische Zugänge im Mittelpunkt stehen und empirische Analysen zuvorderst den Zweck erfüllen, das methodische Repertoire exemplarisch zu veranschaulichen, steht im dritten und letzten Teil des Bandes genau umgekehrt der analytische Ertrag, der sich mithilfe von Frames in konkreten Anwendungsfeldern erzielen lässt, im Zentrum der Beiträge.

In ihre Studie „Frames als Mittel zur systematischen Klassifizierung von psychiatrischen Störungen" nutzen **Gottfried Vosgerau, Jürgen Zielasek & Patrice Soom** Frames – hier ausgehend von Barsalou (1992) verstanden als Attribut-Wert-Matrizen – als analytisches Werkzeug, mit dem sich begriffliche Unschärfen und Inkonsistenzen identifizieren und elaborierte Klassifikationssysteme aufbauen lassen. Als Anwendungsfeld dienen psychische Störungen, die frameanalytisch beschrieben und zueinander in Beziehung gesetzt werden. Am Beispiel von Fremdbeeinflussung zeigen die Autoren zum einen die analytische Reichweite des Frame-Konzeptes; zum anderen wird deutlich, inwiefern adäquate Modellierungen von komplexen Phänomenen – hier schizophrene Störungen betreffend – eines ebenso komplexen und ausdifferenzierten Repräsentations- und Darstellungsformates bedürfen. Frames, so die Annahme, können dies leisten.

Auf denselben theoretisch-methodischen Grundlagen fußend, nämlich der erweiterten Frame-Theorie Barsalous, jedoch mit zusätzlichem Einbezug von FrameNet-Frames, widmet sich **Detmer Wulf** in seinem Beitrag „Eine frame-semantische Modellierung des juristischen Diebstahl-Begriffs" einem hochgradig spezialisierten Anwendungsbereich: Begriffen und Begriffsauslegungen in der Jurisprudenz. Genauer geht es Wulf um eine framesemantische Rekonstruktion und Analyse des Rechtsbegriffs ‚Diebstahl' und dessen Auslegung in Kommentartexten. Die empirische Grundlage seiner Untersuchung bilden die Diebstahl-Definition im Strafgesetzbuch (§ 242 StGB) und die umfangreiche Kommentarliteratur zu diesem Paragraphen. Anders als der Gesetzestext, der die Partizipanten des Diebstahl-Szenarios und die Aspekte der Diebstahlabsicht in den Mittelpunkt rückt, fokussieren die Kommentartexte stärker den Begriff der Wegnahme selbst.

Wulf zeigt, wie es mithilfe einer framesemantischen Modellierung möglich ist, die begriffliche Erweiterung und Differenzierung des Diebstahl-Konzeptes angemessen zu erfassen.

Birte Lönneker-Rodman & Alexander Ziem geben in ihrem Beitrag „Frames als Repräsentationsformat in modernen Terminologie-Systemen" Einblick in ganz praktische Anwendungsmöglichkeiten von Frames zur Verbesserung von Terminologieverwaltungssystemen. Bei diesem Anwendungsbereich der Terminologiearbeit handelt es sich um ein Untergebiet der Lexikografie, in dem Frames eine wichtige Rolle spielen, insofern sie in strukturierter Weise auch komplexe konzeptuelle Informationen so aufbereiten und systematisieren können, dass sie sich in Verwaltungssystemen implementieren und für praktische Zwecke nutzen lassen. Lönneker und Ziem diskutieren neben den Möglichkeiten, Frames in bestehende Terminologieverwaltungssoftware einzubauen, insbesondere die Vorteile, die Frames im Vergleich zu anderen Repräsentationsformaten für die Terminologiearbeit mit sich bringen.

Josef Klein geht es in seinem Beitrag „Frame und Framing: Frametheoretische Konsequenzen aus der Praxis und Analyse strategischen politischen Framings" um den Brückenschlag zwischen einem praxeologischen Framing-Konzept zu dem stärker theoretisch ausgerichteten Konzept des Frames. Während der Begriff des Framing auf den sprachstrategischen Prozess der Rahmung Bezug nimmt, handelt es sich bei Frames um Ordnungsstrukturen bzw. um ein Format zur Repräsentation von Wissen. Framing, so Kleins Ausgangspunkt, sei ein Begriff aus der Praxis, denn er beschreibe kollektives Handeln von Akteuren, die ein gemeinsames – etwa politisches – Ziel verfolgen. Am Beispiel von einer frameanalytischen Untersuchung einer politischen Wahlkampagne arbeitet Klein zum einen den engen Zusammenhang zwischen Frames und Framing heraus; zum anderen zeigt er, dass eine framebasierte Analyse neben semantischen Aspekten auch weitere Faktoren, wie Emotionen, einzubeziehen erlaubt.

Wenngleich Frames bereits in der Konzeption von Minsky (1975) als Repräsentationsformat von Wissen unterschiedlicher Modalität verstanden wurden, so richten sich doch die meisten Frameanalysen bis heute auf sprachliche Daten. **Werner Holly** macht im letzten Beitrag des Bandes deutlich, dass sich Frames trotz dieser einseitigen Vereinnahmung auch dazu eignen, multimodale Kommunikation – und hier insbesondere das Zusammenwirken von visuell und auditiv gegebenen Daten – zu erfassen. In seinem Beitrag „Intermedialität von Frames in einer Polit-Talkshow" untersucht Holly konkret die Interaktion von visuell wahrnehmbarem Einblendmaterial mit den Gesprächsbeiträgen der TeilnehmerInnen der Talkshow. Holly betrachtet die erzielten Ergebnisse als Belege für die Annahme, dass Frames code- und mode-übergreifend operieren und dementsprechend auch zu multi- und intermedialen Untersuchungen genutzt werden können. Dadurch, dass die GesprächsteilnehmerInnen zwar den Gegenstandsbereich verbal selbst rahmen können, jedoch keinen Einfluss auf den Verlauf der Rahmungsprozesse haben, die durch das Einblendmaterial entstehen, ergibt sich eine komplexe Kommunikationssituation. Holly demonstriert in seiner Beispielanalyse, dass Frames als analytisches Werkzeug diese Komplexität differenziert zu durchdringen und abzubilden in der Lage sind.

Literatur

Baker Collin F. / Fillmore, Charles J. / Lowe, John B. (1998): The Berkeley FrameNet project. In: Proceedings of the 36th Annual Meeting of the Association for Computational Linguistics and 17th International Conference on Computational Linguistics – Volume 1.

Barsalou, Lawrence W. (1992): Frames, Concepts and Conceptual Fields. In: Lehrer, Adrienne / Kittay, Eva K. (eds.): Frames, Fields and Contrasts. Hillsdale / Hove / London: Erlbaum, 21–74.

Barsalou, Lawrence W. (1993): Flexibility, Structure, and Linguistic Vagary in Concepts: Manifestations of a Compositional System of Perceptual Symbols. In: Collins, Alan F. / Gathercole, Susan E. / Conway, Martin A. / Morris Peter E. (eds.): Theories of Memory. Hove, UK / Hillsdale, NJ: Lawrence Erlbaum.

Bartlett, Frederick C. (1932): Remembering: A Study in Experimental and Social Psychology. Cambridge: Cambridge University Press.

Busse, Dietrich (2012): Frame-Semantik – Ein Kompendium. Berlin / Boston: de Gruyter.

Charniak, Eugene (1976): A framed painting: The representation of a common sense knowledge fragment. In: Cognitive Science 1, S. 355–394.

Chen, Xiang / Barker, Peter (2000): Continuity through revolutions: A Frame-Based Account of conceptual change during scientific revolutions. In: Philosophy of Science 67, 208–223.

Entman, Robert M. (1993): Framing: Toward clarification of a fractured paradigm. Journal of Communication 43, 51–58.

Fillmore, Charles J. (1968): The Case for Case. In: Emmon Bach / T. Harms, Robert (eds.): Universals in Linguistic Theory. New York: Holt, Rinehart & Winston 1968, 1–88.

Fillmore, Charles J. (1976): The need for frame semantics in linguistics. In: Karlgren, Hans (ed.): Statistical Methods in Linguistics 12, 5–29.

Fillmore, Charles J. (1977): Scenes-and-Frames Semantics. In: Zampolli, Antonio (ed.): Linguistic Structures Processing. Vol. 5. Amsterdam / New York / Oxford: North Holland, 55–81.

Fillmore, Charles J. (1982): Frame Semantics. In: The Linguistic Society of Korea (ed.): Linguistics in The Morning Calm. Seoul: Hanshin Publishing Corp., 111–137.

Fillmore, Charles J. (1985): Frames and the Semantics of Understanding. In: Quaderni di Semantica 6, 222–254.

Fillmore, Charles J. (2006): Frames Semantics. In: Brown, K. (ed.): Encyclopedia of Linguistics and Language 4. Amsterdam: Elsevier, 613–620.

Fraas, C. / Meier, S. / Pentzold, C. (2010): Konvergenz an den Schnittstellen unterschiedlicher Kommunikationsformen: Ein Frame-basierter analytischer Zugriff. In: Bucher, Hans-Jörg / Gloning, Thomas / Lehnen, Katrin (Hrsg.): Neue Medien – Neue Formate: Ausdifferenzierung und Konvergenz in der Medienkommunikation. Frankfurt a. M. / New York: Campus, 227–256.

Fraas, Claudia (1996): Gebrauchswandel und Bedeutungsvarianz in Textnetzen: Die Konzepte „Identität" und „Deutsche" im Diskurs zur deutschen Einheit. Tübingen: Narr.

Goffman, E. (1974): Frame Analysis: An Essay on the Organization of Experience. Cambridge, MA: Harvard University Press.

Hayes, Patrick J. (1980): The Logic of Frames. In: Metzing, Dieter (ed.): Frame Conceptions and Text Understanding. Berlin / New York: de Gruyter.

Holly, Werner (2001): ‚Frame' als Werkzeug historisch-semantischer Textanalyse: Eine Debattenrede des Chemnitzer Paulskirchen-Abgeordneten Eisenstuck. In: Dieckmannshenke, Hajo / Meißner, Iris (Hrsg.): Politische Kommunikation im historischen Wandel. Tübingen: Stauffenberg, 125–146.
Klein, Josef (2002): Metapherntheorie und Frametheorie. In: Pohl, Inge (Hrsg.): Prozesse der Bedeutungskonstruktion. Frankfurt a. M. u. a.: Lang, 179–185.
Klein, Josef / Meißner, Iris (1999): Wirtschaft im Kopf: Begriffskompetenz und Einstellungen junger Erwachsener bei Wirtschaftsthemen im Medienkontext. Frankfurt a. M.: Lang.
Konerding, Klaus-Peter (1993): Frames und lexikalisches Bedeutungswissen. Untersuchungen zur linguistischen Grundlegung einer Frametheorie und zu ihrer Anwendung in der Lexikographie. Tübingen: Niemeyer.
Kuhn, Thomas S. (1976): Die Struktur wissenschaftlicher Revolution. Frankfurt a. M.: Suhrkamp.
Löbner, Sebastian (2014): Evidence for frames from natural language. In: Gamerschlag, Thomas / Gerland, Doris / Petersen, Wiebke / Osswald, Rainer (eds.): Frames and Concept Types: Applications in Language and Philosophy. Heidelberg / New York: Springer, 23–68.
Lönneker, Birte (2003): Konzeptframes und Relationen. Extraktion, Annotation und Analyse französischer Corpora aus dem World Wide Web. Berlin: Akademische Verlagsgesellschaft AKA.
Matthes, Jörg (2007): Framing-Effekte. Zum Einfluss der Politikberichterstattung auf die Einstellungen der Rezipienten (Rezeptionsforschung Bd. 13). München: R. Fischer.
Matthes, Jörg (2009): What's in a frame? A Content Analysis of Media-Framing Studies in the World's Leading Communication Journals, 1990–2005. In: Journalism and Mass Communication Quarterly 86 (2), 349–367
Matthes, Jörg/Kohring, Mathias (2004): Die empirische Erfassung von Medien-Frames. Medien & Kommunikationswissenschaft 52, 56–75.
Minsky, Marvin (1975): A Framework for Representing Knowledge. In: Winston, Patrick H. (ed.): The Psychology of Computer Vision. New York: McGraw-Hill, 211–277.
Petersen, Wiebke (2007): Representation of Concepts as Frames. In: The Baltic International Yearbook of Cognition, Logic and Communication 2, 151–170.

Reisigl, Martin / Ziem, Alexander (2014): Diskursforschung in der Linguistik. In: Angermüller, Johannes et al. (Hrsg.): Diskursforschung: ein interdisziplinäres Handbuch. Bd. 1: Theorien, Methodologien, Kontroversen. Bielefeld: transcript, 70–110.

Schank, Roger C. / Abelson, Robert P. (1977): Scripts, Plans, Goals and Understanding: An Inquiry into Human Knowledge Structures. Hillsdale: Lawrence Erlbaum.

Scheufele, Bertram (2004): Framing-effects approach: A theoretical and methodological critique. Communications 29, 401–428.

Scheufele, Bertram (2010): Verknüpfen und Urteilen. Ein Experiment zur Wirkung medialer Value-Frames. Medien & Kommunikationswissenschaft 58, 26–45.

Zenker, Frank (2014): From Features via Frames to Spaces: Modeling Scientific Conceptual Change Without Incommensurability or Aprioricity. In: Gamerschlag, Thomas / Gerland, Doris / Osswald, Rainer / Petersen, Wiebke (eds.): Frames and Concept Types: Applications in Language and Philosophy. Heidelberg / New York: Springer, 69–89.

Ziem, Alexander (2008): Frames und sprachliches Wissen. Kognitive Aspekte der semantischen Kompetenz. Berlin: de Gruyter.

Ziem, Alexander (2014): Von der Kasusgrammatik zum FrameNet: Frames, Konstruktionen und die Idee eines Konstruktikons. In: Ziem, Alexander / Lasch, Alexander (Hrsg.): Grammatik als Inventar von Konstruktionen? Sprachwissen im Fokus in der Konstruktionsgrammatik. Berlin / New York: de Gruyter, 263–290.

Theoretische Grundlagen und Modelle

Gibt es eine einheitliche Frame-Konzeption? Historisch-systematische Perspektiven

Christoph Kann & Lars Inderelst*

> **Abstract**
> Die von Minsky und Fillmore begründete Frame-Theorie hat seit ihrer Entstehung zahlreiche Wandel durchlaufen und unterschiedlichste Wissenschaften und Teildisziplinen beeinflusst. Aus philosophischer Sicht stellt sich die Frage nach Kohärenz und Einheitlichkeit: Gibt es Bestimmungsmerkmale, die sich alle Frame-Konzeptionen teilen und als Kernbestandteile der Frame-Theorie bzw. des Frame-Begriffs anzusehen sind? Der Beitrag geht dieser Frage aus historisch-systematischen Perspektiven nach. Minsky kann als derjenige gelten, der wesentliche Momente einer vereinheitlichenden Frame-Theorie eingeführt hat und dessen Aufsatz von 1974 den Übergang von der Vorgeschichte zu der eigentlichen Geschichte der Frame-Theorie markiert. Sein Frame-Begriff, bei dessen Einführung er sich u. a. auf Bartletts Schema-Begriff und Kuhns Paradigmen-Begriff beruft, steht für einen integrativen Ansatz, der die weitere Entwicklung prägt. Durch die Sondierung ausgewählter Vorgänger- und Nachfolger-Konzeptionen – u. a. von Fillmore und Bateson einerseits sowie Rumelhart, Charniak und neueren Beiträgen, etwa von Barsalou, andererseits – sollen Gemeinsamkeiten und Unterschiede einschlägiger Ansätze vor und nach Minsky exemplarisch rekonstruiert werden. Im Zentrum steht dabei die Frage, ob bzw. inwieweit Minsky als zentrale Referenz einer im Kern einheitlichen Frame-Theorie anzusehen ist.

---

* Wir danken Swenja Scheller für ihre Durchsicht des Manuskripts und für wertvolle Hinweise.

Christoph Kann & Lars Inderelst

1 Einleitung

1.1 Frames – systematische und historische Einordnung

Die Kennzeichnungen „Frame-Theorie" und „Framing" sowie die dabei vorausgesetzten terminologischen Verwendungen des Frame-Begriffs finden sich in der heutigen Diskussion vieler Wissenschaftsbereiche, etwa in verschiedenen Teilgebieten der Linguistik, der Kognitiven Psychologie und der Medien- und Kommunikationswissenschaft. Angesichts der Vielzahl der Disziplinen, Methoden und Anwendungsbereiche stellt sich die Frage nach der Einheitlichkeit des Frame-Begriffs und damit auch entsprechender Konzeptionen. Gibt es Bestimmungsmerkmale, die sich alle Frame-Konzeptionen teilen und die Kernbestandteile einer einheitlichen Frame-Theorie ausmachen? Oder handelt es sich lediglich um eine Namensgleichheit an sich disparater Ansätze?

Eine Möglichkeit, die Frage nach einer einheitlichen Frame-Theorie zu beantworten, wäre ein systematischer Vergleich verschiedener Konzeptionen oder Theorien, der ihre Gemeinsamkeiten und Unterschiede herausstellt und vor diesem Hintergrund den Grad der Einheitlichkeit bewertet. Alternativ dazu kann eine historische Herangehensweise gewählt werden, die Bezüge der Theorien zueinander rekonstruiert, etwa den Rekurs einer späteren Theorie auf eine frühere oder den gemeinsamen Rekurs beider auf ein und denselben historischen Vorgänger.

Beide Vorgehensweisen sind letztendlich komplementär. So bieten etwa die Arbeiten von Ziem (2008) und von Busse (2012) sowohl einen historischen Überblick über die Tradition der Frame-Theorie(n) als auch eine Systematisierung des Frame-Begriffs, und das mit guten Gründen. Einerseits werden ohne eine systematische Aufarbeitung verschiedener Frame-Theorien die historischen Zusammenhänge kaum transparent. Andererseits gewähren die Rekonstruktion der verschiedenen Stadien, die der Frame-Begriff durchlaufen hat, und die Klärung der Frage der Abgrenzung früher Frame-Theorien von Vorgänger-Theorien, denen zentrale Elemente einer Frame-Theorie fehlen, Aufschluss über die systematischen Gemeinsamkeiten und Unterschiede, die sich in modernen Inkarnationen der Frame-Theorie fortsetzen.

Die Frame-Theorie hat seit ihrer Entstehung zahlreiche Wandlungen durchlaufen. In der Regel wird der Kognitions- und Künstliche Intelligenz-Forscher

Gibt es eine einheitliche Frame-Konzeption? Historisch-systematische Perspektiven

Marvin Minsky (1974, 1977, 1985)[1] als historischer Begründer einer allgemeinen kognitiven Frame-Theorie angesehen. Als weitere Pioniere gelten, vor allem auch in der Linguistik, Charles Fillmore (1968, 1975, 1985)[2] und, insbesondere im sozialwissenschaftlichen Kontext, Erwing Goffman (1975).[3]

Minsky gilt als derjenige, der wesentliche Aspekte einer vereinheitlichenden und allgemeinen kognitiven Frame-Theorie eingeführt hat. Sein Aufsatz „A Framework for Representing Knowledge" von 1974 ist deutlich mit dem Gestus der Urheberschaft der Frame-Theorie verbunden und steht damit am Übergang zwischen der Vorgeschichte und der eigentlichen Geschichte derselben. Während wesentliche Aspekte der Frame-Theorie schon vor Minsky existierten und die Frame-Theorie insofern eine lange Vorgeschichte aufweist, die teils in philosophischen Konzeptionen wurzelt, findet bei Minsky eine Integration dieser Aspekte statt.

Ein Kernanliegen der vorliegenden Untersuchung ist es, durch den Vergleich von Minskys ursprünglicher Frame-Konzeption mit zentralen Vorgänger- und Nachfolger-Konzeptionen systematische Unterschiede von Theorien vor und nach Minsky zu rekonstruieren. Die Frage, ob Minsky als Referenzpunkt für eine repräsentative und prägnante Bestimmung von Frames dienen kann, steht dabei im Mittelpunkt. Bei einer positiven Antwort bietet dies zugleich einen Ansatzpunkt, die Einheitlichkeit der Frame-Konzeption primär historisch, aber in zweiter Linie auch systematisch zu bestimmen.

1.2 Aufbau der Untersuchung

Der erste Abschnitt (Abschnitt 2) setzt sich mit Minsky selbst auseinander und diskutiert vor dem Hintergrund des bereits erwähnten ‚klassischen' Aufsatzes (1974), aber auch der generelleren Perspektive von „The Society of Mind" (1985), die Frage, ob er als ‚Erfinder' der Frame-Theorie anzusprechen ist.

---

[1] Vgl. Busse (2012, 251): „Von einer Theorie der Frames kann man bei ihm wirklich sprechen, da er genau dies explizit anstrebt und systematisch begriffliche Grundlagen für eine solche erkundet." Lönneker (2003, 6): „Als Erfinder der Frame-Idee in der KI wird Minsky angesehen." Konerding (1993, 1): „Die Diskussion, ausgelöst durch Minskys Beitrag von 1975 [...]." Vgl. in diesem Sinne auch Barsalou (1992, 28), Petersen (2007, 152) und Ziem (2008, 1).
[2] Vgl. Barsalou (1992, 28), Petersen (2007, 152), Ziem (2008, 2) und Busse (2012, 7).
[3] Vgl. Entman (1993, 52), Scheufele (2003, 43) und Matthes (2014, 24).

Unter dem Gesichtspunkt direkter Vorgängerschaft erfolgt im zweiten Abschnitt (Abschnitt 3) eine Auseinandersetzung mit den Konzeptionen Frederick Bartletts und Thomas S. Kuhns, deren Zentralbegriffe „Schema" und „Paradigma" von Minsky selbst als wesentliche Prämissen seiner Frame-Konzeption dargestellt werden, während Bartlett und Kuhn ihrerseits aber noch nicht von Frames sprechen.

Davon unabhängig werden im dritten Abschnitt (Abschnitt 4) Konzeptionen vor Minsky, die bereits den Frame-Begriff verwenden, in den Blick genommen, wobei zunächst Fillmore zu erwähnen ist, der sowohl vor als auch zeitlich parallel mit Minsky wesentliche Beiträge zur Frame-Theorie geleistet hat. In diesem Abschnitt soll die Frage geklärt werden, in welchen konzeptuellen und historischen Relationen die Arbeiten Fillmores und anderer relevanter Vorgänger zu denjenigen Minskys stehen und ob Minskys Frame-Konzeption im Vergleich zu jenen Arbeiten innovativ ist. Wir beschränken uns hierbei vor allem auf Fillmores frühe Frame-Theorie und Goffmans Frame-Begriff, der wiederum auf Bateson zurückgeführt werden kann.

Im Anschluss daran wird die Entwicklung der Frame-Theorie nach Minsky diskutiert (Abschnitt 5), wobei der Fokus u. a. auf dem Kognitiven Psychologen Lawrence Barsalou liegt, dessen Frame-Konzeption als eine wesentliche Erweiterung und Umdeutung gegenüber Minsky angesehen werden kann. Die Vergleichsperspektive mit Barsalou ist besonders dafür geeignet, die Frage zu beantworten, ob Minsky als Anfangspunkt moderner Frame-Theorien gesehen werden kann, der die zentralen Elemente einer einheitlichen Frame-Theorie enthält. Aber auch andere Frame-Konzeptionen, teilweise zeitlich nah an Minsky, teilweise aus der jüngeren Vergangenheit, sind in die Untersuchung einzubeziehen.

Die Beobachtungen der einzelnen Abschnitte werden in einem allgemeinen Fazit zusammengeführt (Abschnitt 6), das die skizzierten Fragen im Rahmen des abgesteckten Untersuchungszusammenhangs beantwortet.

1.3 Frame-Theorien: Ebenen von Unterschieden und Gemeinsamkeiten

Um unsere historische Perspektive für die Frage nach einer einheitlichen Frame-Konzeption fruchtbar machen zu können, ist es sinnvoll, ein Charakterisierungsraster aufzustellen, das die verschiedenen Ebenen unterteilt, auf denen Frame-

Gibt es eine einheitliche Frame-Konzeption? Historisch-systematische Perspektiven

Theorien Gemeinsamkeiten haben und sich unterscheiden können.[4] Da diese Ebenen teilweise unabhängig voneinander sind, ist es möglich, dass sich zwei Theorien auf einer Ebene stark voneinander unterscheiden, während sie auf einer anderen Ebene keine Unterschiede aufweisen.

Die erste Ebene ist rein formal und kann als *terminologische Ebene* bezeichnet werden. Wie bereits angemerkt, lassen sich Vorgänger-Theorien wie etwa Bartletts Schema-Konzeption identifizieren, die den Ausdruck „Frame" nicht verwenden, aber inhaltlich starke Parallelen zu Minsky aufweisen. Minsky prägt eine gewisse Terminologie nicht nur durch die Wahl des Ausdrucks „Frame", sondern auch durch die Benennung der zentralen Elemente eines Frames unter Rückgriff auf Termini aus der KI-Forschung. Die terminologische Ebene stellt somit einen, wenn auch untergeordneten, Indikator für die Verwandtschaft einzelner hier diskutierter Konzeptionen dar.

Eine aus philosophischer Sicht zentrale Frage, die jedoch in den einzelwissenschaftlichen Diskussionen oft nachrangig ist, stellt sich auf der *ontologischen Ebene*. Was sind Frames, d. h. zu welcher Klasse von Entitäten sind sie zu rechnen? Frames werden zur Erklärung verschiedener, meist im weitesten Sinne kognitiver Phänomene herangezogen. Relevant ist hier vor allem die Unterscheidung zwischen Theorien, die Frames als kognitive Entitäten ansetzen und solchen, die Frames als ein formales Beschreibungsmodell für kognitive Prozesse deuten, dem keine eigenständige kognitive Realität zugeschrieben wird. Aber auch die Frage, ob Frames auf einer individuellen kognitiven Ebene oder auf einer höheren kulturellen Ebene oder auch als Eigenschaften von Texten anzusetzen sind, ist hier einzuordnen.[5] Dies ist etwa vergleichbar mit Sprache, die sowohl auf der Ebene

---

[4] Eine systematische Unterscheidung von Frames kann auf vielen Ebenen erfolgen. So präsentiert etwa Scheufele (1999, 109) eine überzeugende Unterteilung von kommunikationswissenschaftlichen Ansätzen nach Untersuchungsbereich und methodischem Zugang. Busse (2012) unterscheidet zwischen allgemeinen kognitiven und spezielleren linguistischen Frames sowie, im Bereich der linguistischen Frames, zwischen prädikativen und Konzeptframes. Ziem (2013, 159–160) differenziert Frame-Theorien auf drei Ebenen: a) „Gegenstandsbereich", b) „Strukturkonstituenten von Frames" und c) „Empirisch-analytische Verfahren". Der Punkt „Strukturkonstituenten" stimmt mit der hier thematisierten strukturellen Ebene überein, der Punkt „Gegenstandsbereich" ist weitgehend deckungsgleich mit der funktionalen und der epistemologischen Ebene. Der letzte Punkt spielt in dem vorliegenden Aufsatz nur eine untergeordnete Rolle, da das primäre Ziel zunächst eine konzeptuelle Bestimmung von Frames darstellt – unabhängig von den daraus folgenden methodischen Konsequenzen.

[5] So wird etwa im kommunikationswissenschaftlichen Kontext zwischen medialen Frames und individuellen kognitiven Frames unterschieden. Vgl. beispielsweise Scheufele (1999, 106).

des Individuums als auch als ein abstraktes kulturelles System beschrieben werden kann. Auf philosophischer Ebene stellt sich zusätzlich die Frage des Zusammenhangs zwischen kognitiven Strukturen und Wirklichkeitsstrukturen.

Spätestens seit Minskys Rede von Data-Structures werden Frames nicht nur als bestimmte Strukturen bzw. Entitäten mit einer bestimmten Struktur bezeichnet, sondern auch in Form grafischer Darstellungen sowie logischer Notationen wiedergegeben. Auf der damit zur Diskussion stehenden *strukturellen Ebene* stellen sich u. a. die Fragen, welche Frame-Elemente (z. B. zentraler Knoten, Slot und Filler, Constraints etc.) angesetzt werden, wie diese bestimmt werden und wie sie innerhalb eines Frames zueinander in Relation treten können. Von der ontologischen ist die strukturelle Ebene insofern zu unterscheiden, als die verschiedenen ontologischen Einteilungen jeweils erst Entitäten zulassen, an denen die anzunehmenden strukturellen Eigenschaften vorkommen. So ist die Frage, was es beispielsweise für eine kognitive Entität im Gegensatz zu einem formalen Analyse-Instrument heißt, eine bestimmte Struktur zu haben, durchaus unterschiedlich zu beantworten.

Frames werden herangezogen, um bestimmte Phänomene zu erklären, insbesondere kognitive, linguistische, kulturelle und wissenschaftliche. Dies lässt sich unter der Frage der Funktionen von Frames zusammenfassen. Auf der *funktionalen Ebene* können Frames etwa als Repräsentationen, die bei Erinnerungsprozessen, Typisierungsvorgängen, Sprachverstehen und -produktion oder kulturgebundener Interpretation zum Einsatz kommen, bestimmt werden.

Damit verbunden, aber dennoch unterschieden, ist die *epistemologische Ebene*. Frames stellen nach gängiger Auffassung eine Form dar, Wissen zu repräsentieren. Die Formen und Inhalte von Wissen lassen sich unabhängig von der Frage charakterisieren, welche Funktion sie erfüllen. So kann man im Sinne epistemologischer Differenzierung etwa deklaratives Wissen von nicht deklarativem Wissen, Weltwissen von sprachimmanentem Wissen, begriffliches von nicht-begrifflichem Wissen abgrenzen.

Dieses Charakterisierungsraster auf fünf Ebenen (einer formalen und vier inhaltlichen) lässt es zu, spezifische Rückfragen an die untersuchten Frame-Konzeptionen zu richten. Erstens: Gibt es eine oder mehrere Zentralkomponenten, die alle oder zumindest die meisten Frame-Theorien teilen? Wenn ja, auf welcher der Ebenen sind die Zentralkomponenten festzumachen? So wäre etwa denkbar, dass alle Konzeptionen die strukturelle Bestimmung von Frames auf gleiche Weise vornehmen, sich aber auf den anderen Ebenen unterscheiden. Doch lässt sich dann von einer einheitlichen Frame-Theorie sprechen, wenn sie nicht alle Ebenen umfasst? Lassen sich Kriterien nennen, ob eine einheitliche Frame-Theorie existiert oder nicht?

2 Minsky als ‚Erfinder' der Frame-Theorie?

2.1 Motivation und Aufgaben einer Frame-Konzeption

Minsky selbst arbeitet im Forschungsbereich der Künstlichen Intelligenz (KI) und ist damit weder ein Linguist (wie Fillmore) noch ein Psychologe (wie Bartlett und Barsalou) oder Philosoph (wie Kuhn). Seine Frame-Konzeption ist sowohl in Hinblick auf die fachspezifischen Fragen, für die sie Antworten bieten soll, als auch im Hinblick auf die weiterführenden Fragen, wie Frames gedacht und beschrieben werden, durch die KI-Perspektive geprägt.

Direkt zu Beginn seines Aufsatzes von 1974 beschreibt Minsky neben seiner Motivation für die Einführung von Frames auch die Bereiche der Kognitionswissenschaft, die aus seiner Sicht durch die Annahme von Frames als Repräsentationsformat profitieren können:

> The "chunks" of reasoning, language, memory, and "perception" ought to be larger and more structured; their factual and procedural contents must be more intimately connected in order to explain the apparent power and speed of mental activities. (Minsky 1974, 1)

In diesem kurzen Statement finden sich bereits einige wesentliche Punkte von Minskys Frame-Konzeption.

Erstens: Es handelt sich bei Frames um ein einheitliches kognitives Format, das in vielen verschiedenen, von Vorgängern separat thematisierten Bereichen eine Funktion übernimmt, so etwa in diskursivem Denken, Sprache, Erinnerung und auch Wahrnehmung (Unterscheidungen auf der funktionalen Ebene).

Zweitens: Dieses Format soll die Schnelligkeit und Effektivität von mentalen Repräsentationen erklären. Es werden Hypothesen über die menschliche Kognition und ihre Beschaffenheit gebildet, und Frames sollen eine Erklärung hierfür bieten. Auf der ontologischen Ebene sind Minskys Frames dementsprechend kognitive Entitäten oder zumindest ein adäquates Instrument, um kognitive Entitäten zu beschreiben.[6]

Drittens: Das beschriebene kognitive Format ist durch seine Dimension ausgezeichnet, d. h. durch die Anzahl der enthaltenen und für weitere Prozesse verfügbaren Informationen. Merkmalslisten beispielsweise enthalten im Kontrast dazu nur einige wenige, an der Oberfläche liegende Merkmale.

Viertens: Frames zeichnen sich durch Strukturiertheit aus, d. h. dadurch, dass die in ihnen enthaltenen Elemente vielfache Relationen zueinander und zu anderen Frames aufweisen. Auch hier können Merkmalslisten als Gegenbeispiel dienen, da sie eine flache Hierarchie ohne interne Struktur darstellen.

Fünftens: Neben faktischem Wissen – Informationen, die sich auf dasjenige, was repräsentiert wird, beziehen – findet sich auch prozedurales Wissen. So sind in Frames etwa Informationen enthalten, die sich auf die eigene Anwendung oder auf den Wechsel zu alternativen Frames beziehen. Prozedurales Wissen lässt sich demnach mit einer in einem Buch enthaltenen Anleitung zur Lektüre vergleichen – Informationen, die sich von den gegenstandsbezogenen Wissensinhalten des Buches unterscheiden (Unterscheidung auf der epistemologischen Ebene).

Diese fünf Punkte kann man als Minskys zentrale Anforderungen an eine Theorie mentaler Repräsentationen betrachten. Seine Frame-Konzeption tritt an, um ein derartiges Repräsentationsformat zu skizzieren.

2.2 Bestimmung von Frames

Was unter Frames zu verstehen ist, wird in Minskys Aufsatz von 1974 teilweise explizit diskutiert, teilweise durch Beispiele und Darstellungen deutlich. Eine umschreibende und eingängige Bestimmung von Frames findet sich in „The Society of Mind":

> Our idea is that each perceptual experience activates some structures that we'll call *frames* – structures we've acquired in the course of previous experience. [...]

---

[6] An späterer Stelle relativiert Minsky seine Position, indem er sagt, dass an diesem Punkt nicht zwischen kognitiven und digitalen Formaten unterschieden werden muss, da in beiden Bereichen keine weit genug fortgeschrittenen Ergebnisse vorliegen. In „Society of Mind" thematisiert er die Abstraktheit von Erklärungsebenen und hält Frames für letztendlich durch konkrete neurologische Beschreibungen ersetzbare Annäherungen. Vgl. Minsky (1985, 25).

Gibt es eine einheitliche Frame-Konzeption? Historisch-systematische Perspektiven

A *frame* is a sort of skeleton, somewhat like an application form with many blanks or slots to be filled. (Minsky 1985, 244–245)

Bereits in dem genannten Aufsatz beschreibt Minsky Frames zunächst als eine Datenstruktur, in der es einen höheren Level (oder Top-Level) mit statischen, immer zutreffenden, allgemeinen Informationen gibt, und einen niedrigeren Level, in dem sich Terminals („terminals", „slots") finden, welche einen konkreten Teil darstellen und selbst Informationen über mögliche variable Füllwerte („assignments" oder „values") enthalten. So könnte etwa ein möglicher Füllwert dadurch bestimmt sein, dass er unter den Begriff „Person" fällt. Neben einfachen Bedingungen für Füllwerte finden sich auch komplexere Bedingungen, die die Werte mehrerer Terminals in Beziehung setzen, etwa: „Wenn die Farbe des Apfels *grün* ist, dann muss sein Geschmack den Wert *sauer* annehmen." Verschiedene Slots können auch durch einfache Relationen mit einander verbunden sein – so hat etwa jede Seite eines Würfels eine spezifische Relation zu jeder anderen der fünf Seiten. Darüber hinaus geht Minsky (1974, 18–19 et passim) von so genannten „default assignments"[7] aus, die leeren Terminals zugewiesen werden können, sobald keine anderen Informationen verfügbar sind, und die die Erwartungen lenken. Gerade die Default Values sollen die Schnelligkeit von kognitiven Prozessen erklären können und sind somit einem der oben genannten Erklärungsdesiderate geschuldet. Sie können auch so genannte Prototypeneffekte nach Rosch/Mervis (1975) erklären, die mit einer klassischen Feature-List-Theorie der Begriffe nicht vereinbar sind.

Mit dieser strukturellen Beschreibung hat Minsky wesentliche Elemente einer Frame-Theorie als einer Theorie der Strukturen mentaler Repräsentationen eingeführt: Slots und Filler, Standardwerte, Constraints und Relationen bilden das allgemeine Inventar vieler, wenn nicht aller, späteren Frame-Theorien. Darüber hinaus findet eine Terminologisierung dieser Elemente statt, die von den Nachfolgern teilweise übernommen,[8] teilweise durch andere Termini ersetzt wird, wo-

---

[7] Später etabliert sich die Rede von Default Values. Defaults sind Standardannahmen, die (ohne explizite Setzung) in Einzelfällen so lange gelten, bis sie durch speziellere Festlegungen suspendiert werden.

[8] Beispielsweise Lönneker (2003) spricht von „slots" und „fillers". Ziem (2008) übernimmt die strukturellen Elemente „slot", „filler" und „default value" und lässt die englischen Termini neben den deutschen Übertragungen „Leerstelle", „Füllwert" und „Standardwert" stehen.

bei die von Minsky gewählten Termini („filler", „slot", „value", „constraint") zunächst aus der KI-Sprache entlehnt sind, sich später aber auch in Frame-Konzeptionen finden, die ganz anderen Disziplinen zugerechnet werden können.[9]

Der zentrale Knoten in Frames, ein weiteres strukturelles Element, wird bei Minsky nicht explizit thematisiert. Jedoch findet sich etwa in seiner Darstellung eines Würfel-Frames ein zentraler, von den anderen Knoten abgehobener und mit dem Label „Würfel" beschrifteter Knoten. Er spricht in diesem Sinne etwa von einem Würfel-Frame oder einem Schultag-Frame – ein zentrales Element ist dadurch gegeben, dass ein Frame als Struktur eine Einheit bildet und eine Einheit (z. B. Würfel oder Schultag) repräsentiert (Minsky 1974, 6–10, 33). Allerdings wird durch diese vereinheitlichenden Tendenzen noch keine strukturelle Einbindung des zentralen Knotens in den Frame selbst notwendig. Andere Darstellungen Minskys enthalten keinen eindeutigen zentralen Knoten oder enthalten nur eine Art Überschrift, die nicht in die Frame-Struktur eingebunden ist (Minsky 1974, 33–45; 1985, 246). Dies kann damit erklärt werden, dass in solchen Fällen andere Aspekte der Frame-Theorie im Zentrum der Betrachtung stehen.

Ein wichtiges Strukturmerkmal von Frame-Theorien ist die Rekursivität. Frames bei Minsky sind insofern rekursiv, als dass sie selbst Werte für Terminals sein bzw. ihrerseits Frames als Filler haben können. Während sich der Grundgedanke der Rekursivität von Frames bereits bei Minsky (1974, 2) findet, gelangt Barsalou (1992, 21) zu einer modifizierten und umfassenderen Bestimmung dieser Rekursivität.

Ein weiteres, mit der Rekursivität eng verbundenes Merkmal von Minskys Frame-Theorie, dem er selbst auch einen höheren Stellenwert als der bisher skizzierten Grundform der Theorie zugesteht, sind die so genannten Frame-Systeme (Minsky 1974, 2).[10] Hierbei handelt es sich um eine Gruppe von Frames, die Ter-

---

[9] So adaptiert etwa Barsalou (1992) die Ausdrücke „value" und „constraint", ersetzt aber „slot" durch den für die psychologische Forschung üblicheren Terminus „attribute".

[10] Die Idee der Frame-Systeme wiederholt Minsky in einem separaten Aufsatz (1977, 355): „Collections of related frames are linked together into *frame-systems*. The effects of important actions are mirrored by transformations between the frames of a system. [...] For visual scene analysis, the different frames of a system describe the scene from different viewpoints, and the transformations between one frame and another represent the effects of moving from place to place. For non-visual kinds of frames, the differences between the frames of a system can represent actions, cause-effect relations, or changes in conceptual viewpoint." – Besonders der letzte Punkt ist im Hinblick auf

Gibt es eine einheitliche Frame-Konzeption? Historisch-systematische Perspektiven

minals und deren Filler teilen, sodass ein schneller Wechsel zwischen Frames innerhalb eines Frame-Systems, beispielsweise zwischen verschiedenen Perspektiven oder zwischen einer zwei- und einer dreidimensionalen Repräsentation, möglich ist (Minsky 1974, 2, 38 et passim).

2.3 Beispiele und Anwendungsbereiche

Ein besonderer Fokus liegt bei Minsky auf der Funktion von Frames im Bereich der visuellen Wahrnehmung. So versucht er, von einem einfachen Würfel-Frame ausgehend, komplexere Wahrnehmungsvorgänge zu erklären. Bereits verfügbare Frames sollen hierbei die Wahrnehmung leiten und dafür verantwortlich sein, dass Erwartetes, auch wenn es nicht im Blickfeld liegt, ergänzt wird, und auch die Entstehung rein fiktiver Vorstellungsbilder lässt sich durch Frames erklären (Minsky 1974, 17–18). Somit sind Frames sowohl ein Format, das visuelle Inhalte repräsentieren kann (epistemologische Ebene), als auch ein Format, das von den genannten kognitiven Systemen genutzt wird (funktionale Ebene). In späteren Frame-Theorien tritt diese Funktion von Frames eher in den Hintergrund, findet aber bisweilen auch dort Erwähnung.

Eine im Bereich der visuellen Wahrnehmung bedeutsame Funktion von Frames ist der durch die Frame-Theorie besonders gut modellierbare Perspektivenwechsel, der für schnelles und effektives Lösen von Aufgaben relevant ist. Derartige Perspektivenwechsel lassen sich etwa an Kippbildern illustrieren, die trotz der gleichen bildlichen Elemente je nachdem, durch welchen Frame sie gedeutet werden, ein komplett neues Bild darstellen (Minsky 1974, 48). Ausgehend hiervon wird die Rolle von Frames und der Wechsel zwischen ihnen sowohl bei Fragen der Theorienabfolge als auch im Anschluss an Kuhns Vorstellung von Paradigmenwechseln thematisiert.

Eine weitere umfangreiche Sektion von Minskys Aufsatz befasst sich mit der Rolle von Frames für Sprachverstehen. Betont wird die Bedeutung von semantischen Hintergrund-Frames, die zusätzliches Weltwissen enthalten, das in sprachlichen Äußerungen selbst nicht explizit wird, sie aber erst verständlich macht. Ein Beispiel ist der Frame für „Kindergeburtstag", der erforderlich ist, um bestimmte

---

Paradigmen-Wechsel in der Wissenschaft und den Framing-Begriff in den Medien- und Kommunikationswissenschaften relevant.

einfache Alltagsäußerungen zu verstehen, wie etwa: „Mary was invited to Jack's party. She wondered if he would like a kite." Dieser Frame enthält Slots für die Beteiligten wie „Geburtstagskind" und „Gäste". Er enthält die Information, dass von den Gästen erwartet wird, dem Geburtstagskind ein Geschenk zu kaufen, und darüber, welche Arten von Gegenständen angemessene Geschenke sind. Und er enthält Informationen über Aktivitäten, wie etwa Essen und Spiele, die zusätzlich spezifiziert und zu einander in Relation gesetzt sind. Nur vor dem Hintergrund dieses komplexen Geflechts von Querverweisen und möglichen Füllwerten lassen sich ganz einfache für Schulkinder gedachte Geschichten über Kindergeburtstage verstehen (Minsky 1974, 33–34).

Die Funktion von Frames, Hintergrundwissen oder Weltwissen zu repräsentieren (epistemologische Ebene), das sich nicht unmittelbar auf der sprachlichen Ebene finden und festmachen lässt, aber für Sprachverstehen unverzichtbar ist, stellt eine zentrale These späterer Frame-Semantiker dar und könnte als das Bestimmungsmerkmal von Frame-Semantik überhaupt angesehen werden (funktionale Ebene). Die beiden letztgenannten Funktionen von Frames als Deutungsmuster, d. h. Muster, die Perspektivenwechsel ermöglichen und die Hintergrundwissen repräsentieren, könnten auch zusammenfassend als „Framing"[11] bezeichnet werden und stellen einen wichtigen Anschlusspunkt für einige von Minskys Nachfolgern dar.

Jedoch beschränkt Minsky die Rolle von Frames für die Sprache nicht auf derartige semantische Hintergrund-Frames („thematic frames"), sondern er spricht auch von: (1) syntaktischen, also an der sprachlichen Oberfläche liegenden Frames, die konkrete Satzteile wie Subjekt und Prädikat als Slots enthalten; (2) semantischen Oberflächen-Frames (hierbei verweist er auf Fillmore), die semantische Rollen wie „Handelnder", „Objekt" und „Werkzeug" enthalten, aber noch stark an der syntaktischen Oberfläche orientiert sind (vergleichbar mit Fillmores „case frames"); und (3) narrativen Story-Frames (wie sie bei Bartlett eine zentrale Rolle spielen), die den typischen Verlauf von Geschichten und in ihnen vorherrschende Erklärungsmuster vorgeben (Minsky 1974, 26–27, 35).

---

[11] Der Ausdruck „framing" spielt vor allem in der Medien- und Kommunikationswissenschaft eine Rolle und kann hier auch als Terminus technicus angesehen werden. Vgl. Scheufele (2003), Ziem (2013), Matthes (2014).

Gibt es eine einheitliche Frame-Konzeption? Historisch-systematische Perspektiven

Die skizzierten Frame-Strukturen werden als ein allgemeines kognitives Format eingeführt, das weder auf einen Bereich von Inhalten noch auf einen Bereich von Anwendungen beschränkt ist. Jedoch werden sie im Gegensatz zu neueren kognitiven Frame-Theorien[12] nicht explizit als universales kognitives Format benannt – in „Society of Mind" etwa werden auch andere Formate thematisiert.

Welche Stellung kann Minsky im Rahmen der Frame-Theorie einnehmen? Hat er eine Sonderrolle und kann in gewissem Sinne als Begründer jener Theorie angesehen werden? Diese letzte Frage beinhaltet drei Aspekte: Erstens, sind die Komponenten von Minskys Frame-Theorie, die eingeführten strukturellen Elemente sowie die Funktionen und Inhalte, die sie erfüllen und repräsentieren (etwa die Ansetzung von Hintergrund-Frames für das Sprachverstehen), neuartig? Zweitens, falls dies nicht der Fall ist: Ist zumindest die Kombination dieser verschiedenen Elemente neuartig? Drittens: Ist Minskys Frame-Konzeption spezifisch genug, um ihn als den Begründer der einschlägigen Tradition zu sehen?

3 Vorgänger-Konzeptionen

3.1 Minskys historisch-systematische Selbsteinordnung

Für einen historischen Zugang interessant ist zunächst Minskys Rede von „older theories in psychology", die nicht viel beizusteuern hätten zu einer Erklärung der tatsächlichen Arbeitsweise des Geistes. Während diese „older theories" ausgingen von ‚Erinnerungsbrocken' („chunks of memory"), die entweder zu klein oder zu groß seien, biete die Frame-Theorie einen Mittelweg im Sinne eines „useful compromise" (Minsky 1985, 244). Bemerkenswert ist also, dass Minsky die Einführung seiner Frame-Theorie von Anfang an mit der Diagnose eines wissenschafts- bzw. psychologiegeschichtlichen Defizits verbindet. Minsky relativiert die ihm immer wieder zugeschriebene Rolle als Erfinder der Frame-Theorie durch vage, zugleich aber aufschlussreiche historische Bemerkungen.

---

[12] Löbner (2014, 23–24) spricht von einer „Frame Hypothesis", die sich aus folgenden zwei Prämissen zusammensetzt und auf Barsalou zurückgeführt werden kann: „H1 The human cognitive system operates with a single general format of representations. [...] H2 If the human cognitive system operates with one general format of representations, this format is essentially Barsalou frames." In der Tat konstatiert Barsalou (1992, 21): „[...] I propose that frames provide the fundamental representation of knowledge in human cognition."

Als wichtige Vorgänger frame-theoretischer Erwägungen können gestaltpsychologische Modelle aus der ersten Hälfte des 20. Jahrhunderts gelten, insofern sie sich mit Repräsentationen auseinandersetzen, die aus einer Vielheit von Eindrücken eine Einheitlichkeit schaffen.[13] Minsky selbst bestreitet allerdings eine Verwandtschaft beider Konzeptionen und sieht sie als fundamental verschiedene Lösungsansätze für ähnliche Problemstellungen an.[14]

Ein weiterer wichtiger Einfluss ist der Konzeption semantischer Netze und Netzwerke zuzuschreiben, die vor allem mit den Arbeiten von Newell und Simon (1972) verbunden ist. Diese wiederum zeigen sich beeinflusst durch die deutlich ältere Schema-Konzeption des Psychologen Otto Selz (1913), der die Wichtigkeit von inhaltlich bestimmten Relationen zwischen Konzepten betont und damit wesentliche Elemente einer Frame-Konzeption – ihre Strukturiertheit, ihre Offenheit und ihre Annahme interner Relationen – vorwegnimmt.

Aus dem engeren Umfeld der KI-Forschung nennt Minsky außerdem einen von ihm selbst gemeinsam mit Papert verfassten Aufsatz (1972), Arbeiten von Schank (1972) und Abelson (1973), die vor allem für ihre späteren Arbeiten zum Script-Begriff bekannt sind, sowie Norman (1972). Dies zeigt, dass sein Frame-Modell stark von dem Bereich der KI-Forschung beeinflusst ist. Dennoch kann es in keiner Weise auf den Bereich der *künstlichen* Intelligenz beschränkt werden, da es als allgemeine – wenngleich, wie Minsky zugesteht, keinesfalls vollständige – Theorie der *menschlichen* Intelligenz bzw. Kognition auftritt. Umso interessanter ist dementsprechend der an gleicher Stelle gegebene Hinweis auf Vorgänger aus anderen Wissenschaftsbereichen:

> I do not claim that the ideas proposed here are enough for a complete theory, but only that the frame-system scheme may help explain a number of phenomena of human intelligence. The basic frame idea itself is not particularly original – it is in the tradition of the "schema" of Bartlett and the "paradigms" of Kuhn […]. (Minsky 1974, 3)

---

[13] Zum Zusammenhang von Frame-Theorie und Gestaltpsychologie vgl. etwa Ziem (2013, 156).
[14] Vgl. Minsky (1974, 4): „While my theory is thus addressed to basic problems of Gestalt psychology, the method is fundamentally different. In both approaches, one wants to explain the *structuring* of sensory data into wholes and parts. Gestalt theorists hoped this could be based primarily on the operation of a few general and powerful principles; but these never crystallized effectively and the proposal lost popularity. In my theory the analysis is based on many interactions between sensations and a huge network of learned symbolic information."

Gibt es eine einheitliche Frame-Konzeption? Historisch-systematische Perspektiven

Diese beiden ausdrücklich genannten Vorgänger, die den Kern von Minskys historischer Selbsteinordnung ausmachen, sollen im Folgenden im Fokus stehen. Mit ihnen ist freilich nicht auf frühere Frame-Begriffe, sondern auf „schema" und „paradigm" als Prämissen des Frame-Begriffs verwiesen. Vor Minsky haben bereits andere Autoren den Terminus „frame" für mit Minskys Frame-Begriff verwandte Begriffe gebraucht. Sie werden schwerpunktartig an späterer Stelle (Abschnitt 4) behandelt. Zunächst aber ist auf Bartlett und Kuhn einzugehen.

3.2 Der Schema-Begriff bei Bartlett

Bartlett wird immer wieder als ein erster wichtiger Vertreter genannt, der Minskys Frame-Konzeption partiell vorwegnimmt.[15] Insbesondere in seinem Hauptwerk „Remembering" stellt Bartlett verschiedene Experimente vor, deutet sie und versucht, aus ihnen eine allgemeine Theorie des Erinnerungsprozesses zu entwickeln. Demnach akkumulieren und speichern wir Erfahrungen nicht als unabhängige und vollständige Datenbestände, sondern als strukturierte und wandlungsfähige „Schemata".

Ein psychologischer Schema-Begriff existierte bereits vor Bartlett. Zu nennen sind etwa der oben erwähnte Schema-Begriff bei Otto Selz, aber auch der auf die Gestaltpsychologie vorausweisende Begriff des Antizipationsschemas Oswald Külpes (1908) und der im Rahmen der Entwicklungspsychologie entwickelte Schema-Begriff Jean Piagets (1928). Hierbei fällt auf, dass alle genannten psychologischen Schema-Theoretiker sich mit der Erkenntnistheorie Immanuel Kants auseinandergesetzt haben,[16] der in seiner „Kritik der reinen Vernunft", A136/B177, den wenn auch nicht einzig relevanten, so doch meist-rezipierten philosophischen Schema-Begriff etabliert. Schemata sind demnach nicht vollständig determinierte mentale Repräsentationen, die den Formen der Anschauung, d. h.

---

[15] Vgl. Busse (2012, 311), Scheufele (2003, 13); Ziem (2008, 258) sieht in Bartletts Gedächtnisstudien den Grundstein für spätere kognitionspsychologische sowie semantische Arbeiten von Fillmore, Minsky, Rumelhart und anderen. Ziem (2013, 156) betont: „Neben der Gestaltpsychologie kann der Einfluss von Bartletts Gedächtnistheorie auf die Entwicklung der Frame-Semantik kaum hoch genug eingeschätzt werden (vgl. Busse 2012)."
[16] Külpe (1908), eine Monografie, und Selz (1924), eine Universitätsrede, widmen sich der theoretischen Philosophie Kants. Bartlett behandelt Kant in einem frühen Aufsatz von 1917. Von seinem psychologischen Mentor James Ward (1922) liegt ebenfalls eine Monografie über Kant vor.

Raum und Zeit, entsprechen und damit einen Beitrag leisten, konkrete Anschauungen unter nicht-anschauliche Begriffe zu subsumieren.

Die Mehrzahl der modernen Schema- und Frame-Theoretiker sehen demzufolge Schema-Konzeptionen in der Nachfolge von Kant.[17] Eine Bindung von Schemata an Anschauungen besteht zwar nicht bei allen Varianten, findet jedoch in Form der „image schemas" bei Lakoff (1987) und Johnson (1987) oder der „perceptual symbols" bei Barsalou (1999) weiterhin Beachtung. Eine allgemeine Bestimmung des (kognitiven) Schemas könnte lauten: Ein Schema ist eine strukturierte, aber nicht vollständig determinierte mentale Repräsentation, unter die andere Repräsentationen subsumiert werden und mittels derer die zu subsumierenden Repräsentationen wiederum eine Strukturierung und partielle Determinierung erfahren. Entsprechend bilden Frames bei Minsky eine strukturell näher bestimmte Unterart von Schemata.[18]

Bartlett beruft sich mit seinem eigenen Schema-Begriff zunächst nicht auf die genannte psychologische Tradition oder auf Kant, sondern vielmehr auf den Neurologen Henry Head, der jenen Begriff wie folgt einführt:

> The sensory cortex is the storehouse of past impressions. They may rise into consciousness as images, but more often, as in the case of spatial impressions, remain outside central consciousness. Here they form organised models of ourselves which may be called schemata. Such schemata modify the impressions produced by incoming sensory impulses in such a way that the final sensations of position or of locality rise into consciousness charged with a relation to something that has gone before. (Head 1920, 607)

Bartlett macht sich den von Head terminologisierten Schema-Begriff zu eigen, kritisiert ihn aber zugleich in mehrfacher Hinsicht. Heads Begriffsexplikation

---

[17] Vgl. u. a. Rumelhart/Ortony (1977, 100–101), Lakoff (1987, 453), Johnson (1987, 152–157), Barsalou (1999, 584) und Ziem (2013, 156).
[18] Vgl. Ziem (2008, 257): „Unter ‚Schemata' verstehe ich im Folgenden ein allgemeines, modalitätsunspezifisches Strukturformat, unter ‚Frames' hingegen eine semantische Organisationseinheit. Der Begriff ‚Schema' fungiert also als Oberbegriff für alle komplexen konzeptuellen Strukturen. Auch Frames sind Schemata, nur spezifische, da sie verstehensrelevantes Wissen repräsentieren und strukturieren, das zur Interpretation sprachlicher Ausdrücke herangezogen wird." Ziem definiert hier Frames auf den Ebenen ihrer Funktion für das Sprachverstehen und ihres Gegenstandsbereichs (Weltwissen – epistemologische Ebene). Er differenziert zwischen Autoren, die eine ähnliche Beschränkung von Frames auf das Sprachverstehen vornehmen (Fillmore, Konerding u. a.), und Autoren, die Frames mit Schemata gleichsetzen (Minsky, Charniak, Hayes). Eine solche Unterscheidung ist aus Sicht der Linguistik sinnvoll, da für diese ein Interesse an der Rolle der Frames für Sprachproduktion im Vordergrund steht.

enthalte eine verfehlte Festlegung auf Bewusstsein, an das ein richtig verstandener, unseren Alltagserfahrungen angemessener Schema-Begriff nicht gebunden sein müsse. Dass diese Kritik Bartletts allerdings kaum zutrifft, ist bereits unserem Zitat zu entnehmen. Ein zweiter Kritikpunkt Bartletts betrifft Heads Vorstellung vom sensorischen Cortex als „storehouse of past impressions", die sich obsoleter Bilder des Statischen, des Behältnisses oder Vorratslagers, bediene – ein Vorstellungsrahmen, der tatsächlich über Jahrhunderte hinweg die Geschichte philosophischer Gedächtnistheorien bestimmt hat, etwa wenn man davon ausging, dass Sinneserfahrungen Eindrücke im Gedächtnis wie auf einer Wachstafel hinterlassen. Bartlett seinerseits will an dem Begriff des Schemas festhalten, ihn aber umdeuten im Sinne seines Verständnisses von „active, developing patterns" oder, besser noch, eines „organized setting" (Bartlett 1932, 201). Das Moment der aktiven Organisation, von „past reactions" oder „past experiences" ist für Bartlett das entscheidende Moment bzw. der Bedeutungskern eines richtig verstandenen Schema-Begriffs.

Bartletts Schema-Theorie in „Remembering" beruht wesentlich auf der Beobachtung, dass Erinnerung ein rekonstruktiver Prozess ist und kein vollständiges und unverändertes Reaktivieren. Seine Experimente rekurrieren vor allem auf Geschichten (oder auch Bildern), die seine Versuchspersonen in unterschiedlichen (teilweise jahrelangen) Abständen wiedergeben sollen. Beim Hören einer Geschichte wird ein Schema aktiviert, das auch Leerstellen enthält, die durch die konkrete Geschichte nicht gefüllt werden. Beim Wiedererinnern wird dieses Schema erneut aktiviert und angereichert – Wörter und Bilder können „salient features" eines Schemas stimulieren (Bartlett 1932, 214) –, wobei in der ursprünglichen Geschichte nicht gefüllte Leerstellen nun mit Standardwerten ergänzt werden. Aus der Beobachtung, dass bestimmte Details verloren, andere beibehalten und wieder andere hinzugefügt werden, ergibt sich Bartletts Konzeption eines dynamischen Schemas.

In seinem späteren Werk „Thinking", das sich vor allem mit Problemlösungsstrategien auseinandersetzt, nennt Bartlett Beispiele für rein perzeptuelle, den kantischen nah verwandte Schemata wie etwa das Schema einer Raute, das abstrakt und grafisch die Lösung einer Anordnungsaufgabe von Wörtern repräsentiert, und referiert Beispiele für mathematische Schemata einschließlich experimenteller Ergebnisse (Bartlett 1958, 38–42). Interessanterweise gebraucht Bartlett hier wiederum mehrmals den Ausdruck „frame", der schon in „Remembering" dazu dient, seine Schemata zu bezeichnen (Bartlett 1932, 94; 1958, 42). Das Schema wird nun auch als eine Struktur beschrieben, die Leerstellen („gaps") enthält, die gefüllt werden müssen, damit es vollständig ist.

Insgesamt finden sich auf einer Mehrzahl der benannten Differenzierungsebenen signifikante Übereinstimmungen zwischen Minsky und Bartlett: (1) Auf der terminologischen Ebene werden die Ausdrücke „frame" und „framework" gebraucht. (2) Auf der ontologischen Ebene werden Schemata als kognitive Entitäten bestimmt, denen (3) auf der funktionalen und epistemologischen Ebene eine Vielzahl von kognitiven Aufgaben (Erinnerung, diskursives Denken u. a.) sowie Inhalte (perzeptueller oder sprachlicher Art) zugewiesen werden. Vor allem der Aspekt der durch Erwartung gelenkten und nicht ‚korrekten' Rekonstruktion – Bartlett legt hier u. a. Wert auf kulturgebundene Unterschiede – verbindet ihn mit Minsky. Ein wesentlicher Unterschied ist die anders als bei Minsky kaum vorhandene strukturelle Beschreibung von Schemata sowie die daraus resultierende fehlende Benennung ihrer Elemente. Zusammenfassend lässt sich sagen, dass Schemata bei Bartlett eher über ihre Aufgaben und Wirkweisen (funktionale Ebene) bestimmt werden als über ihre Struktur (ontologische Ebene). Sein Schema-Begriff ist außer für Minsky auch für Rumelhart und dessen Schema-Konzeption von grundlegender Bedeutung. Das Urteil, dass der Bezug Minskys auf Bartlett als nah verwandten Vorgänger seiner Frame-Konzeption gerechtfertigt ist, begegnet in zahlreichen Besprechungen der Frame-Theorie,[19] und Bartlett findet in einer Vielzahl historischer Aufarbeitungen des Frame-Begriffs Erwähnung.[20]

3.3 Kuhns Paradigmen-Begriff

Der Begriff „Paradigma", der im Sinne seiner terminologischen Fixierung durch Kuhn (1970, orig. 1962) zweite von Minsky genannte Vorgängerbegriff für „frame", gilt zunächst als Kennzeichnung für die Gesamtheit dessen, was eine Gemeinschaft von Wissenschaftlern verbindet. Schon früh hat sich indessen die

---

[19] Vgl. etwa Fillmore (1975, 124), Ziem (2008, 258) und Busse (2012, 311); Barsalou (1992, 29) erklärt: „In cognitive psychology, frames have received much attention in research on the essentially identical construct of schema."
[20] Vgl. etwa Scheufele (2003, 13), Fraas (2011, 5), Busse (2012) u. v. m.

Gibt es eine einheitliche Frame-Konzeption? Historisch-systematische Perspektiven

Kuhn-Rezeption, insbesondere Masterman (1970), mit der erheblichen Vieldeutigkeit des Paradigmen-Begriffs befasst. Für den vorliegenden Zusammenhang genügen im Wesentlichen zwei Unterscheidungen, die auf der oben skizzierten ontologischen Ebene einer Bestimmung von Repräsentationsformaten anzusiedeln sind:

(1) Insofern der Grundbestand fachlich-wissenschaftlicher Überzeugungen einen stabilen Verständigungsrahmen für eine Wissenschaftler-Gemeinschaft darstellt, manifestieren sich in einem Paradigma *soziale* Gemeinsamkeiten dieser Wissenschaftler-Gemeinschaft. Insofern der Grundbestand fachlich-wissenschaftlicher Überzeugungen über inhaltliche und methodische Verbindlichkeiten eines Wissenschaftsbereichs entscheidet, manifestieren sich in einem Paradigma *epistemische* Gemeinsamkeiten der Wissenschaftler-Gemeinschaft. Soziale und epistemische Gemeinsamkeiten addieren sich zu einem „strong network of commitments – conceptual, theoretical, instrumental, and methodological" (Kuhn 1970, 42). Im Rahmen unserer Ausführungen geht es offensichtlich um Paradigmen im Sinne *epistemischer* Gemeinsamkeiten.

(2) Betrachtet man nun Paradigmen als Format *epistemischer* Gemeinsamkeiten von Wissenschaftlern, dann wird Kuhns Unterscheidung von „disziplinärer Matrix" und „Musterbeispiel" relevant: Unter einer disziplinären Matrix ist die Gesamtheit theoretischer Auffassungen allgemeinster Art zu verstehen, die den jeweiligen Wissenschaftler gleichsam eine Weltanschauung vertreten lassen; diese Gesamtheit theoretischer Auffassungen resultiert zwar nicht unmittelbar aus der Erfahrung, bestimmt aber ihrerseits Inhalt und Umfang der Erfahrungen des jeweiligen Wissenschaftlers. Unter einem Musterbeispiel ist ein repräsentativer Einzelfall zu verstehen, wie er von Kuhn (1970, 11), als „concrete scientific achievement" angesprochen wird. Matrix und Musterbeispiel dienen in je eigener Weise der Interpretationsanleitung für neue Erfahrungsdaten.

Die Behauptung Minskys, er stehe mit seinem Frame-Begriff in der Tradition von Kuhns Paradigma-Begriff, wird von Dreyfus in seinem Artikel „A Framework for Misrepresenting Knowledge" sowie in seinem Buch „What Computers Can't Do" scharf kritisiert (Dreyfus 1979a, 1979b). Die Kritik richtet sich in erster Linie gegen die Interpretation des Paradigmen-Begriffs, welche Minsky zugrunde legt. Dreyfus macht geltend, dass der Begriff des Paradigmas bei Kuhn kein abstraktes,

43

explizit beschreibendes Schema, sondern vielmehr gemeinsam erfahrene konkrete Fälle bezeichne (Dreyfus 1979a, 133–134; 1979b, 39).

Fraglich erscheint, ob diese Kritik Dreyfus' gerechtfertigt ist. Sieht Minsky tatsächlich nur auf Grund einer Fehlinterpretation den Paradigmen-Begriff als Vorgänger seiner Frames an? Eine Position, welche die Auffassung Minskys unterstützt, findet sich bei De Mey (1982), der zwischen dem Paradigmen-Begriffs Kuhns und dem Frame-Begriff Minskys besonders enge Affinitäten, nahezu Austauschbarkeit, konstatiert. De Mey ist der Ansicht, eine Beschäftigung mit der Frame-Idee könne auch das Verständnis des Paradigmen-Begriffs verfeinern und neue Spezifikationen desselben ermöglichen (De Mey 1982, 204–205).

Die Frage der Nähe zum Frame-Begriff hängt also wenigstens auch von einer Präzisierung des Paradigmen-Begriffs ab. Ob aber Kuhns Ausführungen überhaupt ein einheitliches Verständnis seines Paradigmen-Begriffs zulassen, wird in der Wissenschaftstheorie intensiv diskutiert. Kuhn war das Problem durchaus bewusst, was ihn dazu bewog, in seinem Postskriptum zur zweiten Auflage von „The Structure of Scientific Revolutions" eine Klärung entstandener Missverständnisse und Unklarheiten zu versuchen. Kuhn schreibt:

> [...] the term 'paradigm' is used in two different senses. On the one hand, it stands for the entire constellation of beliefs, values, techniques, and so on shared by the members of a given community. On the other, it denotes one sort of element in that constellation, the concrete puzzle-solutions which, employed as models or examples, can replace explicit rules as a basis for the solution of the remaining puzzles of normal science. (Kuhn 1970, 175)

Diese Unterscheidung beruht auf der erwähnten Unterscheidung (1) von *sozialen* und *epistemischen* Gemeinsamkeiten. In seiner Anlehnung an Kuhn hat Minsky eindeutig die zweite Lesart des Paradigmen-Begriffs im Sinn, und zwar, vor dem Hintergrund der Unterscheidung (2), hauptsächlich in der Bedeutung von Musterbeispielen. Die Lesart des Paradigmen-Begriffs im Sinne individueller „models or examples" ist diejenige, um die es in dem Postskriptum von 1970 eigentlich geht. Die dort beschriebenen Charakteristika eines Paradigmas kommen Bartletts Vorstellung von „active organized patterns" ebenso nahe wie dem Frame-Begriff Minskys, sodass wir hier durchaus kompatible Voraussetzungen eines einheitlichen Frame-Konzepts vor uns haben.

Gibt es eine einheitliche Frame-Konzeption? Historisch-systematische Perspektiven

Wie man Minsky mit der terminologischen Fixierung von „frame" assoziiert, so assoziiert man Kuhn mit der terminologischen Fixierung von „Paradigma". Indessen ist der Paradigmen-Begriff schon früher geläufig – etwa bereits bei Aristoteles und bei dem Aufklärungsphilosophen Lichtenberg – und wird insbesondere von Ludwig Wittgenstein terminologisch verwendet; nach „Philosophische Untersuchungen", § 50, ist ein Paradigma schlicht „etwas, womit verglichen wird" (Wittgenstein 1977, 47). Die von Wittgenstein klar intendierte Verwendung des Paradigmen-Begriffs für außerwissenschaftliche Alltagssituationen fordert wiederum auch Minsky:

> Now while Kuhn prefers to apply his own very effective re-description paradigm at the level of major scientific revolutions, it seems to me that the same idea applies as well to the microcosm of everyday thinking. Indeed, in that last sentence quoted, we see that Kuhn is seriously considering the paradigms to play a substantive rather than metaphorical role in visual perception, just as we have proposed for frames. (Minsky 1974, 53)

Ein Zwischenbefund an dieser Stelle kann lauten: Minskys Frame-Begriff beruht auf einer spezifizierenden Verbindung von Bartletts Schema-Begriff mit dem im Sinne von Wittgenstein transkontextualisierten Paradigmen-Begriff Kuhns. Kuhn-Interpreten, die die „cognitive structure of scientific revolution" zum Thema machen, z. B. Barker/Chen/Andersen (2003) und Nersessian (2003), vernachlässigen Minskys frame-theoretische Überlegungen leider fast völlig. Auf der funktionalen Ebene hat Minskys Frame-Begriff mit Kuhns Paradigmen-Begriff vor allem die Beschreibung von Paradigmen-Wechseln in den Wissenschaften und die Ausweitung dieses Motivs auf analoge Wechsel in anderen kognitiven Domänen gemeinsam.

4 Frame-Theorien vor Minsky

4.1 Fillmores syntaktische „case frames" und semantische Hintergrund-Frames

Fillmore führt den Ausdruck „frame", vor allem in der Kombination „case frame", in einem Aufsatz von 1968 ein und damit etwa fünf Jahre vor den ersten einschlägigen Veröffentlichungen Minskys. Er dient dort zur Bezeichnung einer Struktur von Kasus-Rollen, in die ein Verb eingesetzt werden kann. Kasus-Rollen sind etwa „Handelnder", „Objekt" oder „Instrument". Sie entsprechen teilweise, wenngleich nicht notwendig, Oberflächenkasus und sind auf eine kleine, aber variierende Anzahl von Kasus-Rollen beschränkt.[21]

Fillmores „case frames" teilen wesentliche strukturelle Merkmale mit Minskys Frames. Es existieren Leerstellen, die konkrete Füllwerte (in Form von Wörtern) annehmen können, welche restringiert sind durch die Füllwerte, die möglich sind. Es gibt optionale und obligatorische Leerstellen, die miteinander interagieren können. So beschreibt Fillmore den „case frame" für „töten" folgendermaßen:

> For a verb like *kill* it is necessary to indicate, expressing it in familiar terms, that it takes an animate object and either an animate or an inanimate subject, and that if there is an animate subject, an instrument phrase may also cooccur. The frame feature for *kill*, in other words, will have to specify that either an Instrument or an Agent must be specified, and both may be specified. (Fillmore 1968, 49–50)

Die Leerstellen „Subjekt" und „Objekt" sind notwendig zu befüllende Leerstellen und befinden sich damit auf dem Top-Level, anders als die optionale Leerstelle. Der Wertebereich der Leerstelle „Objekt" ist auf Gegenstände festgelegt, die das Merkmal „lebendig" aufweisen, wohingegen der Wertebereich für die Leerstelle „Subjekt" weiter gefasst ist. Zwischen den Leerstellen „Subjekt" und „Instrument" findet sich ein Constraint, der festlegt, dass „Instrument" nur befüllt werden darf, wenn „Subjekt" das Merkmal „lebendig" aufweist. Fillmores „case frames" lassen sich somit als Frames in Minskys Sinne beschreiben – Fillmore selbst terminologisiert und expliziert die genannten strukturellen Frame-Elemente allerdings nicht.

Fillmores Frames sind hier auf einen sehr kleinen Bereich – semantische Kasus-Frames für Verben – beschränkt. Bei Minsky lassen sie sich in den Bereich der „Surface Semantic Frames" einordnen. Dementsprechend weisen Fillmores „case frames" nur einen geringen Überschneidungsbereich mit den von Minsky für Frames postulierten Inhalten und Funktionen auf. Indessen gibt Minsky in seinem Abschnitt über sprachliche Frames einen Verweis auf Fillmore (Minsky 1974, 26). Infolge dieser historischen Bezugnahme und der terminologischen Fixierung von „frame", wenn auch nur in der Kombination „case frame", mag man

---

[21] Eine umfassende Darstellung von Fillmores Denkweg von „case frames" über eine „frames and scenes" Semantik, „frames of understanding" zu FrameNet findet sich bei Ziem (2014) und sehr ausführlich bereits bei Busse (2012, 23–250).

dafür argumentieren, Fillmore als Urheber einer modernen Frame-Theorie zu sehen. Dies bedeutet aber insofern eine Verkürzung, als bei Minsky diverse zusätzliche Theoriestränge zusammenlaufen, die für Fillmore keinerlei Rolle spielen, dabei aber für zentrale Aspekte der Frame-Theorien im Anschluss an Minsky einschließlich der allgemeineren Überlegungen zu Frames in späteren Arbeiten von Fillmore wesentlich sind.

Fillmore verweist, was seine Benutzung des Ausdrucks „frame" betrifft, auf Charles Fries (1952) und vor allem auf Sätze, die Leerstellen enthalten und damit einen einzigen freien Slot. In vergleichbarer Weise spricht schon Gilbert Ryle (1937) von „sentence frames", die nur einen bestimmten Füllwert zulassen. Die terminologische Tradition des Frame-Begriffs besteht somit bereits vor Minsky und auch vor Fillmore. Systematisch gibt es nur geringe Parallelen zwischen „sentence frames" und Minskys Konzeption von Frames. Die einzige Gemeinsamkeit ist die Leerstelle und die damit einhergehende Offenheit der Repräsentationen.

4.2 Goffman und Bateson: Frames in den Sozialwissenschaften

Ein Frame-Theoretiker, der in der sozialwissenschaftlichen Frame-Theorie eine zentrale Rolle einnimmt, ist Erving Goffman.[22] Seine Monografie „Frame Analysis" erschien fast zeitgleich mit Minskys Aufsatz von 1974. „Frame" wird bei Goffman zu einem technischen Term.[23]

Goffmans Frame-Begriff basiert vor allem auf der Beobachtung, dass in bestimmten Bereichen der Erfahrung eigene Regeln gelten und die Deutung eines Erfahrungsbereichs wesentlich davon abhängt, unter welche Regeln wir ihn stellen und anhand welcher Regeln wir ihn betrachten. Er formuliert sein Ziel wie folgt:

---

[22] Vgl. Matthes (2014, 24): „In der Soziologie gilt das Buch von Goffman (1980), ‚Rahmenanalyse. Ein Versuch über die Organisation von Alltagserfahrungen', als Meilenstein der Framing-Forschung." Vgl. auch Scheufele (2003, 43): „Den prominentesten soziologischen Beitrag zu Framing liefert Goffmans (1993) Rahmen-Konzept."

[23] Vgl. Jameson (1976, 126–127): „It is, however, not enough to observe that the greater part of this new coinage of terminology has its origins in what I prefer to call 'figures' rather than 'metaphors' ('role' from the theatrical realm, and 'frame' from the semiotics of painting, are only two such figural borrowings, to which we will return below): what is in many ways an even more crucial part of the operation is the defiguralization of the term, the removal of its too obvious metaphorical traces, its transformation into something neutral and scientific [...]."

My aim is to try to isolate some of the basic frameworks of understanding available in our society for making sense out of events and to analyze the special vulnerabilities to which these frames of reference are subject. (Goffman 1975, 10)

Es geht ihm somit um einen sehr weit gefassten Begriff von Deutungsmustern, wobei er auch von „schemata of interpretation" spricht (Goffman 1975, 21), die die Aufgabe haben, verschiedenste Erfahrungsbereiche kohärent zu machen und isolierten Aspekten der Erfahrung eine Bedeutung in einem Gesamtkontext zu geben. Wenn „schemata of interpretation" zu Inkohärenzen oder Fehldeutungen führen, kann ein Re-Framing erfolgen, das letztlich mit Paradigmen-Wechseln vergleichbar ist. Damit beschreibt Goffman verschiedene Aufgabenbereiche, die durch Minskys Frames erfüllt werden können, ohne explizit strukturelle Bestimmungen seiner Frames zu geben. Dementsprechend stellt Rettie (2004, 117) fest, dass Goffmans Frame-Begriff Bezüge zu Minskys Frame-Begriff und dem Skript-Begriff bei Schank und Abelson aufweise, aber weniger präskriptiv sei. Tatsächlich zeigen sich Parallelen vor allem auf der funktionalen und epistemologischen, weniger hingegen auf der strukturellen Ebene. Auf der ontologischen Ebene werden Frames bei Goffman als individuelle mentale Deutungsmuster beschrieben.

Goffman (1975, 2) bietet einige historische Verweise, unter anderem auf William James. Seinen Frame-Begriff führt er vor allem auf Gregory Bateson zurück, der sich im Rahmen seiner Überlegungen zum Phänomen des Spiels u. a. mit der Frage auseinandersetzt, was das Spiel von einem Nicht-Spiel unterscheidet (Bateson 1976). Bateson verwendet in seinem (1954 entstandenen) Aufsatz für „frame" die Bilderrahmen-Analogie und zieht außerdem einen Vergleich mit mathematischen Mengen. Ein Frame wird damit verstehbar als eine Ansammlung von Sätzen, Handlungen etc., die unter bestimmten Voraussetzungen als zusammengehörig aufgefasst werden. Er trennt einen Wirklichkeitsbereich von einem anderen ab und schließt damit bestimmte Botschaften aus und andere ein.

In diesem Kontext verweist Bateson auch auf die ebenfalls von Minsky (allerdings im Modus kritischer Abgrenzung) zitierte Gestaltpsychologie und ihre Intention, die Ganzheitlichkeit von Erfahrungsaspekten zu erklären. Der Frame leitet an, wie mit den in ihm enthaltenen Informationen umzugehen ist, er aktiviert analog zu Minskys Auffassung dementsprechend auch prozedurales Wissen. Frames können explizit sein, wie etwa „Spiel" oder „Interview", es gibt aber auch nicht explizierte Frames. Ferner können Frames in höherrangigen Frames enthal-

Gibt es eine einheitliche Frame-Konzeption? Historisch-systematische Perspektiven

ten sein. Es finden sich somit auf der ontologischen, funktionalen und inhaltlichen Ebene Parallelen zu Minsky. Des Weiteren tritt „frame" als isolierter Terminus auf (d. h. nicht nur als Teil einer komplexen Kennzeichnung). Interne Strukturen von Frames werden jedoch nicht thematisiert. Eine direkte oder indirekte Rezeption durch Minsky lässt sich nicht nachweisen.

5 Frame-Theorien nach Minsky

5.1 Kognitivistische Schema-Theorien in der Nachfolge Minskys

Kognitivistische Schema-Theorien, die Bezug auf Minsky nehmen, finden sich vor allem in der unmittelbaren Folgezeit nach Minskys Aufsatz von 1974. Sie übernehmen die wesentlichen Strukturen von Minskys Frames und wenden sie auf unterschiedliche Bereiche an. Nennenswert ist etwa die bereits erwähnte Konzeption Rumelharts, der seine Schemata in der Tradition Minskys sieht und auf folgende Weise beschreibt:

> Schemata are data structures for representing the generic concepts stored in memory. [...] Schemata are not atomic. A schema contains, as part of its specification, the network of interrelations that is believed to generally hold among the constituents of the concept in question. [...] A schema is related to a particular instance of the concept that it represents in much the same way that a play is related to a particular enactment of that play. (Rumelhart/Ortony 1977, 101)

Dementsprechend lassen sich Rumelharts Schemata durch die oben aufgestellte allgemeine Definition von Schemata erfassen. Sie teilen mit Minskys Frames ihre Offenheit, ihre Strukturiertheit und ihre Dimension. Außerdem weisen Rumelharts Beispiele wesentliche strukturelle Ähnlichkeiten mit Beispielen in Minskys genanntem Aufsatz, aber auch mit den Frames Barsalous auf.

Zu nennen ist ferner der von Schank und Abelson verwendete Begriff des Scripts, der ein bestimmtes, meist soziales Ereignis, eine Handlung oder eine Alltagssituation beschreibt:

> A script, as we use it, is a structure that describes an appropriate sequence of events in a particular context. A script is made up of slots and requirements about what can fill these slots. The structure is an interconnected whole, and what is in one slot affects what can be in another. Scripts handle stylized everyday situations. (Schank/Abelson 1977, 422)

Scripts haben damit einen hohen Verwandtschaftsgrad zu dem Beispiel eines Frames für einen Kindergeburtstag, mit dem Minsky ausdrücklich das Spektrum des durch Frames Repräsentierten über den Bereich einfacher raumzeitlicher Gegenstände hinaus erweitern und auf komplexe Situationen ausdehnen will. Auf der strukturellen, funktionalen, epistemologischen und ontologischen Ebene sind Scripts also klar an Minskys Frame-Konzeption angelehnt, verwenden aber oft abweichende Termini. Derartige kognitivistische Schema-Theorien haben ihre Vorgänger allerdings nicht nur in Minskys Frame-Konzeption, sondern auch in älteren psychologischen Schema-Theorien der bereits angesprochenen Art.

5.2 Formale Frame-Modelle im Anschluss an Minsky

Ebenfalls erwähnenswert ist eine eigene Forschungslinie frame-basierter Konzeptionen zu Knowledge-Based Systems in der KI-Forschung. Diese befasst sich mit der Konstruktion informationsverarbeitender Systeme zwecks Modellierung und technischer Verwertung kognitiver Leistungen einschließlich der in Entscheidungs- und Problemlösungsprozessen wirksamen Schlussfolgerungsmechanismen. Die inzwischen weit verzweigte KI-Forschung hat zu Schwerpunkten wie etwa dem des bereits bei Minsky und Fillmore vorbereiteten Default Reasoning geführt, d. h. einer gängigen Form des so genannten nicht-monotonen Schließens: Wir neigen dazu, Schlussfolgerungen auf der Grundlage von Standardannahmen zu ziehen – nämlich aufgrund dessen, was uns, unter Vernachlässigung möglicher Ausnahmen, wahrscheinlich erscheint.

In diesem Zusammenhang von besonderem Interesse ist die Frame-Konzeption von Charniak (1977), der Minskys Forderung nach einem viele Informationen beinhaltenden und stark strukturierten bzw. intern verbundenen Repräsentationsformat teilt.[24] Jedoch beinhalten Charniaks Frames nicht die von Minsky benannten Strukturkonstituenten und erinnern, ihrer Herkunft aus der KI-Forschung geschuldet, eher an abstrakte Computerprogramme. Es findet keine direkte Bezugnahme auf Minsky statt, jedoch ist eindeutig ersichtlich, dass Charniak in derselben Tradition steht und deren Terminus „frame" übernimmt.

---

[24] Vgl. Charniak (1977, 359): „I take a frame to be a 'large' body of information expressed in a computer usable formalism about a single topic where the facts are richly interconnected and which, while typically consulted as a whole consists of basic units (facts) which are individually useful."

Gibt es eine einheitliche Frame-Konzeption? Historisch-systematische Perspektiven

Im Anschluss an Minsky (1974), aber auch in kritischer Auseinandersetzung mit ihm, konzipiert Patrick J. Hayes ein formal-logisches Modell von Frames. Seiner Auffassung nach verstärkt Minskys Aufsatz die Verwirrung bezüglich Frame-Konzeptionen eher, als dass er zu ihrer Klärung beitragen würde (Hayes 1979, 47). Hayes selbst versteht die Frame-Idee wie folgt:

> I will assume, below, that frames were put forward as a (set of ideas for the design of a) formal language for expressing knowledge, to be considered as an alternative to, for example, semantic networks or predicate calculus. (Hayes 1979, 46)

Interessanterweise ist Hayes einer der wenigen Autoren, die die ontologische Ebene thematisieren und die hinterfragen, ob Frames einerseits Implikationen für die Struktur der Realität haben können, oder ob sie andererseits möglicherweise nur ein Implementationsformat darstellen, um auf Computern kognitive Repräsentationen zu simulieren (Hayes 1979, 47–48). Strukturell gesehen übernimmt Hayes die kanonischen Elemente bzw. Termini wie etwa „slots", „fillers" und „default values". Sein Ansatz zeichnet sich dadurch aus, dass er als erster eine formale Rekonstruktion von Frames (in Minskys Tradition) versucht, wie sie auch in neueren Forschungsarbeiten, etwa Petersen (2007), angestrebt wird. Hierbei merkt er kritisch an, dass Frames eine nahe Verwandtschaft zur Prädikatenlogik aufweisen:

> Looked at this way, frames are essentially bundles of properties. [...] Thus far, then, working only at a very intuitive level, it seems that frames are simply an alternative syntax for expressing relationships between individuals, i.e. for predicate logic. (Hayes 1979, 48)

Dieses Urteil mag auf einem formalen Level durchaus berechtigt sein, lässt allerdings die funktionale und epistemologische Bestimmung von Frames außer Acht und bestimmt Frames ontologisch anders als viele Frame-Theorien, nämlich nicht als kognitive Entitäten, sondern als Beschreibungsformat.

5.3 Frame-Semantik

Weitere Frame-Modelle im Anschluss an Minsky sind in der Linguistik verankert. So betont die Frame-Semantik vor allem die Bedeutung von Frames als Hintergrundwissen, vor dem sprachliche Äußerungen erst verstanden werden können.[25]

In späteren Überlegungen zu Frames entfernt sich Fillmore von seinem auf Verb-Rollen beschränkten früheren Ansatz. Etwa zeitgleich mit Minsky veröffentlicht er einen Aufsatz, in dem er den zentralen Gedanken der Frame-Theorie wie folgt zusammenfasst:

> There are certain schemata or frameworks of concepts or terms which link together as a system, which impose structure or coherence on some aspect of human experience, and which may contain elements which are simultaneously parts of other such frameworks. (Fillmore 1975, 123)

Der Bereich, auf den Frames angewendet werden, ist nun sehr weit gefasst. Der Einfluss Minskys, den Fillmore auch eigens zitiert, wird etwa durch den Fokus auf das Teilen von Elementen zwischen verschiedenen Frames (vgl. Minskys Frame-Systeme) deutlich. Jedoch werden Frames hier vor allem über ihre Funktion für das Sprachverstehen und nicht über feste strukturelle Elemente bestimmt.[26] Fillmore verweist auf Bartlett als Begründer einer allgemeinen Frame-Theorie, was plausibel ist, wenn Frames vor allem über die Funktionen, die sie erfüllen, bestimmt sind und nicht über eine explizit gemachte Struktur. Zunächst spricht Fillmore von „scenes" für allgemeinere nicht sprachliche Repräsentationen – im Gegensatz zu „frames" für im Sprachgebrauch verankerte Repräsentationen. Später erkennt er aber die kognitive Frame-Theorie an und sieht die linguistische Frame-Theorie bzw. die Frame-Semantik als einen ihr zugehörigen Teilbereich. Fillmore/Baker (2010) bieten dafür folgende Beschreibung:

> Thus Frame Semantics is the study of how linguistic forms *evoke* or activate frame knowledge, and how the frames thus activated can be integrated into an under-

---

[25] Dementsprechend unterscheidet etwa Fillmore (1985, 222) auch zwischen einer verstehensorientierten und einer wahrheitsfunktional orientierten Semantik. Auch Ziem (2008) betont den durch Frames als semantisches Hintergrundwissen eröffneten Verstehenshorizont, und Busse (2012) spricht in diesem Zusammenhang von Frame-Semantik.

[26] So merkt auch Ziem (2014, 273) an, „dass in dieser zweiten Schaffensphase weder die Strukturkonstituenten von Frames begrifflich näher bestimmt werden noch eine stärkere Anlehnung an psychologischen und kognitionswissenschaftlichen Schema-Theorien zu beobachten ist [...]."

standing of the passages that contain these forms. The full study of the understanding process, as seen in the Minsky text, must also take into account the ways in which non-linguistic information is integrated into the process. (Fillmore/Baker 2010, 317)

Durch die direkte Bezugnahme auf Minskys Beispiele wird ein zentrales Element von dessen Frame-Theorie fortgesetzt, während andere Elemente in den Hintergrund treten. Die an Minsky anknüpfende und sich zugleich von ihm absetzende Tradition der Frame-Semantik wurde vor allem durch Fillmores Aufsatz von 1975 begründet und inspiriert.

5.4 Lexikalische Frame-Theorien

Im deutschsprachigen Raum findet sich neben der allgemeinen Frame-Semantik seit Mitte der 1980er Jahre eine frame-theoretische Tradition, die sich vor allem mit der entsprechenden Beschreibung von Lexemen befasst. Als erster wichtiger Vertreter ist Immo Wegner (1985) zu nennen, der, ausgehend von der Frage, welche modularen Einheiten in welcher Kombination zur Repräsentation eines Lexems zu verwenden sind, auf das in Frames organisierte semantische Wissen rekurriert und auf dieser Grundlage computergestützte Repräsentationen von Substantiv-Lexemen entwickelt. Frames sind bei Wegner allerdings auf eine relativ einfache Slot-Filler-Struktur beschränkt.

Wesentlich komplexer und sowohl systematisch als auch historisch ausgiebiger reflektiert stellt sich das Frame-Modell von Klaus-Peter Konerding (1993) dar. Mittels einer lexikalischen Hyperonymtypenreduktion identifiziert er für seine Analyse so genannte Matrixframes, wie „Gegenstand – natürliche Art", „Gegenstand – Artefakt", „Institution", „Ereignis" etc., welche den Charakter von „obersten Hyperonymen" aufweisen, als übergeordnete Begriffe. Slots und Filler werden aus Standard-Fragen zu dem behandelten Begriff gewonnen. Dabei ist Konerdings Ansatz auf Substantive beschränkt, bietet aber, wie Ziem (2008, 308–325) darlegt, ein effektives Verfahren zur Ermittlung von Matrixframes und Leerstellen in Frames.

In derselben Tradition steht auch Lönnekers Arbeit von 2003, die sich mit der Annotation webbasierter französischer Korpora auseinandersetzt. Die wesentlichen Strukturkonstituenten von Frames sowie eine theoretische Anbindung verknüpfen diesen Ansatz wiederum mit Minskys Frame-Konzeption.

Insgesamt lässt sich über die Arbeiten aus der Traditionslinie lexikalischer Frame-Theorien sagen, dass sie an Minskys Frame-Begriff anknüpfen und in seiner Tradition eine Implementierbarkeit anstreben, jedoch programmatisch auf einen begrenzten Bereich von Anwendungen, die lexikalische Semantik von Substantiven, beschränkt sind.

5.5 FrameNet

Eine dritte der genannten linguistischen Strömungen geht erneut auf Fillmore zurück, und zwar vor allem auf seine „case frames", aber auch auf seine späteren Überlegungen zu Frames, die semantisches Hintergrundwissen beinhalten und die Interpretation sprachlicher Äußerungen anleiten. In FrameNet wird der Versuch unternommen, für eine große Anzahl lexikalischer Elemente des Englischen[27] eine möglichst vollständige und umfassende Schilderung der ihnen zugehörigen semantischen Rollen zu liefern. Ein klarer Fokus liegt hierbei auf Verben, jedoch werden auch mit Nomen assoziierte semantische Rollen annotiert. Die Slots in Frames werden hierbei terminologisch als „frame elements" gefasst. Es erfolgt eine Benennung der einzelnen Frame-Elemente auf Basis annotierter Beispiele aus großen Korpora (beispielsweise dem British National Corpus). Dabei werden spezifische Frame-Elemente – im Gegensatz zu Fillmores frühen, sehr eng gefassten „case frames" – unterschieden, etwa „avenger", „offender" und „punishment" für den „avenge"-Frame (Fillmore/Baker 2010, 322). Die Frame-Elemente und Frames sind hierbei als semantisch zu typisieren, jedoch werden auch syntaktische Realisierungsmöglichkeiten spezifiziert. FrameNet Frames beschreiben spezifische Verben wie „to avenge" im Gegensatz zu „case frames", die immer allgemeinere Kasus-Strukturen bezeichnen, in die verschiedene Verben eingesetzt werden können.[28]

Wie bei Minsky finden sich in FrameNet notwendige und optionale Leerstellen. Außerdem sind hier neben Relationen zwischen den Elementen innerhalb eines Frames (u. a. Constraints) auch Relationen zwischen Frames spezifiziert, was den Aspekt des prozeduralen Wissens bei Minsky wiederspiegelt. In Übereinstimmung mit Minsky wird davon ausgegangen, dass es „core frame elements"

---

[27] Inzwischen gibt es auch zahlreiche Ableger für andere Sprachen.
[28] Zur detaillierteren Darstellung und Diskussion von FrameNet-Frames vgl. Boas (2005), Busse (2012) und Ziem (2014).

Gibt es eine einheitliche Frame-Konzeption? Historisch-systematische Perspektiven

gibt, die bei der Aktivierung eines Frames immer gemeinsam mit anderen, situativ gegebenen Frame-Elementen aktiviert werden. Jene müssen jedoch nicht zwangsläufig auf der sprachlichen Ebene realisiert, sondern können implizit in Äußerungen enthalten sein. Strukturell entsprechen Frames in FrameNet also im wesentlichen Minskys Frames, jedoch sind sie jeweils auf ein bestimmtes Anwendungsfeld beschränkt. Sie zeichnen sich vor allem durch die umfangreichen annotierten Korpora aus.

5.6 Medien- und kommunikationswissenschaftliche Framing-Forschung

In den Sozialwissenschaften finden sich vor allem auf Goffman zurückgehende Frame-Ansätze, die einen stärkeren Fokus auf die funktionale Ebene und damit auf den Vorgang des Framings legen. Konkret geht der Framing-Ansatz vor allem auf Arbeiten von Entman zurück. Andere wichtige Vertreter sind D. A. Scheufele, Matthes, Iyengar und Benford. Entman bestimmt Framing und Frames auf die folgende Weise:

> Framing essentially involves *selection* and *salience*. To frame is to *select some aspects of a perceived reality and make them more salient in a communicating text, in such a way as to promote a particular problem definition, causal interpretation, moral evaluation, and/or treatment recommendation* for the item described. Typically frames diagnose, evaluate, and prescribe, a point explored most thoroughly by Gamson (1992). An example is the "cold war" frame that dominated U.S. news of foreign affairs until recently. The cold war frame highlighted certain foreign events – say, civil wars – as problems, identified their source (communist rebels), offered moral judgments (atheistic aggression), and commended particular solutions (U.S. support for the other side). (Entman 1993, 52)

Hierbei wird etwa beobachtet, dass vergleichbare Ereignisse, z. B. der Abschuss eines Flugzeuges durch sowjetisches und durch amerikanisches Militär, auf vollkommen andere Art in der Berichterstattung thematisiert werden.[29] Die strukturellen Bestimmungen bleiben dabei präsent, treten aber gegenüber der Funktionsweise und dem Inhalt (funktionale und epistemologische Ebene) deutlich zurück. Leerstellen werden wie im FrameNet-Modell als Frame-Elemente bezeichnet, und zur Beschreibung von Medien-Frames werden im Anschluss an Entman (1993) die vier Frame-Elemente „Problemdefinition", „Ursachenzuschreibung",

---

[29] Dieses klassisch gewordene Beispiel findet sich in Entman (1991, 6).

„Lösungszuschreibung" und „explizite Bewertung" verwendet (Matthes 2014, 13–14). Auch stellen manche Autoren einen Bezug zu Minsky und Bartlett her (Matthes 2014, 28; Fraas 2011, 4). Auf der ontologischen Ebene wird sowohl von kulturell geprägten Medien-Frames als auch von ihren kognitiven Äquivalenten ausgegangen. Die Framing-Forschung in den Medien- und Kommunikationswissenschaften deckt zwar nur einen kleinen Bereich der möglichen Anwendungsfelder von Frames ab, jedoch wird die Untersuchung von Frames hier vorbildlich operationalisiert (Ziem 2013).

5.7 Barsalou: Frame-Theorie als kognitive Begriffstheorie

Barsalou führt seinen Frame-Ansatz in einem viel beachteten Aufsatz von 1992 als eine Alternative zu gängigen kognitiven Begriffstheorien ein, die etwa von Merkmalslisten, Prototypen oder Exemplars ausgehen. Hierbei stellt er Frames als allgemeines kognitives Format dar, in dem jede Art von Begriff repräsentiert werden kann:

> In general, I assume that frames represent all types of concepts, whether they are free-standing concepts, such as *bird* and *vacation*, or whether they are attributes, such as *color* for *bird* and *location* for *vacation*. (Barsalou 1992, 31)

Frames werden näher als rekursive Attribut-Wert-Strukturen bestimmt. Die wesentlichen Strukturmerkmale – Attribute (Slots), Werte (Filler), Constraints und Structural Invariants (Relations) – haben Barsalous Frames mit denjenigen Minskys gemeinsam. Ein weiterer struktureller Aspekt bei Barsalou, der nur bedingt bei Minsky vorliegt, ist die uneingeschränkte Rekursivität. Alle strukturellen Konstituenten von Frames lassen sich demnach selbst wiederum als Frame-Strukturen ausdifferenzieren (Barsalou 1992, 42). Minskys Frames sind nur in dem Sinne rekursiv, dass Frames Filler für Slots in Frames sein können. Die Rekursivität in Barsalous Frames ist dadurch motiviert, dass er Frames als Konstruktionen im Kurzzeitgedächtnis auffasst, die nach Belieben weiter spezifiziert werden können (Barsalou 1993, 29).

Kognitive Begriffstheorien basieren allgemein darauf, aus Typisierungs-Experimenten repräsentierte Informationen (z. B. „Flügel" für „Vogel") und das Format der verwendeten Repräsentationen (z. B. „FORTBEWEGUNG: fliegen" für „Vogel" im Frame-Format) abzuleiten. Einen wesentlichen Vorteil gegenüber anderen Theorien sieht Barsalou hierbei in der Strukturiertheit der Frames, wohingegen

Gibt es eine einheitliche Frame-Konzeption? Historisch-systematische Perspektiven

beispielsweise eindimensionale Merkmalslisten nur eine vereinfachte Wiedergabe von Informationen ermöglichen (Barsalou 1992, 28). Entsprechende Vorzüge von Frames gegenüber weniger bzw. unzulänglich strukturierten Repräsentationsformaten thematisiert bereits Minsky. Barsalou verweist darüber hinaus auf Experimente, die belegen sollen, dass selbst in der Kognition von Tieren das Lernen nach Attributen eine Rolle spielt. So können etwa bestimmte Vögel lernen, dass nur eine spezielle Art von Attributen, beispielsweise Farben, eine Rolle spielt, wenn es darum geht, eine Belohnung zu erhalten (Barsalou 1992, 26). Hier wird deutlich, dass Barsalou Frames auf der ontologischen Ebene eine kognitive Realität zuspricht. Begriffliche Repräsentationen in der menschlichen und möglicherweise auch der nicht-menschlichen Kognition weisen die strukturellen Konstituenten von Frames auf, die sich in behavioralen Experimenten nachweisen lassen.

Barsalous Frame-Konzeption zeichnet sich insbesondere durch eine präzisierte Bestimmung der strukturellen Ebene aus. Da kognitive Begriffstheorien sich vor allem mit der Typisierung von raumzeitlichen Objekten auseinandersetzen, sind zentrale Beispiele Barsalous wie z. B. ein Auto-Frame entsprechend auf dieser Ebene angesiedelt. Frames werden damit als Begriffstheorie auf einen Bereich angewandt, der bereits bei Minsky genannt wird, und darüber hinaus als Repräsentationsformat verstanden, das allgemein anwendbar ist. So finden in Barsalous oben erwähntem Aufsatz Frames Berücksichtigung, die etwa logische Begriffe (Barsalou 1992, 59), syntaktische Strukturen (Barsalou 1992, 29) und Ereignis-Verläufe (Barsalou 1992, 54) darstellen. Dieser Universalitätsanspruch ist für Barsalous frühe Frame-Theorie charakteristisch. Andere begriffliche Formate werden entweder als durch die Frame-Theorie abgelöst angesehen oder aber als mit ihr vereinbar. In späteren Arbeiten lässt Barsalou auf der epistemologischen Ebene vorrangig auch perzeptuelle Repräsentationen als Inhalte in Frames zu. Er stellt sich damit in die Traditionslinie der so genannten Grounded Cognition, die davon ausgeht, dass Kognition im wesentlich auf basaleren sensomotorischen Repräsentationen beruht.[30] Die These ist, dass es keine nicht perzeptuellen und symbolischen Repräsentation gibt, die die Elemente von Begriffen bilden, sondern nur

---

[30] Vgl. die historisch-systematische Bestandsaufnahme bei Barsalou (2010), der die verwandte Kennzeichnung „embodied cognition" für eine unangebrachte Verengung von „grounding mechanisms" auf den Körper hält.

perzeptuelle Symbole. Diese können jedoch weiterhin in Frames koordiniert werden, welche die wesentlichen strukturellen Eigenschaften von Minskys Frames aufweisen. Barsalou spricht in diesem Kontext beispielsweise von einem perzeptuellen Auto-Frame, der perzeptuelle Repräsentationen verschiedener Sinnesmodalitäten beinhaltet (Barsalou 1999, 590).

In seinen früheren Arbeiten verweist Barsalou mehrfach auf Minsky, Fillmore und auch Bartlett, im Kontext seiner späteren Theorie von perzeptuellen Repräsentationen gehen entsprechende Verweise jedoch noch weiter zurück, etwa auf kantische Schemata.[31] Dies zeigt, dass sich Barsalou mit seiner Frame-Theorie als kognitive Begriffstheorie ganz klar in der hier skizzierten Traditionslinie verortet.

5.8 Löbner und Petersen: Frame-Theorie als formales Modell

Im Anschluss an Barsalou entwickeln Löbner und Petersen unter Rückgriff auf Methoden aus der formalen Semantik ein Frame-Modell, dessen Formalismus vor allem auf Arbeiten zu „typed feature structures" (Carpenter 1992) basiert. Frames werden hier wie auch bei Barsalou als rekursive Attribut-Wert-Strukturen aufgefasst, wobei die Attribute als Funktionen gedeutet werden, die einem Referenten genau einen Wert für ein Attribut zuweisen. Durch diese Festlegung lassen sich Frames formal mittels eines Lambda-Kalküls beschreiben (Petersen/Osswald 2014, 249). Anders als bei Barsalou sind die formal basierten Frames nicht uneingeschränkt rekursiv, sondern (ähnlich wie bei Minsky) lediglich in dem Sinne, dass Frames selbst Werte von Attributen sein können (Petersen 2007, 151). Zusammen mit der Definition Barsalous werden auch der Anspruch auf kognitive Adäquatheit und die Anbindung an sensomotorische Repräsentationen übernommen.

Durch die formale Präzisierung von Barsalous Frame-Begriff und insbesondere durch die Einschränkung, dass alle Attribute funktional sein müssen, wird es möglich, verschiedene logische Begriffstypen wie Individualbegriffe (genau ein Referent, z. B. „Papst"), Relationalbegriffe (inhärente Relation zu einem anderen Referenten, z. B. „Bruder von x") und Funktionalbegriffe (inhärente Relation zu genau einem anderen Referenten, z. B. „Mutter von x") durch die Frame-Struktur

---

[31] Auf diese historische Dimension wurde bereits hingewiesen (vgl. Abschnitt 3.2). Für Ziem (2008, 258, Anm. 18) ist Kant der „wohl berühmteste Schematheoretiker vor Bartlett". Vgl. hierzu ausführlicher Kann (2017).

selbst zum Ausdruck zu bringen (Petersen 2007, 160). So steht etwa der Knoten in einem Frame für einen Funktionalbegriff in einer funktionalen Relation zu einem anderen Knoten, der durch ein Individuum besetzt werden muss. Löbner (2005, 463–464) verwendet als Beispiel zur Einführung des Frame-Begriffs einen Personalausweis – ein Beispiel, das mit dem von Minsky (1985, 245) gewählten eines Formulars nah verwandt ist. Prinzipiell werden die wesentlichen strukturellen Merkmale von Minsky und Barsalou beibehalten bzw. sollen, wie etwa Constraints, zu einem späteren Zeitpunkt in das verbesserte Frame-Modell integriert werden.

Auf einem allgemeineren Level besteht das erklärte Ziel von Löbner und Petersen darin, die bislang weitestgehend unabhängig von einander bestehenden Felder der kognitiven und der formalen Semantik in einem einheitlichen Format, mit dem eine Dekomposition von Wortbedeutungen dargestellt werden kann, zu integrieren. Darüber hinaus werden Frames wie bei Fillmore für syntaktische Repräsentationen sowie für eine Vielzahl anderer linguistischer und nicht linguistischer Anwendungsfelder genutzt. Eine Ausdehnung auf zusätzliche Bereiche wie Morphologie und Phonologie ist ebenfalls anvisiert. Der Vorteil von Frames wird in der Einheitlichkeit eines universalen Formats gesehen, das es anders als diverse spezialisiertere Formate ermöglicht, Lücken zwischen verschiedenen repräsentationalen Levels der Linguistik, aber auch darüber hinaus, zu überbrücken und deren Interaktion an so genannten Schnittstellen zu modellieren (Löbner 2014, 33–34). Wie bei Minsky eröffnet sich also auch hier ein weites Feld von Anwendungsbereichen im Zusammenhang mit einer möglichst präzisen formalen Bestimmung der Frame-Strukturen, wobei freilich die auch auf mathematische Darstellungsmittel rekurrierende Formalisierung bzw. Modellierung deutlich über Minskys Frame-Konzeption hinausweist.

6 Fazit und Ausblick

Es hat sich gezeigt, dass Minskys Frame-Theorie diverse Vorgänger hat. Teilweise sind diese bewusst rezipiert, wie im Falle Bartletts, Kuhns und Fillmores, teilweise sind sie es trotz eines hohen Grades an begrifflicher und terminologischer Nähe, wie bei Bateson, nicht oder zumindest nicht explizit.

Die ontologische Status-Bestimmung von Frames als psychologische Entitäten, die kognitive Phänomene erklären sollen, findet sich etwa bei Bartlett und bei Bateson. Die Funktionen, die Frames in Erinnerung und Denken übernehmen, werden auch bei Bartlett übernommen; die Strukturierung und Selektion von Informationen findet sich bei Bartlett, Goffman, Bateson und Kuhn; der Wechsel zwischen Frames bzw. das Re-Framing findet sich bei Kuhn und Goffman; die wichtige Rolle, die Erwartungen zukommt, wird bei Bartlett betont; die Sprache als ein System, das Frames nutzt, steht bei Fillmore im Vordergrund, dessen „case frames" bereits die wesentlichen Strukturmerkmale von Minskys Frames (Slots, Filler, Constraints) haben, ohne dass diese explizit gemacht würden. Auch andere Vorgänger in verschiedenen Bereichen ließen sich nennen – etwa, was die Strukturiertheit betrifft, semantische Netzwerke und die mit ihnen in einer Traditionslinie stehende Schema-Konzeption von Otto Selz.

Insgesamt zeigt sich, dass die Komponenten von Minskys Frame-Theorie nicht neuartig sind, vielleicht abgesehen von der expliziten Thematisierung und Benennung der strukturellen Elemente. Neuartig bei Minsky ist jedoch die Zusammenfügung dieser Elemente, der verschiedenen Funktionen und zu repräsentierenden Inhalte mit einem einheitlichen, spezifische Strukturen aufweisenden Format.

So bietet sich an, zwischen einer Frame-Theorie in einem sehr allgemeinen Sinne, die sich mit Deutungsrahmen und deren Funktion auseinandersetzt, von einer Frame-Theorie im engeren Sinne, die von einem klar strukturierten kognitiven Format ausgeht, zu unterscheiden. Für erstere ist Minsky nicht unbedingt als Urheber anzusehen, da jene Version bereits vor ihm etwa bei Bartlett oder Bateson besteht und weitgehend ausgeprägt ist. Man könnte eine derartige allgemeine Frame-Theorie auch lediglich als eine terminologische Variante zu schon viel länger existierenden Schema-Theorien sehen.

Bei Minsky finden sich die Frame-Theorie im allgemeinen Sinn und die im engeren Sinn in Kombination, jedoch wird der Aspekt der die Antizipation anleitenden Deutungsrahmen nicht bei allen seinen Nachfolgern aufgegriffen. Wenn man einen näheren Blick in die Entwicklung der Frame-Theorie nach Minsky wirft, zeigt sich aber, dass insgesamt eine größere Einheitlichkeit zwischen den einzelnen Konzeptionen besteht als vor ihm, wie hier versucht wurde zu rekon-

Gibt es eine einheitliche Frame-Konzeption? Historisch-systematische Perspektiven

struieren. Die Kombination der strukturellen Beschreibung mit den allgemeineren Aspekten der Deutungsrahmen wird teilweise übernommen, oder es wird mindestens die von Minsky explizit gemachte Struktur auf einen der von ihm angerissenen Wissensbereiche übertragen. Dies zeigt sich auch in der immer wieder erfolgenden Bezugnahme späterer Autoren auf Minsky.

Wenn man dieser Argumentation folgt, so wäre dementsprechend die Einheitlichkeit der Frame-Theorien in Minskys Nachfolge dadurch gegeben, dass es sich um dieselben Strukturen handelt, die als kognitive Entitäten bestimmt werden und die in einem von Minsky genannten Bereich ihre Anwendung finden, aber wie bei Minsky nicht auf einen oder wenige Bereiche der Anwendung beschränkt sind. Weitere Einheit stiftende Kriterien können terminologische oder bewusst erfolgende historische Anknüpfungen an Minsky sein. So erfüllen etwa, wie gezeigt, Barsalous Frames diese Kriterien, ebenso Fillmores spätere Frame-Konzeptionen, die von weiter gefassten kognitiven Frames ausgehen, und Teile der kommunikationswissenschaftlichen Framing-Forschung.

Von den betrachteten Ebenen hat sich die strukturelle Ebene somit als wichtigste zur Bestimmung einer einheitlichen Frame-Theorie gezeigt, gefolgt von der charakteristischen Vielseitigkeit von Frames, was ihre Anwendungen (funktionale Ebene) und die in ihnen repräsentierten Inhalte (epistemologische Ebene) betrifft. Diese decken in den meisten Fällen ein gewisses Spektrum (Sprache, diskursives Denken, Erinnerung, Wahrnehmung) ab, auch wenn sie sich in der Regel nur mit einem dieser Aspekte oder Teile von ihnen schwerpunktartig auseinandersetzen. Die ontologische Ebene spielt eine eher untergeordnete Rolle, da die Frage, ob es sich bei den thematisierten Entitäten um methodische Konstrukte, kognitive oder kulturelle Entitäten handelt, einen recht allgemeinen Charakter hat, der für die konkrete Forschung vergleichsweise nachrangig ist. Aus einer philosophischen Perspektive ist die Frage, mit welchem ontologischen Anspruch eine Frame-Theorie auftritt, jedoch wesentlich und verdient eine gesonderte Betrachtung.

Das Reizvolle an der Frame-Theorie ist, dass sie von einem viele Bereiche umspannenden, strukturell eindeutig bestimmbaren kognitiven Format ausgeht. Dieses ermöglicht es auch, Interaktionen zwischen verschiedenen Arealen der

Wissensrepräsentation zu erfassen – beispielsweise in der Linguistik die Interaktion zwischen Semantik und Syntax oder zwischen rein sprachlichem Wissen und im Hintergrund stehendem Weltwissen.

Gegen diese Charakterisierung könnte eingewandt werden, dass die Bestimmung von Frames bei Minsky unterspezifiziert sei. Minsky selbst versteht seine Frames als ein skizzenhaftes, programmatisches Modell, das in seiner Nachfolge in unterschiedliche Richtungen ausgearbeitet werden kann. Vielleicht wird aber gerade durch diese Freiräume die Möglichkeit gegeben, Frames über die Nachfolge Minskys zu bestimmen, und allem Anschein nach handelt es sich angesichts der Vielzahl an verschiedenen Konzeptionen zumindest um die weitestgehende Einheitlichkeit, die zwischen Frame-Konzeptionen zu erwarten ist.

Literatur

Abelson, Robert P. (1973): The structure of Belief Systems. In: Schank, R. C. / Colby, K. (eds.): Computer Models of Thought and Language. San Francisco: Freeman, 267–339.

Barker, Peter / Chen, Xiang / Andersen, Hanne (2003): Kuhn on Concepts and Categorization. In: Nickles, T. (ed.): Thomas S. Kuhn. Cambridge: Cambridge University Press, 179–211.

Bartlett, Frederic C. (1917): Valuation and existence. In: Proceedings of the Aristotelian Society 17, 117–138.

Bartlett, Frederic C. (1932): Remembering. A Study in Experimental and Social Psychology. Cambridge: Cambridge University Press.

Bartlett, Frederic C. (1958): Thinking. An Experimental and Social Study. New York: Basic Books.

Barsalou, Lawrence W. (1992): Frames, Concepts and Conceptual Fields. In: Lehrer, A. / Kittay, E. F. (eds.): Frames, Fields and Contrasts. New Essays in Semantics and Lexical Organisation. Hillsdale, NJ: Erlbaum, 21–74.

Barsalou, Lawrence W. (1993): Flexibility, structure, and linguistic vagary in concepts: Manifestations of a compositional system of perceptual symbols. In: Collins, A. C. / Gathercole, S. E. / Conway, M. A. (eds.): Theories of memory. London: Lawrence Erlbaum Associates, 29–101.

Barsalou, Lawrence W. (1999): Perceptual Symbol Systems. In: Behavioral and Brain Sciences 22, 577–609.
Barsalou, Lawrence W. (2010): Grounded Cognition: Past, Present, and Future. In: Topics in Cognitive Science 2, 716–724.
Bateson, Gregory (1976, orig. 1954): A theory of play and fantasy. In: Bruner, J. S. / Jolly, A. / Sylva, K. (eds.): Play: Its Role in Development and Evolution. Harmondsworth: Penguin Books, 119–129.
Boas, Hans C. (2005): From Theory to Practice: Frame Semantics and the Design of FrameNet. In: Langer, S. / Schnorbusch, D. (Hrsg.): Semantik im Lexikon. Tübingen: Narr, 129–160.
Busse, Dietrich (2012): Frame-Semantik. Ein Kompendium. Berlin / Boston: de Gruyter.
Carpenter, Bob (1992): The logic of typed feature structures. Cambridge: Cambridge University Press.
Charniak, Eugene (1977): A Framed Painting. The Representation of a Common Sense Knowledge Fragment. In: Cognitive Science 1, 355–394.
De Mey, Marc (1982): The Cognitive Paradigm. An Integrated Understanding of Scientific Development. Dordrecht: Reidel.
Dreyfus, Hubert L. (1979a): A framework for misrepresenting knowledge. In: Ringle, M. (ed.): Philosophical Perspectives in Artificial Intelligence. New York: Humanities Press, 124–136.
Dreyfus, Hubert L. (1979b): What Computers Can't Do: The Limits of Artificial Intelligence. New York: Harper & Row.
Entman, Robert M. (1991): Framing U.S. coverage of international news: Contrasts in narratives of the KAL and Iran Air incidents. In: Journal of Communication 41 (4), 6–27.
Entman, Robert M. (1993): Framing: toward clarification of a fractured paradigm. In: Journal of Communication, 43 (4), 51–58.
Fillmore, Charles J. (1968): The Case for Case. In: Bach, E. / Harms, R. (eds.): Universals in Linguistic Theory. New York: Holt, Rinehart, and Winston, 1–88.
Fillmore, Charles J. (1975): An alternative to checklist theories of meaning. In: C. Cogen et al. (eds.): Proceedings of the First Annual Meeting of the Berkeley Linguistics Society. Berkeley: Berkeley Linguistics Society, 123–129.

Fillmore, Charles J. (1985): Frames and the semantics of understanding. In: Quaderni di Semantica 6, 222–254.

Fillmore, Charles J. / Baker, Colin (2010): A Frames Approach to Semantic Analysis. In: Heine, B. / Narrog, H. (eds.): The Oxford Handbook of Linguistic Analysis Oxford: Oxford University Press, 313–340.

Fraas, Claudia (2011): Frames – ein qualitativer Zugang zur Analyse von Sinnstrukturen in der Online-Kommunikation. In: Frank-Job, B. / Mehler, A. / Sutter, T. (Hrsg.): Die Dynamik sozialer und sprachlicher Netzwerke. Wiesbaden: Springer, 259–283.

Fries, Charles C. (1952): The structure of English. New York: Harcourt Brace.

Goffman, Erving (1975): Frame analysis: an essay on the organization of experience. Harmondsworth, Middlesex [u. a.]: Penguin Books.

Hayes, Patrick J. (1979): The Logic of Frames. In: Metzing, D. (ed.): Frame Conceptions and Text Understanding. Berlin / New York: de Gruyter, 46–61.

Head, Henry (1920): Studies in neurology. London: Oxford University Press.

Jameson, Fredric (1976): On Goffman's Frame Analysis. In: Theory and Society 3, 119–133.

Johnson, Mark (1987): The body in the mind: the bodily basis of meaning, imagination, and reason. Chicago: University of Chicago Press.

Kann, Christoph (2017): Erkenntnis und Struktur. Zum Schemabegriff bei Kant, Bartlett und Whitehead. In: Asmuth, Ch. / Gasperoni, L. (Hrsg.): Schemata (Kultur – System – Geschichte, Bd. 11). Würzburg: Königshausen & Neumann, 103–122.

Konerding, Klaus-Peter (1993): Frames und lexikalisches Bedeutungswissen. Tübingen: Max Niemeyer.

Kuhn, Thomas S. (1970, 2nd edition, with postscript; orig. 1962): The Structure of Scientific Revolutions. Chicago: University of Chicago Press.

Külpe, Oswald (1908): Immanuel Kant: Darstellung und Wuerdigung. Leipzig: Teubner.

Lakoff, George (1987): Women, Fire, and Dangerous Things. What Categories Reveal about the Mind. Chicago: University of Chicago Press.

Löbner, Sebastian (2005): Funktionalbegriffe und Frames – Interdisziplinäre Grundlagenforschung zu Sprache, Kognition und Wissenschaft. In: Labisch,

A. (Hrsg.): Jahrbuch der Heinrich-Heine-Universität Düsseldorf 2004. Düsseldorf: Heinrich-Heine-Universität, 463–477.

Löbner, Sebastian (2014): Evidence for Frames from Human Language. In: Gamerschlag, T. et al. (eds.): Frames and Concept Types. Applications in Language and Philosophy. Heidelberg / New York: Springer, 23–68.

Lönneker, Birte (2003): Konzeptframes und Relationen. Extraktion, Annotation und Analyse französischer Corpora aus dem *World Wide Web*. Berlin: Akademische Verlagsgesellschaft.

Masterman, Margaret (1970): The Nature of a Paradigm. In: Lakatos, I. / Musgrave, A. (eds.): Criticism and the Growth of Knowledge. Cambridge: Cambridge University Press, 59–89.

Matthes, Jörg (2014): Framing. Baden-Baden: Nomos.

Minsky, Marvin (1974): A Framework for Representing Knowledge, AI Memo 306, MIT Artificial Intelligence Laboratory, Cambridge, Mass. Reprinted in: Winston, P. H. (ed.) (1975): The Psychology of Computer Vision. New York: McGraw-Hill, 211–277.

Minsky, Marvin (1977; orig. 1975): Frame-system theory. In: Johnson-Laird, P. N. / Wason, P. C. (eds.): Thinking. Readings in Cognitive Science. Cambridge: Cambridge University Press, 355–376.

Minsky, Marvin (1985): The Society of Mind. New York: Simon & Schuster.

Minsky, Marvin / Papert, Seymour (1972): Progress Report on Artificial Intelligence. AI Memo 252, MIT Artificial Intelligence Laboratory, Cambridge, Mass.

Nersessian, Nancy J. (2003): Kuhn, conceptual change, and cognitive science. In: Nickles, T. (ed.): Thomas S. Kuhn. Cambridge: Cambridge University Press, 179–211.

Newell Allen / Simon, Herbert A. (1972): Human Problem Solving. Englewood Cliffs, NJ: Prentice-Hall.

Norman, Donald A. (1972): Memory, knowledge and the answering of questions. In: Solso, R. (ed.): Contemporary issues in cognitive psychology. Washington, D. C.: Winston, 135–165.

Petersen, Wiebke (2007): Representation of concepts as frames. In: Toccafondi, F. et al. (eds.): Complex Cognition and Qualitative Science. Latvia: University of Latvia Press, 151–170.

Petersen, Wiebke / Osswald, Tanja (2014): Concept Composition in Frames: Focusing on Genitive Constructions. In: Gamerschlag, T. et al. (eds.): Frames and Concept Types. Applications in Language and Philosophy. Heidelberg / New York: Springer, 243–266.

Piaget, Jean (1928): The Child's Conception of the World. London: Routledge and Kegan Paul.

Rettie, Ruth (2004): Using Goffman's Frameworks to Explain Presence and Reality. In: 7th Annual International Workshop on Presence, 117–124.

Rosch, Eleanor / Mervis, Carolyn B. (1975): Family Resemblances: Studies in the Internal Structure of Categories. In: Cognitive Psychology 7, 573–605.

Rumelhart, David E. / Ortony, Andrew (1977): The Representation of Knowledge in Memory. In: Anderson, R. C. et al. (eds.): Schooling and the Acquisition of Knowledge Hillsdale, NJ: Erlbaum, 99–135.

Ryle, Gilbert (1937): Categories. In: Proceedings of the Aristotelian Society 38, 189–206.

Schank, Roger C. (1972): Conceptual Dependency: A Theory of Natural Language Understanding. In: Cognitive Psychology 3, 552–631.

Schank, Roger C. / Abelson, Robert P. (1977): Scripts, plans, and knowledge. In: Johnson-Laird, P. N. / Wason, P. C. (eds.): Thinking. Readings in Cognitive Science. Cambridge: Cambridge University Press, 421–434.

Scheufele, Dietram A. (1999): Framing as a theory of media-effects. In: Journal of communication 49, 103–122.

Scheufele, Bertram (2003): Frames – Framing – Framing-Effekte. Wiesbaden: Westdeutscher Verlag.

Selz, Otto (1913): Über die Gesetze des geordneten Denkverlaufs. Eine experimentelle Untersuchung. Stuttgart: W. Spemann.

Selz, Otto (1924): Kants Stellung in der Geistesgeschichte: akademische Rede, gehalten bei der Jahresfeier der Handels-Hochschule Mannheim am 4. Juli 1924. Mannheim: Bensheimer.

Ward, James (1922): A study of Kant. Cambridge: Cambridge University Press.

Wegner, Immo (1985): Frame-Theorie in der Lexikographie. Tübingen: Max Niemeyer Verlag.

Wittgenstein, Ludwig (1977): Philosophische Untersuchungen. Frankfurt am Main: Suhrkamp.

Ziem, Alexander (2008): Frames und sprachliches Wissen. Kognitive Aspekte der semantischen Kompetenz. Berlin / New York: de Gruyter.

Ziem, Alexander (2013): Frames als Prädikations- und Medienrahmen: auf dem Weg zu einem integrativen Ansatz? In: Fraas, C. et al. (Hrsg.): Online-Diskurse. Theorien und Methoden transmedialer Online-Diskursforschung. Köln: Halem, 136–172.

Ziem, Alexander (2014): Von der Kasusgrammatik zum FrameNet: Frames, Konstruktionen und die Idee eines Konstruktikons. In: Ziem, A. / Lasch, A. (Hrsg.): Grammatik als Inventar von Konstruktionen? Sprachwissen im Fokus in der Konstruktionsgrammatik. Berlin / New York: de Gruyter, 351–388.

Überlegungen zu einem integrativen Frame-Modell: Elemente, Ebenen, Aspekte

Dietrich Busse

Abstract
Frame-Theorien sind (zumindest aus linguistischer Sicht) kein monolithischer Block. Frame-Theorien, die sich auf Prädikationen (Prädikatsausdrücke, meist: Verben) fokussieren (wie Fillmore und FrameNet), stehen solche gegenüber, die eindeutig Nomen zum Lieblingsgegenstand nehmen (wie Barsalou). Die teilweise erheblichen Unterschiede zwischen Frame-Modellen lassen sich auch durch diese unterschiedliche Fokussierung erklären. Eine für linguistische (insbesondere semantische) Zwecke nutzbare Frame-Analyse muss solche Differenzen jedoch überwinden und ein umfassendes, integratives Modell der Frame-Semantik formulieren. Die wichtigsten Elemente, Ebenen und Aspekte eines solchen integrativen Frame-Modells sollen erläutert werden. Eingeordnet sind die Überlegungen dazu in das, was ich seit einigen Jahren als „linguistische Epistemologie" bezeichne – im vorliegenden Kontext verstanden als eine umfassende Analyse des verstehensrelevanten Wissens als Teil einer wissensorientierten (linguistischen) Semantik.

1 Einleitung

Die Geschichte der modernen Linguistik, auch und gerade der linguistischen Semantik, ist eine Geschichte der systematischen Ignorierung bzw. Verdrängung des verstehensrelevanten menschlichen Wissens in seiner ganzen funktional wirksamen Breite in den Theorien und der Methodik dieser Forschungsdisziplin. Im unbewussten Vertrauen auf die eigene muttersprachliche Intuition haben die Forscherinnen und Forscher verdrängt, wie umfassend, wie subtil und wie wenig dem sogenannten „Wortlaut" der sprachlichen Zeichenketten direkt entnehmbar dieses verstehensrelevante Wissen ist. Oder anders ausgedrückt: Geblendet durch theoretische Axiome, die ihren Ursprung meist außerhalb der Sprachwissenschaft im eigentlichen Sinne hatten, und die meist stärker durch theoretische Ideologeme aus Philosophie und mathematisch inspirierter Logik beeinflusst waren und sind als durch genuin einzelsprachbezogene Erkenntnisse,[1] hat es die Linguistik versäumt, ganz präzise der entscheidenden semantischen Frage näher nachzugehen. Das ist die Frage, in welcher Weise sprachliche Zeichen und Strukturen auf allen Ebenen der Organisation von Sprache denn ihren jeweiligen Beitrag dazu leisten, dass Menschen dasjenige Wissen aktivieren können, das sie benötigen, um den leeren Schall oder die Tinten- oder Pixel-Formationen zu sinnvollen Zeichen und sinnvollen sprachlichen Ausdrücken bzw. kommunikativen Handlungen zu machen.

Man kann in diesem Zusammenhang von einer „Zeichenvergessenheit" der modernen Linguistik sprechen, die für viele ihrer Gebiete, insbesondere für Morphologie und Syntax, kennzeichnend ist. Aus anderer Perspektive kann man vielleicht auch von einer „Wissensignoranz" sprechen, d. h. einer beständigen Tendenz der modernen Linguistik, dasjenige verstehensrelevante Wissen, das in linguistischen Analysen überhaupt berücksichtigt wird, sukzessive auf ein Minimum zu reduzieren und die tatsächliche Breite und Tiefe des verstehensrelevanten Wissens zu bloßen Kontextfaktoren zu deklarieren – natürlich mit dem Ziel, deren Erforschung aus dem Bereich der „wahren Linguistik" zu exorzieren.

Im Gegensatz also zum linguistischen Mainstream macht für mich linguistische Semantik und Textanalyse nur als Wissensanalyse einen Sinn. Genauer: als akribische Analyse des Beitrages, den jedes kleine sprachliche Zeichen und Teilzeichen (bis hinunter auf die Ebene der Morphologie), jedes sprachliche Signal, und sei es ein durch Wortstellung oder Satzglied-Stellung gegebenes Signal, dafür leistet, dass Textverstehende dasjenige Wissen aktivieren können, das von ihnen

---

[1] Zu nennen wären hier etwa die Begrenzung der Semantik auf wahrheitsfunktionale Aspekte, das Kompositionalitätsprinzip, wonach sich Satzbedeutungen aus Wortbedeutungen ohne weitere Hinzufügungen quasi „errechnen" lassen, die Dominanz formallogischer über natürlich-sprachliche Aspekte und Annahmen (und die Hypothese, dass erstere letztere umfassend erklären könnten), aber auch das am Vorbild einer strikt differenziellen Phonologie orientierte Verständnis von Sprache als abstraktes System im Strukturalismus und die damit einhergehende Verkürzung von Bedeutungen auf Listen semantischer Merkmale, und vieles anderes mehr.

Überlegungen zu einem integrativen Frame-Modell: Elemente, Ebenen, Aspekte

aktivieren zu lassen die Textproduzenten beabsichtigt haben. Mit dieser Perspektive auf die Semantik und Textanalyse ist quasi automatisch verbunden, dass sie stets ein auch kulturwissenschaftlich operierendes Unterfangen ist und sein muss. Ich nenne dieses Unterfangen seit einigen Jahren „wissensanalytische" oder eben „epistemologische" Linguistik.[2] Frame-Semantik könnte in meinen Augen eines der wichtigsten Modelle sein, um der Verwirklichung einer solchen epistemologischen Semantik oder Linguistik ein großes Stück näher zu kommen.

2 Frame-Modelle

Die Frame-Semantik, oder – allgemeiner betrachtet – die Frame-Theorie, ist kein einheitlicher Block, kein geschlossenes Modell, sondern zerfällt in unterschiedliche Konzeptionen mit Herkunft aus ganz verschiedenen Wissenschaften, die jeweils teilweise deutlich verschiedene Erkenntnisziele oder sogar Forschungsgegenstände haben. So hat etwa die Frame-Semantik von Charles Fillmore[3] (und damit von FrameNet) – als einzige genuin linguistische Frame-Konzeption – ihre Wurzeln in ganz anders gearteten Überlegungen und Theoremen als die kognitionswissenschaftlichen Modelle etwa von Minsky (1974), Schank/Abelson (1977) und Barsalou (1992, 1993). Auch wenn Fillmore seine Konzeption seit Erscheinen von Minskys epochemachendem Aufsatz von 1974 mit dessen kognitionswissenschaftlicher Frame-Konzeption kurzgeschlossen hat, so ist doch nicht von der Hand zu weisen, dass sie ihre Wurzeln und theoretischen Bezugspunkte viel stärker in der Valenzgrammatik und der aus dieser in Fillmore (1968) abgeleiteten Theorie der „case-frames" (Kasusrahmen) hatte und hat. Die Gemeinsamkeit dieser Konzeption mit dem von Minsky (1974) begründeten kognitionswissenschaftlichen Frame-Modell liegt vor allem in dem, was den Charme, die Besonderheit und den wesentlichen Kern der Frame-Theorien ausmacht: die Rede von Leerstellen und ihren Füllungen. Die Valenztheorie hatte diese Grundidee ihrerseits (zumindest implizit) metaphorisch aus der Chemie, genauer: aus der begrifflichen Unterscheidung zwischen der Bindungsfähigkeit von Atomen und den konkreten Bindungen in gegebenen Molekülstrukturen entlehnt. Auf dem Umweg über die ja zunächst auf Sätze und die Bindungsfähigkeit von zentralen Satz-Prädikaten in

---

[2] Siehe dazu vertiefend und begründend Busse 2005 und 2008.
[3] Siehe etwa Fillmore 1977a, 1982, 1985 und 2006.

Form von Verben bezogene Grundidee der Valenzgrammatik und ihre semantische Erweiterung zur Kasus-Rahmen-Theorie wurde dieses Modell dann auf die inhaltlichen Strukturen von Begriffen übertragen – zumindest kann man das so sehen.

Dass die kognitionswissenschaftliche Frame-Theorie bei der Ausarbeitung ihrer Grundideen starke Anleihen bei Beobachtungen über Sprache gemacht hat, ist unübersehbar. In Bezug auf das Prinzip der Rekursivität wird dieses linguistische Erbe der kognitiven Frame-Theorie etwa von Barsalou auch ganz explizit erwähnt.[4] Dass nicht nur bei Minsky und Schank/Abelson Beobachtungen über oder an Sprache einen wichtigen Kern ausmachen und zu den wichtigsten Belegen für die Wirksamkeit frame-spezifischer Mechanismen zählen, ist ebenso unabweisbar. Und schließlich darf nicht übersehen werden, dass selbst die Experimente, die den Gedächtnispsychologen Bartlett (1932) zu seiner von Minsky als Vorläufer der Frame-Theorie reklamierten Schema-Theorie inspiriert haben, weit überwiegend sprachgestützt bzw. sprachförmig waren.

All diese deutlichen Sprachbezüge und sprachtheoretischen Wurzeln auch der kognitionswissenschaftlichen Frame-Modelle dürfen und können aber nicht verdecken, dass genuin linguistische Frame-Konzeptionen, wie bei Fillmore, und die stärker oder rein kognitionswissenschaftlich motivierten Modelle, wie bei Minsky, Schank/Abelson oder Barsalou, doch erhebliche Unterschiede aufweisen. Insbesondere aus linguistischer Sichtweise treten diese Unterschiede deutlich zutage. Während die Bezugsgröße für die Frame-Idee bei Fillmore und FrameNet ganz eindeutig Sätze und um Verben oder Satz-Prädikate gruppierte Satz- und Wissensstrukturen sind, stellen etwa für das Frame-Modell von Barsalou eindeutig nominale Begriffe den bevorzugten wenn nicht einzigen Untersuchungsgegenstand und Modell-Bezugspunkt dar. Man könnte die Differenzen zwischen den Modellen vielleicht anhand der vor allem von John Searle (1969) stark gemachten grundlagentheoretischen Unterscheidung zwischen *Referenz* und *Prädikation* als den beiden kognitiven und sprachlichen Basisleistungen für Propositionen bzw. Aussagekerne oder das, was Logiker „Urteil" oder Frege „Gedanken" genannt haben, verdeutlichen. Fillmores und FrameNets Frame-Verständnis wäre

---

[4] Dies, obwohl Barsalou sehr stark in der Tradition rein kognitionspsychologischer Begriffstheorien (prototype, exemplar and category theory) steht, die zumindest dem Anspruch nach zunächst unabhängig von Sprachverstehen sind und u. a. allgemeine Kategorisierungsexperimente betreffen.

Überlegungen zu einem integrativen Frame-Modell: Elemente, Ebenen, Aspekte

danach vor allem auf Prädikationen konzentriert, während Barsalou (und möglicherweise auch Minsky und andere Kognitionswissenschaftler) eher der Referenz dienende Nominale im Blick haben.[5] Die inhaltlichen Unterschiede zwischen beiden Modellgruppen lassen sich, wie ich glaube, vor allem aus dieser Differenz im Untersuchungsgegenstand oder -interesse erklären.

Eine sprachtheoretisch reflektierte, linguistisch leistungsfähige und umfassende Frame-Theorie muss jedoch diese Differenzen überwinden, und – wenn dies möglich ist – zu einem übergreifenden theoretischen Standpunkt gelangen. Ziel muss es sein, ein integratives, linguistisch reflektiertes, die wichtigsten sprachtheoretischen Standards nicht unterschreitendes Frame-Modell zu konzipieren, das diejenigen sprachbezogenen Erkenntnisleistungen, die die bisherige frame-theoretisch fundierte Forschung bereits hervorgebracht hat, einzuschließen und zu erklären erlaubt.[6]

3 Elemente, Ebenen und Aspekte von Frames

Ich komme zu den für die Praxis einer frame-theoretisch reflektierten Semantik und Textanalyse wichtigsten Elementen, Ebenen oder Aspekten von Frames, die hier jedoch nur vergleichsweise knapp behandelt werden können.[7]

Der Begriff „Frame" wird als epistemologischer bzw. kognitiver Grundbegriff verstanden. Das heißt für eine linguistische Anwendung der Frame-Theorie: Es ist davon auszugehen, dass Frame-Strukturen nicht nur bei Nomen oder Verben festzustellen sind, sondern bei allen Typen sprachlicher Zeichen (Lexemklassen), also auch bei Adjektiven, Adverbien, Präpositionen, Partikeln usw. Da Frames Grundstrukturen (-elemente) der Kognition bzw. des Wissens sind, und damit auf

---

[5] Ich spreche hier von einer dominanten Sichtweise und dominanten, theorieprägenden Beispieltypen. Verbal beteuern indes beide Seiten, dass Ihr jeweiliges Modell auch zur Analyse des jeweils anderen Bedeutungstyps geeignet sei – ob diese Selbstbeschreibungen zutreffen, mag dahingestellt bleiben und müsste erst einmal überprüft werden. Große Zweifel daran sind angesichts der jeweils stark einseitig gefärbten Sichtweisen jedoch durchaus angebracht.

[6] Die nachfolgenden Überlegungen basieren auf dem in Busse 2012 als Quintessenz aus einer Übersicht über die wichtigsten frame-theoretischen Ansätze und Aspekte formulierten und diese weiterentwickelnden „Arbeitsmodell" der Frame-Semantik.

[7] Da deren Zahl vergleichsweise hoch ist (in Busse 2012 waren es an die fünfzig, was die Länge des Kapitels zum dort vorgestellten frame-semantischen Arbeitsmodell wesentlich miterklärt).

allen Ebenen von deren Beschreibung anzusetzen sind, ergibt sich zudem zwingend, dass verschiedene *Ebenen* und *Typen* von Frames (und Frame-Analyse) angesetzt werden müssen. Im Rahmen einer linguistischen Anwendung der Frametheorie sind es etwa folgende Dichotomien, die Ebenen-Differenzen kennzeichnen, die Frame-theoretisch und Frame-analytisch beachtet werden müssen: *individuell(es Wissen) vs. sozial(es Wissen), Kurzzeitgedächtnis (bzw. Arbeitsgedächtnis) vs. Langzeitgedächtnis, token (Anwendungsfall, konkrete kognitive Aktivierung eines Frame-Elements oder einer Teil-Struktur) vs. type (Muster, allgemeine Regel), aktuell (bzw. „okkasionell") vs. usuell (regelhaft), konkret vs. allgemein, Exemplar (das unter einen Frame fällt) vs. Kategorie.*

Eine linguistische (semantische) Frame-Analyse erfasst mit der Annahme von „Frames" Strukturen im Wissen, die hier vor allem als verstehensrelevantes bzw. verstehensermöglichendes Wissen ins Spiel kommen. Dabei kann nach übereinstimmender Auffassung fast aller Linguisten, die sich bisher Frame-analytisch betätigt haben,[8] nicht strikt zwischen „sprachlichem Wissen" und sogenanntem „Weltwissen" (oder „enzyklopädischem Wissen") unterschieden werden. Eine wichtige Interaktion (Wechselwirkung) zwischen „sprachlicher" und allgemeinepistemischer Ebene liegt in der Tatsache, dass sprachliche Zeichen dazu dienen (dazu benutzt werden, die Funktion haben), Weltwissen in spezifischer Weise zu fokussieren. (Dies drückte Fillmore 1977a mit seinem Begriff der „Perspektive" aus, die er z. B. bei den von ihm exemplarisch beschriebenen COMMERCIAL EVENT-Frames durch Verben wie *kaufen, verkaufen, bezahlen, kosten* verwirklicht sieht.)

In der linguistischen (insbesondere der semantischen) Forschung können bisher zwei Spielarten von Frame-Begriffen und -Analyse unterschieden werden: (1) Frame-Analysen, die sich stärker auf nominale Lexeme konzentrieren (prototypisch: Barsalou 1992, aber auch Konerding 1993, Lönneker 2003), und (2) Frame-Analysen, die als Ausgangspunkt vorrangig verbale Lexeme im Auge haben (Fillmore und FrameNet).[9] Beide Richtungen formulieren ihre Annahmen und Analyseschritte bislang stark aus der Perspektive nur der jeweils einen Wortart (bzw.

---

[8] Fillmore 1985, Konerding 1993, Lönneker 2003, Ziem 2008, Busse 2012; siehe auch von kognitionspsychologischer Seite aus Barsalou 1993.

[9] Blickt man nur auf die Zahlen der in FrameNet abgedeckten Daten könnte man diese These anzweifeln. Aktuell ist die Verteilung der dort beschriebenen Lexeme folgendermaßen: 5.278 Nomen, 5.068 Verben, 2.317 Adjektive, 429 andere Wortarten. Das ändert allerdings nichts daran, dass das dort benutzte Modell (wie auch alle „Paradebeispiele" von Fillmore selbst zeigen) immer verbale

Überlegungen zu einem integrativen Frame-Modell: Elemente, Ebenen, Aspekte

Zeichenkategorie). Eine angemessene linguistische (semantische) Frame-Theorie und -Analyse kann aber nur eine solche sein, die sich von solchen einseitigen Blickwinkeln frei macht und ein Frame-Modell entwickelt, das für alle sprachlichen Zeichen gleichermaßen geeignet ist.

Frames sind geordnete Strukturen von Wissenselementen. Die innere Struktur von Frames ist in ihrer allgemeinsten Form als „*slot-filler*-Struktur" („Leerstellen" vs. „Füllungen") beschrieben worden. Ich selbst würde eher die an Minsky angelehnten Bezeichnungen „*terminals*" vs. „*ascriptions*", bzw. „Anschlussstellen" vs. „Zuschreibungen" bevorzugen. Der Vorschlag Barsalous von „Attributen" und „Werten" zu sprechen, stellt demgegenüber schon eine Konkretisierung und Eingrenzung dar, die stark am Modell *nominaler* Frames orientiert ist. So denkt man typischerweise eher an Gegenstände, wenn man Eigenschaften („Attribute") zuschreibt, weniger an Handlungen, Geschehensabläufe, etc. Während Ausdrücke wie „slots/Leerstellen" oder „fillers/Füllungen" eher eine Anmutung des „Zwingenden" vermitteln, drücken die von Minsky benutzten Ausdrücke wie „Anschlussstellen" oder „Zuschreibungen" besser die aktiven kognitiven (bzw. epistemischen, wissensaktivierenden) Leistungen (und letztlich auch Wahlmöglichkeiten) der Individuen aus, die diese kognitiven Aktivitäten vollziehen.

Entsprechend den verschiedenen Frame-Typen (in der Linguistik/Semantik orientiert etwa an unterschiedlichen Lexemklassen) ist es sinnvoll, auch bei den *Slots* bzw. *Anschlussstellen* verschiedene *Typen* zu unterscheiden. Für die häufigsten linguistisch-semantischen Anwendungen (Bezugsobjekte) der Frame-Theorie bzw. -forschung sind (mindestens) folgende zwei Typen von Slots anzusetzen: (1) „Attribute" im Sinne von Barsalou, und (2) „Frame-Elemente" im Sinne von Fillmore und FrameNet. (Ob noch weitere Typen von Slots unterschieden werden müssen, wäre zu diskutieren und wohl auch eine Sache der weiteren empirischen Forschung.) Dabei sind Fillmore-„Frame-Elemente" – bezogen auf die Lexemklasse *Verben* – typischerweise Argumentstellen (Anschlussstellen für Komplemente bzw. „Ergänzungen") im Sinne der Valenztheorie, aber auch Positionen für

---

Prädikate zum Ausgangspunkt hat, und Lexeme anderer Wortarten nur im Hinblick darauf betrachtet, was sie zum sog. „Verbalgeschehen" beitragen. Das kann man nur eine „verbal zentrierte" Frame-Theorie nennen. An der starken Dominanz von Nomen im Ansatz von Barsalou (1992) bestehen keinerlei Zweifel.

den Anschluss von Informationen, wie sie typisch für Adjunkte („Angaben", „adverbiale Bestimmungen") sind (die „Mitspieler" in der von einem Verb bezeichneten „Szene", aber auch die „Begleitumstände"). Barsalou-„Attribute" dagegen sind – bezogen auf die Lexemklasse *Nomen* – typischerweise Klassen von Eigenschaften, die an den Referenzobjekten einer Kategorie spezifiziert werden können (Größe, Farbe, Material usw.).[10] Da jedoch auch das von Verben Bezeichnete (z. B. Handlungen) Eigenschaften haben kann (z. B. *schlürfen* die Eigenschaft *mit Geräusch*), ist der Frame-Elemente-Typ „Attribute" keineswegs auf Nomen beschränkt, sondern es müssen bei Verben mindestens zwei der Frame-Elemente-Typen angesetzt werden: Attribute und verbspezifische Frame-Elemente. – Umgekehrt können auch Nomen Argumente regieren, sodass auch bei ihnen mindestens zwei Slot-Typen realisiert sind (siehe etwa *Vater, Kanzler, Architekt*).[11]

Innerhalb der Gruppe der Eigenschafts-Frame-Elemente kann und sollte zwischen sogenannten *strukturalen* Frame-Elementen und *funktionalen* Frame-Elementen/Attributen differenziert werden. *Strukturale Frame-Elemente* beziehen sich typischerweise auf Attribute wie FARBE, FORM, GEWICHT bei physischen Entitäten (Dingen, Lebewesen, Personen); ORT, ZEIT, ZIEL usw. bei Handlungen, Ereignissen usw. *Funktionale Frame-Elemente/Attribute* werden in jüngster Zeit auch unter dem Begriff *Affordanzen* zusammengefasst.[12] Affordanzen werden typischerweise bei Objekten, Dingen angenommen (meist bei Artefakten). Eine mögliche Arbeitsdefinition von *Affordanzen* wäre dann etwa: *menschen-, benutzungs- und zweckbezogene funktionale Eigenschaften von Dingen* (Bsp. *Nagel,*

---

[10] Der Ausdruck „typischerweise" ist hier – zur Vermeidung von Missverständnissen – äußerst wichtig. Natürlich behaupten Fillmore wie Barsalou verbal, dass ihr jeweiliges Modell natürlich auch für die Analyse der jeweils nicht fokussierten Wortart geeignet sei.

[11] So ist ein Kanzler immer ein Kanzler von etwas (z. B. Kanzler der Bundesrepublik Deutschland, Kanzler der Universität Düsseldorf); ein Architekt ist immer ein Planer von etwas, wie als Rektionskomposita zu interpretierende Nominalkomposita wie *Gartenarchitekt, Stadtarchitekt* zeigen (letztere sind interessant, weil offenbar nur die Einsetzung eines Nicht-Standardwertes für das Objekt des Planens zur Bildung eines solchen Nominalkompositums führt, während zur Bezeichnung von Planern von Gebäuden, als Standardwert, ohne Zusatz nur als *Architekt* bezeichnet werden können).

[12] Der Begriff geht zurück auf den Kognitionspsychologen Gibson (1977, 1979). Eine vielzitierte Definition stammt von Norman (1988, 9): „When used in this sense, the term affordance refers to the perceived and actual properties of the thing, primarily those fundamental properties that determine just how the thing could possibly be used. A chair affords (‚is for') support, and, therefore, affords sitting."

Überlegungen zu einem integrativen Frame-Modell: Elemente, Ebenen, Aspekte

Hammer, Schraubenzieher usw.). Eine differenziertere Unter-Typologie von Affordanzen muss vorerst jedoch noch Desiderat bleiben. Ich gehe davon aus, dass es neben den normalen Eigenschafts-Frame-Elementen noch einen eigenen Typ von Frame-Elementen gibt, die ich „Frame-Elemente mit Meta-Informationen" oder kurz *Meta-Frame-Elemente* nenne, und die Informationen betreffen, die über anderen Informationen des Frames operieren und diese in bestimmten Hinsichten (wie etwa *Sprechereinstellungen zum Inhalt, Bewertungen, Wissensmodi, Gewissheitsgrade, Fiktionalitätsannahme*) zusätzlich charakterisieren oder modifizieren.[13]

Frames sind Strukturen aus Wissenselementen. Damit sind sie immer auch Strukturen aus *Relationen* zwischen Elementen. Den Relationen und ihren Typen kommt daher eine zentrale Funktion bei der Analyse von Frames zu. Dabei scheint es sinnvoll zu sein, verschiedene *Typen von Relationen* zu unterscheiden. Nach Busse (2012) könnte man u. a. folgende *Typen von Relationen innerhalb von Frames* unterscheiden:

(a) Attribut-Referenzpunkt-Relationen (gemeint ist die Relation zwischen einem Attribut und dem, wozu es Attribut ist; letzteres nennt Barsalou (1992) „Kategorie", freilich ohne diesen Begriff jemals zu definieren oder zu erläutern);

(b) Wert-Attribut-Relationen (z. B. FARBE zu ROT, WEIß, BLOND, GOLDEN);

(c) Relationen zwischen Attributen gleichen Typs:
- Gruppen von Attributen, (z. B. verfügen Kategorien für Lebewesen über Attribute für GRÖßE, FARBE, GEWICHT);
- Strukturelle Invarianten (wenn bei einer bestimmten Kategorie bestimmte Attribute immer zusammen auftreten, z. B. bei Kategorien des Typs *Vogel* das Attribut HAUT immer nur zusammen mit dem Attribut FEDERN);
- Attribut-Constraints (ein Objekt, das über ein Attribut für OBERFLÄCHE verfügt, verfügt zwingend über ein Attribut FARBE);[14]

---

[13] Als Beispiele können etwa Konnotationen (*Schlampe* z. B. transportiert immer eine Negativ-Bewertung der Sprecher) oder Modalpartikel (*Peter kommt bestimmt heute ins Kino* kommuniziert die Einschätzung eines Gewissheitsgrades von Sprecherseite) genannt werden.

[14] *Constraints* sind nach Barsalou (1992) logisch oder sachlich zwingende Beziehungen zwischen einzelnen Frame-Elementen. Der Begriff *Constraint* ist in seiner Anwendung durch Barsalou jedoch

(d) Relationen zwischen Attributen verschiedenen Typs: z. B.
- Relationen zwischen Meta-Attributen und deskriptiven Attributen (so gibt es z. B. – leider – für viele Menschen auf der Welt feste Relationen zwischen dem Attribut HAUTFARBE in Bezug auf andere Menschen und Meta-Frame-Elementen der Typen *Bewertungen* oder *Emotionen*);
- Relationen zwischen Aktanten-Attributen und Eigenschafts-Attributen;

(e) Relationen zwischen Werten (darunter v.a. Constraints im engeren Sinne).

Frames können dann auch betrachtet werden als in sich in verschiedene Strukturebenen gegliedert. Neben der *Ebene der Attribute* und der *Ebene der Werte* ist mindestens die *Ebene des Frame-Kerns* oder *Referenzpunkts* zu nennen. Gemeint damit ist dasjenige, *zu* dem ein Wissenselement Attribut (Eigenschaft) ist. Barsalou (1992) spricht hier immer von *Kategorie,* allerdings ohne diesen Terminus jemals zu definieren oder zu erläutern, behandelt ihn aber nicht als eigenes Element in der Wissens-Struktur eines Frames. Letzteres hat nach meiner Kenntnis bislang vor mir nur Birte Lönneker (2003) thematisiert. Da das „Objekt" eines Frames ja epistemisch gesehen überhaupt erst durch die Zuschreibung von Eigenschaften (via Attributen und ihren Werten) *als* dieses Objekt konstituiert wird, wäre der von Barsalou (1992) hierfür verwendete Terminus *Kategorie* streng genommen verfehlt; präziser wäre es, abstrakt von einem (quasi „epistemisch leeren") bloßen „Referenzpunkt" zu sprechen, auf den sich die epistemischen Zuschreibungen von Attributen und Werten beziehen, die ihn überhaupt erst zu einem „Objekt", zu einem „etwas" in unserer (kognitiven/epistemischen) Welt machen.[15]

Neben dieser inneren strukturellen Gliederung von Frames in Attribute und Werte (und alle Arten von Relationen, die daraus abgeleitet werden können) ist ein zweiter, völlig anders gearteter Typus von innerer Struktur von Frames anzusetzen, der um das Begriffspaar *type-token* kreist. Eine sich darauf beziehende Unterscheidung könnte dabei die Unterscheidung von *abstrakten Muster-Frames*

---

alles andere als klar bestimmt. Auch seine Abgrenzung zu z. B. *strukturellen Invarianten* ist alles andere als eindeutig und einfach handhabbar.

[15] Hier schließen sich eine Menge komplexer Referenz-theoretischer Fragen an, für die Kognitivisten und Linguisten meistens nicht das nötige theoretische und begriffliche Rüstzeug haben; fündig würde man schon eher in philosophischen Arbeiten zur Referenz, etwa bei Kripke (1972), Strawson (1950) und (1952) u. a.

Überlegungen zu einem integrativen Frame-Modell: Elemente, Ebenen, Aspekte

und *konkreten Exemplar-Frames* sein. Streng genommen ist dies aber keine Unterscheidung innerhalb eines einzelnen Frames, sondern eine Unterscheidung, die sich auf verschiedene Typen oder Ebenen *von* Frames (als strikt zu unterscheiden von Ebenen *innerhalb* eines Frames) bezieht. Das Verhältnis beider Ebenen ist nicht nur eine Differenz zwischen einer Struktur aus leeren Slots (oder lediglich mit Standardwerten gefüllten Slots) und einer Struktur aus (mit konkreten Werten) gefüllten Slots. Vielmehr können Exemplar-Frames einem Muster-Frame zusätzliche Slots hinzufügen, wenn sie gehäuft (über eine größere Zahl von Exemplaren, oder in besonders salienten Exemplaren) auftreten.

Frames weisen weitere wichtige Merkmale auf, die nicht immer in der Literatur auch alle angemessen gewürdigt werden: *Prototypikalität, Default-Werte, Konventionalität, Iterativität, Vernetzbarkeit*. Frames sind prototypische Strukturen des Wissens (oder: Strukturen prototypischen Wissens). Diese Prototypikalität wurde bereits von Bartlett (1932) implizit herausgearbeitet, von Fillmore (1977a) und Minsky (1974) dann auch explizit erörtert. In der Prototypikalität der Frames schlägt sich die *Sozialität* bzw. *Konventionalität* des Wissens nieder. Prototypikalität kann sich in Frames so äußern, dass nicht jeder Slot bei jeder einzelnen kognitiven Aktualisierung des Frames relevant oder gegeben (aktiviert) sein muss. Der wichtigere (und wohl auch häufigere) Effekt der Prototypikalität der Frames ist, dass Slots prototypische Filler haben (können), die sog. *Standard-* oder *Default-Werte*. Es ist dabei das Wesen von Default-Werten, dass sie im Regelfall durch abweichende konkrete Werte ersetzt werden (können). Standard- oder Default-Werte entstehen durch *hohe Rekurrenz* (also Frequenz) oder durch große Nähe zu einem gesellschaftlichen, kulturell determinierten *Ideal*. Bei der Aktivierung von Defaults kann (möglicherweise auch im Wechsel) auf beide Faktoren rekurriert werden. Sowohl Rekurrenz als auch Idealität schaffen *Präzedenzialität*, die wiederum eine wichtige Voraussetzung der Standardisierung und Typisierung ist.

Ein wichtiges Merkmal von Frames (insbesondere von semantischen bzw. semantisch relevanten Frames) ist die *Konventionalität* dieser Strukturen des Wissens. Statt Konventionalität kann man auch sagen: *gesellschaftliche Prägung* (Sozialität). Auch wenn die kognitive Realisierung bzw. Aktualisierung von Frames immer individuell ist, so setzt ihre Kommunizierbarkeit immer auch ihre Konventionalität voraus. Ohne an dieser Stelle vertieft auf den komplexen Begriff (und die Problematik) der Konventionalität (sprachlicher Ausdrucksmittel) eingehen zu können, sei zumindest darauf hingewiesen, dass eine Konventionalität in wissensanalytischem Sinne auf die *Erwartbarkeit* des Vorhandenseins bestimmten Wissens bei den Kommunikations- bzw. Interaktionspartner hinausläuft). In diesem Sinne sind Wissensrahmen bzw. Frames Strukturen erwartbaren Wissens. Innerhalb der Erwartbarkeit können dann vermutlich Grade derselben unterschieden werden; eine dieser Graduierungen verläuft parallel mit der Unterscheidung von Wertebereichen (für Attribute/Leerstellen), Standardwerten (sog. Default-Werten) und konkreten, nicht-standardisierten und damit Einzelfallabhängigen Einzel-Werten. Wenn häufig vorkommende Werte zu Standardwerten werden, kann man von einer vollzogenen Konventionalisierung sprechen. Ebenso wenn Elemente aus der Werte-Ebene in die Ebene der fest mit einem Frame verbundenen Attribute aufrücken. Die Zusammenhänge zwischen solchen Ebenen der Konventionalisierung von bzw. innerhalb von Frames sind indes noch kaum erforscht (vgl. aber Ziem 2008, 198–229).[16]

Die Konventionalität ist mit einer anderen ihrer Kehrseiten, der *Iteration* bzw. *Iterativität* (Wiederholung und damit Bestätigung eines Musters in den einzelnen Akten der Anwendung dieses Musters) intern, d. h. begrifflich oder sachlogisch verbunden, indem Konventionalisierung als Prozess die Iteration der kognitiven Aktualisierung der theoretisch als Frames identifizierten Konstellationen von Wissenselementen notwendig voraussetzt. Iteration bewirkt die kognitive und epistemische Stabilisierung der Konstellationen von Relationen, als die die Frames zu gelten haben und trägt somit entscheidend zum „Fortleben" der Frames bei.

Frames (auf der Eben allgemeiner gesellschaftlicher Wissensstrukturen, d. h. Muster oder Types) sind keine einfachen und geschlossenen Strukturen. Vielmehr muss mit erheblicher gesellschaftlicher Varianz im Grad der „*Granulierung*" und Ausdifferenziertheit der Frames gerechnet werden. Aufgrund des allgemeinen Prinzips der Rekursivität sind Frames prinzipiell unendlich verfeinerbare Wissensstrukturen. Dies schlägt sich darin nieder, dass in gesellschaftlichen Domänen mit unterschiedlichem Wissensbedarf auch die Differenziertheit der Frames variiert (typischerweise bekannt als sog. Experten/Laien-Divergenz).

---

[16] Ein Teil dieser Prozesse wird in der Frame-Forschung unter dem Begriff des *entrenchment* (Verfestigung) diskutiert.

Überlegungen zu einem integrativen Frame-Modell: Elemente, Ebenen, Aspekte

Man kann davon ausgehen, dass Frames nicht nur intern strukturiert sind, sondern (in die andere Richtung) auch zu größeren Frame-Komplexen vernetzt sind. Unter dem Stichwort der *Frame-Systeme* oder *Frame-Netze* sind bislang vor allem Konzept-Taxonomien (sog. Ontologien) diskutiert worden. Über die Vernetzungen hinaus, die sich in solchen taxonomischen Wissens-Ordnungen ergeben, dürfen die *assoziativen*, häufig auf *Analogiebildung, Wahrnehmung von Kontiguitäten, metaphorischen Übertragungen* beruhenden Relationen zwischen Frames und Frame-Elementen in ihrer konstitutiven und strukturgebenden Wirkung für das gesellschaftliche und individuelle Wissen jedoch nicht unterschätzt werden. Vielleicht lassen sich folgende *Typen von Frame-Systemen* unterscheiden:

a. *Frames als Frame-Systeme*: Zunächst einmal ist jeder Frame (aufgrund des Prinzips der Rekursivität) immer zugleich auch ein Frame-System, da er aus Unter-Frames (z. B. im Falle eines instantiierten Frames aus Attribut-Frames und Werte-Frames) besteht. So enthält etwa ein *schenken*-Frame das Frame-Element AGENS, das nur von einem Unter-Frame MENSCH ausgefüllt werden kann, der selbst ja schon frame-strukturell gesehen hoch komplex ist.

b. *Taxonomien*: Taxonomien oder geordnete Begriffs-Systeme sind – frametheoretisch betrachtet – komplexe Makro-Frame-Systeme, die in zahlreiche Ebenen und Gruppen von Unter-Frame-Systemen zerfallen. (Ein typischer Fall dafür sind die bekannten Begriffs-Hierarchien.) Der für Taxonomien einschlägige Relationen-Typ ist die Relation der *Hierarchie* (Ober-Frame, Unter-Frame, siehe etwa die bekannten Relationen Oberbegriff/Unterbegriff). Ober-Frames in Taxonomien legen Frame-Elemente (Slots, Default-Werte) der Sub-Frames fest (entweder einzeln, als sog. „Vererbung" von Frame-Elementen, typischerweise aber als Vererbung von ganzen Gruppen von Frame-Elementen). Beispiele dafür sind aus der Beschreibung von Begriffs- bzw. Wissensordnungen wie auch der sog. „semantischen Relationen" bestens bekannt (z. B. *Lebewesen, Tier, Säugetier, Kaniden, Hund, Dackel*).

c. *Kongruenz-Netzwerke*: Im Unterschied zu den hierarchischen Relationen in Taxonomien beruhen Frame-Systeme im Sinne von Kongruenz-Netzwerken auf der Übereinstimmung einzelner Wissenselemente. Der für Kongruenz-Netzwerke einschlägige Relationen-Typ ist die Relation der *Parallelität* (oder genauer: *Kon-*

gruenz bei Abwesenheit hierarchischer Relationen).[17] Ein Spezialfall solcher Kongruenz-Netzwerke sind die bekannten „Wortfelder" (etwa „stehendes Gewässer" mit *See, Teich, Tümpel, Lagune* usw.).

d. *Serialitäts-Netzwerke*: Die einzelnen Frames in *Serialitäts-Frame-Netzwerken* können sich einzelne oder Gruppen von Frame-Elementen teilen (und tun dies in der Regel auch), sodass sie in dieser Hinsicht mit Kongruenz-Netzwerken übereinstimmen, doch ist das nicht zwingend. Der für Serialitäts-Netzwerke einschlägige Relationen-Typ ist die Relation der Folge-Beziehungen im weitesten Sinne. *Serialitäts-Netzwerke* treten in der Form von Ereignis-Frame-Systemen und Handlungs-Frame-Systemen (oder als Mischungen von beidem) auf. Der in der Literatur für einige Typen von Serialitäts-Netzwerken eingeführte Begriff ist der von Schank und Abelson (1977) ausführlich erläuterte und viel zitierte *Skript*-Begriff. Man kann dann evtl. noch verschiedene Aspekte oder Ebenen der Serialität unterschieden, wie etwa: *Temporale Serialität, Kausal bedingte Serialität*,[18] *Kulturell bedingte Serialität, Sprachliche Serialität*. Am bekanntesten und häufigsten ist wohl der Typus der kausalen Serialität, den Schank und Abelson (1977) mit ihrem Skript-Modell am viel zitierten Beispiel *Restaurant-Besuch* beschrieben haben. Dieser lässt sich als kausal aufeinander aufbauende Aufeinanderfolge von Teilereignis-Frames beschreiben (Restaurant betreten, hinsetzen, Karte entgegennehmen, bestellen, speisen, zahlen, Restaurant verlassen).[19] Ein Beispiel für eine nicht-kausale, rein temporale Serialität findet man etwa bei solchen Ereignis-Abfolgen wie *Gottesdienst*.[20] Mit *sprachlicher Serialität* sind z. B. Textverläufe gemeint, wie sie für viele Textsorten typisch sind.

e. *Assoziative Netzwerke*: Der Typ von Frame-Systemen bzw. -Netzen mit der „schwächsten" Form von Relationen sind die *Assoziativen Netzwerke*. Die für assoziative Netzwerke einschlägigen Relationen treten in unterschiedlicher Form auf. Als einschlägige Relationen-Typen können wohl mindestens die Relationen

---

[17] Sie entsprechen dem, was Minsky als „Ähnlichkeits-Netzwerke" bezeichnet hat.
[18] Diese erste Unterscheidung ist insofern nicht ganz unproblematisch, als jede Kausale Serialität immer eine temporale Serialität umfasst bzw. voraussetzt. „Temporale Kausalität" als eigener Serialitätstyp kann dann hier nur heißen: „temporale Abfolge ohne kausalen Zusammenhang".
[19] Frame-theoretisch gesehen sind Skripts bestimmte spezielle Typen von Frames bzw. besser Frame-Folgen. Dies haben sowohl Fillmore als auch Barsalou so gesehen.
[20] Rein temporale (d. h. nicht-kausale) Serialitäts-Netzwerke von Frames finden sich wohl besonders häufig bei kulturellen Ritualen; daher besteht hier häufig ein enger Zusammenhang mit dem Typus der „kulturellen Serialität".

Überlegungen zu einem integrativen Frame-Modell: Elemente, Ebenen, Aspekte

der *Kontiguität (Kopf – Lebewesen, Elektrogerät – Schaltknopf* usw.), der *Ähnlichkeit (berühmtes Auto von VW – Käfer)*, der *partiellen Kongruenz* (z. B. Isotopien) und der *(prozeduralen) Korrelationen* bzw. *Ko-Okkurenzen (z. B. Schultafel – Kartenständer)* genannt werden.

Insofern Frames auch als *Strukturen der Erwartbarkeit* aufgefasst werden können, sind die Elemente eines Frames graduell abstufbar nach dem *Grad ihrer Erwartbarkeit*. Hier ist es aber (aus Gründen, die etwas mit den Strategien der Informationsvermittlung zu tun haben, insbesondere solchen Strategien, die in sprachlichen Regeln verfestigt sind) notwendig, zwischen drei Formen (Typen, Ebenen) der Erwartbarkeit zu unterscheiden, die ich in einem heuristischen Vorgriff auf präzisere Analysen vorerst *präsuppositive, parasuppositive* und *konstitutive* Erwartbarkeit nennen möchte. Die *präsuppositive Erwartbarkeit* bezieht sich auf all solche Wissenselemente, die dem in einem Frame organisierten Wissen (oder einzelnen seiner Elemente) logisch oder epistemisch vorgängig sind, sei es, dass sie aufgrund taxonomischer Relationen in den Wissenselementen des Frames epistemisch oder logisch „enthalten" sind, sei es, dass sie in Kausal-Relationen (oder ihrer Umkehrung als Konditional-Relationen) notwendig als gegeben vorauszusetzen sind. (Z. B. setzt *Die Tür schlug zu* voraus, dass vorher *Die Tür stand auf* als gegeben galt.)

Zur Gruppe (Ebene) der *parasuppositiven Erwartbarkeit* zählen all solche Wissenselemente, die dem in einem Frame organisierten Wissen (oder einzelnen seiner Elemente) solche Aspekte hinzufügen, die in kommunikativen Akten der Informationsvermittlung thematisch werden können, aber nicht müssen. (Dass Gegenstände, Personen, Ereignisse, Handlungen ORTE haben und in Bezug auf ZEITPUNKTE oder ZEITRÄUME spezifiziert sind, kann thematisch werden; aber in vielen – vielleicht den meisten – Fällen ihrer aktiven kognitiven Prozessierung ist dies nicht notwendig.) Von beiden Gruppen (Ebenen) ist die Gruppe (Ebene) derjenigen Wissenselemente abzugrenzen, die zur Kategorie der *konstitutiven Erwartbarkeit* zu rechnen sind. Konstitutiv erwartbare Frame-Elemente sind per se *immer thematisch*, auch wenn sie nicht immer explizit verbalisiert werden müssen (sie haben so eine Art „inhärente oder *eingebaute Thematizität*"). Nur in Bezug auf diese Gruppe (oder Ebene) macht Fillmores Begriff der „Null-Instantiierung" von Frame-Elementen überhaupt einen Sinn. So ist in *Peter fuhr in die Stadt* der Aktanten-Slot für FAHRZEUG im Sinne des Ansatzes von Fillmore und FrameNet „nullinstantiiert", aber natürlich implizit „mitgedacht" und damit im Sinne des von mir vorgeschlagenen Begriffs „konstitutiv erwartbar".

Soweit die wichtigsten Merkmale und Aspekte von Frames und Frame-Strukturen.

4 Zur Praxis einer linguistischen Frame-Analyse

Abschließend noch ein paar Bemerkungen zu einigen praktischen Aspekten einer Frame-Analyse in der Linguistik. Jeder praktischen Frame-Analyse oder jedem Versuch einer linguistisch motivierten Frame-Beschreibung stellt sich die Frage nach den Informationen, die in einer Frame-Beschreibung darzustellen sind. Vor jeder Analyse ist daher festzustellen, welche Aspekte und Elemente von Frames in einer schematischen Gesamtdarstellung eines Frames überhaupt erfasst werden müssen oder sollten. Der Hinweis auf den schematischen Charakter einer Frame-Darstellung soll verdeutlichen, dass grundsätzlich auch ganz andere Arten von Frame-Darstellungen denkbar und möglicherweise sinnvoll sind. So ist nicht ausgeschlossen, dass gerade bei der Darstellung sehr komplexer Frames oder Frame-Strukturen in tiefensemantischen (z. B. kulturwissenschaftlich-epistemologisch motivierten) Analysen nur die Form einer Monographie (oder einer umfassenderen Darstellung mit Kapitelumfang) ausreichend ist, um alle wichtigen Aspekte eines Frames in ihrer Gesamtheit zu erfassen. Ich gehe davon aus, dass eine umfassende Frame-Darstellung auf folgende Aspekte achten sollte; dabei handelt es sich bei der (nicht zwingend als abgeschlossen zu betrachtenden) Liste um eine heuristische Sammlung von Aspekten, die sich aus einer Gesamtschau der einschlägigen, für linguistische Zwecke interessanten Literatur zur Frame-Analyse ergibt:

In einer Frame-Darstellung zu erfassende Typen von Informationen:
Frame-Name (Frame-Kern, „Kategorie") [FN]
Frame-Elemente (Attribute, Slots)   FE-Name
                                              FE-Typ
                                              Relationen-Typ FE zu FN
                                              Wertebereich
                                              Standardwerte
                                              Zentralität, Salienz der FE

Überlegungen zu einem integrativen Frame-Modell: Elemente, Ebenen, Aspekte

	Epistemischer Status
	Zugehörigkeit zu einer FE-Gruppe
Frame-Elemente-Gruppen [FEG]	FEG-Typ
	Relationen-Typ in der FEG
Constraints	Constraints zwischen Frame-Elementen
	Constraints zwischen Werten/Fillern
	Constraints zwischen FE und Werten
Frame-zu-Frame-Beziehungen	Vererbung, Ober-Frame(s)
	Sub-Frames
	Relationen-Typ(en) der F-zu-F-Bez.

Hierzu ein paar Erläuterungen:

Der *Frame-Name* (auch *Frame-Kern* oder *Kategorie* genannt) stellt als eine Art Archi-Lexem den Titel des Frames dar und markiert, dass es hier ein (epistemisches) „Etwas" gibt, auf das sich die nachfolgend spezifizierten Frame-Elemente, Relationen und Aspekte beziehen.

Frame-Elemente werden hier in einem etwas enger gefassten Gebrauch dieses Terminus die Anschlussstellen/Slots/Attribute eines Frames genannt, also diejenigen Elemente, die einen Frame als diesen Frame definieren bzw. ausmachen oder konstituieren. Zwar gehören auch die Werte bzw. Filler zu den Frame-Elementen in einem weiter gefassten Sinn, doch werden sie nur vermittels der Slots/Attribute an einen Frame angeschlossen und spielen etwa in einer *type*-bezogenen Frame-Darstellung nur eine untergeordnete Rolle. Für eine solche Darstellung reicht es, den Wertebereich anzugeben. Nur in *token*-Frame-Darstellungen bekommen die Werte zwingend einen eigenen Platz. Frame-Elemente werden durch einen *Frame-Elemente-Namen* gekennzeichnet. (Die Wahl eines solchen Namens ist aller Erfahrung nach nicht immer ganz einfach, da es sich hier um abstrakte Kategorien handeln kann, für die die jeweilige Beschreibungssprache kein Lexem vorhält. Es kann daher sein, dass man zu einer sprachlich komplexeren Umschreibung greifen muss.)

Zu jedem festgestellten Frame-Element muss/sollte immer der *Frame-Elemente-Typ* (Aktanten-FE, Eigenschafts-FE, funktionale FE bzw. Affordanzen, Meta-FE) angegeben werden.

Außerdem sollte der *Relationen-Typ* für die Relation des Frame-Elements zum Frame-Kern angegeben werden. (Hierzu gibt es in der bisherigen Frame-Literatur nur wenige Hinweise und kaum Vorbilder.)

Eine der wichtigsten Informationen zu einem Frame ist die Angabe des jeweiligen *Wertebereichs* und der *Standard-Werte* für jedes Frame-Element. Die Darstellung von Wertebereichen ist vor allem für *type*-Frame-Darstellungen relevant und kann bei *token*-Frame-Darstellungen auch (je nach Darstellungsinteresse) unterbleiben. Bisher werden Wertebereiche in kaum einer Frame-Darstellung als solche explizit charakterisiert. Meist findet man stattdessen exemplarische Auflistungen typischer Füllwerte. Zur Darstellung des Wertebereichs gehört auch die Angabe des *Typs des Wertebereichs*. Für die meisten Frame-Elemente stellt die Angabe von *prototypischen Standard-Werten* eine zentrale Information dar. Zur Charakterisierung des Wertebereichs eines FE kann auch die Angabe gehören, ob das FE überhaupt mit einem konkreten Wert belegt werden muss, oder ob im Regelfall der Standardwert eingesetzt wird.

Der zuletzt genannte Aspekt berührt sich mit der Frage der *Salienz* oder *Zentralität* des jeweiligen Frame-Elements für den Frame. Nicht alle Frame-Elemente in einem Frame sind gleichrangig oder gleichermaßen kognitiv bzw. epistemisch zentral; solche Unterschiede müssen aber in einer Frame-Darstellung markiert werden, wenn diese das Frame-relevante Wissen adäquat wiedergeben soll. Vermutlich werden in vielen Fällen der kognitiven Aktualisierung von Frames (den Frame-Instantiierungen oder *token*-Frames) bestimmte Frame-Elemente des *type*-Frames gar nicht aktiv prozessiert. Soweit möglich sollten solche Informationen in der Frame-Darstellung erfasst werden.

Ob der oben genannte *epistemische Status der Frame-Elemente* einen eigenen Typ von Informationen darstellt, der in einer Frame-Beschreibung erfasst werden sollte, ist noch nicht ausgemacht, da es dazu bislang kaum Forschungen oder auch nur Überlegungen gibt. Möglicherweise lassen sich Informationen zum epistemischen Status von Frame-Elementen aufteilen auf die Beschreibungskategorien (bzw. -Schritte) *Salienz* (etwa was den Aspekt der *epistemischen Zwingendheit* eines Frame-Elements angeht) und *Frame-Elemente-Typ* (etwa was den Aspekt der *Wahrscheinlichkeit* angeht).

Überlegungen zu einem integrativen Frame-Modell: Elemente, Ebenen, Aspekte

Ein letzter wichtiger Typ von Informationen zu den einzelnen Frame-Elementen ist die Angabe der *Zugehörigkeit zu einer Frame-Elemente-Gruppe* (den *strukturellen Invarianten* in der Terminologie Barsalous), soweit eine solche im gegebenen Frame vorliegt.

Die Markierung von *Frame-Elemente-Gruppen* (strukturellen Invarianten) in Frames ist eine weitere wichtige Art von Informationen, die neben der Charakterisierung der Frame-Elemente selbst unbedingt zu einer adäquaten Frame-Beschreibung dazugehört. Zu der Darstellung der Frame-Elemente-Gruppen (FEG) gehört die Darstellung des *FEG-Typs*. (Eine Typologie dafür muss freilich noch ausgearbeitet werden.) Ebenfalls gehört dazu die Charakterisierung des *Typs der Relationen* innerhalb der jeweiligen FEG.

Ein weiterer sehr wichtiger Typ von Angaben in einer Frame-Darstellung auf oberster Ebene ist die Darstellung der in einem Frame wirksamen *Constraints* (im Sinne Barsalous). Zu unterscheiden sind dabei *Constraints zwischen Frame-Elementen*, *Constraints zwischen Werten/Fillern* (verschiedener FE) und *Constraints zwischen FE und Werten* (anderer FE). Möglicherweise muss noch eine Angabe zum *Typ des Constraints* hinzukommen (falls eine solche Typologie in sinnvoller Weise entwickelt werden kann).

Eine letzte Gruppe von sehr zentralen Elementen in jeder Frame-Beschreibung sind die *Frame-zu-Frame-Relationen*. Hier sind insbesondere die *Vererbungs-Relationen* und die *Sub-Frame-Relationen* zu nennen. Auf jeden Fall muss jede Frame-zu-Frame-Relation hinsichtlich ihres Relationen-Typs spezifiziert werden.

Anwendungsmöglichkeiten der Frame-Analyse:
Schließlich stellt sich die Frage nach den Anwendungsmöglichkeiten der Frame-Analyse in der Linguistik. Fillmore hat in seinen Schriften mehrfach an verschiedenen Stellen beeindruckende Listen der Leistungsfähigkeit eines linguistischen Frame-Modells publiziert.[21] Als die wichtigsten Anwendungsmöglichkeiten seien hier (im Anschluss an Busse 2012, 742ff.) folgende genannt:

- Frame-Analyse von Lexemen und Wortbedeutungen
- Frame-Analyse von Morphemkombinationen und Wortbildungen
- Frames für Begriffstypen und Wortarten
- Frame-Analyse von Textwörtern im Kontext

---

[21] So in Fillmore (1977a, 129ff.), Fillmore (1982, 124ff.); vgl. dazu Busse (2012, 132ff.).

- Frame-Analyse von Satzbedeutungen
- Frames in der Textanalyse und Verstehenstheorie
- Frames in der Analyse von Metaphern
- Frames in der Analyse von Präsuppositionen und Implikaturen
- Frame-Analyse von Bedeutungs- und Sprachwandel

Bevorzugtes Objekt von linguistischen Frame-Analysen waren bisher freilich vor allem Wörter. Nur gelegentlich wurden auch Sätze analysiert. Die Methoden einer satzsemantischen und textanalytischen linguistischen Frame-Analyse sind daher bislang noch vergleichsweise wenig ausgearbeitet. Dies erstaunt, wenn man berücksichtigt, dass insbesondere die Frame-Idee von Fillmore stark mit seinem Ziel einer eindeutig textsemantisch ausgerichteten *understanding-semantics* verknüpft war und auch Bartlett und Minsky bereits auf die Funktion von Frames zum Verstehen von Geschichten verwiesen haben. Auch ich kann für eine tiefensemantisch ausgelegte linguistisch motivierte Frame-Analyse nicht *die* umfassende und fertige Methodik liefern, sondern nur betonen, dass eine semantisch orientierte Textanalyse durch eine Berücksichtigung der hier vorgestellten frame-analytischen Gesichtspunkte und Untersuchungsziele m. E. eindeutig gewinnt.

5 Leistungen und Grenzen einer Frame-Semantik

Die empirische (linguistische) Forschung zur Frame-Semantik ist noch zu jung und zu selten umgesetzt worden – im Sinne einer systematischen, das gesamte Spektrum der theoretischen Modelle und Möglichkeiten umsetzenden umfassenden Forschung –, als dass eine abschließende Einschätzung ihrer Leistungspotenziale und ihrer Grenzen bereits möglich wäre. Von Linguisten wie Fillmore (und Autoren des FrameNet-Verbunds) sind ebenso wie von Kognitionswissenschaftlern wie Minsky und Barsalou beeindruckende Listen erstellt worden darüber, was alles mit Hilfe eines (jeweils unterschiedlich ausfallenden) Frame-Modells im Bereich der Gegenstände der Sprachforschung im weitesten Sinne erforscht werden könne. Von Verben, Nomen und Sätzen angefangen, über kognitive Konzepte, Texte, Morpheme, Metaphern, Anaphern, Präsuppositionen bis hin zu Prä-

Überlegungen zu einem integrativen Frame-Modell: Elemente, Ebenen, Aspekte

positionen und Konjunktionen sind fast alle Gegenstände im Umfeld der Linguistik schon einmal als mögliches Anwendungsobjekt einer Frame-Forschung genannt worden. So weit die ambitionierte Programmatik.

Es steht aber zu vermuten, dass es nicht so sein wird, dass alle genannten Phänomene gleichermaßen gut (oder überhaupt) mit demselben Frame-Modell analysiert werden können. So fragt sich z. B., ob die häufig von Fillmore angesprochenen „Hintergrund-Frames" (oder „Szenen") mit einem Barsalou-Modell der Frames überhaupt angemessen oder vollständig erfasst werden können. Für zahlreiche von Fillmores Parade-Beispielen (wie *Waise, Witwe, Junggeselle, Vegetarier, an Land, auf dem Boden,* vgl. Fillmore 1977a, 72; Fillmore 1978, 165; Fillmore 1976b, 26; Fillmore 1975c, 139) gilt, dass dasjenige Wissen, auf dessen Rolle für ein adäquates Verstehen er mit diesen Beispielen anspielen will, teilweise so komplex und voraussetzungsvoll ist, dass eine angemessene Paraphrase möglicherweise jeweils zusätzlich eine größere Zahl von Prädikationen einführen muss, die jeweils für sich in allen ihren Elementen Frame-semantisch analysiert und bestimmt werden müssten. Dadurch käme man schnell zu einer ziemlich komplexen Beschreibung, wenn man z. B. ein Modell des Barsalou-Typs systematisch darauf anwenden wollte. Eine detaillierte Frame-Analyse größerer sprachlicher Komplexe (etwa ganzer Texte oder längerer Textabschnitte) scheint[22] erst recht außerhalb des Machbaren und Sinnvollen zu liegen (weil die Ergebnisse so komplex würden, dass sie vollends unübersichtlich und kaum noch lesbar und benutzbar wären).

Es wäre also falsch, in der Frame-Theorie ein Allheilmittel für alle linguistischen (oder semantischen) Fragestellungen und Untersuchungsziele zu sehen. Die Frame-Theorie ist dort stark, wo sie in die erkennbaren Lücken älterer linguistischer Programme (wie der Merkmalsemantik, der Logischen Semantik, der wort-isolierenden lexikalischen Semantik, der logik-fundierten kompositionalistischen Satzsemantik, der wort- und begriffs-isolierenden historischen Semantik) stößt. Genauer gesagt: Überall dort, wo der Umfang, die Komplexität, die Subtilität und die Ausdifferenziertheit des verstehensrelevanten bzw. sprachrelevanten

---

[22] Zumindest wenn man nicht bereit ist, so reduktionistisch vorzugehen, wie dies in einigen Beispielen im Rahmen und nach dem Vorbild des FrameNet-Projektverbunds der Fall ist, sondern eine wissensanalytisch umfassende und detaillierte Analyse anstrebt, wie sie in diesem Papier und in Busse (2012) angedacht ist.

Wissens in den älteren Modellen sträflich unterschätzt wurde. Vor allem hier kann sie ihre besondere Leistungsfähigkeit entfalten und ist anderen Ansätzen überlegen. Die Grenzen ihrer Möglichkeiten werden (und können) aber letztlich erst dann sichtbar werden, wenn diese Möglichkeiten in empirischen Analysen unterschiedlichster Form auf breitem Felde umgesetzt und praktisch erprobt wurden. Von diesem Punkt sind wir momentan jedoch noch sehr weit entfernt.

Literatur

Barsalou, Lawrence W. (1992): Frames, concepts, and conceptual fields. In: Adrienne Lehrer / Eva. F. Kittay (eds.): Frames, Fields, and Contrasts. Hillsdale, NJ: Lawrence Erlbaum Associates, 21-71.

Barsalou, Lawrence W. (1993): Flexibility, Structure, and Linguistic Vagary in Concepts: Manifestations of a Compositional System of Perceptual Symbols. In: Collins, A. C. / Gathercole, S. E. / Conway, M. A. (eds.): Theories of Memory. Hillsdale, NJ: Lawrence Erlbaum Associates, 29-101.

Bartlett, Frederick C. (1932): Remembering: A Study in Experimental and Social Psychology. Cambridge: Cambridge University Press.

Busse, Dietrich (2005): Architekturen des Wissens. Zum Zusammenhang von Semantik und Epistemologie. In: Ernst Müller (Hrsg.): Begriffsgeschichte im Umbruch. (Archiv für Begriffsgeschichte, Sonderheft 2004) Hamburg: Felix Meiner, 85-99.

Busse, Dietrich (2008): Linguistische Epistemologie. Zur Konvergenz von kognitiver und kulturwissenschaftlicher Semantik am Beispiel von Begriffsgeschichte, Diskursanalyse und Frame-Semantik. In: Heidrun Kämper (Hrsg.): Sprache – Kognition – Kultur. Sprache zwischen mentaler Struktur und kultureller Prägung. (= Jahrbuch 2007 des Instituts für deutsche Sprache) Berlin / New York: de Gruyter, 73-114.

Busse, Dietrich (2012): Frame-Semantik – Ein Kompendium. Berlin / Boston: de Gruyter.

Fillmore, Charles J. (1968): The Case for Case. In: Emmon Bach / Robert T. Harms (eds.): Universals in Linguistic Theory. New York: Holt, Rinehart & Winston 1968, 1-88. [Teilabdruck in: René Dirven / Günter A. Radden (eds.): Fillmore's Case Grammar. A Reader. Heidelberg: Groos 1987, 21-34. – Dt. Übers. in:

Werner Abraham (Hrsg.): Kasustheorie. Frankfurt a. M.: Athenäum 1971, 1–118.]

Fillmore, Charles J. (1975): The Future of Semantics. In: Robert Austerlitz (ed.): The Scope of American Linguistics. Lisse: Peter de Ridder Press, 135–157.

Fillmore, Charles J. (1976): The need for frame semantics in linguistics. In: Hans Karlgren (ed.): Statistical Methods in Linguistics 12, 5–29.

Fillmore, Charles J. (1977a): Scenes-and-Frames Semantics. In: Antonio Zampolli (ed.): Linguistic Structures Processing. Vol. 5. Amsterdam / New York / Oxford: North Holland, 55–81. [Teilabdruck in: René Dirven / Günter A. Radden (eds.): Fillmore's Case Grammar. A Reader. Heidelberg: Groos 1987, 79–88.]

Fillmore, Charles J. (1977b): Topics in Lexical Semantics. In: Roger W. Cole (ed.): Current Issues in Linguistic Theory. Bloomington / London: Indiana University Press, 76–138. [Teilabdruck in: René Dirven / Günter A. Radden (eds.): Fillmore's Case Grammar. A Reader. Heidelberg: Groos 1987, 89–98.]

Fillmore, Charles J. (1978): On the organization of semantic information in the lexicon. In: Donka Farkas / Wesley M. Jacobsen / Karol W. Todrys (eds.): Papers from the Parasession on the Lexicon. Chicago: The Chicago Linguistic Society, 148–173.

Fillmore, Charles J. (1982): Frame Semantics. In: The Linguistic Society of Korea (ed.): Linguistics in The Morning Calm. Seoul: Hanshin Publishing Corp., 111–137.

Fillmore, Charles J. (1985): Frames and the Semantics of Understanding. In: Quaderni di Semantica 6, 222–254.

Fillmore, Charles (2006): Frame Semantics. In: Keith Brown (ed.): Encyclopedia of Language and Linguistics. 2nd Edition. Amsterdam: Elsevier, 613–620.

Gibson, James J. (1977): The theory of affordances. In: Robert E. Shaw / John Bransford (eds.): Perceiving, acting, and knowing. Hillsdale, NJ: Lawrence Erlbaum Associates, 67–82.

Gibson, James J. (1979): The ecological approach to visual perception. Boston: Houghton Mifflin.

Konerding, Klaus-Peter (1993a): Frames und lexikalisches Bedeutungswissen. Untersuchungen zur linguistischen Grundlegung einer Frametheorie und zu ihrer Anwendung in der Lexikographie. Tübingen: Niemeyer.

Kripke, Saul A. (1972): Naming and Necessity. In: Donald Davidson / Gilbert Harman (eds.): Semantics of Natural Language. Dordrecht-Holland, 253–355 und 763–769. [dt.: Name und Notwendigkeit. Frankfurt a. M.: Suhrkamp.]

Lönneker, Birte (2003): Konzeptframes und Relationen. Extraktion, Annotation und Analyse französischer Corpora aus dem World Wide Web. Berlin: Akademische Verlagsgesellschaft AKA.

Minsky, Marvin (1974): A Framework for Representing Knowledge. In: Artificial Intelligence Memo No. 306, MIT Artificial Intelligence Laboratory. [Abgedruckt in: Patrick H. Winston (ed.): The Psychology of Computer Vision. New York: McGraw-Hill, 1975, 211–277. – Auszug abgedruckt in: Dieter Metzing (ed.): Frame Conceptions and Text Understanding. Berlin / New York: de Gruyter, 1980, 1–25. – Dt. in: Dieter Münch (Hrsg.): Kognitionswissenschaft. Grundlagen, Probleme, Perspektiven. Frankfurt a. M.: Suhrkamp, 1992, 92–133].

Norman, Donald A. (1988): The Psychology of Everyday Things. New York: Basic Books.

Schank, Roger C. / Abelson, Robert P. (1977): Scripts, Plans, Goals and Understanding: An Inquiry into Human Knowledge Structures. Hillsdale: Lawrence Erlbaum.

Searle, John R. (1992): Sprechakte. Ein sprachphilosophischer Essay. Frankfurt am Main: Suhrkamp (zuerst 1969).

Strawson, Peter F. (1950): On referring. In: Mind, New Series, Vol. 59, No. 235. (Jul., 1950), 320–344. [Wiederabdruck in: Aloysius P. Martinich (ed.): The Philosophy of Language, 4th edition. Oxford: Oxford University Press 2001, 20ff.]

Strawson, Peter F. (1952): Introduction to Logical Theory. London: Methuen.

Ziem, Alexander (2008): Frames und sprachliches Wissen. Kognitive Aspekte der semantischen Kompetenz. Berlin / New York: de Gruyter.

METHODISCHE ZUGÄNGE

The treatment of emotion vocabulary in FrameNet: Past, present and future developments[1]

Josef Ruppenhofer

Abstract

Both for psychology and linguistics, emotion concepts are a continuing challenge for analysis in several respects. In this contribution, we take up the language of emotion as an object of study from several angles. First, we consider how frame semantic analyses of this domain by the FrameNet project have been developing over time, due to theory-internal as well as application-oriented goals, towards ever more fine-grained distinctions and greater within-frame consistency. Second, we compare how FrameNet's linguistically oriented analysis of lexical items in the emotion domain compares to the analysis by domain experts of the experiences that give rise (directly or indirectly) to the lexical items. And finally, we consider to what extent frame semantic analysis can capture phenomena such as connotation and inference about attitudes, which are important in the field of sentiment analysis and opinion mining, even if they do not involve the direct evocation of emotion.

1 Introduction

Emotions are a core part of human experience and also well represented in language. Both for psychology and linguistics, emotion concepts are a continuing challenge for analysis in several respects. In this contribution, we take up the language of emotion as an object of study from several angles.

---

[1] The author was partially supported by the German Research Foundation (DFG) under grant RU 1873/2-1.

The first goal is to illustrate how FrameNet,[2] the project implementing an analysis of the English vocabulary in terms of Frame Semantics, 'works'. Using emotion vocabulary as our case study, we consider how FrameNet's analyses have been developing over time, due to theory-internal as well as application-oriented goals, towards ever more fine-grained distinctions and greater within-frame consistency.

A second goal of this study is to explore how FrameNet's linguistically oriented analysis of lexical items in the emotion domain compares to the analysis by domain experts of the experiences that give rise (directly or indirectly) to the lexical items. Despite the skepticism expressed towards lexical analysis by some domain experts such as Scherer (2000), we want to examine to what extent the notions FrameNet uses for its analysis do match ones found in psychological theories.

Finally, we consider whether and how frame semantic analysis can capture phenomena such as connotation and inference about attitudes, which are important in the field of sentiment analysis and opinion mining, even if they do not involve the direct evocation of emotion.

The remainder of this paper is structured as follows. We first introduce Frame semantics and FrameNet in section 2. In section 3 we consider how FrameNet dealt with the vocabulary of emotion in its earliest phases. This is followed by an overview of psychological theories of emotion in section 4, with special focus on lexical theories of emotion. In section 5, we return to FrameNet and discuss newer developments in how it deals with the vocabulary of emotion. We then broaden our view beyond the core emotion vocabulary and consider issues of connotation and attitude inference in section 6. We offer a summary and conclusions in section 7.

2 Frame semantics and FrameNet

The FrameNet project represents the attempt to implement frame semantics as conceived by Charles Fillmore (1982; 1985). The theory of frame semantics is both temporally and conceptually prior to its specific embodiment by FrameNet. As a theory of linguistic semantics, it focuses on the knowledge that speakers make

---

[2] The project's homepage is found at: framenet.icsi.berkeley.edu.

use of in producing and understanding utterances. It emphasizes continuity between language and experience. Frames are schematic representations of situations as well as their participants, props, and parameters. Words are said to evoke such frames. Lexical semantics in the frame semantic mold seeks to capture the motivation within a speech community for entertaining the relevant frame concept.

The electronic database that the FrameNet project builds contains descriptions of the semantic frames underlying the meanings of the English words being analyzed, and information on the valence (semantic and syntactic) of simple words and multi-words, derived from a sample of annotated attestations from corpora of contemporary British (BNC) and American English (ANC). The FrameNet database is intended to serve both theoretical linguistic research and applications of natural language processing (Baker et al. 1998). It is made accessible in a structured format that supports both human study and browsing, as well as machine readability.

The types of situations that FrameNet analyzes include all aspectual classes, covering states, processes, activities and relations. Some frames also focus on entities/things (e. g. Clothing, Hair configuration). The participants, props and roles of a frame can include agents, inanimate objects, elements of the setting, and properties/parameters of the situation. The syntactic dependents (broadly construed) of a predicating word correspond to the frame elements (FEs) of the frame (or frames) associated with that word.

Despite Fillmore's early work on case grammar (Fillmore 1968), FrameNet does *not* assume a set of universal semantic roles that applies to all predicates. Each FE is defined relative to a *single* frame. However, FEs in one frame can be related to FEs in another frame via frame-to-frame relations (see below), thereby allowing for the capturing of generalizations. But these connections between FEs of different frames need to be stated explicitly: identical FE names in different frames are not meant to imply identity or equivalence. Finally, the vast majority of FEs is assigned a semantic type that, broadly speaking, reflects the selectional restrictions on role fillers.

FrameNet has a net-like structure because of the relations connecting frames to each other. FrameNet employs several types of frame relations, the most important of which are INHERITANCE, SUBFRAME, PERSPECTIVE ON, and USING. INHERITANCE is FrameNet's label for the *is-a* relation. The SUBFRAME relation connects a child frame which is a subevent of a complex event to that complex parent frame. For instance, the `Criminal process` frame has subframes of `Arrest`, `Arraignment`, `Trial`, and `Sentencing`. A frame that stands in a PERSPECTIVE ON relation to another provides a particular view on an 'unperspectivized' parent that is an alternative to at least one other kind of view. The `Hiring` and `Get a job` frames, for instance, take the employer's and employee's view, respectively, on their parent frame `Employment start`. In the USING relation, the child frame presupposes the parent frame as background. The `Volubility` frame for instance uses the `Communication` frame.

Frame relations are accompanied by parallel, but potentially partial, mappings between the frame elements of the frames that are in a relation. These FE mappings allow one to, for instance, recognize the identity between a SUSPECT in the `Arrest` frame and a DEFENDANT in the `Arraignment` frame.

A Lexical Unit (LU) is the pairing of a morphological lemma with a meaning; a word sense. The meaning of a LU is partially expressed by the relation between the lemma and a FN frame, i.e. between lexical form(s) and the semantic frame they evoke. FrameNet covers LUs of any lexical category (verbs, nouns, adjectives, prepositions, etc.). The `Similarity` frame, for instance, includes among its LUs the preposition *like*, the adjective *similar*, the verb *resemble*, and the noun *difference*. Multi-word expressions (MWEs) are also possible LUs for FrameNet to include: the `Similarity` frame includes the MWE *spitting image*. As can be seen from the list of lexical units in the `Similarity` frame, FrameNet puts antonyms in the same frame (e. g. *similar*, *different*). The inclusion of *spitting image* illustrates that the members of a frame are not all equally general or specific: *spitting image* applies to similarity of appearance only, unlike the other LUs.

The semantic analyses of FrameNet are based on data and documented through annotations on example sentences. Such annotations are performed in one of two modes. In the *lexicographic* mode, FrameNet annotates instances of particular LUs from a corpus. The instances to be annotated are sampled from the corpus in such a way that the full set of combinatorial possibilities (in the relevant corpus) is captured. The annotations are, however, not meant to be statistically representative: frequent patterns of FE realization do not receive more annotations than less frequent ones. These lexicographic annotations do not fully cover all frame-evoking words in the sentences, let alone documents, in the underlying corpora (BNC, ANC). However, FrameNet has another mode of annotation, *full-text*, in which every instance of every frame-evoking word and its FEs are labeled on specific documents, resulting in dense annotations that show how frames embed each other and collocate.

Annotated instances of LUs record the following information about the LUs' syntactic dependents: their FE role, their phrase type, and their grammatical function. By way of example, let us briefly consider FrameNet's Revenge frame. Its definition mentions the core frame elements (which bear frame-specific, non-universalist names) and their relationships within the frame:

> This frame concerns the infliction of punishment in return for a wrong suffered. An **Avenger** performs a **Punishment** on an **Offender** as a consequence of an earlier action by the **Offender**, the **Injury**. The **Avenger** inflicting the **Punishment** need not be the same as the **Injured Party** who suffered the **Injury**, but the **Avenger** does have to share the judgment that the **Offender**'s action was wrong. The judgment that the **Offender** had inflicted an **Injury** is made without regard to the law.

Each FE is also defined and exemplified separately, though we do not show this here so as to conserve space. In the FrameNet database, the Revenge frame is recorded to be a subtype (by INHERITANCE) of the frame Rewards and Punishments. Its siblings include the frame for Fining, which unlike the Revenge frame is defined against a legal background and involves punishments in the form of financial levies. Some sample annotations in the Revenge frame are:

> (1) One day [she AVENGER] would **get even** [with Donna OFFENDER] [for this INJURY]. [INI PUNISHMENT]
> (2) One day [I AVENGER]'ll **get back** [at you OFFENDER]. [DNI INJURY] [INI PUNISHMENT]
> (3) The next day, [the Roman forces AVENGER] took **revenge** [on their enemies OFFENDER]. [INI PUNISHMENT] [DNI INJURY]
> (4) [The ban PUNISHMENT] is [Prince Charles's AVENGER] **revenge** [for her refusal to spend Christmas with the rest of the royals INJURY]. [DNI OFFENDER]

In examples (1)–(4), the targets are marked in bold font, support verbs appear underlined, and FEs are enclosed in square brackets. The group of examples includes verbal and nominal targets. It also illustrates that the realization of FEs may vary quite a lot within a frame. For instance, the FE OFFENDER is marked by three different prepositions in examples (1)–(3). As these last two observations indicate, FrameNet's analyses provide resources for recognizing paraphrases. This capability has, for instance, been exploited in the automatic recognition of textual entailment (Burchardt 2008).

Further, since frames are understood to be cognitive representations of situations, rather than just specific linguistic meaning representations, they are assumed to possess considerable generality across cultures and languages. While this generality is known to have its limits (e. g. Boas 2009), it is nonetheless broad enough to have 1) spawned sister projects to FrameNet for several other languages (among them, for instance, Spanish, Swedish, Japanese, Brazilian Portuguese) and 2) given rise to considerable interest in Frame semantics as an interlingua for translation. Speaking in an oversimplified manner, one might say that aligned FrameNet resources for multiple languages allow one to approach translation as a problem of cross-language paraphrase.

It is important to keep in mind that historically the main focus of FrameNet has been on frames that can be lexically evoked, as valence is its key concern. Accordingly, while FrameNet does include some so-called non-lexical frames which cannot be directly evoked by lexical material but which are relevant for capturing background relevant to related groups of frames, that state of affairs is the exception rather than the rule. FrameNet does therefore not deal with scripts in the sense of Schank and Abelson (1977) such as the restaurant script, for which no sizable amount of specific lexical material is available. Finally, note that FrameNet is for the most part concerned with general language vocabulary. Some work has, however, been done on specific domains and more efforts along these lines exist outside of FrameNet (e. g. BioFrameNet (Dolbey et al. 2006), Kicktionary (Schmidt 2009)).

3 Original treatment of emotion vocabulary in FrameNet

Emotion vocabulary is a core and, in terms of quantity (Hobbs and Gordon 2008), well-developed part of a language's vocabulary. Not surprisingly, emotion was one of the 13 general domains that the FrameNet project set out to handle when it began.[3]

In the first two releases of the FrameNet database (1.2 and 1.3), the emotion vocabulary was grouped into frames by several criteria being applied separately and in parallel. Some frames were, unsurprisingly, motivated by valence patterns (sentence perspective). For instance, the frame Experiencer subj was distinguished from Experiencer obj since for the former group of predicates the experiencer is realized as a subject (5) and for the latter it is realized as an object (6) in active-form sentences.

(5) [I EXPERIENCER] **like** ice-cream.
(6) Ice-cream **pleases** [me EXPERIENCER].

Other frames, picked up on salient metaphorical conceptualization. For instance, the frame Emotion heat held lexical units such as *boil.v, simmer.v, stew.v*, which are all motivated by the EMOTION IS HEAT metaphor (Lakoff and Johnson 1980). Still other frames were motivated by particular emotion concepts: for instance, the frame Desiring contains lexical units expressing forms of desiring.

- Experiencer subj (love.v, like.v, hate.v; fear.v; resent)
- Experiencer obj (please.v, displease.v; anger.v)
- Emotion directed (*angry.a at*)
- Subject stimulus (satisfying.a; pitiful.a)
- Desiring (hope.v, desire.v, desire.n, covet.v, hankering.n)
- Judgment [Judgment direct address, Judgment communication] (*reproach.v : approve.v*)
- Desirability (okay.a; nasty.a, pitiful.a; great.a, marvellous.a)
- Emotion heat (stew.v, simmer.v, boil.v; burn.v)

It is clear that in some cases the original frame organization assumes a relatively unspecific shared background given the considerable differences between the LUs included in particular emotion frames. For instance, the Experiencer obj frame contained the verbs *please* and *anger,* which reference rather different kinds of emotions. Likewise, and maybe more surprisingly, the adjective *angry*

---

[3] The full list of domains includes HEALTH CARE, CHANCE, PERCEPTION, COMMUNICATION, TRANSACTION, TIME, SPACE, BODY (parts and functions of the body), MOTION, LIFE STAGES, SOCIAL CONTEXT, EMOTION and COGNITION (Baker et al. 1998).

and the noun *anger* belong to a different frame from the verb *anger*, even though they all reference the same emotion.

Observations such as these made it desirable to consider a reorganization of how the emotion vocabulary is structured into FrameNet frames. However, before we consider what developments have been ongoing in FrameNet's modeling of the emotion domain, we will go on an excursion into psychological theories of emotion. While FrameNet clearly seeks to capture laymen's (folk) understandings of their experiences, it is instructive to consider how domain experts conceive of emotions, especially because it has always been controversial how a psychological theory of emotion should relate to a linguistic analysis of the emotion vocabulary. Notably, while speakers may talk about their emotions in what may be (mere) folk categories, their linguistic productions constitute the bulk of the primary data that psychologists studying emotion have available.

4 Psychological theories of emotion

In this section, we briefly survey psychological theories of emotions at a high-level of abstraction, following the discussion in Scherer (2000), and then look more closely at one particular subtype, lexical models.

Figure 1: The circumplex model (= Figure 2 of Russell 1980,1167)

Dimensional approaches propose that one or more dimensions such as valence or activation/arousal are sufficient to capture the most important differences between emotions. A well-known instance of multi-dimensional models is the circumplex model of affect (e. g. Russell 1980; Plutchik 1980), in which emotions are arranged on two dimensions, valence and arousal (cf. Figure 1). The model is intended to capture several key aspects of emotions (or emotion terms).[4] First, many emotions are associated with oppositions (*happy-sad*). Second, most of the variance in rating studies where similarity of emotions (emotion terms) is judged can be accounted for by the two dimensions of valence and arousal. Finally, the different emotions (emotion terms) can be differentiated and do not simply lie on top of each other along the axes in the space of emotions.

Categorical approaches (also: discrete emotion approaches) assume identifiable distinct types of emotions. A well-known instance of this approach is Ekman (1992), who suggests that there are six basic emotions (happiness, sadness, anger, disgust, fear, surprise) that people across cultures can recognize in others based on their facial expression. The basic set of emotions is assumed to have proven useful as evolutionary adaptations. Besides the basic emotions, additional emotion types are believed to arise as combinations of the basic types. As suggested by Scherer, one piece of evidence favoring discrete emotion-approaches is the fact that high-frequency verbal labels exist that seem to refer to prototypical emotions (anger, sadness, etc.).

Meaning-oriented approaches constitute a third type of psychological model. These rely on the structure of the semantic field of a language's emotion terms to build a psychological model. One subtype of meaning-oriented model is the lexical model. While Scherer notes the intuitive appeal of this approach as it accesses what he calls "common cultural interpretation patterns" (148), he casts doubt on such approaches ultimately leading to a better understanding of emotions:

> The linguistic labels attached to specific types of affective states are not always helpful. As is true for many other areas of psychology, popular usage of some terms

---

[4] Note that as Figure 1 shows, in Russell's work the stimuli were adjectives. They are treated as "emotion names". There is no explanation how the emotions evoked by verbs like *love, please*, etc. might fit into the analysis.

has created semantic constructs that are less than optimal for exact scientific description. (Scherer 2000, 142)

In addition, according to Scherer, there is a social-constructivist strand of emotion research, which assumes that the meaning of emotion depends on socio-culturally constructed patterns of behavior and values. A language's lexicon is taken to reflect the speakers' social constructions of emotional meaning.

Componential approaches proceed from the joint assumptions that emotions result from a cognitive evaluation of a situation (though not necessarily a conscious evaluation) and that this evaluation produces a pattern of reactions in different domains of response (physiology, action tendencies, feeling). In his own componential approach, Scherer defines emotions as follows:

> [...] emotions are episodes of coordinated changes in several components (including at least neurophysiological activation, motor expression, and subjective feeling but possibly also action tendencies and cognitive processes) in response to external or internal events of major significance to the organism. (Scherer 2000, 139)

Scherer points out that different theories within the componential approach differ on how differences between emotions are conceived of and how many different emotions there are. On the relation between emotions and emotion labels in language, he says:

> The bases of verbal labels of emotional states are the changes in conscious subjective feeling states. Although the feeling states may reflect all the changes characterizing an emotion process in all of the organismic subsystems, verbal labels often represent only a salient part of those changes, those that reach awareness. (Scherer 2000, 150)

Given our linguistic interests, we will now look more closely at some lexical models, Scherer's skepticism of their value for psychological theory-building notwithstanding. For a linguistic theory of the emotional vocabulary, the psychological theories that looked most closely at linguistic evidence for emotional experience are clearly relevant. And given the frame semantic perspective we are taking, the "common cultural interpretation patterns" that are activated by emotion terms are what we are after (Scherer 2000, 148).

The treatment of emotion vocabulary in FrameNet

4.1 Ortony et al.'s models

We start by considering Ortony et al.'s (1987) analysis of what they call the affective lexicon.

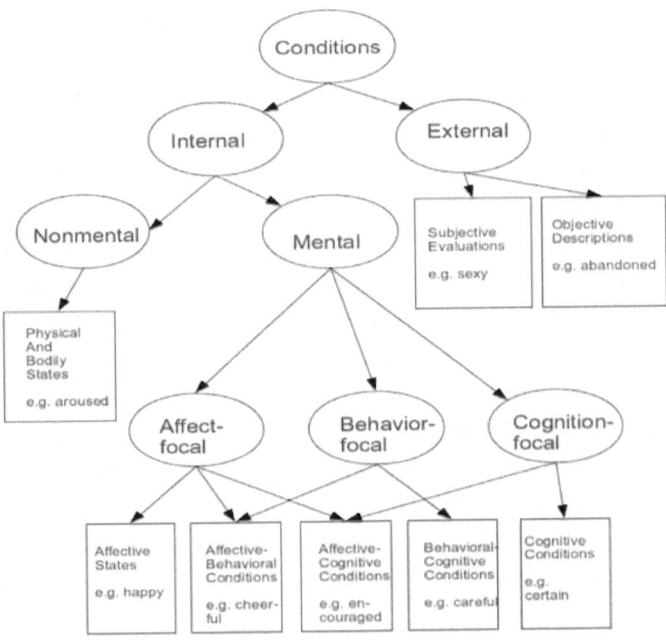

The authors propose the taxonomy displayed in Figure 2. Note that the predicates that they analyze are overwhelmingly adjectives, deverbal participles included among them. Verbs, in particular non-stative verbs, are underrepresented.

Figure 2: Ortony et al.'s taxonomy of affective conditions (= Figure 1 of Ortony et al. 1987, 349)

In their analysis, the most prototypical examples of emotion terms are those that (a) refer to internal, mental conditions – in distinction to external and physical ones; (b) are states as opposed to actions or properties/dispositions; and (c) which focus on affect rather than on behavior or cognitions as their referential focus. Importantly, Ortony et al. (1987) make a distinction between words that *refer* to emotions and words that *implicate* emotions.[5] Ortony et al. propose a test for what constitutes a genuine emotional term. The adjective *happy*, for instance, is considered to be a genuine emotion term because subjects rate both "feeling happy" and "being happy" as emotions. By contrast, the term *ignored* is not taken to be a genuine emotional term, because while subjects consider "feeling ignored" an emotion, they do not do so with respect to "being ignored".

In subsequent work, Ortony et al. (1988) lay out a model for the cognitive structure of emotions. This model is intended to be one of the emotions, rather than of the lexical items people use to refer to emotions (as they understand and experience them). On the other hand, for this model of emotions, language is used as evidence for the existence of particular emotions. Note that the typology of Ortony et al. (1988) has influenced research in Artificial Intelligence (Elliott 1992, Hobbs and Gordon 2008) that modifies and extends the model. However, we will not consider this subsequent work here.

One goal of Ortony et al.'s model is to capture the qualitative differences between the emotions that dimensional models typically obscure. The authors also want to explain how people's construals of their experiences cause them to experience certain emotions. Further, Ortony et al. are interested in how different emotions are related to each other, and what the structure of the individual emotions is. Accordingly, they focus on these particular aspects:

- eliciting conditions,
- variables that influence the intensity of emotions,
- distinguishing affective and mental conditions that are genuinely emotional from those that are not.

The organization of emotions in Ortony et al.'s model is shown in Figure 3. At the highest level, the emotions are grouped into three broad classes, reflecting their focus on one of three salient aspects of the world that the authors assume are central: *events*, *agents*, and *objects*. Event-based emotions are said to be based on goals. Agent-based emotions are taken to reflect the fact that we attribute re-

---

[5] This is the central concern of these authors. The taxonomy they develop is seen as more of a by-product of their discussion of what does and does not refer to an emotion. Another important concern for Ortony et al. (1987) is the question whether emotions are prototype concepts or not, an issue we will not take up here.

The treatment of emotion vocabulary in FrameNet

sponsibility to agents in terms of standards of behavior. And object-based emotions are taken to be based on attraction, which is taken to ultimately be rooted in attitudes.

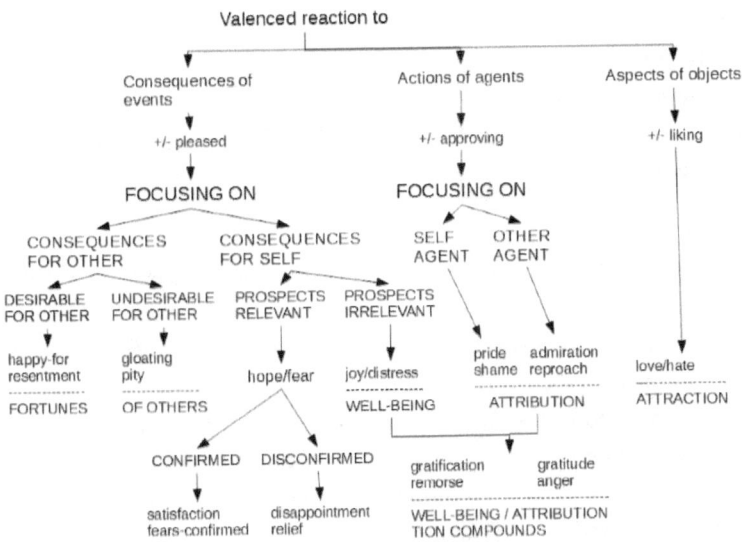

Figure 3: Emotion typology of Ortony et al. (1988, 19)

Note that in Ortony et al.'s model what is referred to as intensity is the actual intensity of instances of emotional experience rather than what one might call lexical intensity. The fact that *love*.v communicates a more intense emotion than *like*.v is not what they focus on. Rather, different instances of loving can be experienced with different intensity depending on various global and local factors. Global factors are ones that play a role for any kind of emotion, such as the experiencer's level of arousal. Local factors are ones that come into play only for particular subtypes of emotions. For instance, the degree to which one is *happy-for* somebody else depends (among other things) on the degree to which ones likes that person: I might be happier if my wife or my brother wins the lottery than if my neighbor or colleague wins.

107

4.2 Appraisal theory

As a second lexical model, we will consider Appraisal theory (Martin and White 2005), which is a theory within Systemic Functional Linguistics (SFL) rather than psychology. We include it in this discussion because it represents a sizable body of work and because it has been influential on sentiment analysis.

From the point of view of SFL, language is a resource for relating ideational, interpersonal and textual meaning to each other. Appraisal is understood to be about interpersonal meanings concerned with negotiating social relations. Appraisal theory consists of three sub-theories for affect, appreciation, and judgment, as shown in Figure 4. We will discuss these sub-systems in turn.

4.2.1 Affect

Affect is a basic "system" within the theory. It covers the expression of emotions of any kind (happiness, fear, etc.). According to Martin and White (2005, 42) "[a]ffect is concerned with registering positive and negative feelings: do we feel happy or sad, confident or anxious, interested or bored?"

Affect is subdivided further by various criteria. One criterion is positive/negative valence. A second is whether an expression refers to a para-/extralinguistic manifestation (*sob*, *weep*) vs. an internal experience (*upset*). A third criterion differentiates between triggered/reactive experiences vs. moods and general dispositions. The intensity of feeling constitutes a fourth factor. Another is the question whether the experience is due to a "realis" context (e. g. a reaction such as *dislike.v*) vs. an irrealis context (e. g. an intention or an attitude towards a possible event such as *fear.v*). As a sixth criterion, the theory distinguishes 3 major affect groups:

- un/happiness ("affairs of the heart")
- dis/satisfaction (emotions related to the pursuit of goals)
- in/security ("ecosocial well-being")

4.2.2 Appreciation

Appreciation focuses on things; it is taken to concern aesthetics. It is said to be about feelings that are institutionalized as propositions which concern a) reactions to things ('do they catch our attention?', 'do they please us?'), b) their composition ('balance and complexity') and c) their value ('how innovative, timely, authentic ...').

The treatment of emotion vocabulary in FrameNet

The linguistic prototype that expresses appreciation is as follows: "APPRECI-ATION construes attitudes about texts, performances and natural phenomena, and fits into frames such as *I consider it x*: ... I consider it *innovative/unimaginative*." (Martin 2003, 173).

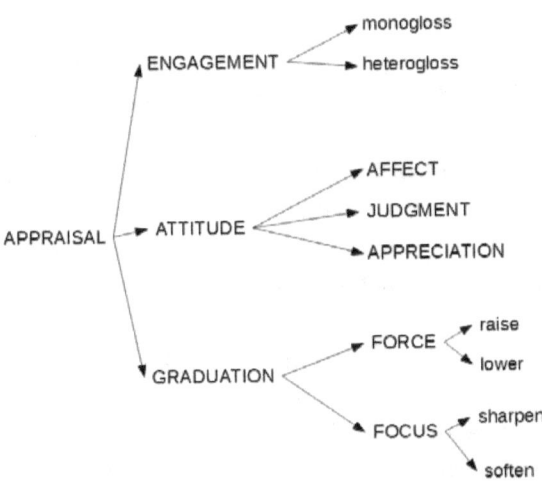

Figure 4: Overview of appraisal resources (Martin and White 2005, 38)

4.2.3 Judgment

Judgment concerns attitudes about people and their behavior; it is thus related to questions of ethics. It is concerned with positive and negative judgments of behavior / actions. Judgment is said to be about feelings "institutionalized as proposals". Judgment is taken to have two dimensions. First, in what social esteem is somebody held based on how normal, capable, and/or dependable they are? Second, what kind of social sanction is placed on somebody with respect to their decency and truthfulness?

The linguistic prototype for Judgment is the following: "JUDGMENT construes attitudes about character, designed to sanction or proscribe behavior, canonically in the grammatical frame *It was 'x' of/for her/him to do that*" (Martin 2003, 173).

4.3 Summary

The different psychological and linguistic analyses that we have considered highlight various aspects that could be taken into account in a full analysis of emotional vocabulary. A first aspect to consider is the relation of an emotional term to terms referencing other psychological concepts, in particular the distinction to cognition; alternatively, the focus on affect vs. behavior vs. cognition. This aspect is an important part of Ortony et al.'s 1987 work. Another aspect is the question whether there are basic emotions or emotional primes, on which the analysis of other, more complex emotions should build. The analysis of emotional vocabulary proposed by Johnson-Laird and Oatley (1989) posits five basic emotions for English as primitive notions without further internal semantics. (They roughly correspond to five of Ekman's basic emotions.) Wierzbicka's Natural Semantic Metalanguage framework is another well-known semantic theory that assumes semantic primes. However, there are no specific emotional primes present in her inventory other than *feel* (Wierzbicka 1992, 541). By contrast, neither Ortony et al.'s models nor Appraisal Theory assumes primitive emotions. Thirdly, an analysis might model a typology of eliciting conditions that are assumed. Ortony et al.'s 1988 model puts forth a well-developed proposal of this sort. Fourthly, the intensity of emotional experience and/or the intensity of lexical expressions could be specified as part of the analysis. Appraisal theory pays attention to (lexical) intensity. For instance, Martin and White (2005, 48) assign low, medium and high intensity to the verbs *dislike, hate* and *detest*, respectively. Intensity also is a key aspect of Ortony et al.'s 1988 model. However, they are more concerned with contextualized intensity of experiences that results from both local and global influences. While these influences are relevant to text understanding and may be signaled linguistically, they are independent of the inherent lexical semantics of the emotion terms. A fifth point to consider is the difference between personality traits and phases / episodes of emotional experience. This distinction is present in Appraisal theory (also in Johnson-Laird and Oatley's (1989) model), whereas the theories of Ortony et al. mostly seem to focus on the phases, setting aside the analysis of dispositions. And lastly, the scope taken by lexical items on the overall scenario from eliciting event to the set of coordinated resulting changes of emotional experience should be represented. For instance, does a term refer to a resulting state (e. g. *sad.a*) or does it focus on the transition into the resulting state

(e. g. *sadden.v*)? This distinction seems to significantly overlap with Appraisal theory's distinction between what it calls mental processes (such as *Pat hates Kim*) and relational states (*Pat is unhappy*).

In what follows, we consider how these considerations are, or could be, addressed by the frame semantic analysis of emotion vocabulary by the FrameNet project.

5 Emotion vocabulary in FrameNet

If we consider the FrameNet database at the time of this writing (May 2015), it is clear that the frame organization implemented focuses on different criteria than, for instance, the taxonomy of Ortony et al. 1988 (cf. Figure 3). For instance, the frame-mate verbs *please* and *anger* in the `Experiencer obj frame` are in different parts of Ortony et al.'s 1988 taxonomy. Likewise, as discussed previously, the adjective *angry* and the verb *anger* belonged to two different frames, although the emotion they reference is the same. Conversely, making these comparisons shows that the taxonomy does not take into account the valence patterns associated with the predicates. In fact, the analyses of Ortony and colleagues (1987, 1988) purposely represents many emotion terms only indirectly through one of a set of related terms. E. g. the 1987 taxonomy favors stative predicates and thus the adjective *angry* is part of it but not the verb or the noun *anger*.

However, we cannot look at the current organization of emotion vocabulary in FrameNet as reflecting a single synchronous analysis. Rather, the frames related to emotion reflect different phases in FrameNet's development. As an ongoing and living project, FrameNet has over time developed new (and more explicit) criteria as to how frames should be delimited and distinguished from each other (Ruppenhofer et al. 2010). Overall, these new developments lead to smaller, internally more consistent frames than were constructed in the earliest phases of the project. An important goal was that the frame organization would be more suitable for use in natural language processing systems dealing with tasks such as textual entailment recognition, paraphrasing, translation, etc. The core criteria that were adopted are the following:

111

- The LUs in a frame should take the same number and types of syntactic dependents. *Scary.a* and *fear.v* can thus not share a frame as the former does not obligatorily modify, or predicate of, an EXPERIENCER.
- The LUs should belong to the same Aktionsart / pick out the same phase of complex events.
- The LUs should have the same entailments. Accordingly, *shoot.v* is a member of the Hit_target frame while *kill.v* and *behead.v* are in the frame Killing.
- The LUs should take the same participant's perspective on the event (in active-form sentences). Applying this criterion, *buy.v sell.v* are in different frames, Commerce_buy and Commerce_sell, whereas in earlier frame-semantic theorizing (Fillmore 1976) they shared a frame.[6]
- The FEs should have the same relations to each other across all lexical units. This criterion also argues for separating *buy.v* and *sell.v*: the PURPOSE of the BUYER is not the same as the PURPOSE of the SELLER.
- The presuppositions and future-oriented expectations associated with the lexical units should be the same. Accordingly, *examine.v* and *cross-examine.v* cannot share a frame as the latter evokes the context of a court proceeding, unlike the former.

In addition to positive criteria for frame distinctions, FrameNet also established which criteria it would not use to divide up frames.

- Frames should be organized to maximize within-frame suitability for paraphrasing. This criterion argues for frames including mostly (near) synonyms. It calls for the splitting up of such large frames as Experiencer_subj and Experiencer_obj that are based on argument linking.
- Syntactic variants that arise through the combination of LUs with productive constructions (e. g. the passive or the middle) should stay within the same frame.
- Differences in intensity do not call for frame divisions: *good.a* and *great.a* both belong to the frame Desirability.
- Differences due to deixis, register, dialect/variety should not result in frame differences. Thus, *botch.v*, *mess up.v*, *fuck up.v* are all members of the Bungling frame.

---

[6] If one takes into account FrameNet's hierarchy, then it is clear that both LUs still evoke the Commercial_transaction frame that connects all related sub-frames.

- Differences in valence do not lead to different frame membership. Accordingly, *criticize.v* and *praise.v* are both members of the Judgment communication frame.[7]

If we look at the more recent analysis of emotions in FN release 1.5, we see that as a consequence of the above desiderata already there are finer divisions among the emotion frames. As an example, consider the child frames of the Emotions by stimulus frame, shown in Figure 5.

Some of the frames that appear in this analysis can be mapped onto groups that are found in Ortony et al.'s analysis. For instance, the frame Other situation as stimulus captures the idea of "Consequences for other". Similarly, the frame Emotions success or failure captures much of what is meant by "Prospects relevant (Confirmed)". However, as the data release of FN 1.5 represents only a snapshot of an ongoing project, it should come as no surprise that the application of the criteria is not fully realized in the domain of emotion-vocabulary. For instance, the frame Experiencer obj still persists, even though includes a very heterogeneous set of predicates with respect to eliciting conditions and (emotional) valence.

In the next cycle of evolution, FrameNet will see a reanalysis of the emotion area that aims for the design below, illustrated using the examples of anger- and depression-related lexical units.

Use of unperspectivized frames, with frames for particular profilings:
- event focus
    - State: *(feel) anger.n, have one's undies in a bundle; depression, have (got) the blues, be in a funk*
    - Inchoative: become enraged, get angry, become depressed
    - Causative: *anger.v, tick off.v, piss.off; depress.v, get sb down.v*
- experiencer focus, with distinctions for
    - Phase: *angry.a, enraged.a ; depressed.a*
    - Disposition/Mood: *irascible.a ; depressive.a*
- stimulus focus: *enraging.a; depressing.a*

This re-organization of the emotion vocabulary captures many of the dimensions by which emotions can be organized. The *eliciting condition* and their construal

---

[7] But note that adhering to this criterion necessarily leads to inconsistencies with respect to paraphrasability.

by the experiencer are packaged in the unperspectivized frame. For instance, anger is an emotion that arises when the experiencer perceives a wrong that calls for a response. Fear is an emotion that arises when danger is perceived. Beyond the eliciting conditions, the particular scope on the overall scenario is also consistent per frame. For instance, causatives are distinguished from states. Note, that the eliciting situations are themselves frames and as such could be related to the relevant emotion frames. For instance, the Fear frame might be related to the Danger frame via the USE relation. Furthermore, emotion frames can be referred to by frames that encode actions that experiencers are likely to engage in. Accordingly, the Fleeing frame can USE the Fear frame. Through these links, the idea of *action tendencies* in the psychological literature can be captured. The frames also capture the difference between personality traits and episodes of emotion, which previous models do not deal with.[8] The valence of emotions is also captured, albeit only implicitly, through membership in the (leaf)-frames.

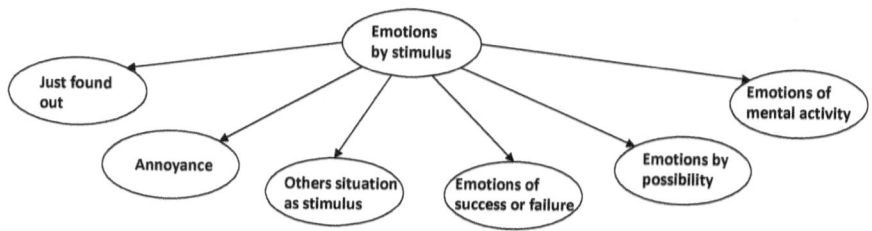

Figure 5: Frames inheriting from Emotions by stimulus

Basic lexical intensity (e. g. *love*.v > *like*.v) is not represented (yet). Also, FrameNet does not capture the knowledge about which local variables (in the sense of Ortony et al. 1988) influence the intensity of instances of particular subtypes of emotional experience. As noted above, Ortony et al. (1988) suggest that the degree to which one is *happy-for* somebody else depends (in part) on the degree to which one likes that person.

Also unaddressed by the frame semantic analysis is the idea of qualia or the subjective feeling an experiencer has when experiencing a particular emotion.

---

[8] Of course, phases of anger and depression still differ considerably in length from each other, the former being much shorter-lasting.

However, the inventory of LUs that can refer to particular emotions may capture some of the "coordinated changes" in an experiencer that make up the qualia of an emotion. For instance, *having goosebumps* or *having one's hair stand on end* may simply be reactions to cold temperature. But they also are typical physical manifestations of particular kinds of emotions involving arousal, and they are frequently used metonymically to evoke these emotions.

Finally, if we compare FrameNet's intended restructuring with Ortony et al.'s (1988) organization, we see that one key difference between them is that in Ortony et al.'s theory the profilings are not modeled. It captures only the higher-level groupings represented by the unperspectivized frames. Another big difference is that through its use of frames and frame-to-frame relations, the FrameNet analysis addresses not only the modeling of the emotion vocabulary but also the modeling of the vocabulary of eliciting conditions and actions that (typically) result from emotional experiences.

6 Beyond core emotion vocabulary

There are aspects of affective language that earlier linguistic and psychological theories of emotional language omit from their model. For instance, analyses of core emotion language tend to leave aside predicates that evoke scenes where the emotional state is presupposed or backgrounded. For instance, *laud* is speech expressing praise (cf. (7)). This verb and other verbs like it are missing from the list of terms analyzed by, for instance, Johnson-Laird and Oatley (1989).

> (7) Bermuda's late former Chief Justice Sir Richard Ground, who died last month at the age of 64, was yesterday **lauded** at a packed special sitting of the Supreme Court.

FrameNet's current representation relates the Judgment communication frame that hosts the verb *laud* to the frame Judgment via the USE relationship. However, that connection necessarily leaves the parameter of valence/polarity out of its purview because both frames contain items that differ in terms of their polarity. For instance, both the positive *praise* and the negative *criticize* are hosted by Judgment communication.

A large issue is what traditionally is called connotative meaning. It is outside the purview of the lexical models of emotions discussed previously in this section.

115

FrameNet covers some of this information. For instance, the noun *coot* in the frame `People by age` has a Semantic type *Negative judgment*. However, the representation is inexplicit: we do not know whose judgment this is (the speaker's) and which FE it concerns (the FE PERSON). And, more generally, connotations are often not represented in a machine-readable format. For instance, for the verb *boast.v* the verbal definition, which FrameNet takes from the Concise Oxford Dictionary, indicates to human users that there is negative judgment but there is no semantic type associated with the LU that could be used by a machine. On the other hand, it is not clear what *specific* emotions, if any, terms with connotations like *coot.n* and *brag.v* should be tied to. If one calls somebody's behavior bragging, does that usually mean one does not like the person?

Interestingly, connotations and denotations of emotion are not in complementary distribution. Quite a few expressions carry more than one level of affective meaning at the same time. For instance, the adjective *infatuated* expresses a person's enthusiasm for a person or entity but typically implies that the enthusiasm is excessive or unwarranted in the view of the person who uses the word *infatuated* to report another person's feelings (8).

> (8) Indeed, **infatuated** portfolio managers have begun to court stocks once again, and stock prices have climbed almost 10 per cent from their lows in early-July, as impressive second-quarter earnings reports soothed equity investors' double-dip fears.

Cases like this call for a more detailed representation than the use of the labels *Positive* and *Negative judgment* affords. If one simply added both tags to *infatuated*, it would not be possible to distinguish the layering of attitudes—one by a FE towards another FE, one by the speaker/reporter towards an FE – that applies in the case of *infatuated* from the co-presence of contradictory attitudes *within* the frame that is evoked by e. g. *ambivalent*:

> (9) Over the years I've given a number of talks on Rachmaninov, about whose music I have felt **ambivalent** at various points in my life.

Proposals for explicitly adding information about attitudes between participants or by the speaker relative to the event or to its participants have been made by Maks and Vossen (2011) and, specifically for FrameNet, by Ruppenhofer and Rehbein (2012) and Ruppenhofer (2013). The latter authors propose extending Framenet by a SentiFrameNet add-on, which contains several additional representational constructs to support fine-grained sentiment analysis. The most important of these are *opinion frames*. These would contain the opinion roles SOURCE and TARGET, and they would always be tied to 'content' frames via a new type of frame relation, with attendant mappings between opinion roles and 'regular' FE roles. The opinion frames would also capture valence (or: polarity) and intensity. Accordingly, they would need to be LU-specific, and they would also need to link to LU-specific 'content' frames, which in turn would be linked to the existing 'content' frames by inheritance.

A further frontier is the issue of what lexical information might support (defeasible) inferences about attitudes that are not expressed explicitly but *implicated*. In recent years, Reschke and Anand (2011) and Wiebe and colleagues (Deng et al. 2013, Deng and Wiebe 2014, Wiebe and Deng 2014) have generated a lot of interest in pursuing this line of research. Consider an example given by Wiebe and Deng 2014:

(10) Obama will finally bring **skyrocketing** health care costs under control.

Arguably, *skyrocketing* is the only inherently evaluative lexical item in sentence (10). However, as Wiebe and Deng note, given knowledge about other lexical material in the sentence, most readers will infer that the author/speaker probably views Obama favorably in this context. The line of reasoning is basically as follows. Skyrocketing costs are viewed negatively by the speaker. This is explicitly coded by *skyrocketing*. Additionally, one may assume, or context may make it clear, that the speaker is a simple health care consumer with no vested interest in the financial success of health providers or insurers, so that keeping costs down must be her priority. If costs can be counteracted (brought under control) that is bad for them.[9] Given a logic along the lines of my-enemy's-enemy-is-my-friend, the speaker views such an event positively. Further, if a good or bad event is recognized as caused by another person, then we value that person accordingly. Since, in the example, the curbing of costs is brought about by Obama, he should be given credit for it.[10]

---

[9] For the sake of the argument, we will ignore the possibility that "bring X under control" might lexically specify negative judgment of the speaker towards X.
[10] We note here that Wiebe and Deng's current model treats the speaker's views on the participants as a binary variable. Based on the discussion of global variables influencing intensity in Ortony et

Two things are worth noting here. First, the reasoning schema that is used is one that also appears in Ortony et al.'s model of the emotional lexicon. The reasoning about Actions of Agents tracks closely with the reasoning needed for the inference in (10) and applying it to the situation depicted would suggest that the speaker, in so far as she feels affected by Obama's action, should feel *gratitude* towards him. (Another possibility is a feeling of admiration, to which personal benefit is less central.) In other words, the reasoning schemata that are evoked when emotions are *reported* could also be used to form inferences of potential, unexpressed emotions based on mentions of potential eliciting conditions. However, the analysis goals of Wiebe and Deng (2014) stop short of pursuing inference of specific implicit emotions. They focus on recognizing implicit valenced attitudes rather than specific mental/emotional states. Work that pursues the recognition of specific emotions includes, among others, Balahur et al. (2011) and Cambria et al. (2012). However, these latter efforts neither use the same semantic features as Wiebe and Deng's work, nor the same inferential calculi.[11]

The second point to make about work like Wiebe and Deng's is the question whether the lexical information needed to support the inferences can be reduced to well-known linguistic features. The terminology in the field of sentiment analysis is not always clear in this respect. For instance, Wiebe and colleagues say that one needs to know which participants an event is *good-for* or *bad-for*. Here, one may wonder whether the notion of *good-for/bad-for* can be related to the linguistic notion of affectedness, on which there exists a large literature (for a summary, see Beavers 2011).

In any event, the inferencing mechanisms that Wiebe and Deng (2014) discuss rely on deep lexical semantic knowledge. Even if FrameNet does not currently provide all of it, we argue that it is uniquely suited to host and aggregate such

---

al.'s 1988 model, we might expect for example (10) that on a graded treatment, the more one likes Obama and/or the more one values health care, the more credit one will give to Obama.

[11] But note that the emotion recognition systems of Balahur et al. (2011) use semantic role labeling as one of its components. This suggests that the current FrameNet could be useful to emotion recognition systems even in its 'simple' function as a resource for semantic role labeling, without any extensions. This also applies to Wiebe and Deng's approach, which also makes use of semantic roles.

knowledge since a lot of it is related in the end to semantic roles resp. FEs. Affectedness (or *good-for/bad-for*) and its complementary notion of causation are very salient cases in point.

7 Conclusion

In this contribution, we have pursued several goals. On the one hand, we wanted to illustrate how FrameNet 'works', in particular, what kind of analyses it produces and has produced. Using emotion vocabulary as our hook, we have illustrated how FrameNet's analyses have developed over time, due to theory-internal as well as application-oriented goals, towards ever more fine-grained distinctions and greater within-frame consistency in the attributes of LUs. Related to this, an important practical caveat for users of FrameNet's data is to be aware that the database is not static. This means that analyses change and a snapshot of the database does not necessarily represent a state where all areas of the vocabulary covered have been analyzed exactly by same principles. This may be unfortunate but it is in the nature of an evolving research project.

A second goal of this contribution was to explore how in the domain of emotions FrameNet's linguistically oriented analysis of *lexical items* compares to the analysis by domain experts of the *experiences* that give rise (directly or indirectly) to the lexical items. Despite Scherer's (2000) skepticism towards lexical analysis, it seems that the notions FrameNet uses for its analysis do match ones found in psychological theories (in particular that of Ortony et al. 1988), though in particular the notion of *profile* that the linguistic analysis requires may not have any kind of counterpart in the psychological theories. As we suggested, a greater alignment of psychological theory and FrameNet's analysis could be achieved if additional notions such as eliciting conditions and action tendencies were cashed out in FrameNet more often via frame relations.

Finally, we argued that when going beyond vocabulary that evokes emotional experiences directly and considering issues such as connotation or inference, the schematization of emotional experiences by FrameNet and psychological theory still proves useful. We suggested that descriptions of eliciting conditions can be used to infer potential emotional experiences, assuming, in particular, that crucial knowledge about the harm and benefit of events is provided. We believe that

FrameNet has the required knowledge or can provide it. The need of sentiment analysis for deep lexical knowledge thus makes a powerful case that FrameNet needs not only to be widened in terms of the lexical items covered but also to be deepened in certain ways. We believe that other (related) language processing tasks such as metaphor detection and understanding would benefit from such deepening as well.

References

Baker, Collin F. / Fillmore, Charles J. / Lowe, John B. (1998): The Berkeley FrameNet project. Proceedings of the 36th Annual Meeting of the Association for Computational Linguistics and 17th International Conference on Computational Linguistics – Volume 1. Stroudsburg, PA: Association for Computational Linguistics, 86–90.

Balahur, Alexandra / M. Hermida, Jesús / Montoyo, Andrés (2011): Detecting implicit expressions of sentiment in text based on commonsense knowledge. Proceedings of the 2nd Workshop on Computational Approaches to Subjectivity and Sentiment Analysis (WASSA '11). Stroudsburg, PA: Association for Computational Linguistics, 53–60.

Beavers, John (2011): On affectedness. In: Natural Language & Linguistic Theory 29.2, 335–370.

Burchardt, Aljoscha (2008): Modeling Textual Entailment with Role-Semantic Information. Ph.D. Thesis. Saarland University, 2008.

Cambria, Erik / Havasi, Catherine / Hussain, Amir (2012): SenticNet 2: A Semantic and Affective Resource for Opinion Mining and Sentiment Analysis. Proceedings of the Twenty-Fifth International Florida Artificial Intelligence Research Society Conference, 202–207.

Deng, Lingjia / Choi, Yoonjung / Wiebe, Janyce (2013): Benefactive/Malefactive Event and Writer Attitude Annotation. In: Proceedings of the 51st Annual Meeting of the ACL (vol. 2). Stroudsburg, PA: Association for Computational Linguistics, 120–125.

Deng, Lingjia / Wiebe, Janyce (2014): Sentiment propagation via implicature constraints. In: Proceedings of the 14th Conference of the European Chapter of the ACL. Stroudsburg, PA: Association for Computational Linguistics, 377–385.
Dolbey, Andrew / Ellsworth, Michael / Scheffczyk, Jan (2006): Bioframenet: A domain-specific framenet extension with links to biomedical ontologies. KR-MED Conference 2006, 87–94.
Ekman, Paul (1992): An argument for basic emotions. In: Cognition & Emotion 6 (3-4), 169–200.
Elliott, Clark (1982): The affective reasoner: A process model of emotions in a multi-agent system. Ph.D. Thesis. Northwestern University, Evanston, Illinois.
Fillmore, Charles J. (1976): Frame semantics and the nature of language. In: Annals of the New York Academy of Sciences, Volume 280, 20–32.
Fillmore, Charles J. (1982): Frame semantics. In: The Linguistic Society of Korea (ed.), Linguistics in the morning calm. Seoul: Hanshin Publishing Corp., 111–137.
Fillmore, Charles J. (1985): Frames and the semantics of understanding. In: Quaderni di semantica 6.2, 222–254.
Hobbs, Jerry R. / Gordon, Andrew (2008): The Deep Lexical Semantics of Emotions. Proceedings of the International Conference on Language Resources and Evaluation (LREC) 2008. Workshop on Sentiment Analysis: Emotion, Metaphor, Ontology, and Terminology, Marrakech, Morocco, May 2008.
Johnson-Laird, Philip Nicholas / Oatley, Keith (1989): The language of emotions: An analysis of a semantic field. In: Cognition and emotion 3 (2), 81–123.
Lakoff, George / Johnson, Mark (1980): Metaphors we live by. Chicago: University of Chicago Press.
Maks, Isa / Vossen, Piek (2011): A verb lexicon model for deep sentiment analysis and opinion mining applications. In: Proceedings of the 2nd Workshop on Computational Approaches to Subjectivity and Sentiment Analysis. Stroudsburg, PA: Association for Computational Linguistics, 10–18.
Martin, James R. (2003): Introduction. In: Macken-Horarik, Mary / Martin, James R. (eds.): Negotiating heteroglossia: Social perspectives on evaluation. Special issue of Text – Interdisciplinary Journal for the Study of Discourse, 23(2), 171–181.

Martin, James R. / White, Peter R. R. (2005): The language of evaluation. Basingstoke / New York: Palgrave Macmillan.

Ortony, Andrew / Clore, Gerald L. / Foss, Mark A. (1987): The referential structure of the affective lexicon. In: Cognitive Science 11 (3), 341–364.

Ortony, Andrew / Clore, Gerald L. / Collins, Allan (1988): The cognitive structure of emotions. Cambridge: Cambridge University Press.

Plutchik, Robert (1980): Emotion: A psychoevolutionary synthesis. New York: Harper & Row.

Reschke, Kevin / Anand, Pranav (2011): Extracting contextual evaluativity. In: Bos, Johann / Pulman, Stephen (eds.): Proceedings of the Ninth International Conference on Computational Semantics. Stroudsburg, PA: Association for Computational Linguistics, 370–374.

Ruppenhofer, Josef / Ellsworth, Michael / Petruck, Miriam R. L. / Johnson, Christopher R. (2010): FrameNet II: Extended Theory and Practice. Available at: http:// framenet2.icsi.berkeley.edu/docs/r1.5/book.pdf.

Ruppenhofer, Josef / Rehbein, Ines (2012): Semantic frames as an anchor representation for sentiment analysis. In: Proceedings of the 3rd Workshop in Computational Approaches to Subjectivity and Sentiment Analysis. Stroudsburg, PA: Association for Computational Linguistics, 104–109.

Ruppenhofer, Josef (2013): Extending FrameNet for Sentiment Analysis. In: Veredas 17 (1), 66–81.

Russell, James (1980): A circumplex model of affect. In: Journal of Personality and Social Psychology 39, 1161–1178.

Schank, Roger C. / Abelson, Robert P. (1977): Scripts, Plans, Goals and Understanding. London: Lawrence Erlbaum Associates.

Scherer, Klaus R (2000): Psychological models of emotion. In: Borod, J. C. (ed.), The neuropsychology of emotion, 137–162.

Schmidt, Thomas (2009): The kicktionary – A multilingual lexical resource of football language. In: Boas, Hans C. (ed.): Multilingual Framenets in Computational Lexicography. Berlin / New York: de Gruyter, 101–132.

Wiebe, Janyce / Deng, Lingjia (2014): An Account of Opinion Implicatures. arXiv preprint arXiv:1404.6491.

Wierzbicka, Anna (1992): Defining emotion concepts. In: Cognitive Science 16.4, 539–581.

//
Mediale Value-Frames – Theoretisches Konzept und methodische Herausforderungen

Bertram Scheufele & Ines Engelmann

Abstract

Der Beitrag beschäftigt sich aus kommunikationswissenschaftlicher Perspektive mit Value-Frames bzw. Value-Framing. Er lenkt den Blick auf die Frage, welche politisch-gesellschaftlichen Werte als Bezugsrahmen an politisch-gesellschaftliche Akteure, Situationen und Probleme angelegt werden. Die Autoren arbeiten eine eigene Definition des Konstrukts heraus, die unterschiedliche Forschungsstränge aufgreift. Danach diskutieren sie das Vorgehen sowie die Vor- und Nachteile einer inhaltsanalytischen Anwendung anhand eines Forschungsprojektes zu Bundestagswahlen.

1 Einleitung

Der vorliegende Beitrag beschäftigt sich mit dem Konzept der Value-Frames und dabei insbesondere mit dessen inhaltsanalytischer Anwendung. Das Konstrukt des Value-Frames bzw. des Value-Framing richtet den Blick auf die Frage, welche politisch-gesellschaftlichen Werte (z. B. „Freiheit", „Nachhaltigkeit") als Bezugsrahmen an politisch-gesellschaftliche Akteure, Situationen und Probleme angelegt werden. Im konkreten Anwendungsfall, nämlich der kommunikationswissenschaftlichen Wahlforschung, interessiert uns zweierlei:[1] (1) In den Rahmen

---

[1] Der Beitrag greift auf theoretische Überlegungen, methodische Umsetzungen und empirische Befunde aus einem dreijährigen DFG-Projekt des Autors (SCHE 697/6–1) zurück, in dem die Autorin wissenschaftliche Mitarbeiterin war. Wir danken an dieser Stelle sowohl der Deutschen Forschungsgemeinschaft als auch unseren Codiererinnen und Codierern.

welcher Werte stellen die Massenmedien die Parteien und deren Spitzenkandidaten bei Bundestagswahlen („Value-Framing")? (2) Präsentieren die Massenmedien die Parteien bzw. die Spitzenkandidaten dabei als förderlich oder hinderlich für diese Werte („Instrumentalität des Value-Framing")?

Unsere Herangehensweise ist kommunikationswissenschaftlicher Natur und damit anders gelagert als z. B. ein linguistischer Zugang. Eine gelungene Gegenüberstellung linguistischer und kommunikationswissenschaftlicher Zugänge zu Frames bietet z. B. Ziem (2013, 2014). „Während sich linguistische Frame-Ansätze für Aspekte der sprachlichen Bedeutungskonstitution interessieren, fokussiert dagegen ein kommunikationswissenschaftlich orientierter Zugang stärker auf die Untersuchung der Wirkung, Verbreitung und (strategische, massenmediale) Rahmung der Nachricht" (Ziem 2013, 144). Folglich ist das Kernkonstrukt im ersten Fall beispielsweise der an die Kasusgrammatik anknüpfende „Prädikationsrahmen" (Ziem 2013, 163), im zweiten Fall dagegen der Medien-Frame, also der z. B. in einem Zeitungsartikel oder Blogeintrag identifizierbare Bezugsrahmen. Auf die linguistische Tradition können wir hier nicht im Detail eingehen. Zumindest aber lässt sich festhalten, dass es durchaus Schnittstellen zwischen beiden Forschungstraditionen gibt, da Linguistik und Kommunikationswissenschaft auf teilweise ähnliche (Frame-)Konzepte rekurrieren. So greift z. B. Ziem (2008, 23–25) unter anderem auf Minskys (1974) Frame-Konzept zurück, das unseres Erachtens stark dem kognitionspsychologischen Schablonenmodell von Schemata (vgl. z. B. Tesser 1978, 290–291; auch Anderson 1996, 150–151) ähnelt,[2] das wiederum die kommunikationswissenschaftliche Forschung aufgegriffen hat (vgl. z. B. Scheufele/Scheufele 2010, 116).

Die Kommunikationswissenschaft versteht Frames als „principles of selection, emphasis, and presentation composed of little tacit theories about what exists, what happens, and what matters" (Gitlin 1980, 6). Menschen ziehen also Bezugs- oder Interpretationsrahmen – engl. Frames – heran, um Sachverhalte, Ereignisse oder Akteure einzuordnen, zu interpretieren und zu beurteilen (vgl. z. B. Entman 1993, 52; Gitlin 1980, 7–8; Goffman 1993, 19; Gamson/Modigliani 1989, 3). Die

---

[2] So spricht auch Minsky (1974) letztlich von Slots und (Default) Values: „A conventional frame for ‚story' (in general) would arrive with slots for setting, protagonists, main event, moral, etc." (Minsky 1974, 30; Herv. i. O.). Im Übrigen finden sich bei Minsky (1974, 28) auch explizite Bezüge auf das Script-Konzept (vgl. dazu z. B. Schank/Abelson 1977, 36–68).

Mediale Value-Frames – Theoretisches Konzept und methodische Herausforderungen

Anwendung solcher Frames etwa durch Parteien, Politiker, Interessensverbände, soziale Bewegungen oder eben auch Journalisten wird als Rahmung – engl. Framing – bezeichnet (vgl. z. B. Snow/Benford 1988, 198). Die daraus resultierenden Wirkungen auf die Rezipienten werden wiederum als Framing-Effekte bezeichnet (vgl. z. B. Price/Tewksbury 1997, 198).

Beispielsweise kann Datenschutz entweder aus der Perspektive von Sicherheit betrachtet oder in den Bezugsrahmen von Freiheit gestellt werden. Ein journalistischer Kommentar würde im ersten Fall eine Lockerung des Datenschutzes mit der Fahndung nach Kriminellen oder der Aufdeckung terroristischer Finanzierungswege rechtfertigen. Im zweiten Fall würde eine Lockerung des Datenschutzes als Einschränkung des Persönlichkeitsrechtes des Bürgers bzw. der Bürgerin gerahmt werden. Gesellschaftliche Werte wie Sicherheit und Freiheit können also Akteure als Bezugsrahmen einsetzen, um z. B. bestimmte politische Maßnahmen zu legitimieren bzw. zu unterstützen oder aber, um sie in Frage zu stellen bzw. um sie abzulehnen.

Grob lassen sich drei Forschungsbereiche zu Frames und Framing in der Kommunikationswissenschaft ausmachen (vgl. z. B. Scheufele/Scheufele 2010, 111–115):

- Erstens wird untersucht, inwiefern sich die kognitiven Bezugsrahmen bzw. Schemata von Journalisten in deren Beiträgen als Medien-Frames niederschlagen (vgl. z. B. Scheufele 2004, 403). Wenn ein Journalist an Datenschutz den Bezugsrahmen von Sicherheit anlegt, wird diese Perspektive auch in seinen Beiträgen anklingen bzw. erkennbar werden.
- Zweitens wird untersucht, inwieweit Journalisten dabei auch jene Deutungsrahmen aufgreifen, die politische und gesellschaftliche Akteure im öffentlichen Diskurs zu etablieren versuchen (vgl. z. B. Walgrave/ Manssens 2005; Johnston/Noakes 2005). „[T]he *processes* that influence the creation or changes of frames applied by journalists" bezeichnet D. Scheufele (1999, 115; Herv. i. O.) als Frame-Building. Beispielsweise dürften vor allem jene Politiker den Bezugsrahmen von Sicherheit bedienen, die eine verschärfte Gangart etwa bei der Vorratsdatenspeicherung durchsetzen wollen.
- Drittens wird untersucht, inwieweit Medien-Frames, die Journalisten selbst prägen oder mit denen sie die Sichtweisen z. B. politischer Akteure aufgreifen, die Vorstellungen, Urteile oder Entscheidungen ihrer Rezipienten beeinflussen können (vgl. z. B. Iyengar 1991; Price/Tewksbury 1997;

Cappella/Jamieson 1997). Beispielsweise dürften Rezipienten einer Vorratsdatenspeicherung eher zustimmen, wenn die Medienberichterstattung Datenschutz vor allem aus der Perspektive von Sicherheit rahmt.

Bevor wir unser Konzept der Value-Frames vorstellen, sind die Perspektiven bzw. Herangehensweisen zu explizieren, die unserem Beitrag zugrunde liegen: Erstens argumentieren wir aus der Perspektive der Kommunikationswissenschaft, die als Querschnittsdisziplin auf vielfältige Anleihen aus anderen Fächern zurückgreift – so auch in Bezug auf Framing. Zweitens legen wir eine empirische Perspektive zugrunde: Wir halten also theoretische Überlegungen dann für brauchbar, wenn sie den empirischen Zugang erkennbar mitdenken bzw. ermöglichen. Drittens vertreten wir nicht einen methodischen, sondern einen problemorientierten Primat: Statt einen bestimmten methodischen Zugang von vornherein zu präferieren oder auszuschließen, halten wir es für sinnvoller, vom theoretischen Problem auszugehen und einen dafür geeigneten methodischen Zugang zu wählen. Die Vorgehensweise, die wir in diesem Beitrag vorstellen, ist daher auch nicht als methodischer ‚Königsweg' zu verstehen, sondern als der Weg, der für unsere Fragestellung unseres Erachtens am sinnvollsten ist. Viertens legen wir eine vergleichende Perspektive an. Konkret fokussieren wir – wie zuvor schon andere Autoren (vgl. z. B. Wilke/Reinemann 2000; Sheafer/Weimann 2005) – auf mehrere Wahljahre. Auf diese Weise haben unsere Aussagen nicht nur singuläre Reichweite (z. B. für eine Wahl), sondern nähern sich dem an, was Merton (1996, 41–50; vgl. auch Opp 1970, 245) als Anspruch mittlerer Reichweite bezeichnet.

2 Theoretische Überlegungen zum Value-Framing

Mit dem Konzept der Value-Frames versuchen wir, eine Brücke zwischen der kommunikationswissenschaftlichen Framing-Forschung und der politikwissenschaftlichen Werteforschung zu schlagen. Den Ausgangspunkt unserer Überlegungen zu Value-Frames bilden zwei Defizite der kommunikationswissenschaftlichen Framing-Forschung. Das erste Defizit besteht darin, dass viele Studien – auch eigene frühere Arbeiten – sehr spezifische, nur auf ein Einzelthema zugeschnittene Frames betrachten (vgl. auch z. B. Benford 1997, 414; de Vreese et al. 2001, 108; Matthes 2007, 79–80). Abstrakte, themenunabhängige Frames, die z. B. de Vreese (2010, 189; Herv. i. O.) „*generic* news frames" nennt, werden dagegen

Mediale Value-Frames – Theoretisches Konzept und methodische Herausforderungen

seltener untersucht. Damit verbunden ist das zweite Defizit: Die bisherigen Vorschläge für themenübergreifende Frames (vgl. z. B. Semetko/Valkenburg 2000; Dahinden 2006, v. a. 105–109; Valkenburg et al. 1999) lassen sich im Grunde auf eine einzige Untersuchung von Neuman et al. (1992, 74–76) zurückführen, die „conflict", „moral values", „economics", „powerlessness" und „human impact" als abstrakte Frames vorschlagen. Allerdings sind diese Frames theoretisch nicht fundiert (vgl. Scheufele 2010, 27) und zudem eher Nachrichtenfaktoren („conflict", „human impact") oder Themen („economics") (vgl. Scheufele 2004, 43).

Ein überzeugenderer Vorschlag für themenübergreifende Frames ist möglich durch Rückgriff auf das *Konzept der Value-Frames*, das bislang vor allem in der experimentellen Medienwirkungsforschung beheimatet ist (vgl. dazu z. B. Shah et al. 1996; Nelson et al. 1997b; Domke et al. 1998; Brewer 2002; Brewer/Gross 2005; Shen/Edwards 2005; Scheufele 2010). Solche Studien zu Value-Framing-Effekten (vgl. im Überblick Shah et al. 2001, 229–230; Scheufele 2010, 27–30), die stark von der Kognitionspsychologie und der Persuasionsforschung geprägt sind, schlagen aber eher selten einen expliziten Bogen zur politikwissenschaftlichen Werteforschung (vgl. z. B. Inglehart 1977; Klingemann/Volkens 2002; Fuchs 1991). Wenn das Konstrukt des Value-Frames aber als Vorschlag für themenübergreifende Rahmen überzeugen soll, ist es dezidierter an solche Wertekonzepte anzubinden. Allgemein gelten Werte als „abstrakte Entwürfe sozial erstrebenswerter Zustände, die als präskriptive Aussagen in moralischen Diskursen aufscheinen" (Klein 2005, 424). Denkbar ist nun zwar der Rückgriff auf sozialpsychologische Wertekonzepte (vgl. z. B. Schwartz/Bardi 2001). Für unsere Fragestellung waren aber politikwissenschaftliche Überlegungen relevanter. *Politische Werte* lassen sich definieren als die

> von den Mitgliedern einer politischen Gemeinschaft als gemeinsam anerkannten Vorstellungen von den anzustrebenden Zielen des politischen Zusammenlebens und den zur Erreichung dieser Ziele angemessenen Mitteln. (Gabriel 2009, 31)

Folglich sind politische Werte als Teil der politischen Kultur zu sehen (vgl. z. B. Verba 1965, 513). Mit diesen Überlegungen sprechen wir von Value-Frames,

> wenn politische Werte bzw. Prinzipien, die in der politischen Kultur sedimentiert sind, als Bezugsrahmen für übergeordnete Politikfelder, politische Akteure und Vorgänge fungieren. (Scheufele/Engelmann 2012, 35; Herv. i. O.)

Diese Nominaldefinition beinhaltet fünf zentrale Aspekte, die weiter auszuführen sind:

- Abstraktionsniveau
- Sedimentierung
- Stabilität
- Cleavages und Wertekonflikte
- Instrumentalität und Bewertung

Value-Frames sind erstens auf einem höheren „Abstraktionsniveau" anzusiedeln als konkrete, themenspezifische Frames. Ein höheres Abstraktionsniveau postulieren auch andere Autoren für Meta-Botschaften (vgl. z. B. Vlasic 2004, 205–211) oder für Master-Frames (vgl. z. B. Snow/Benford 1992; Ayers 2004). So sprechen Benford und Snow (2000, 619) nur dann von einem Master-Frame, wenn ein solcher Rahmen von mindestens zwei unterschiedlichen sozialen Bewegungen aufgegriffen wird. Vergleichbar dazu lassen sich Werte auf ganz unterschiedliche Themen oder Politikfelder anwenden. Beispielsweise kann eine Partei bei verschiedenen Themen in den Rahmen von Freiheit oder von Sicherheit gestellt werden. Somit sind Werte dafür prädestiniert, als Zentralkategorie für abstrakte Frames – also die besagten Value-Frames – zu dienen.

Zweitens können Werte nur dann als Bezugsrahmen wirksam werden, wenn sie in der politischen Kultur[3] hinreichend „sedimentiert" sind. Damit knüpfen wir an politikwissenschaftliche und soziologische Überlegungen zu Werten und Kultur an, wonach Werte den Kern der politischen bzw. gesellschaftlichen Kultur bilden (vgl. z. B. Fuchs 2002, 36), weil die Bürger Werte im Sozialisationsprozess internalisiert haben (vgl. dazu z. B. Parsons 1951, 207–226; Habermas 1981/1995, 217; Mahrt 2010, 36–41). So wissen Bürger grob, was *Freiheit* oder *Gerechtigkeit* bedeuten – auch wenn jede/r sicher eine etwas andere Vorstellung von Freiheit oder Gerechtigkeit haben mag.

Eng verbunden mit dem Merkmal der Sedimentierung ist drittens der Aspekt der „Stabilität" von Value-Frames, was freilich nicht absolute Unveränderlichkeit

---

[3] Unter politischer Kultur versteht Schulz (2011, 45) „das spezifische Muster individueller Einstellungen und Orientierungen der Systemmitglieder gegenüber Politik. Sie besteht aus mehreren Komponenten: (1) aus politischen Kenntnissen und Überzeugungen, (2) aus der affektiven Beziehung zu politischen Akteuren, also z. B. Parteien oder Politikern, und (3) aus Urteilen und Meinungen". Ähnlich definiert Verba (1965, 513) politische Kultur als „the system of empirical beliefs, expressive symbols and values which defines the situation in which political action takes place".

Mediale Value-Frames – Theoretisches Konzept und methodische Herausforderungen

bedeutet. Busse und Teubert (1994, 24; Herv. i. O.) betonen zu Recht, dass Diskurse „schon vom Begriff her eine *diachrone* Größe" sind. Somit sind auch Frames, die in Diskursen prozessiert werden, nicht unveränderlich. Es wäre auch erschreckend, wenn sich z. B. die Bedeutung von *Freiheit* seit dem Mittelalter nicht verändert hätte. Allerdings hält Matthes (2007, 82) der kommunikationswissenschaftlichen Framing-Forschung vor, nur selten nach Frame-Veränderungen zu fragen. Wenn überhaupt werde meist nur „die Zunahme oder Abnahme von fest stehenden Frames" betrachtet. Diese Einschätzung ist einerseits nicht ganz falsch, offenbart aber andererseits ein zu enges Verständnis von semantischem Wandel bzw. eine empirisch nur bedingt anzutreffende Form des gesellschaftlichen Wandels. Tatsächlich zeigt die Werteforschung, dass sich in den letzten Dekaden gar nicht so sehr die Bedeutung einzelner Werte verändert hat, sondern sich vielmehr die Gewichte von Werten verschoben haben. Beispielsweise fand eine Verlagerung von materialistischen Werten (z. B. wirtschaftlicher Wohlstand) auf postmaterialistische Werte (z. B. Selbstverwirklichung, politische Partizipation) statt (vgl. z. B. Inglehart 1977; Klingemann/Volkens 2002; Fuchs 1991; Hildebrandt/Dalton 1977, 236–242; Klein 2005, 434–441) – ohne dass sich die Bedeutung dieser Werte substanziell verändert hätte. In vergleichbarer Weise kann sich das Gewicht von Frames im Zeitverlauf verändern, wobei dann alte und neue Frames nebeneinander in Diskursen präsent sein können. Ähnlich argumentieren auch Busse und Teubert (1994, 24) in Bezug auf Sprachwandel (vgl. auch z. B. Harden 2002, 204–207). Nach einer Zu- und Abnahme bestehender Frames zu fragen, ist also keineswegs unzulässig – im Gegenteil. Darüber hinaus müssen Frames natürlich einigermaßen beständig sein, um überhaupt als Orientierungsanker dienen zu können. Denn was sich ständig in diversen Details ändert, kann gar keine Orientierung bieten. Obwohl es also immer auch gewisse Abweichungen und „Modulationen" (Goffman 1993, 52) von Frames geben wird, ist für uns die Frage, wie sich die Gewichtung themenübergreifender Frames im Zeitverlauf verlagert, relevanter als die Frage nach der Veränderung des Sinngehalts einzelner, thematisch beschränkter Frames. Im Übrigen zeichnen Matthes und Kohring (2004) mittels Clusteranalyse gar keine Veränderungen von Frames, sondern lediglich eine Veränderung der journalistischen Kombination von Frames, also eine Veränderung journalistischer Framing-Strategien nach – das ist ein gewichtiger Unterschied zum Frame-Wandel (vgl. dazu Scheufele/Scheufele 2010, 122; Scheufele/Engelmann 2012, 179).

Viertens rekurrieren wir auf politikwissenschaftliche Arbeiten zu „gesellschaftlichen Cleavages" (vgl. z. B. Lipset/Rokkan 1967; Pappi/Shikano 2002). Lipset und Rokkan (1967, 2–3; Herv. i. O.) sprechen von „historically given ‚packages' of programs, commitments, outlooks, and, sometimes, ‚Weltanschauungen'", um die herum sich die Bürger in sozialstrukturellen „konfligierenden Wertgemeinschaften" (Fuchs 1991, 69) gruppieren und sich auch die Parteien entsprechend positionieren (vgl. Lipset/Rokkan 1967, 26, 50). Cleavages sind also mehr oder minder stark „in der Sozialstruktur einer Gesellschaft verankerte" (Klein 2005, 427) Wertekonflikte[4]. Am häufigsten diskutiert wird in der jüngeren Forschung wohl Ingleharts (1977) These des Wandels von materialistischen zu postmaterialistischen Werten. In einem späteren Beitrag spricht Inglehart (1988) von „Modernisierung" und „Postmodernisierung". Damit meint er die mit dem ersten Konflikt vergleichbare Verschiebung von der Frage des „Überlebens" zur Frage des „Wohlbefindens" (Inglehart 1988, 122). Offenbar ist diese Sichtweise aber zu einfach. So zielt Fuchs (1991) auf den Konflikt zwischen links- und rechtsmaterialistischen Werten, der auf den „alten Klassengegensatz" (Klein 2005, 435) zwischen egalitärer Verteilung des Wohlstandes und Verteilung nach dem Leistungsprinzip abzielt. Ein weiteres Cleavage wird zwischen autoritären und libertären Werten gesehen (vgl. z. B. Flanagan/Lee 2003, 235–238), wobei dieser Wertegegensatz laut Klein (2005, 436) keine sozial-strukturelle Entsprechung hat. Analog spricht Niedermayer (2003, 11) nur von einer politisch-kulturellen Konfliktlinie. Das Aufkommen libertärer Positionen verbindet er vor allem mit dem Einzug der Grünen in den Bundestag bei der Bundestagswahl 1983 (vgl. Niedermayer 2003, 24). Stöss (1997, 163; Herv. i. O.) sieht die „*Hauptachse der Parteienkonkurrenz* [... mittlerweile] zwischen einer sozial-libertären und einer neoliberal-autoritären Politikkonzeption". Der letzte Aspekt unserer Nominaldefinition betrifft die „Instrumentalität" von Value-Frames.[5] Entman (1993, 52) konzipiert Bewertungen

---

[4] Lipset/Rokkan (1967, 47) führen vier zentrale Konfliktlinien an: „Center-Periphery", „State-Church", „Land-Industry" und „Owner-Worker".

[5] Entman (2007, 165, Herv. i. O.) hat zudem mit „news slant" einen neuen Begriff geprägt, der aber noch mehr Verwirrung in der Frage nach Frames und Bewertungen stiftet. Im Gefolge Entmans (1993, 2007) argumentiert z. B. auch Matthes (2007, 136–137, 140). Wir richten uns wohlgemerkt

Mediale Value-Frames – Theoretisches Konzept und methodische Herausforderungen

als Element von Frames. Tatsächlich sind beide Konstrukte – Frames und Bewertungen – aber sauber zu trennen. Bereits Gamson und Modigliani (1989, 4) betonen: „Frames should not be confused with positions for or against some policy measure" (vgl. ähnlich Tankard 2001, 96).

Bei Framing geht es also gerade nicht darum, Positionen, Urteile oder Bewertungen explizit auszusprechen, sondern zunächst nur um die Rahmung an sich. Folgendes Beispiel illustriert das leicht nachvollziehbar: Wenn die eine Zeitung die SPD als Garant von Solidarität betrachtet, eine andere Zeitung die SPD dagegen als Gefahr für Solidarität sieht, dann legen beide Zeitungen den gleichen wertgebundenen Bezugsrahmen der Solidarität an. Freilich beurteilen sie die SPD unterschiedlich in der Frage, ob die Partei für Solidarität förderlich oder hinderlich ist. Mit dieser Überlegung rekurrieren wir auf Rosenbergs (1956) Ansatz kognitiv-affektiver Konsistenz, wonach die Einstellung zu einem Objekt umso positiver bzw. negativer ist, je förderlicher bzw. hinderlicher das Objekt für zentrale Werte ist. Wer die SPD als förderlich für Solidarität, Frieden und ökologische Nachhaltigkeit ansieht (positive Instrumentalität), wird diese Partei positiv bewerten (positive Gesamteinstellung). Wer sie dagegen als hinderlich oder gefährlich für diese Werte betrachtet (negative Instrumentalität), wird eine negative Haltung zur SPD haben (negative Gesamteinstellung). Auf ähnliche Weise gehen Fishbein und Ajzen (1975, 30–32, 222–235; vgl. auch Ajzen 2005, 123–124) davon aus, dass Menschen von Objekten bestimmte Merkmale („attribute") erwarten, wobei mit jedem Attribut zugleich eine entsprechende Bewertung („evaluation") assoziiert wird. Die Gesamteinstellung eines Menschen zum betreffenden Objekt ergibt sich

> by multiplying his evaluation of each attribute associated with the object by his subjective probability that the object has that attribute and then summing the products. (Fishbein/Ajzen 1975, 223)

Darauf aufbauend differenzieren Nelson et al. (1997a, 226) deutlich zwischen Persuasion und Framing: Einstellungsänderung könne ein „change of the individual's beliefs or cognitions about the attitude object (traditional persuasion) or change how the individual weights that information (framing)" sein. Zusammen-

---

nicht gegen die anderen Frame-Elemente bei Entman (1993), sondern nur dagegen, Bewertungen als Frame-Element aufzunehmen.

fassend lässt sich also festhalten: Frames und Bewertungen sind zwei unterschiedliche Konstrukte. Mit Rosenberg (1956) lassen sich beide sowohl trennscharf unterscheiden als auch in sinnvolle Beziehung zueinander setzen – mit dem obigen Beispiel lässt sich dies wie folgt illustrieren:[6] Wenn eine Zeitung die SPD als Gefahr für Solidarität rahmt, die andere Zeitung die SPD als Garant für Solidarität darstellt, dann liegt identisches Value-Framing, aber unterschiedliche Instrumentalität vor. Wenn eine Zeitung die SPD als Gefahr für Solidarität rahmt und die andere Zeitung die SPD als Gefahr für Freiheit sieht, dann liegt identische Instrumentalität, aber unterschiedliches Value-Framing vor.

Ausgehend von den dargelegten theoretischen Überlegungen haben wir in unserem Wahlforschungsprojekt unter anderem die beiden folgenden Forschungsfragen gestellt:

- Value-Framing: Welche politisch-gesellschaftlichen Werte legten die Qualitäts- und die Boulevardpresse als Bezugsrahmen (Value-Frames) an die CDU/CSU und die SPD sowie deren Spitzenkandidaten bei Bundestagswahlen an?
- Instrumentalität: Präsentieren die Qualitäts- und die Boulevardpresse diese Parteien und Kandidaten dabei als Garant oder als Gefahr für diese Werte?

Mit diesen Forschungsfragen stellt sich zugleich eine Reihe methodischer Fragen und Herausforderungen: Wir skizzieren dazu zunächst unsere Untersuchungsanlage und gehen dann ausführlicher auf die Frage ein, wie sich Value-Frames identifizieren lassen. Danach folgen einige ausgewählte Befunde. Im abschließenden Abschnitt diskutieren wir schließlich, welche methodischen Implikationen der von uns gewählte methodische Zugang mit sich bringt.

---

[6] Unsere Argumentation ist auch mit der Prospect Theory kompatibel, wonach Framing nur eine Variation in der Formulierung und nicht in der expliziten Bewertung meint. Im berühmten Asian-Disease-Beispiel wird eine medizinische Maßnahme in der einen Experimentalgruppe unter dem Gesichtspunkt des Sterbens („mortality frame") und in der anderen Experimentalgruppe aus der Perspektive des Überlebens („survival frame") gerahmt (vgl. z. B. Tversky/Kahneman 1986, 254). Eine Bewertung wird auf diese Weise zwar nahe gelegt, ist aber nicht Teil oder Element des Frames – schon weil sie gar nicht experimentell induziert wurde.

3 Methodische Überlegungen zur Erfassung medialer Value-Frames

Die Untersuchungsanlage unserer Inhaltsanalyse lässt sich wie folgt skizzieren (vgl. ausführlich Scheufele/Engelmann 2012, 2013): Untersucht wurde die Vorwahlberichterstattung der fünf überregionalen Qualitätszeitungen ‚Frankfurter Allgemeine Zeitung' (FAZ), ‚Süddeutsche Zeitung' (SZ), ‚Frankfurter Rundschau' (FR), ‚Die Welt' (WELT) und ‚die tageszeitung' (TAZ) sowie des Boulevardblatts ‚Bild' (BILD). Die Qualitätszeitungen decken das Spektrum politisch-redaktioneller Linien ab und gelten als Meinungsführermedien mit breitem, journalistisch anspruchsvollem Angebot (vgl. z. B. Eilders 2004a, 144–145; Wilke 1999, 302–303, 310–312; auch Reinemann 2003; Eilders 2004b). Die BILD steht dagegen für reichweitenstarken Boulevardjournalismus, der sich auch an weniger gebildete Rezipienten wendet (vgl. z. B. Semetko/Schoenbach 2003, 55–56; auch Schirmer 2001; Reinemann 2008). Zudem gilt das Blatt „als Sprachrohr des kleinen Mannes auf der Straße" (Dulinski 2006, 29). Mit der eingangs erwähnten wahlvergleichenden Perspektive berücksichtigten wir die vier Bundestagswahlen 1976, 1983, 1994 und 2002, wobei der jeweilige Untersuchungszeitraum die acht Wochen vor dem betreffenden Wahltermin umfasste. Diese Wahljahre wurden mit Blick auf Werteorientierungen, aber auch aus forschungspraktischen Gründen ausgewählt (vgl. ausführlich Scheufele/Engelmann 2012, 125–130). Die acht Wochen können „als ‚heiße Wahlkampfphase' bezeichnet" (Lieske 2005, 101) werden.

Die Codiereinheit auf der ersten Ebene war der einzelne Beitrag, für den neben den formalen Kategorien bis zu vier Bezugsobjekte codiert werden konnten. Mit dem Konzept des *Bezugsobjekts* lehnen wir uns an eine Modifikation sozialpsychologischer Modelle an, bei der Brettschneider (2002, 211–213) zwischen Bezugsobjekten und Bewertungsdimensionen differenziert. Der zu codierende Beitrag konnte über folgende „Bezugsobjekte" informieren: die CDU/CSU, die SPD und/oder deren jeweilige Kanzlerkandidaten. Pro Bezugsobjekt – als Codiereinheit auf der zweiten Ebene – konnten bis zu drei Themen bzw. Politikfelder sowie die zentralen Kandidaten-/Parteibezüge erfasst werden. Beispielsweise konnte der Beitrag die Kompetenz (Kandidatenbezug) von Kanzler Schröder (Bezugsobjekt) in der Sozialpolitik (Thema/Politikfeld) thematisieren. Die Kombination aus Thema bzw. Politikfeld und Kandidaten- bzw. Parteibezug bildete die einzelne

„Information". Pro Information – als Codiereinheit auf der dritten Ebene – konnten bis zu zwei „Value-Frames" codiert werden. Beispielsweise konnte die Information über Schröders Kompetenz in der Sozialpolitik in den Bezugsrahmen von Solidarität gestellt werden. Für jeden Value-Frame wurde zusätzlich die „Instrumentalität" codiert, wobei der Wertebereich von -1 ('Gefahr') bis +1 ('Garant' für den betreffenden Wert) reichte.

	Quantitativer Zugang		Qualitativer Zugang	
Grundausrichtung	Induktiv-explorativ	Deduktiv	Induktiv-interpretativ	Induktiv-explorativ
Erhebungsverfahren	Quantitative Inhaltsanalyse	Quantitative Inhaltsanalyse	Interpretative bzw. hermeneutische Verfahren	Qualitative Inhaltsanalyse
Kategorien (Codiert werden ...)	Frame-Elemente bzw. Frame-Indikatoren	Vorab definierte Frames	Frame-Elemente bzw. Frame-Indikatoren	Frame-Elemente bzw. Frame-Indikatoren
Generierung bzw. Identifizierung von Medien-Frames	Synthetisierung von Frames z. B. über Cluster- oder Faktorenanalyse	Theoriegeleitete Definition von Frames oder Rückgriff auf bekannte Frames	Interpretativ-hermeneutische Identifizierung von Frames aus dem Material	Identifizierung von Frames z. B. mittels typisierender Strukturierung

Tabelle 1: Methodische Zugänge zu Medien-Frames (vgl. Scheufele / Engelmann 2012, 175)

Die zentrale methodische Entscheidung unserer Untersuchung betraf die Frage, auf welche Weise sich Value-Frames am besten identifizieren und codieren lassen. Basierend auf einer älteren eigenen Klassifikation unterscheiden wir quantitative und qualitative Zugänge der Frame-Identifikation (vgl. Tabelle 1):

- Quantitative Zugänge: Bei einer ersten Variante werden Indikatoren für Frames oder für Frame-Elemente erfasst. Anschließend werden Beiträge anhand dieser Indikatoren mittels Cluster-Analyse gruppiert (vgl. z. B. Matthes/Kohring 2004) oder die Indikatoren werden mittels Faktorenanalyse verdichtet (vgl. z. B. Harden 2002). Bei der zweiten Variante werden

vordefinierte, also gleichsam fertige Medien-Frames codiert, die entweder theoretisch begründet oder aus anderen Studien übernommen werden.[7]
- Qualitative Zugänge nutzen weder bei den Erhebungs- noch bei den Auswertungsschritten quantifizierend-statistische Verfahren. Manche Studien beschreiten hermeneutische bzw. interpretative Wege (vgl. z. B. Fair/Astroff 1991, u. a. 66–68), andere wenden beispielsweise die Techniken der qualitativen Inhaltsanalyse nach Mayring (2000) an. Die auf diesem Wege ermittelten Frames können wiederum im Kategoriensystem quantitativer Inhaltsanalysen eingesetzt werden (vgl. z. B. Harden 2002).

Teilweise ähnlich unterscheiden Matthes und Kohring (2004, 61) zwischen textwissenschaftlichem Ansatz, interpretativ-quantifizierendem Ansatz, Frame-Mapping und deduktiver Frame-Analyse. Die Autoren codieren Frame-Elemente nach Entman (1993) und verdichten diese clusteranalytisch. Das entspricht dem ersten methodischen Zugang in Tabelle 1, der – wie auch der vierte methodische Zugang – eher induktiv-explorativ vorgeht. Zweifellos sind beide Zugänge ihrerseits nicht voraussetzungslos und daher nicht ausschließlich induktiv. Beide Vorgehensweisen basieren aber auf kleineren Bedeutungseinheiten (Paraphrasen, Indikatoren, Frame-Elementen o. ä.), die auf explorative Weise zu größeren Bedeutungseinheiten (Clustern bzw. ‚Frames') verdichtet werden. Der zentrale Unterschied besteht im Standardisierungsgrad dieser Verdichtung: Während z. B. Matthes und Kohring (2004) ein clusteranalytisches, also statistisches Verfahren wählen, nutzen z. B. Beck und Vowe (1995) die von Mayring (2000) vorgeschlagenen qualitativen Techniken der Strukturierung (z. B. Typenbildung). Der dritte Zugang in Tabelle 1, die interpretativ-hermeneutische Identifizierung von Frames aus dem Material, ist schon aus methodologischen Gründen für unser Forschungsproblem weniger brauchbar.

Zur Beantwortung unserer Forschungsfragen haben wir uns für eine deduktiv-theoriegeleitete Kategorienbildung von Werten bzw. Value-Frames entschlossen. Das entspricht dem zweiten methodischen Zugang in Tabelle 1. Um relevante politisch-gesellschaftliche Werte zu identifizieren und zu definieren, die als Ausprägungen für die Kategorie ‚Value-Frame' in Frage kommen, wurde auf vier Typen von Quellen zurückgegriffen:

---

[7] Hier sprechen Zeller et al. (2010, 507) von „holistischen Frames".

- Forschung zu Cleavages, Werteorientierungen und Ideologien
- Analysen von Partei- und Wahlprogrammen
- Politikwissenschaftliche Lexika und Handbücher
- Codebücher vergleichbarer Studien

Die erste Quelle bildete die politikwissenschaftliche Forschung zu Cleavages, Werteorientierungen und Ideologien (vgl. z. B. Lipset/Rokkan 1967; Fuchs 1991; Pappi/Shikano 2002, 2004; Roller 2002; Klein 2005). Sie gibt Aufschluss über zentrale Wertorientierungen und deren Wandel. Die zweite Quelle waren politikwissenschaftliche Analysen von Partei- und Wahlprogrammen (vgl. z. B. Volkens 1996, 2002; Fuchs/Klingemann 1989; Klingemann 1989; Klingemann/Volkens 2002; Pappi/Shikano 2004). Sie geben Auskunft, für welche Werte sich die beiden größeren Parteien, aber auch die kleineren Parteien stark machen und was sie mit diesen Werten jeweils verbinden. Als dritte Quelle dienten uns politikwissenschaftliche Lexika und Handbücher (vgl. u. a. Andersen/Woyke 2003; Göhler et al. 2006; Holtmann et al. 1991; Nohlen/Schultze 2005a, b; Schubert/Klein 2006). Sie dienten dazu, den Bedeutungsgehalt der betreffenden Werte weiter zu konkretisieren. Als vierte Quelle fungierten Codebücher inhaltsanalytischer Studien, die eine ähnliche Fragestellung verfolgten wie unser Projekt. Dabei orientieren wir uns nicht nur bei der Codierung von Werten, sondern auch bei der Codierung von Politikfeldern an den Codebüchern von Eilders und Lüter (1998), Volkens (2002), Wüst und Volkens (2003) sowie an den Vorschlägen von Voltmer (1997) und Klingemann/Volkens (2002, 516), an die wiederum Eilders (2004a) anknüpft. Allerdings gehen wir vor allem in zwei zentralen Punkten anders vor: Zum einen zielt unsere Inhaltsanalyse nicht auf politische Positionen, sondern auf einzelne Werte, die in der Berichterstattung als Bezugsrahmen für Parteien und Kandidaten fungierten. Zum anderen haben z. B. Voltmer (1997) oder Eilders (2004a) Werte als bipolare Konfliktstruktur erfasst. Wir codieren dagegen einzelne Werte, denn mehrere Autoren (vgl. z. B. Fuchs 1991; Stöss 1997) geben den Gedanken bipolarer Konfliktstrukturen auf. Das ist auch naheliegend, da viele Werte (z. B. Freiheit) nicht nur einzigen Wert (z. B. Sicherheit), sondern meist mehrere Werte (z. B. Sicherheit, Solidarität) als Pendant haben (vgl. z. B. Roller 2000, 94).

Mediale Value-Frames – Theoretisches Konzept und methodische Herausforderungen

4 Vorteile und Nachteile des Ansatzes zur Erfassung medialer Value-Frames

Unser methodischer Zugang zu medialen Value-Frames hat Vorteile, aber auch Beschränkungen bzw. Nachteile. Zu den Vorteilen gehören:

- Validität
- Anschlussfähigkeit an Politikwissenschaft
- Empirische Tragfähigkeit und Flexibilität
- Trennschärfe zwischen Framing und Bewertung

Abgesehen davon, dass synthetische Verfahren nicht immer trennscharfe Frames ermitteln (vgl. z. B. bei Matthes/Kohring 2004, 68–69), sondern eher journalistische Framing-Strategien identifizieren, dürfte es sich als schwierig erweisen, über solche Verfahren Value-Frames zu identifizieren. Frame-Elemente nach Entman (1993) zu codieren, gewährleistet ebenso wenig eine valide Erfassung von Value-Frames wie die Codierung etwa von Schlüsselwörtern. Beispielsweise zielt die Aussage „Es ist ungerecht, dass Frauen gegenüber Männern benachteiligt werden" gar nicht auf Gerechtigkeit, sondern auf den Gleichheitsgrundsatz, selbst wenn man diese Benachteiligung ungerecht findet. Umgekehrt dient mancher Ruf nach „Gleichstellung" vielleicht eher der Durchsetzung individueller Interessen und weniger der Durchsetzung einer allgemeinen Gleichbehandlung der Geschlechter. Wenn man also nach der Validität der Erfassung von Value-Frames fragt, dürfte die Codierung vorab definierter Value-Frames gegenüber einer Codierung von Frame-Elementen bzw. -Indikatoren der Vorzug zu geben sein.

Unser Vorschlag zur Erfassung von Value-Frames ist deswegen auch anschlussfähig an politikwissenschaftliche Überlegungen und Befunde, weil der theoretische Rückgriff auf die vier genannten Quellen bzw. Grundlagen zur Identifizierung von Werten bzw. Value-Frames gewährleistet, dass wir nicht unsere eigenen Maßstäbe anlegen, sondern jene Werte, die erstens tatsächlich in der politischen Kultur sedimentiert sind, die zweitens von den Parteien selbst in ihren Wahl- bzw. Parteiprogrammen als Bezugsrahmen aufgespannt werden und über deren Bedeutungsgehalt drittens in der Politikwissenschaft ein gewisser Konsens besteht.

Darüber hinaus zeichnet sich unser Vorgehen durch empirische Tragfähigkeit und Flexibilität aus. Die Codierung einzelner Value-Frames ermöglicht, die in der

Vorwahlberichterstattung identifizierten Wertebezüge auf flexible Weise zu unterschiedlichen Ideologien oder Wertehorizonten (z. B. autoritäre vs. libertäre Werte) zu bündeln. Zudem lässt sich mit unserer Vorgehensweise die – schon in theoretischer Hinsicht zentrale – Instrumentalität des Value-Framing angemessen erfassen. Die empirische Tragfähigkeit zeigt sich im konkreten Anwendungsfall, wobei wir nur für unsere eigene Studie sprechen können – darauf werden wir noch zurückkommen. An dieser Stelle genügen exemplarische Befunde.

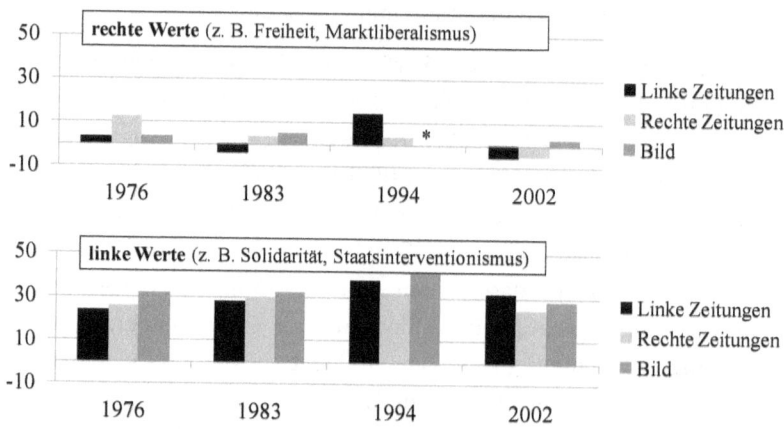

Abb. 1: Publizistische Werte-Positionierung der SPD und ihrer Kandidaten für linke und rechte Werte (* n<5)

Abbildung 1 und 2 zeigen die publizistische Werte-Positionierung der CDU/CSU und der SPD. Als publizistische Werte-Positionierung bezeichnen wir das Produkt aus dem Anteil der wertbezogenen Rahmung einer Partei und der Instrumentalität dieses Value-Framing. Beispielsweise kann die FAZ in einem Wahljahr die CDU/CSU in 18 % aller Fälle[8] in den Rahmen von Freiheit stellen und die Partei dabei als erkennbaren Garant für Freiheit (Mittelwert +0,8) präsentieren.[9] Multipliziert man den Anteil dieser Rahmung (18 %) und die betreffende Instrumentalität (+0,8), so ergibt sich für Freiheit eine publizistische Werte-Orientierung

---

[8] Gemeint sind damit alle wertgebundenen Rahmen, in welche die CDU/CSU in den Beiträgen der FAZ in dem betreffenden Wahljahr gestellt wird.

[9] Der Wertebereich der Instrumentalität reichte von -1 (‚Gefahr') bis +1 (‚Garant' für den jeweiligen Wert).

Mediale Value-Frames – Theoretisches Konzept und methodische Herausforderungen

der CDU/CSU von +14,4 in der Berichterstattung der FAZ im betreffenden Wahljahr. Wenn die FAZ die SPD ebenso häufig in diesen Wertekontext stellt, dabei aber als weitgehend hinderlich für Freiheit präsentiert (-0,8), dann beträgt die Werte-Positionierung der SPD in Bezug auf Freiheit -14,4. Die durchschnittliche Werte-Positionierung für die jeweilige Partei lässt sich beispielsweise für alle Zeitungen mit vergleichbarer redaktioneller Linie (z. B. linke Zeitungen) und auch für ganze Werte-Bündel (z. B. libertäre Werte) berechnen.

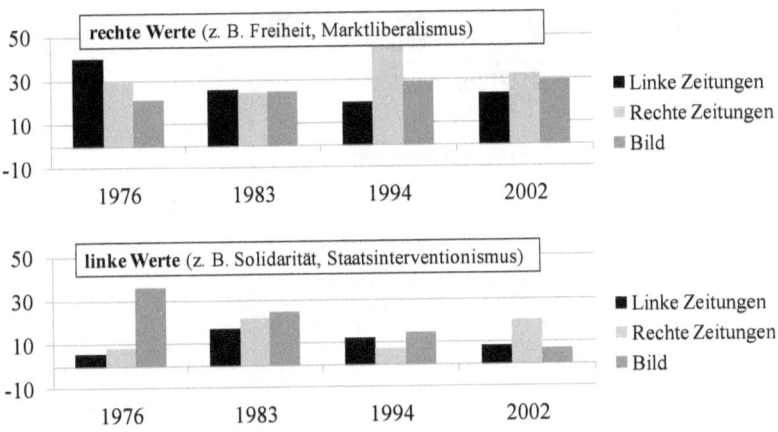

Abb. 2: Publizistische Werte-Positionierung der CDU/CSU und ihrer Kandidaten für linke und rechte Werte

Abbildung 1 zeigt die publizistische Werte-Positionierung der SPD in den vier untersuchten Wahljahren, wobei wir nach linken und rechten Zeitungen sowie Boulevardblatt differenzieren. Alle Zeitungen positionierten die SPD in den vier Wahljahren überwiegend als Garant linker Werte (vgl. Abbildung 1, untere Hälfte), aber weder eindeutig als Garant noch eindeutig als Gefahr für rechte Werte (obere Hälfte). Die Qualitätspresse zeichnete durchaus auch ein konsonantes Bild von der CDU/CSU als Garant vor allem rechter, aber auch linker Werte. Dieses Bild wurde durch die redaktionellen Linien nur akzentuiert. Allerdings wich die BILD 1976 deutlicher von der Qualitätspresse ab als in den anderen Wahljahren (vgl. Abbildung 2). Darüber hinaus lässt sich das Bild, das die Zeitungen von der Werteheimat der beiden Parteien zeichnen, auch schlüssig mit Befunden von Wahl- bzw. Parteiprogrammanalysen in den jeweiligen Wahljahren (vgl. z. B. Klingemann/Volkens 2002, 515–527; Pappi/Shikano 2004, 18–21) in Verbindung bringen. Diese exemplarischen Befunde (vgl. ausführlicher z. B. Scheufele/Engelmann 2013) können an dieser Stelle genügen, um die empirische Tragfähigkeit unserer Vorgehensweise zu dokumentieren.

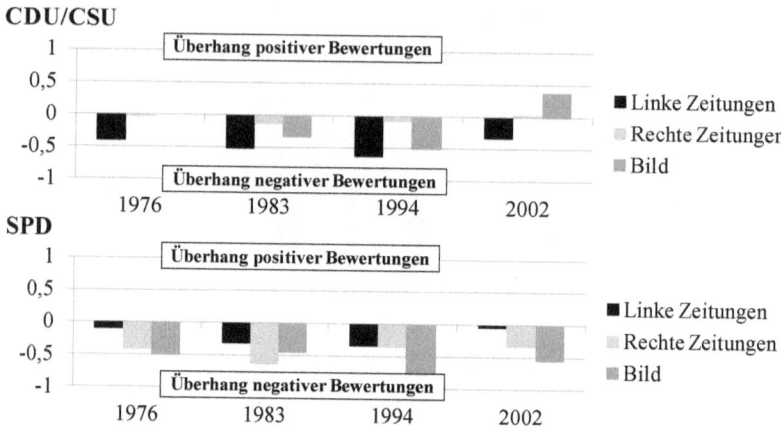

Abb. 3: Überhang positiver und negativer Bewertungen der Parteien bzw. Kandidaten – Mittelwerte (standardisiert)

Darüber hinaus können wir nicht nur theoretisch-argumentativ, sondern auch empirisch klar zwischen *Frames* und *Bewertungen* bzw. zwischen Framing und News-Bias (vgl. dazu z. B. D'Allesio/Allen 2000) unterscheiden. Denn das Value-Framing der Zeitungen war weitgehend unabhängig von den redaktionellen Linien der Zeitungen und wurde durch diese höchstens akzentuiert. Dagegen fanden wir klare Unterschiede nach politisch-redaktioneller Ausrichtung der Zeitungen in der direkten Bewertung der Parteien und deren Spitzenkandidaten (vgl. Abbildung 3). So stellten zwar auch die linken Zeitungen die SPD durchschnittlich negativ dar, aber die Union noch negativer als die SPD, wobei dieser Befund deutlicher war als bei den rechten Zeitungen. Umgekehrt bewerteten die konservativen Blätter und die BILD zwar auch die Union negativ, aber die SPD noch negativer, was wiederum deutlicher war als bei den linken Blättern. Das ist ein hinreichender empirischer Beleg für unser Argument, dass zwischen Frame und Bewertung bzw. Framing und News Bias sauber zu unterscheiden ist.

Mediale Value-Frames – Theoretisches Konzept und methodische Herausforderungen

Unsere methodische Vorgehensweise bringt aber auch Nachteile bzw. Beschränkungen mit sich. Dazu gehören:

- Aufwand und Replizierbarkeit
- Reliabilität
- Validität

Unbestreitbar ist erstens, dass unser Vorgehen der Replizierbarkeit weit höhere Hürden setzt als z. B. einfache Themenfrequenzanalysen oder Codierungen von Frame-Elementen (z. B. Akteuren, Themen, Ursachenzuschreibungen, Maßnahmenforderungen usw.). Ebenfalls unbestreitbar ist der hohe zeitliche Aufwand sowohl für die Codierung selbst als auch für die ausführliche Schulung der Codierer, die – neben drei Reliabilitätstests – allein schon vier Wochen in Anspruch nahm. Das Kriterium der Effizienz anzulegen, ist berechtigt. Im Zweifel sollte jedoch die wissenschaftliche Erkenntnis gewichtiger sein als ein größerer Aufwand. Ob sich der Aufwand angesichts unserer Erkenntnisse gelohnt hat, müssen letztlich andere beurteilen – z. B. Drittmittelgeber oder Reviewer von wissenschaftlichen Fachzeitschriften.

Zweifellos erreicht man mit einer vergleichsweise anspruchsvollen Codierung von Value-Frames keine derart hohen Reliabilitätswerte wie bei einfachen Codierungen von Frame-Indikatoren oder Frame-Elementen. Die durchschnittliche Forscher-Codierer-Reliabilität, die an der „ratio of coding agreements to the total number of coding decisions" (Holsti 1969, 140) bemessen wurde, lag für Value-Frames bei einer Übereinstimmung von 67 % und für die Instrumentalität des Value-Framing bei 71 %. Solche Reliabilitätswerte sind nicht optimal, aber aus vier Gründen akzeptabel: Erstens ist der hohe Abstraktionsgrad dieser Kategorien zu beachten. Zweitens divergierten die Codierungen teilweise nicht grundsätzlich, sondern eher graduell. So erkannten die Codierer oft nicht völlig andere Werte, die wenig gemeinsam haben (z. B. Freiheit statt Solidarität), sondern unterschieden sich in der Codierung von Werten mit benachbartem semantischen Gehalt (z. B. Gleichheit statt Gerechtigkeit). Drittens werden solche graduellen Nicht-Übereinstimmungen bei der Auswertung durch Bündelung von einzelnen Werten zu bestimmten Wertehorizonten und Ideologien teilweise kompensiert. Viertens war die Reliabilität keineswegs geringer als bei vergleichbaren Studien mit ähnlich aufwändiger Codierung (vgl. Eilders/Lüter 1998, 59–60; Voltmer 1997, 181).

Bei den Beschränkungen unserer Vorgehensweise ist auch die Frage der Validität zu diskutieren: Denkbar ist erstens der Einwand, dass die Vorgabe vorab definierter Value-Frames der veränderten Bedeutung von Werten bzw. dem gesellschaftlichen Wertewandel nicht hinreichend gerecht werde. Allerdings ist der Zeitrahmen, den die vier von uns untersuchten Wahlen abstecken, im größeren zeitlichen Kontext durchaus überschaubar. Denn die epochalen Umbrüche z. B. in den Vorstellungen von Freiheit sind hier schon Geschichte. Wir wollen dennoch nicht bestreiten, dass sich das Freiheitsverständnis etwa im Zuge der 1968er Jahre oder nach dem Mauerfall verändert hat oder es diesbezüglich in manchen Kohorten noch Unterschiede zwischen Ost- und Westdeutschen geben mag. Zweitens haben wir ein breites Verständnis der jeweiligen Werte als Maßstab angelegt, weil wir ganz verschiedene Quellen für die Kategorienbildung herangezogen haben. Nuancen im Verständnis etwa von Solidarität zwischen der SPD und der Linken oder zwischen der CSU und den Grünen lassen sich mit unserem Codierschema nicht erfassen. Vermutlich bestehen die Unterschiede aber eher darin, bei welchen konkreten Problemen (z. B. Vorratsdatenspeicherung) welche Partei welchen Wert einfordert. Strittig wäre dann weniger der semantische Kern des betreffenden Frames als vielmehr das Framing, also die Frage, wann welcher Frame angewendet und mit welchen anderen Werten er kombiniert wird. Zudem muss man die Umkehrung mitdenken: Würden wir den Freiheitsbegriff nur eines einzigen Autors oder nur einer einzelnen Partei als Maßstab für unsere Codierung anlegen, dann wäre dieses Vorgehen weit weniger valide als der letztlich von uns realisierte methodische Vorschlag.

5 Fazit

Unseren theoretischen Überlegungen zu medialen Value-Frames liegen – wie eingangs erwähnt – eine kommunikationswissenschaftliche, eine empirische, eine problemorientierte und eine vergleichende Perspektive zugrunde. Aus diesem vierfachen Blickwinkel ist auch unser methodisches Vorgehen zur Erfassung von Value-Frames zu bewerten. Für unsere Fragestellung halten wir unsere methodische Vorgehensweise für sinnvoll und gangbar. Für andere Fragestellungen mag dies freilich anders zu bewerten sein.

Mediale Value-Frames – Theoretisches Konzept und methodische Herausforderungen

Framing hat zwar mit Deutungshoheit zu tun,[10] dennoch gibt es keine Deutungshoheit über Framing oder über die Erfassung von Frames. Kein methodischer Zugang ist von vornherein besser als der andere. Vielfach stehen sich methodische Vorschläge näher als die methodologischen Lager es teilweise wahrhaben wollen. So hat Glaser (1992, 7) einmal zu Recht betont, dass die Grundlagen der Grounded Theory in vielem der quantitativ-explorativen Methodik (z. B. Clusteranalyse) entsprechen bzw. gleichen. Das lässt sich auch auf die denkbaren methodischen Zugänge zur Erfassung von Medien-Frames übertragen. Am sinnvollsten ist es, aus einer problemorientierten Perspektive heraus entsprechende Theorien und Modelle aufzugreifen oder zu entwickeln und danach zu klären, welche methodischen Umsetzungen passfähig sind – und nicht von vornherein nach methodologischen Präferenzen zu entscheiden. Auch unser Vorgehen ist keine Musterlösung, sondern hat Vorteile, aber auch Nachteile und Beschränkungen – wie alle anderen Vorschläge zur Erfassung von Value-Frames auch. Gleichwohl zeigt unser konzeptioneller und methodischer Vorschlag, dass die Einschätzung von Ziem (2013, 164) durchaus zutreffend ist, wonach es „nicht hilfreich [sei], Frame-Analysen einseitig auf die von Entman vorgeschlagenen Kategorien zu beschränken".

Literatur

Ajzen, Icek (2005): Attitudes, personality and behavior. 2. Auflage. Berkshire: Open University Press.

Andersen, Uwe / Woyke, Wichard (Hrsg.) (2003): Handwörterbuch des politischen Systems der Bundesrepublik Deutschland. 5., aktualisierte Auflage. Opladen: Leske + Budrich.

Anderson, John R. (1996): Kognitive Psychologie. 2. Auflage. Heidelberg u. a.: Spektrum Akademischer Verlag.

Ayers, Jeffrey M. (2004): Framing collective action against neoliberalism: The case of the „anti-globalization"-movement. Journal of World-Systems Research X, 11–34.

---

[10] Nicht nur Schwab-Trapps (2002) diskurstheoretische Arbeit zum Wandel des Kriegs- und Verteidigungsdiskurses macht deutlich, dass öffentliche Diskurse vielfach Deutungskonflikte sind. Auch Walgrave/Manssens (2005, 116) sprechen vom „battle" oder „fight for the definition and framing of the covered issue".

Beck, Klaus / Vowe, Gerhard (1995): Multimedia aus der Sicht der Medien. Argumentationsmuster und Sichtweisen in der medialen Konstruktion. Rundfunk & Fernsehen 43, 549–563.

Benford, Robert D. (1997): An insider's critique of the social movement framing perspective. Sociological Inquiry 67, 409–430.

Benford, Robert D. / Snow, David A. (2000): Framing processes and social movements: An overview and assessment. Annual Review of Sociology 26, 611–639.

Brettschneider, Frank (2002): Spitzenkandidaten und Wahlerfolg. Personalisierung – Kompetenz – Parteien. Ein internationaler Vergleich. Opladen: Westdeutscher Verlag.

Brewer, Paul R. (2002): Framing, value words, and citizens' explanations of their issue opinions. Political Communication 19, 303–316.

Brewer, Paul R. / Gross, Kimberley (2005): Values, framing, and citizens' thoughts about policy issues. Effects on content and quantity. Political Psychology 26, 929–948.

Busse, Dietrich / Teubert, Wolfgang (1994): Ist Diskurs ein sprachwissenschaftliches Objekt? Zur Methodenfrage der historischen Semantik. In: Busse, Dietrich/Hermanns, Fritz/Teubert, Wolfgang (Hrsg.), Begriffsgeschichte und Diskursgeschichte. Methodenfragen und Forschungsergebnisse der historischen Semantik. Opladen: Westdeutscher Verlag, 10–28.

Cappella, Joseph N. / Jamieson, Kathleen Hall (1997): Spiral of cynicism. The press and the public good. New York, Oxford: Oxford University Press.

Dahinden, Urs (2006): Framing. Eine integrative Theorie der Massenkommunikation. Konstanz: UVK.

D'Allesio, Dave / Allen, Mike (2000): Media bias in presidential elections: A meta-analysis. Journal of Communication 50, 133–156.

De Vreese, Claes H. / Peter, Jochen / Semetko, Holli A. (2001): Framing politics at the launch of the euro: A cross-national comparative study of frames in the news. Political Communication 18, 107–122.

De Vreese, Claes H. (2010): Framing the economy. Effects of journalistic news frames. In: D'Angelo, Paul / Kuypers, Jim A. (Hrsg.), Doing news framing analy-sis: Empirical and theoretical perspectives. New York: Routledge, 187–214.

Domke, David / Shah, Dhavan D. / Wackman, Danile B. (1998): Media priming effects: Accessibility, association, and activation. International Journal of Public Opinion Research 10, 51–74.

Dulinski, Ulrike (2006): Sensationen für Millionen – das Besondere der Boulevardpresse in Deutschland. In: Ganguin, Sonja / Sander, Uwe (Hrsg.), Sensation, Skurrilität und Tabus in den Medien. Wiesbaden: VS Verlag, 23–34.

Eilders, Christiane (2004a): Von Links bis Rechts – Deutung und Meinung in Pressekommentaren. In: Eilders, Christiane / Neidhardt, Friedhelm / Pfetsch, Barbara (Hrsg.), Die Stimme der Medien. Pressekommentare und politische Öffentlichkeit in der Bundesrepublik. Wiesbaden: VS Verlag, 129–166.

Eilders, Christiane (2004b): Fokussierung und Konsonanz im Mediensystem – zu den Voraussetzungen politischer Medienwirkungen. In: Eilders, Christiane / Neidhardt, Friedhelm / Pfetsch, Barbara (Hrsg.), Die Stimme der Medien. Pressekommentare und politische Öffentlichkeit in der Bundesrepublik. Opladen: VS Verlag, 196–226.

Eilders, Christiane / Lüter, Albrecht (1998): Methodenbericht zum Projekt: Die Stimme der Medien im politischen Prozeß – Themen und Meinungen in Pressekommentaren. WZB-Discussion Paper FS III 98–107. Berlin: Wissenschaftszentrum Berlin für Sozialforschung.

Entman, Robert M. (1993): Framing: Toward clarification of a fractured paradigm. Journal of Communication 43, 51–58.

Entman, Robert M. (2007): Framing bias. Media in the distribution of power. Journal of Communication 57, 163–173.

Fair, Jo Ellen / Astroff, Roberta J. (1991): Constructing race and violence: US. news coverage and the signifying practices of Apartheid. Journal of Communication 41, 58–74.

Flanagan, Scott C. / Lee, Aie-Rie (2003): The new politics, culture wars, and the authoritarian-libertarian value change in advanced industrial democracies. Comparative Political Studies 36, 235–270.

Fishbein, Martin / Ajzen, Icek (1975): Belief, attitude, intention, and behavior: An introduction to theory and research. Reading, MA: Addison-Westley.

Fuchs, Dieter (1991): Zum Wandel politischer Konfliktlinien: Ideologische Gruppierungen und Wahlverhalten. In: Süß, Werner (Hrsg.), Die Bundesrepublik in den achtziger Jahren. Innenpolitik, politische Kultur, Außenpolitik. Opladen: Leske + Budrich, 69–86.

Fuchs, Dieter (2002): Das Konzept der politischen Kultur: Die Fortsetzung einer Kontroverse in konstruktiver Absicht. In: Fuchs, Dieter / Rolle, Edeltraud / Weßels, Bernhard (Hrsg.), Bürger und Demokratie in Ost und West. Studien zur politischen Kultur und zum politischen Prozess. Wiesbaden: VS Verlag, 27–49.

Fuchs, Dieter / Klingemann, Hans D. (1989): Das Links-Rechts-Schema als politischer Code. Ein interkultureller Vergleich auf inhaltsanalytischer Grundlage. In: Haller, Max / Hoffmann-Nowotny, Hans-Joachim / Zapf, Wolfgang (Hrsg.), Kultur und Gesellschaft: Verhandlungen des 24. Deutschen Soziologentags, des 11. Österreichischen Soziologentags und des 8. Kongresses der Schweizerischen Gesellschaft für Soziologie in Zürich 1988. Frankfurt a. M., New York: Campus, 484–498.

Gabriel, Oscar W. (2009): Politische Kultur. In: Kaina, Viktoria / Römmele, Andrea (Hrsg.), Politische Soziologie. Ein Studienbuch. Wiesbaden: VS Verlag, 17–51.

Gamson, William A. / Modigliani, Andre (1989): Media discourse and public opinion on nuclear power: A constructionist approach. American Journal of Sociology 95, 1–37.

Gitlin, Todd (1980): The whole world is watching: Mass media in the making & unmaking of the new left. Berkely, CA: University of California Press.

Glaser, Barney G. (1992): Basics of grounded theory. Emergence vs. forcing. 2. Auflage. Mill Valley, CA: Sociology Press.

Goffman, Erving (1993): Rahmen-Analyse. Ein Versuch über die Organisation von Alltagserfahrungen. 3. Auflage. Frankfurt/Main: Suhrkamp.

Göhler, Gerhard / Iser, Matthias / Kerner, Ina (Hrsg.) (2006): Politische Theorie. 22 umkämpfte Begriffe zur Einführung. Unveränderter Nachdruck von 2004. Wiesbaden: VS Verlag.

Habermas, Jürgen (1995 [1981]): Theorie des kommunikativen Handelns. Band 2: Zur Kritik der funktionalistischen Vernunft. Frankfurt/Main: Suhrkamp.

Harden, Lars (2002). Rahmen der Orientierung. Eine Längsschnittanalyse von Frames in der Philosophieberichterstattung deutscher Qualitätsmedien. Wiesbaden: Deutscher Universitätsverlag.

Hildebrandt, Kai / Dalton, Russell J. (1977): Politischer Wandel oder Schönwetterpolitik? Politische Vierteljahresschrift 18, 230–256.

Holsti, Ole R. (1969): Content analysis for the social sciences and humanities. Reading, MA: Addison-Wesley.

Holtmann, Everhard / Brinkmann, Heinz Ulrich / Pehle, Heinrich (Hrsg.) (1991): Politik-Lexikon. München, Wien: R. Oldenbourg.

Inglehart, Ronald (1977): The silent revolution: Changing values and political styles among Western publics. Princeton, NY: Princeton University Press.

Inglehart, Ronald (1988): Modernisierung und Postmodernisierung. Kultureller, wirtschaftlicher und politischer Wandel in 43 Gesellschaften. Frankfurt/Main, New York: Campus.

Iyengar, Shanto (1991): Is anyone responsible? How television frames political issues. Chicago: The University of Chicago Press.

Johnston, Hank / Noakes, John A. (Hrsg.) (2005): Frames of protest: Social movements and the framing perspective. Lanham, MD: Rowman & Littlefield Publishers.

Klein, Markus (2005): Gesellschaftliche Wertorientierungen, Wertewandel und Wählerverhalten. In: Falter, Jürgen W. / Schoen, Harald (Hrsg.), Handbuch Wahlforschung. Wiesbaden: VS Verlag, 423–445.

Klingemann, Hans-Dieter (1989): Die programmatischen Profile der politischen Parteien in der Bundesrepublik Deutschland. Eine quantitative Inhaltsanalyse der Wahlprogramme von SPD, FDP und CDU von 1949 bis 1987. In: Herzog, Dietrich/Weßels, Bernhard (Hrsg.), Konfliktpotentiale und Konsensstrategien. Beiträge zur politischen Soziologie der Bundesrepublik (Schriften des Zentralinstituts für sozialwissenschaftliche Forschung der FU Berlin; Bd. 54). Opladen: Westdeutscher Verlag, 99–115.

Klingemann, Hans-Dieter / Volkens, Andrea (2002): Struktur und Entwicklung von Wahlprogrammen in der Bundesrepublik Deutschland 1949–1998. In: Gabriel, Oscar W. / Niedermayer, Oskar / Stöss, Richard (Hrsg.), Parteiendemokratie in Deutschland. 2., aktualisierte und erweiterte Auflage. Wiesbaden: Westdeutscher Verlag, 507–527.

Lieske, Sandra (2005): Die Anzeigenkampagne zur Europawahl 2004. In: Holtz-Bacha, Christina (Hrsg.), Europawahl 2004. Die Massenmedien im Europawahlkampf. Wiesbaden: VS Verlag, 90–122.

Lipset, Seymour Martin / Rokkan, Stein (1967): Cleavage structures, party systems, and voter alignments: An introduction. In: Lipset, Seymour Martin / Rokkan, Stein (Hrsg.), Party systems and voter alignments: Cross-national perspectives. New York: The Free Press, 1–64.

Mahrt, Merja (2010): Values of german media users: 1986-2007. Wiesbaden: VS Verlag.

Matthes, Jörg (2007): Framing-Effekte. Zum Einfluss der Politikberichterstattung auf die Einstellungen der Rezipienten (Rezeptionsforschung Bd. 13). München: R. Fischer.

Matthes, Jörg / Kohring, Mathias (2004): Die empirische Erfassung von Medien-Frames. Medien & Kommunikationswissenschaft 52, 56–75.

Mayring, Philipp (2000): Qualitative Inhaltsanalyse. Grundlagen und Techniken. 7. Auflage. Weinheim.

Minsky, Marvin (1974): A framework for representative knowledge. Artificial Knowledge Memo No. 396. Boston: MIT.

Merton, Robert K. (1996): On social structure and science (edited and with an introduction by Sztompka, Piotr) Chicago: University of Chicago Press.

Nelson, Thomas E. / Oxley, Zoe M. / Clawson, Rosalee A. (1997a): Toward a psychology of framing effects. Political Behavior 19, 221–246.

Nelson, Thomas E. / Clawson, Rosalee A. / Oxley, Zoe M. (1997b): Media framing of civil liberties conflict and its effects on tolerance. American Political Science Review 91, 567–583.

Neuman, W. Russell / Just, Marion R. / Crigler, Ann N. (1992): Common knowledge. News and the construction of political meaning. Chicago, London: The University of Chicago Press.

Niedermayer, Oskar (2003): Die Entwicklung des deutschen Parteiensystems bis nach der Bundestagswahl 2002. In: Niedermayer, Oskar (Hrsg.), Die Parteien nach der Bundestagswahl 2002. Opladen: Leske + Budrich, 9–41.

Nohlen, Dieter / Schultze, Rainer-Olaf (Hrsg.) (2005a,b): Lexikon der Politikwissenschaft. Theorien. Methoden, Begriffe. Band 1: A–M; Band 2: N–Z. Aktualisierte und erweiterte Auflage. München: C. H. Beck.

Opp, Karl-Dieter (1970): Theories of the middle range as a strategy for the construction of a general sociological theory. A critique of a sociological dogma. Quality & Quantity 4, 243–253.

Pappi, Franz Urban / Shikano, Susumu (2002): Die politisierte Sozialstruktur als mittelfristig stabile Basis einer deutschen Normalwahl. Kölner Zeitschrift für Soziologie und Sozialpsychologie 54, 444–475.

Pappi, Franz Urban / Shikano, Susumu (2004): Ideologische Signale in den Wahlprogrammen der deutschen Bundestagsparteien 1990 bis 2002. Working-Paper Nr. 76. Mannheim: Mannheimer Zentrum für Europäische Sozialforschung.

Parsons, Talcott (1951): The social system. New York: The Free Press.

Price, Vincent / Tewksbury, David (1997): News Values and Public Opinion. A Theoretical Account of Media Priming and Framing. In: Barett, George A. / Boster, Franklin J. (Hrsg.), Progress in Communication Sciences. Advances in Persuasion. Vol. 13. Greenwich, CT: Ablex, 173–212.

Reinemann, Carsten (2003): Medienmacher als Mediennutzer. Kommunikations- und Einflussstrukturen im politischen Journalismus der Gegenwart (Medien in Geschichte und Gegenwart; Bd. 19). Köln, Weimar, Wien: Böhlau.

Reinemann, Carsten (2008): „Guter Boulevard ist immer auch außerparlamentarische Opposition" – Das Handeln von Bild am Beispiel der Berichterstattung über Hartz IV. In: Pfetsch, Barbara / Adam, Silke (Hrsg.), Massenmedien als politische Akteure. Konzepte und Analysen. Wiesbaden: VS Verlag, 196–224.

Roller, Edeltraud (2000): Marktwirtschaftliche und wohlfahrtstaatliche Gerechtigkeitsprinzipien in Deutschland und den USA. In: Gerhards, Jürgen (Hrsg.), Die Vermessung kultureller Unterschiede: USA und Deutschland im Vergleich. Wiesbaden: Westdeutscher Verlag, 89–110.

Roller, Edeltraud (2002): Erosion des sozialstaatlichen Konsenses und die Entstehung einer neuen Konfliktlinie in Deutschland. Aus Politik und Zeitgeschichte, Beilage zur Wochenzeitschrift Das Parlament, B 29-30/2002, 13–19.

Rosenberg, Milton J. (1956): Cognitive structure and attitudinal affect. Journal of Abnormal and Social Psychology 53, 367–372.

Schank, Roger C. / Abelson, Robert P. (1977): Scripts, plans, goals, and understanding: An inquiry into human knowledge structures. Hillsdale, NJ: Lawrence Erlbaum.

Scheufele, Bertram (2004): Framing-effects approach: A theoretical and methodological critique. Communications 29, 401–428.

Scheufele, Bertram (2010): Verknüpfen und Urteilen. Ein Experiment zur Wirkung medialer Value-Frames. Medien & Kommunikationswissenschaft 58, 26–45.

Scheufele, Bertram / Engelmann, Ines (2012): Value-Framing. Mediendarstellung und Medienwirkung bei ausgewählten Bundestagswahlen. Abschlussbericht zum DFG-Projekt SCHE 697/6-1. Stuttgart: Universität Hohenheim.

Scheufele, Bertram / Engelmann, Ines (2013): Die publizistische Vermittlung von Wertehorizonten der Parteien. Normatives Modell und empirische Befunde zum Value-Framing und News Bias der Qualitäts- und Boulevardpresse bei vier Bundestagswahlen. Medien & Kommunikationswissenschaft 61, 532–550.

Scheufele, Bertram / Scheufele, Dietram A. (2010): Of spreading activation, applicability and schemas: Conceptual distinctions and their operational implications for measuring frames and framing effects. In: D'Angelo, Paul / Kuypers, Jim A. (Hrsg.), Doing news framing analysis: Empirical and theoretical perspectives. New York: Routledge, 110–134.

Scheufele, Dietram A. (1999): Framing as a theory of media effects. Journal of Communication 49(1), 103–122.

Schirmer, Stefan (2001): Die Titelseitenaufmacher der Bild-Zeitung im Wandel. Eine Inhaltsanalyse unter Berücksichtigung von Merkmalen journalistischer Qualität (Reihe Medienskripten; Bd. 35). München: R. Fischer.

Schubert, Klaus / Klein, Martina (2006): Das Politiklexikon. 4., erweiterte und aktualisierte Auflage. Bonn: Dietz.

Schulz, Winfried (2011): Politische Kommunikation. Theoretische Ansätze und Ergebnisse empirischer Forschung. 3., überarbeitete Auflage. Wiesbaden: VS Verlag.

Schwab-Trapp, Michael (2002). Kriegsdiskurse. Die politische Kultur des Krieges 1991 bis 1999. Opladen: Leske + Budrich.

Schwartz, Shalom H. / Bardi, Anat (2001): Value hierarchies across cultures. Taking a similarities perspective. Journal of Cross-Cultural Psychology 32, 268–290.

Semetko, Holli A. / Schoenbach, Klaus (2003): News and elections. German Bundestag campaigns in the Bild, 1990–2002. The International Journal of Press/Politics 8(3), 54–69.

Semetko, Holly A. / Valkenburg, Patti M. (2000): Framing European politics: A content analysis of press and television news. Journal of Communication 50, 93–109.

Shah, Dhavan V. / Domke, David / Wackman, Daniel B. (1996): „To thine own self be true". Values, framing, and voter decision-making strategies. Communication Research 23, 509–560.

Shah, Dhavan V. / Domke, David / Wackman, Daniel B. (2001): The effects of value-framing on political judgement and reasoning. In: Reese, Stephen D. / Gandy, Oscar H. / Grant, August E. (Hrsg.), Framing public life. Perspectives on media and our understanding of the social world. Mahwah, N J, London: Lawrence Erlbaum, 227–243.

Sheafer, Tamir / Weimann, Gabriel (2005): Agenda building, agenda setting, priming, individual voting intentions, and the aggregate results. An analysis of four Israeli elections. Journal of Communication 55, 347–365.

Shen, Fuyuan / Edwards, Heidi Hatfield (2005): Economic individualism, humanitarianism, and welfare reform. A value-based account of framing effects. Journal of Communication 55, 795–809.

Snow, David A. / Benford, Robert D. (1988): Ideology, frame resonance, and participant mobilization. In: Klandermans, Bert / Kriesi, Hanspeter / Tarrow, Sidney (Hrsg.), International social movement, Vol. 1: From structure to action: Comparing social movement research across cultures. Greenwich, CT: JAI Press, 197–217.

Snow, David A. / Benford, Robert D. (1992): Master frames and cycles of protest. In: Morris, Aldon D. / McClurg Mueller, Carol (Hrsg.), Frontiers in social movement theory. New Haven, CT: Yale University Press, 133–155.

Stöss, Richard (1997): Stabilität im Umbruch. Wahlbeständigkeit und Parteienwettbewerb im ‚Superwahljahr' 1994. Opladen: Westdeutscher Verlag.

Tankard, James W. (2001): The empirical approach to the study of framing. In: Reese, Stephen D. / Gandy, Oscar H. / Grant, August E. (Hrsg.): Framing public life. Perspectives on media and our understanding of the social world. Mahwah (NJ)/London: Lawrence Erlbaum, 95–106.

Tesser, Abraham (1978): Self-generated attitude change, in: Berkowitz, Leonard (Hrsg.), Advances in experimental social psychology. Volume 11. New York u. a.: Academic Press, 289–233.

Tversky, Amos / Kahneman, Daniel (1986): Rational Choice and the framing of decisions. Journal of Business 19, 251–278.
Valkenburg, Patti M. / Semetko, Holly A. / de Vreese, Claes H. (1999): The effects of news frames on readers's thoughts and recall. Communication Research 26, 550–569.
Verba, Sidney (1965): Comparative political culture. In: Pye, Lucian W. / Verba, Sidney (Hrsg.), Political culture and political development. Princeton, NJ: Princeton University Press, 512–560.
Vlasic, Andreas (2004): Die Integrationsfunktion der Massenmedien. Begriffsgeschichte, Modelle, Operationalisierung. Wiesbaden: VS Verlag.
Volkens, Andrea (1996): Parteiprogramme und Polarisierung. In: Niedermayer, Oskar (Hrsg.), Intermediäre Strukturen in Ostdeutschland (Beiträge zu den Berichten der Kommission für die Erforschung des sozialen und politischen Wandels in den neuen Bundesländern e.V.; Bd. 3.2). Opladen: Leske + Budrich, 215–236.
Volkens, Andrea (2002): Handbuch zur Inhaltsanalyse programmatischer Dokumente von Parteien und Regierungen in der Bundesrepublik Deutschland. WZB-Discussion Paper FS III 02-203. Berlin: Wissenschaftszentrum Berlin für Sozialforschung.
Voltmer, Katrin (1997): Medien und Parteien im Wahlkampf. Die ideologischen Präferenzen der meinungsführenden Tageszeitungen im Bundestagswahlkampf 1990. Rundfunk & Fernsehen 45, 173–197.
Walgrave, Stefaan / Manssens, Jan (2005): Mobilizing the white march: media frames as alternatives to movement organizations. In: Johnston, Hank / Noakes, John A. (Hrsg.), Frames of protest. Social movements and the framing perspective. Lanham, MD: Rowman & Littlefield Publishers, 113–140.
Wilke, Jürgen (1999): Leitmedien und Zielgruppenorgane. In: Wilke, Jürgen (Hrsg.), Mediengeschichte der Bundesrepublik Deutschland. Köln, Weimar, Wien: Böhlau, 302–329.
Wilke, Jürgen / Reinemann, Carsten (2000): Kanzlerkandidaten in der Wahlberichterstattung 1949–1998. Köln, Weimar, Wien: Böhlau.
Wüst, Andreas M. / Volkens, Andrea (2003): Euromanifesto coding instructions. Working Paper Nr. 64. Mannheim: Mannheimer Zentrum für Europäische Sozialforschung.

Zeller, Frauke / Wolling, Jens / Porten-Cheé, Pablo (2010): Framing 0/1. Wie die Medien über die „Digitalisierung der Gesellschaft" berichten. Medien & Kommunikationswissenschaft 58, 503–524.

Ziem, Alexander (2008): Frames und sprachliches Wissen. Kognitive Aspekte der semantischen Kompetenz (Sprache und Wissen; Bd. 2). Berlin/New York: de Gruyter.

Ziem, Alexander (2013): Frames als Prädiktions- und Medienrahmen: Auf dem Weg zu einem integrativen Ansatz? In: Fraas, Claudia / Meier, Stefan / Pentzold, Christian (Hrsg.), Online-Diskurse. Theorien und Methoden transmedialer Online-Diskursforschung. Köln: Herbert von Halem, 136–172.

Ziem, Alexander (2014): Von der Kasusgrammatik zum FrameNet: Frames, Konstruktionen und die Idee eines Konstruktikons. In: Ziem, Alexander / Lasch, Alexander (Hrsg.), Grammatik als Netzwerk von Konstruktionen? Sprachwissen im Fokus in der Konstruktionsgrammatik (Sprache und Wissen; Bd. 15). Berlin: de Gruyter, 263–290.

Medien-Frames als semantische Frames: Aspekte ihrer methodischen und analytischen Verschränkung am Beispiel der ‚Snowden-Affäre'

Alexander Ziem, Christian Pentzold & Claudia Fraas

Abstract
Der Beitrag stellt am Beispiel der sogenannten ‚Snowden-Affäre' Möglichkeiten einer integrativen Frame-Analyse vor. Sie berücksichtigt sowohl linguistische, insbesondere diskurssemantische, Aspekte der Wissensrahmung als auch kommunikationswissenschaftliche Zugänge zur medialen Perspektivierung eines öffentlich brisanten Themas. Während ein diskurssemantischer Fokus Gefahr läuft, kommunikationsrelevante Faktoren wie Adressatenspezifik oder Bewertung auszublenden, mangelt es kommunikationswissenschaftlichen Untersuchungen von Medien-Frames meist an der analytischen Orientierung an der sprachlichen Basis medialen Framings. Es ist das Ziel des Beitrages, den Ertrag einer paradigmenübergreifenden Verschränkung beider Perspektiven am Beispiel des Diskurses um die Snowden-Affäre in der US-amerikanischen Presse herauszuarbeiten und exemplarisch zu illustrieren.

1 Einleitung: Frame-Analyse als disziplinübergreifendes Forschungsfeld

Frames werden in unterschiedlichen Wissenschaftstraditionen zur Beschreibung von Wissensordnungen und deren Rolle in Verstehens- und Interpretationsprozessen herangezogen. So arbeiten nicht nur kognitionswissenschaftliche und linguistische, sondern auch sozial- und insbesondere kommunikationswissenschaftliche Ansätze mit dem Konzept des Frames.[1]

Die begriffliche Klärung des Frame-Konzepts sowie sein analytischer Einsatz in empirischen Studien sind an die jeweiligen Erkenntnisinteressen der unterschiedlichen Forschungsrichtungen gebunden, was eine integrative Sicht der Ansätze erschwert, zumal mit demselben Begriffsinstrumentarium nicht notwendigerweise auf einen vergleichbaren Gegenstandsbereich zugegriffen wird (vgl. Ziem 2013: Abschnitt 2.1). Darüber hinaus werden neben dem Frame-Begriff auch andere Termini verwendet, um Wissensordnungen in Verstehens- und Interpretationsprozessen zu erfassen, etwa „schema" (Tannen 1993), „script" (Schank/Abelson 1977), „scene" (Fillmore 1977), „idealized cognitive model" (Lakoff 1987) oder „domain" (Fillmore 1982; Langacker 1987).

Vergleicht man die Frame-Ansätze in den Kognitions- und Sozialwissenschaften hinsichtlich ihrer grundsätzlichen Annahmen, so lassen sich bei aller Unterschiedlichkeit folgende Gemeinsamkeiten feststellen: Erstens gehen sie mehr oder weniger explizit davon aus, dass Frames sowohl im individuellen, kognitiven System verankert sind als auch stark durch überindividuelle soziale Prozesse beeinflusst werden. Zweitens werden Frames sowohl in kognitions- als auch in sozialwissenschaftlichen Ansätzen mit Kategorisierung, Perspektivierung, Selektion und Salienz in Verbindung gebracht. Drittens erfassen die kognitions- als auch die sozialwissenschaftlichen Ansätze Frames als Strukturen, die aus – wie auch immer gearteten – Frame-Elementen bestehen (vgl. Ziem 2013: Abschnitt 3.1).

Ausgehend von diesen grundlegenden fachübergreifenden Anknüpfungspunkten wäre es analytisch von Gewinn, die unterschiedlichen Frame-Konzepte der Forschungstraditionen zumindest in Teilen aufeinander zu beziehen, um Desiderata zu identifizieren, die einzelne Forschungsrichtungen im Kontext von Frame-Analysen jeweils betreffen (vgl. Fraas/Pentzold 2011; Ziem 2013). So kann,

---

[1] Vgl. für die Kognitionswissenschaften Minsky 1975, 1977, 1988; Schank/Abelson 1977; Barsalou 1992; für linguistische Ansätze Busse 2012; Fillmore 1977, 1982, 1985; Konerding 1993; Fraas 1996; Löbner 2012; Lönneker 2003; Petersen 2007; Ziem 2008; für die Sozialwissenschaften Goffman 1977; Lüders/Meuser 1997; Plaß/Schetsche 2001; für Frame-Analysen im Rahmen der Theorie sozialer Bewegungen Gamson/Modigliani 1989; Benford/Snow 2000; für die Kommunikationswissenschaft Entman 1993; Scheufele 1999; Scheufele 2003; Dahinden 2006; Matthes 2007.

Medien-Frames als semantische Frames

wie im Folgenden argumentiert wird, die kommunikationswissenschaftliche Forschung von linguistischen framesemantischen Ansätzen zum einen hinsichtlich einer theoretisch-methodologischen Fundierung des Instrumentariums von Frame-Analysen profitieren. Denn der Frame-Begriff der Kommunikationswissenschaft fokussiert weniger den Strukturaspekt von Frames und die Frage, welcher konzeptuelle Status den angesetzten Frame-Elementen zukommt, sondern ist auf das Perspektivierungspotenzial von Frames in der (massen-)medial vermittelten Kommunikation ausgerichtet (Matthes 2007, 318). Das Konzept von Frames wird in der Kommunikationswissenschaft also auf Interpretationsschemata als kollektive Orientierungsmuster bezogen, die Wissensbestände perspektivieren und so bestimmte Informationen hervorheben und andere ausblenden. Zum anderen kann die kommunikationswissenschaftliche Rekonstruktion von Medien-Frames analytisch von einer framelinguistischen Orientierung auf komplexe musterhafte Prädikationsstrukturen profitieren.

Das etablierte kommunikationswissenschaftliche Verständnis von Frames folgt der inzwischen klassischen Definition von Entman (1993, 52), nach der gilt: „to frame is to select some aspects of a perceived reality and make them more salient in a communicating context". Frames werden somit im weitesten Sinn als Sinnhorizonte verstanden, die Problemdefinitionen nahe legen, Ursachen ausmachen, eine Bewertung vornehmen und Lösungsmöglichkeiten aufzeigen. Trotz der wachsenden Anwendung von Frame-Analysen besteht in der Kommunikationswissenschaft über diese basalen Überlegungen hinaus kaum theoretischer und methodischer Konsens hinsichtlich der Analyse und Beschreibung von Frames (vgl. Hertog/McLeod 2001; Tankard 2001; Johnston 2002; Carragee/Roefs 2004; Matthes/Kohring 2008; Scheufele/Engelmann in diesem Band). Im Vergleich dazu erlaubt der framesemantische Ansatz – ausgehend von verbalen Elementen und darin ausgedrückten semantischen Strukturen – eine themenbezogen spezifischere Aufstellung von Frameelementen, um das Interpretationsrepertoire eines Diskurses zu erfassen. Die kognitiv orientierte linguistische Frame-Analyse wiederum könnte indessen von einer stärkeren Öffnung für Zeichenverwendungsprozesse profitieren, welche die kommunikationswissenschaftliche Frame-Forschung hinsichtlich des strategischen Einsatzes von Sprache und Bildern im Rahmen medialer Inszenierung im Blick hat.

Um linguistische Perspektiven und kommunikationswissenschaftliche Anknüpfungspunkte für die Methodik und Praxis der Analyse von Medien-Frames aufzuzeigen, stellen wir zunächst den konzeptionellen Hintergrund diskurssemantischer Frame-Analysen vor und beziehen diesen methodisch auf Formen medialen Framings. Darauf aufbauend erläutern wir am Beispiel der so genannten Snowden-Affäre das Vorgehen einer Framing-Analyse von Schlüsselwörtern. Die exemplarisch genutzte mediale Berichterstattung der New York Times zur Snowden-Affäre bezieht sich auf die Aufdeckung geheimer Spionage- und Überwachungsmaßnahmen der USA und Großbritanniens durch den ehemaligen Geheimdienstmitarbeiter Edward Snowden Anfang Juni 2013 und der damit einhergehenden Veröffentlichung von Dokumenten der US-amerikanischen National Security Agency (NSA).

2 Frame-Analyse: linguistische Perspektiven

2.1 Frames und Framing: konzeptioneller Hintergrund

Den Gegenstandsbereich diskurssemantischer Frame-Analysen bildet der öffentliche Sprachgebrauch mit dem Ziel, sprachliche Konzeptualisierungen von verstehensrelevantem Wissen textanalytisch (etwa Holly 2001; Klein 2002) oder diskurslinguistisch zu analysieren (vgl. u. a. Fraas 1996; Ziem 2008; Busse 2012).[2]

Konzeptionell geht der linguistische Frame-Begriff auf Fillmores Studien zu „frames of understanding" seit Mitte der 1970er Jahre zurück (etwa Fillmore 1975; 1985).[3] Frames versteht Fillmore als konzeptuelle Strukturen, die den Gebrauch und das Verstehen von sprachlichen Ausdrücken motivieren. Um beispielsweise die Bedeutung des Verbes collect ('sammeln') im Kontext der Snowden-Affäre erfassen zu können, ist es notwendig, auf verstehensrelevante Konzepte zurückzugreifen, die im übergeordneten Wissensrahmen angelegt sind, so etwa Angaben dazu, was gesammelt wird, wer etwas zu welchem Zweck sammelt, an welchem

---

[2] Vgl. hierzu die ausführlichere Darstellung in Ziem 2013 und Ziem 2017, worauf die folgenden konzeptionell-methodischen Erläuterungen teilweise basieren.
[3] Neben Fillmores Ansatz war und ist darüber hinaus der von Minsky (1975) geprägte Frame-Begriff sowie Barsalous (1992) kognitionspsychologisch fundiertes Frame-Konzept überaus einflussreich, vgl. die Überblicke in Busse 2012, 251–439 und Ziem 2008, 13–58. Sie können für die weitere Argumentation aber vernachlässigt werden.

Ort und zu welchem Zeitpunkt bzw. in welchem Zeitrahmen dies geschieht. Das linguistische Erkenntnisinteresse richtet sich auch auf jene Kenntnisse und (Hintergrund-)Annahmen, die nötig sind, um einen sprachlichen Ausdruck angemessen verwenden und verstehen zu können. Ziel ist es zu ermitteln, in welcher Gestalt verstehensrelevantes Wissen am Prozess der Bedeutungskonstitution beteiligt ist. Für das Schlüsselwort *collect* im Kontext der Snowden-Affäre heißt dies konkret, dass etwa Angaben zu Zweck, Umfang, Art und Weise und eingesetzten Hilfsmitteln eine herausragende Rolle spielen können.

Grundsätzlich sind Prozesse der Perspektivierung und Interpretation sowohl für die Linguistik als auch für die Kommunikationswissenschaft relevant und werden häufig mithilfe des Framing-Konzepts beschrieben, wenn auch auf unterschiedlichen Ebenen. Framing bezeichnet zum einen den Prozess der mehr oder weniger bewussten Aktivierung kognitiver Strukturen (vgl. Chong/Druckman 2007; Matthes 2007) und zum anderen die absichtsvolle Gestaltung von Botschaften (vgl. D'Angelo/Kuypers 2009). Entman, Matthes und Pellicano (2009) finden beispielsweise in ihrer an massenmedialen Kommunikationsverhältnissen orientierten Darstellung Framing-Prozesse (a) auf der Ebene von Medientexten und ihrer Herstellung, (b) aufseiten kommunizierender Eliten und politischer Kommunikatoren sowie (c) auf der Seite der Rezipienten, d. h. der Publika.

Während Frames Wissensstrukturen repräsentieren und modellieren, richtet sich der Begriff des Framing insbesondere auf den Prozess der Entstehung und Verfestigung dieser Strukturen (vgl. hierzu Klein in diesem Band). Dies ist prinzipiell in zweifacher Weise möglich: Erfolgt der Prozess der Rahmung intentional und ist er gesteuert durch strategische (etwa politische, ökonomische oder soziale) Interessen, so liegt ein Fall von „Begriffe besetzen" (Liedtke/Wengeler/Böke 1991) vor. Wesentlich für diese Form des Framing ist das strategisch genutzte Zusammenspiel unterschiedlicher – sprachlicher, (audio-)visueller, akustischer – Zeichenressourcen in kontextgebundenen Bedeutungskonstitutions- und Interpretationsprozessen und deren Gebrauch zur Kategorisierung, Perspektivierung und Selektion salienter Elemente einer Darstellung. Der moderne kognitions- und kommunikationswissenschaftliche Framing-Begriff orientiert sich an dieser Bestimmung (vgl. im politischen Kontext: Lakoff 2004; aus kommunikationswissenschaftlicher Sicht Entman 1993 und Matthes 2007). Begriffsprägungen infolge von

Alexander Ziem, Christian Pentzold & Claudia Fraas

Framing können aber auch das emergente Ergebnis des Sprachgebrauchs innerhalb einer Sprachgemeinschaft sein, ohne strategisch motiviert oder geplant zu sein. In diesem Fall spricht man in der Regel von „Begriffswandel" (als einen Bereich des Sprachwandels, vgl. Keller 2003). Auch dieser erfolgt innerhalb von Diskursen und lässt sich von diesen nicht ablösen.[4] Ob strategisch-geplant oder unintendiert-emergent, für beide Fälle gilt, dass Framing-Prozesse gegenstandskonstitutiv sind, vergleichbar mit kommunikativen Rahmungen, wie Entman (1993) sie beschrieben hat.

Untersuchungen von Framing-Prozessen bieten sich etwa an, wenn Begriffe kontrovers diskutiert werden und mithin als strittig gelten. Einen Hinweis auf die öffentliche Brisanz eines Begriffes können metasprachliche Bezugnahmen geben, insofern sich an ihnen das Interesse zeigt, Bedeutungen bzw. Bedeutungsaspekte des in Frage stehenden Ausdrucks hervorzuheben oder gar zu fixieren (vgl. Stötzel 1995, 3 und 17; Stötzel 1980, 39; Wengeler 1996, 312 f.; zusammenfassend: Ziem 2008, 401 ff.). Zu den Aufgaben für die kommunikationswissenschaftlich ausgerichtete Framing-Forschung kann es in dieser Hinsicht gehören, lexikalisch-semantischen Prägungen in spezifischen gesellschaftspolitischen Diskursen nachzuspüren und möglichst konzise zu erfassen. Bei dieser Aufgabe handelt es sich notwendigerweise um ein korpusbasiertes Unterfangen, zumindest dann, wenn über Einzelfallbeobachtungen hinaus fallübergreifende, generalisierende Aussagen getroffen werden sollen. Nur unter dieser Prämisse kann ein beobachtetes Phänomen als prototypisch oder musterhaft bewertet werden.[5]

Wie lässt sich Framing auf der lexikalischen Ebene datenbasiert identifizieren? Und welche Methoden stehen der sprach- und kommunikationswissenschaftlichen Forschung dabei zur Verfügung? Eine Möglichkeit, diskursive Prozesse der semantischen Musterbildung deskriptiv und kognitiv adäquat zu erfassen, bietet das Frame-Konzept, wie es dem Berkeleyer FrameNet-Projekt zugrunde liegt. Frames werden hier als konzeptuelle Strukturen behandelt, die das Verstehen und den Gebrauch sprachlicher Ausdrücke motivieren, indem sie einen begrifflichen

---

[4] Vgl. am Beispiel des Begriffes Krise etwa Ziem/Scholz 2013.
[5] Allein der Rückgriff auf exemplarische, typische Befunde und Beispiele erlaubt es, gesicherte Aussagen über das „Denken, Fühlen, Wollen" (Hermanns 1995, 71 ff.) einer Kommunikationsgemeinschaft zu fällen.

‚Rahmen' für die Erfassung des jeweils relevanten Bedeutungsgehalts bereitstellen. Dieser Rahmen fungiert gleichsam als Konzeptualisierungsschablone, d. h. er macht Wissen über relevante, z. T. kulturspezifische Erfahrungen, Ereignisse – einschließlich beteiligter Personen, Situationsparameter und des Hintergrundwissens – in strukturierter Weise verfügbar. In FrameNet geschieht dies durch so genannte Frame-Elemente, worunter jeweils framespezifisch definierte semantische Rollen zu verstehen sind (Fillmore/Baker 2010, 324–328).[6] Lexikalische Bedeutungen lassen sich folglich mit Blick auf den Frame, den sie aufrufen, bestimmen, wobei jedes Lexem die im Frame angelegten semantischen Rollen je spezifisch konkretisiert. Die Ausgestaltung der komplexen musterhaften Prädikationsstrukturen variiert zudem in Abhängigkeit vom Ko- und Kontext, in dem die lexikalische Einheit eingebettet ist. Sowohl einzelne Frame-Elemente bzw. Leerstellen als auch spezifische Realisierungen bzw. Füllungen derselben (Prädikate) können sich in einer Sprachgemeinschaft oder in Diskursen verfestigen und so zu spezifischen Bedeutungsprägungen führen.

Vor diesem konzeptionellen Hintergrund können Frames einerseits als kognitives Repräsentationsformat von semantischem Wissen dienen, andererseits aber auch als Werkzeug zur Analyse von sprachlichen Bedeutungen eingesetzt werden. In Fillmores (1985, 232) Worten: „In addition to seeing frames as organizers of experience and tools for understanding, we must also see frames as tools for the description and explanation of lexical and grammatical meaning." Im Folgenden werden Frames ausschließlich im letztgenannten Sinne thematisiert. Als analytisches Hilfsmittel für korpuslinguistische Untersuchungen der Lexik spielen sie deswegen eine bedeutsame Rolle, weil Frame-Elemente bzw. Leerstellen als Annotationskategorien dienen können, mittels derer sich Belegstellen semantisch auswerten lassen. Frames ermöglichen es also, Bedeutungsprägungen zu identifizieren und zu untersuchen, ohne quasi an ihrer kognitiven Realität ‚vorbei zu theoretisieren'.

---

[6] Vgl. https://framenet.icsi.berkeley.edu. In vergleichbaren Frameworks, wie in Konerdings zunächst für lexikografische Zwecke entwickeltem Konzept der Matrixframes (Konerding 1993) und dessen kognitionslinguistischer Weiterentwicklung (Ziem 2008), sind es dagegen Prädikatorenklassen bzw. Leerstellen (Slots), die einen Frame strukturieren. In Barsalous psychologischem Zugriff, der dem Düsseldorfer Sonderforschungsbereich 991 „The Structure of Representations in Language, Cognition, and Science" zugrunde liegt, werden vergleichbare Strukturen „Attribute" genannt (Barsalou 1993, 30–32; Löbner 2015, Abschnitt 3.4).

2.2 Framing und Medien-Frames: diskurssemantische Methodik

In der Kommunikationswissenschaft werden Medien-Frames vorwiegend über mehr oder minder standardisierte, quantitative oder qualitativ vorgehende Medieninhaltsanalysen ermittelt. Der größte Teil dieser Studien bezieht sich dabei auf die vier von Entman (1993, 52) aufgestellten Dimensionen: Problemdefinition, Gründe, Lösungen und Bewertungen (vgl. Matthes 2009). Frames werden dabei entweder holistisch als vollständige Frames rekonstruiert oder aber ihre einzelnen Bestandteile werden zunächst kodiert und dann über statistische und/oder hermeneutische Verfahren zu Frames zusammengeführt (vgl. Matthes/Kohring 2008). Der hier vorgestellte Ansatz versteht im Gegensatz dazu Frames nicht als invariante Cluster einer begrenzten Zahl von Frame-Elementen, sondern als Strukturen, die datengeleitet rekonstruiert werden können und auf systematische Weise mit diskursiven Prozessen korrespondieren.

Zur diesbezüglichen diskurssemantischen Operationalisierung hat es sich als sinnvoll erwiesen, prinzipiell zwischen drei Strukturkonstituenten von Frames zu unterscheiden (vgl. Minsky 1975, 212; ausführlich: Ziem 2008, 283–366):

(a) *Leerstelle / Frame-Element / Slot / Attribut:* Je nach gewähltem frametheoretischen Ansatz wird mehr oder weniger explizit von „Slots", „Leerstellen" bzw. „Frame-Elementen" gesprochen. Dabei handelt es sich um Konzeptualisierungsparameter, die ein aufgerufener Frame bereitstellt. Während es sich im Berkeleyer FrameNet bei Frame-Elementen um framespezifisch definierte semantische Rollen handelt, die auf der Basis systematischer Annotationen authentischer Sprachbelege (aus dem British National Corpus) ermittelt wurden, fällt Minskys Begriff des Slots (alternativ auch „terminal" genannt) allgemeiner aus. Unabhängig von der Wahrnehmungsmodalität gilt hier ein Slot als ein spezifizierungsbedürftiger Parameter eines Schemas. Der Terminus „Attribut" geht auf Barsalou (1993) zurück und wird im SFB 991 mit dem Konzepttyp des Funktionalbegriffes identifiziert (z. B. Löbner 2012).

(b) *Filler / Wert / Instanz:* „Fillers", „Werte" bzw. „Instanzen" haben im semiotischen Sinne den Status von Token, die Leerstellen aufgrund aktual gegebener (Wahrnehmungs-)Daten konkretisieren. In FrameNet sind dies beispielsweise Phrasen, die syntaktisch von einem Zielausdruck abhängig sind und dementsprechend eine semantische Rolle spezifizieren. Im kognitionswissenschaftlichen Modell Barsalous handelt es sich allgemein um Spezifikationen von Attributen, deren semiotischer und ontologischer Status weitgehend offen bleibt (vgl. ausführlich: Busse 2012, 361–414).

(c) *Standardwert / Default value*: Dies sind schließlich Wissenselemente, die ähnlich wie „Fillers" ebenfalls Leerstellen konkretisieren, ohne jedoch sprachlich oder anders realisiert zu sein. Sie müssen infolgedessen auf der Basis von Hintergrundwissen inferiert werden. Die Kategorie des Standardwertes ist in Minskys Konzeption angelegt und in Ziem (2008, 335–366) zum Zwecke der korpuslinguistischen Operationalisierung ausgearbeitet; sie spielt weder bei Barsalou (1993) und dessen Erweiterung im SFB 991 noch im FrameNet eine Rolle.[7]

In der Korpusanalyse in Abschnitt 3 greifen wir auf diese drei Strukturkonstituenten zurück. Mit Blick auf Möglichkeiten der korpusanalytischen Operationalisierung lassen sie sich wie folgt an (1) veranschaulichen.

(1) NSA collects vast amounts of data from telecom companies.
‚Die NSA sammelt riesige Mengen an Daten von Telekom-Firmen.'

Der Beispielsatz stammt aus der Berichterstattung der *New York Times* zur Snowden-Affäre. In diesem Fall entspricht die Nominalphrase *NSA* einem Wert der Leerstelle, die diejenige Instanz beschreibt, die etwas sammelt; traditionell handelt es sich dabei um die semantische Rolle des Agens. Eine weitere Leerstelle betrifft dasjenige, das gesammelt wird, hier konkretisiert durch die als direktes Objekt realisierte komplexe Nominalphrase *vast amounts of data*. Diese Leerstelle ist äquivalent mit der semantischen Rolle Thema (so im FrameNet) bzw. Affiziertes Objekt (nach von Polenz 2008, 170 ff.). Werden die semantischen Rollen, wie in FrameNet, framespezifisch definiert, können die Bezeichnungen variieren. FrameNet sieht hier etwa die semantische Rolle Individuen („Individuals") vor. Schließlich gibt die Präpositionalphrase *from telecom companies* an, woher das, was gesammelt wird, stammt. In FrameNet findet sich hierfür die semantische Rolle Quelle („source"). Solche Instanzen der Frame-Elemente werden in FrameNet mit Indices semantisch annotiert, die die jeweils realisierte semantische Rolle des Frames angeben. Das so genannte „target", also der frameevozierende Ausdruck, um dessen semantische Erfassung es geht, ist hier das Verb *collect*. Den

---

[7] In FrameNet weist das Konzept der Null-Instantiierung eine gewisse Ähnlichkeit mit dem des Standardwertes auf; Null-Instantiierungen sind in FrameNet allerdings beschränkt auf sogenannte Kern-Frame-Elemente.

gängigen Konventionen folgend, werden zur besseren Lesbarkeit semantische Rollen durch Kapitälchen sowie der frame-evozierende Ausdruck durch Fettdruck kenntlich gemacht (1).

(1) [NSA$_{AGENT}$] **collects** [vast amounts of data$_{INDIVDUALS}$] [from telecom companies$_{SOURCE}$].

Insofern das Ziel darin besteht, Framing-Prozesse in Texten und Korpora aufzuspüren und im Detail zu beschreiben, ist es nötig, eine für einen Diskurs möglichst repräsentative Menge an Belegstellen zu annotieren und auszuwerten. Dazu eignen sich prinzipiell zwei Vorgehensweisen (vgl. die Detaildarstellungen in Scholz/Ziem 2015, 298–308): Ein induktiver Zugriff liegt vor, wenn die Leerstellen (bzw. Slots, Frame-Elemente) aus den Belegstellen heraus abgeleitet werden. Ein deduktives Verfahren geht dagegen von einem vorliegenden mehr oder weniger festen Set an Leerstellen aus, die als Annotationskategorien Einsatz finden. So können beispielsweise die im Berkeleyer FrameNet-Projekt eruierten Frame-Elemente verwendet werden. Der entscheidende Vorteil gegenüber der induktiven Methode besteht darin, auf empirisch validierte Frame-Elemente zurückgreifen zu können. Wird von ihnen ein Frame-Element nicht realisiert, so handelt es sich dabei um einen Befund, der einem induktiven Verfahren entgehen würde, da diesem zufolge Frame-Elemente allein auf der Basis des gegebenen sprachlichen Materials ermittelt werden. Gerade nicht realisierte Frame-Elemente können aber analytisch sehr interessant sein, insofern sie auf Wissensaspekte verweisen, die im Diskurs marginalisiert werden.

Das Ziel von FrameNet besteht darin, jedes Wort hinsichtlich jeder seiner lexikalischen Bedeutungen zu dokumentieren, indem seine semantische und syntaktische Valenz korpusbasiert erfasst und in einer Datenbank systematisch dokumentiert wird (vgl. den Überblick in Ziem 2014). Wie erwähnt, wird die Valenz framespezifisch in Form von semantischen Rollen angegeben. Anders als in traditionellen valenzgrammatischen Ansätzen im Anschluss an Tèsniere (1959) besteht hierbei die Grundannahme darin, dass nicht für jedes Wort (mindestens) ein Valenzrahmen anzugeben ist, sondern Frames vielmehr die kombinatorischen Eigenschaften einer Vielzahl bedeutungsähnlicher Ausdrücke, so genannter Lexikalischer Einheiten (LE), festlegen. Inzwischen umfasst die Datenbank ungefähr

13.200 solcher LE und deckt damit grob den Grundwortschatz des Englischen ab.[8] Der von *collect* aufgerufene Frame Gathering_up motiviert beispielsweise nicht nur die lexikalische Bedeutung von *collect* und *collection*,[9] sondern auch von einer Vielzahl weiterer LE wie etwa die in FrameNet dokumentierten Lexeme *amass.v, assemble.v, bring together.v, collect.v, convene.v, gather.v, herd.v* und *round up.v*.

Es bleibt festzuhalten, dass sich die in der FrameNet-Datenbank erfassten Frames für die kommunikationswissenschaftliche Framing-Forschung nutzen lassen, indem Frame-Elemente (also valenzbedingte Leerstellen) zur Identifizierung von jenen Wissensaspekten (Werten) verwendet werden, die innerhalb eines Diskurszusammenhangs realisiert sind.

3 Framing von Schlüsselwörtern in der medialen Berichterstattung zur Snowden-Affäre

Ein linguistischer Zugang zu Framing-Prozessen ergibt sich aus der Anwendung des FrameNet zugrunde liegenden Valenz-Konzeptes auf diskurssemantische und zugleich kommunikationswissenschaftlich relevante Fragestellungen. So lassen sich die in einem Frame angelegten Frame-Elemente systematisch als Kategorien zur Annotation von syntaktisch realisierten semantischen Rollen nutzen. Dadurch, dass das Konzept der Valenz, d. h. der kombinatorischen Eigenschaften (in syntaktischer und semantischer Hinsicht) eines sprachlichen Ausdrucks, den konzeptionellen Ausgangspunkt von FrameNet bildet (vgl. Fillmore/Baker 2010, 321), werden in diesem Framework jene sprachlichen Einheiten annotiert, die in einer syntaktischen Abhängigkeit vom frame-evozierenden Zielausdruck stehen. Handelt es sich bei dem Zielausdruck um einen Valenzträger, legt dessen Valenzstruktur die relevanten Annotationseinheiten fest.

(2) [The federal authorities]_AGENT [routinely]_MANNER *collect* [data on phone calls]_INDIVIDUALS.
,Die Landesbehörden sammeln routinemäßig Daten über Telefonanrufe.'

---

[8] Vgl. https://framenet.icsi.berkeley.edu/fndrupal/current_status; letzter Zugriff: 25. August 2015.
[9] Wir folgen hier und im Folgenden der FrameNet-Konvention, die Frame-Bezeichnung durch die Verwendung des Schrifttyps Courier New erkennbar zu machen und Frame-Elemente in Kapitälchen zu setzen.

In (2) sind beispielsweise vom Zielausdruck *collect* drei Einheiten syntaktisch abhängig, nämlich die Ergänzungen *the federal authorities* (realisiert in der grammatischen Funktion des Subjekts) und *data on phone calls* (realisiert als direktes Objekt) sowie die adverbiale Bestimmung *routinely*. Zusätzlich zur Annotation von Ergänzungen und Angaben werden in FrameNet auch Modifier wie z. B. adjektivische Attribute (etwa [*vast*] *collection*) und andere syntaktisch abhängige Einheiten wie Relativsätze (z. B. *collection* [*that is stored electronically*]) annotiert.[10]

Methodologisch vergleichbaren Studien folgend gliedert sich das im Folgenden angewendete Analyseverfahren in zwei Schritte (vgl. etwa Ziem/Scholz 2013; Scholz/Ziem 2015). Mithilfe einer Schlüsselwortanalyse sollen zunächst diskursiv zentrale LE sowie Indikatoren für lexikalische Bedeutungsprägungen identifiziert werden. Dabei können auch Kollokationsanalysen behilflich sein. In einem zweiten Schritt kommen Frames zum Einsatz, um die Schlüsselwörter semantisch im Detail zu analysieren. Beide Analyseverfahren sind korpuslinguistischer Natur, insofern die korpusgetriebene *(corpus-driven)* Schlüsselwortanalyse dazu dient, erste Forschungshypothesen zu generieren, während der eher korpusbasierten Frame-Analyse manuelle Annotationen zugrunde liegen, die eine feinkörnige Bedeutungsanalyse ermöglichen.

Das Untersuchungskorpus besteht aus Texten, die in der Online-Ausgabe der *New York Times* veröffentlicht wurden. Auswahleinheiten waren gemäß der Gliederung des Zeitungsauftritts Artikel, Blogbeiträge, Gastkommentare, Hintergrundanalysen, Leserbriefe und Rezensionen. Über die seiteneigene Suche im Online-Archiv wurden mittels der Begriffe „Snowden" in Kombination mit „NSA" oder „data" insgesamt 322 Auswahleinheiten erhoben. Die Samplingperiode umfasst den Zeitraum vom 10. Juni 2013 (an diesem Tag wurde die erste Nachricht zu Edward Snowden im *Guardian* veröffentlicht) bis zum 2. August 2013, dem Tag, an dem Snowden vorläufig Asyl in Russland gewährt wurde und er den Transitbereich des Scheremetjewo-Flughafens in Moskau verließ.

---

[10] Auch sortale Nomen (wie *Baum, Stein*) werden in FrameNet erfasst, jedoch aufgrund ihrer fehlenden Valenz anders behandelt.

3.1 Schlüsselwortanalyse

Schlüsselwörter sind LE, die in einem Korpus relativ zu einem Vergleichskorpus signifikant häufig auftreten. Der Grad der Signifikanz kann, je nach gewähltem Ansatz, mit statistischen Maßen wie Log-Likelihood oder Chi-Quadrat angegeben werden. Frequenz gilt dabei als Indikator für kognitive Verfestigung, sodass mit Blick auf die diskursive Relevanz einer LE angenommen werden kann, dass in dem Maße, wie ihre Auftretensfrequenz steigt, auch ihr Grad an kognitiver Präsenz wächst (Schmid 2010). Um die Wortfrequenz statistisch zu ermitteln, wurde die entsprechende *Keyword List*-Funktion der AntConc-Software (Version Windows 3.4.4) benutzt.[11] Das Vergleichskorpus, das es erlaubt, die in einem gegebenen Korpus signifikant häufiger auftretenden LE zu ermitteln, wurde aus dem „Open American National Corpus" bezogen (8.806 Dokumente).[12] Die Schlüsselwortanalyse ergibt eine Liste mit mehr als 15.000 signifikant häufig vorkommenden LE (15.433), einige mit deutlichen thematischen Bezügen, wie etwa *Snowden* (Rangplatz 3; Log-Likelihood Wert 22276.794; Häufigkeit 3.261) oder *surveillance* (Rangplatz 33; Log-Likelihood Wert 4399.342; Häufigkeit 644). Problematisch und für das genutzte Online-Material spezifisch war indessen, dass dieses Vorgehen auch Funktionsbegriffe und Seitenbefehle des Webauftritts erfasste und diese als entsprechend relativ häufig auftretende LE listete.

Zusätzlich zur statistischen Auswertung wurde ein Teilkorpus bestehend aus zehn Texten (3,1 % des Gesamtkorpus) durchgesehen und qualitativ mit dem Ziel ausgewertet, die Analyse potenziell relevanter „Targets", also frame-evozierender Ausdrücke, in ihrem diskursiven Ko-Text und Kontext zu erfassen. Dabei wurde deutlich, dass insbesondere Vorgänge des Sammelns von Daten und Informationen eine zentrale Rolle in der journalistischen Aufarbeitung und Beurteilung der Vorgänge spielen. Ausdruck findet dieser Fokus etwa in Phrasen wie „gathered online data" (Beitrag: „U.S. Confirms that it Gathers Online Data Overseas"; 6.6.2013), „collect data on phone calls" (Beitrag: „President Obama's Dragnet"; 6.6.2013) oder „Sweeping up records of telephone records" (Beitrag: „Intelligence Chief Calls Leaks on U.S. Data Collection ‚Reprehensible'"; 7.6.2013). In Kombi-

---

[11] Vgl. http://www.laurenceanthony.net/software/antconc/; letzter Zugriff: 16. November 2015.
[12] Andere Optionen wären etwa das „British National Corpus" oder das „Brown Corpus of Present Day American English"; vgl. http://www.anc.org; letzter Zugriff: 16. November 2015.

nation mit der signifikant höheren Auftretensfrequenz der sprachlichen Einheiten *collection* (Rangplatz 1.208; Log-Likelihood Wert 163.054; Häufigkeit 191; p < 0.0001, 0.01 %) und *collect* (Rangplatz 3.302; Log-Likelihood Wert 37.812; Häufigkeit 40; p < 0.0001, 0.01 %) ist die diskursive Orientierung an Vorgängen des Ein- bzw. Ansammelns ein Indikator für den Grad ihrer diskursiven Relevanz. *Collect* bzw. *collection* sind mithin gute Kandidaten für öffentlich brisante Schlüsselwörter im Diskurs zur Snowden-Affäre.

3.2 Semantische Annotationen mit FrameNet-Frames

Der syntaktischen Einbettungsstruktur soll in der semantischen Analyse in zweierlei Hinsicht Rechnung getragen werden. Einerseits wird berücksichtigt, dass Wörter (hier: *collect* und *collection*) hinsichtlich ihrer semantischen und syntaktischen Valenz variieren, die sie in Texten selektiv ausschöpfen. Andererseits ist zu beachten, dass Wörter in Texten selbst in Gestalt unterschiedlicher semantischer Rollen auftreten können.

Die Analyse orientiert sich in konzeptioneller und methodischer Hinsicht an dem im FrameNet-Projekt praktizierten Vorgehen (vgl. die ausführliche Dokumentation in Ruppenhofer et al. 2010). Es wird davon ausgegangen, dass sich Bedeutungen von sprachlichen Ausdrücken, d. h. lexikalischen Einheiten und festen Mehrwortausdrücken, über Frames erfassen lassen. Ein sprachlicher Ausdruck evoziert demnach einen Frame, mit dem rekurrente, zum Teil kulturspezifische Erfahrungen und Ereignisse sowie die dazugehörigen Beteiligten und Situationsparameter analytisch zugänglich sind. Dies geschieht sprachlich in Gestalt von Frame-Elementen.

Das weitere analytische Vorgehen gliedert sich in drei Schritte. In einem ersten Schritt wird der zur framesemantischen Annotation der Schlüsselwörter dienliche Gathering_up-Frame erfasst. Der zweite Schritt betrifft die semantische Annotation der jeweils instantiierten Frame-Elemente des Gathering_up-Frames. Dazu werden im Korpus alle Okkurrenzen der Zielausdrücke *collect* und *collection* identifiziert und die entsprechenden Belegstellen zu Konkordanzen für den Zweck der Annotation zusammengeführt. Schließlich folgt im Anschluss an die Datenannotation die quantitative und qualitative Auswertung der jeweils relevanten Frame-Elemente, um Aufschluss über dominante lexikalisch-semantische Konzeptualisierungen von *collect* bzw. *collection* zu geben.

Im vorliegenden Fall ruft das Verb *collect* bzw. *collection* (wie eine Vielzahl anderer LE, so etwa die Verben *amass.v, assemble.v, bring together.v, collect.v, convene.v, gather.v*) den Gathering_up-Frame auf.[13] Dieser beschreibt eine Handlung des Sammelns (etwa von Gegenständen) oder des Erfassens (z. B. von Daten), die sich mittels der in Tabelle 1 aufgelisteten und illustrierten Frame-Elemente genauer umreißen lässt.[14]

Die Bezeichnung der Frame-Elemente sind aus FrameNet übernommen und ins Deutsche übersetzt worden. Nicht enthalten in der Liste ist das Frame-Element DOMÄNE; uns erscheint es nicht gerechtfertigt zu sein, hierfür ein eigenes Frame-Element anzusetzen. Weder sind die in FrameNet annotierten Belege überzeugend, noch wird die Abgrenzung zum Frame-Element ART UND WEISE deutlich.

Weiterhin wird im Gathering_up-Frame unterschieden zwischen den Frame-Elementen INDIVIDUEN („Individuals") und AGGREGAT („Aggregate"). Differenziert werden soll so zwischen den Objekten, die gesammelt werden, und der Sammlung (als komplexe Einheit), die dadurch entsteht. Diese Trennung hat sich in der empirischen Annotationspraxis insbesondere deshalb als unbrauchbar erwiesen, weil nur sehr selten eindeutig entschieden werden kann, welcher der beiden Fälle vorliegt. Erschwerend kommt hinzu, dass der Zielausdruck *collection* selbst das Aggregat zum Ausdruck bringt, eine Trennung zwischen den gesammelten Objekten und der Sammlung als Ergebnis des Sammelns also nicht sinnvoll möglich ist.

Der Gathering_up-Frame ist semantisch eng mit dem Aggregate-Frame verwandt. Anders als dieser enthält ersterer jedoch kein Frame-Element, das die Einheit spezifiziert, in der etwas gesammelt wird, bzw. die Person, der das Gesammelte gehört; im Aggregate-Frame übernimmt dies das Frame-Element CONTAINER_BESITZER. Im Zuge der Datenannotation hat sich erwiesen, dass dieses Frame-Element zwar konzeptionell relevant ist, jedoch nicht durch ein anderes

---

[13] Vgl. https://framenet.icsi.berkeley.edu/fndrupal/index.php?q=frameIndex; letzter Zugriff 21. September 2015.
[14] Im Berkeleyer FrameNet-Projekt wird zwischen einem Kern- und einem Peripheriebereich von Frame-Elementen unterschieden. Die Differenzierung entspricht ungefähr der gängigen valenzgrammatischen Unterscheidung zwischen Ergänzungen und Angaben; periphere Elemente können geschlossen weggelassen werden. Im vorliegenden Fall gehören die Frame-Elemente AGENS, INDIVIDUEN und AGGREGAT und ÜBERGEORDNETES_EREIGNIS zum Kernbereich; alle anderen werden dem Peripheriebereich zugerechnet. Bei der folgenden diskurslinguistischen Auswertung kann diese valenztheoretisch motivierte Unterscheidung vernachlässigt werden.

Frame-Element des Gathering_up-Frames vollständig abgedeckt wird. Aus diesem Grund haben wir CONTAINER_BESITZER als zusätzliche Annotationskategorie mit einbezogen.

Frame-Elemente	Beispiele
AGENS: Person, Institution o. ä., die etwas sammelt	[NSA_AGENS] collects telephone data.
INDIVIDUEN: das, was gesammelt wird	NSA collect [telephone data_INDIVIDUEN].
ÜBERGEORDNETES_EREIGNIS: Ereignis oder Zustand, in dem das Sammeln stattfindet	daily collections of data [in media reporting_ÜBERGEORDNETES_EREIGNIS]
KO-PARTIZIPANT: neben dem Agens weitere Person, Institution o. ä., die an der Sammlung teilnimmt	[In collaboration with many authorities_KO-PARTIZIPANT], they collected massive amounts of data.
FREQUENZ: Häufigkeit des Sammelns	Data are collected [daily_FREQUENZ].
ZIEL: Ort, wo das Gesammelte endet	collect data [into the database_ZIEL]
ART UND WEISE: Angabe, wie etwas gesammelt wird	They collected data [routinely_ART_UND_WEISE].
MITTEL: Handlung des Agens, das zum Sammeln führt	Using all kinds of [data_MITTEL]
WEG: (metaphor.) Weg des Sammelns	collect information [down to each household_WEG]
ORT: Ort, wo das Sammeln stattfindet	They collected data [in Brazil_ORT].
QUELLE: Ort, wo das Gesammelte sich zu Anfang befindet	They collected data [from American Internet companies_QUELLE]
CONTAINER_BESITZER: Institution etc., der das Gesammelte gehört / Ort, wo es aufbewahrt wird	the [National Security Agency's_Container_Besitzer] collection of data
ZWECK: Zustand, den der Sammelnde erreichen möchte	They collect data [to "protect our nation from a wide variety of threats"_ZWECK].
ZEIT: Zeitpunkt-/raum, zu bzw. in dem das Sammeln stattfindet	They collected data [for nearly six years_ZEIT].

Tabelle 1: Frame-Elemente des Gathering_up-Frames (nach FrameNet)

Die Auswertung der annotierten Belegstellen gibt zum einen Aufschluss über diskursiv dominierende Bedeutungsaspekte (Frame-Elemente). Zum anderen dient sie als Werkzeug, um systematisch ausgeblendete oder marginalisierte Bedeutungsaspekte sichtbar zu machen sowie im Diskurs präsupponierte Wissenselemente zu identifizieren. Letztere werden in FrameNet durch so genannte Null-Instanziierungen erfasst; dies sind verstehensnotwendige Frame-Elemente (also solche, die dem erwähnten Kernbereich zugerechnet werden), die aufgrund ihrer grammatischen Einbettung („konstruktionale Null-Instanziierung") oder ihrer lexikalischen bzw. kontextuellen Realisierungsbedingungen („In/-Definite Null-Instanziierungen") nicht realisiert, aber in der Annotation mit erfasst werden (vgl. Ziem 2014, 282).

Nach der Identifizierung aller Okkurrenzen der Zielausdrücke *collect* (also auch z. B. *overcollected*, *collects* oder *collecting*) und *collection* (etwa auch *datacollection*, *collections*) werden die insgesamt 284 Belegstellen aus dem Korpus zu Konkordanzen für den Zweck der Annotation zusammengeführt (Abb. 1).

!en assuring Congress and the public that [the N.S.A.]AGT is not collecting	[Americans' communications]INDIV [on a mass scale]
ese newly available procedures demonstrate an effort to avoid collecting	[Americans' routine communications]INDIV.
There is no law barring any for-profit business from collecting	[just about every bit of data]INDIV they can about yo
is previous statement to Congress that [the agency]AGT did not collect	[records on millions of Americans]INDIV was untrue.
at his statement in March to Congress that [N.S.A.]AGT was not collecting	[data on millions of America]INDIV was false.
In fact, he said, the court found that [the N.S.A.]AGT had " overcollected	"[information] [for technical reasons]??? and that the
oiled logs of virtually all telephone calls in the United States and collected	[the e-mail of foreigners]INDIV [from American Intern
is, Mr. Bush rescinded his authorization to [the N.S.A.]AGT?? to	[bulk Internet metadata]INDIV and gave the agency a
ire," for legal purposes, the bulk communications when [it]AGT collected	[them]INDIV, but instead only when human analysts
ilk Internet metadata and gave [the agency]AGT a week to stop collecting	[it]INDIV and to block access to its existing database.
[After]TIME?? [the contents]INDIV were collected	[in that fashion]MANR, rules would be applied to scr
The law under which [the government]AGT collected	[this data]INDIV, Section 215 of the Patriot Act, allow
reason to believe that any but a tiny fraction [of the data]INDIV collected	might possibly be suspicious.
et infrastructure, Prism is further proof that [the agency]AGT is collecting	[vast amounts of e-mails and other messages -- inclu
inal intelligence certify that the purpose of the monitoring is to collect	[foreign intelligence information about any non-Ame
e electronic implants, and one involved the use of antennas to collect	[transmissions]INDIV.
ng databases of "metadata" -- [logs of all telephone calls]INDIV collected	[from the major carriers]SOURCE and [similar data o
i obscure passage in one of the Snowden documents -- rules for collecting	[Internet data]INDIV that the Obama administration
that when the agency's technicians probe for vulnerabilities to collect	[intelligence]INDIV, they also study foreign communi
elligence, told a Senate committee that [the N.S.A.]AGT did not collect	[data on millions of Americans]INDIV.
Clapper, the Director of National Intelligence, if [the N.S.A.]AGT collects	["any type of data at all on millions or hundreds of m
nce Surveillance Court, showing that [the government]AGT was collecting	[the phone records of most Americans]INDIV.
in March. At that time Mr. Clapper denied that [the N.S.A.]AGT collected	[private data on millions of American citizens]INDIV,

Abb. 1: Ausschnitt aus den annotierten Konkordanzen zu *collect* und *collection*[15]

---

[15] Für die in Abb. 1 annotierten Realisierungen von Frame-Elementen werden folgende Abkürzungen verwendet: INDIV = Individuum, AGT = Agens, SOURCE = Quelle, TIME = Zeit, MANR = Art_und_Weise; nicht ganz eindeutig zu treffende Zuschreibungen von Frame-Elementen werden mit Fragezeichen markiert.

3.3 Analyse und Interpretation der Annotationsergebnisse

Ein wichtiges Ziel der Frame-Analyse besteht darin zu eruieren, inwiefern das Prädikationspotenzial des Zielausdrucks (hier: *collect* und *collection*) im jeweils avisierten diskursiven Zusammenhang selektiv ausgeschöpft wird. Das Prädikationspotenzial umfasst jene Wissensaspekte, die in sprachlicher Form dem Referenzobjekt prädikativ zugeschrieben werden. Sprachlich materialisiert sich das Prädikationspotenzial in Spezifizierungen von Frame-Elementen, also in syntaktisch unterschiedlich realisierten Informationseinheiten (etwa Phrasen in Argument- oder Adjunktfunktion), die vom Zielausdruck syntaktisch abhängig sind und dessen konzeptuellen Gehalt semantisch näher bestimmen.

	Okkurrenzen (absolut)		Prozentualer Anteil	
	Snowden-Affäre	Vergleichskorpus	Snowden-Affäre	Vergleichskorpus
AGENS	83	32	17,7	12,3
INDIVIDUEN	253	81	54	31,2
ÜBERGEORDNETES_EREIGNIS	2	4	0,4	1,5
KO-PARTIZIPANT	–	–	–	–
FREQUENZ	–	3	–	1,2
ZIEL	–	–	–	–
INSTRUMENT	10	7	2,1	2,7
ART_UND_WEISE	57	53	12,2	20,5
MITTEL	–	–	–	–
WEG	–	1	–	0,4
ORT	5	21	1	8,1
ZWECK	10	13	2,1	4,5
QUELLE	9	16	1,9	6,2
ZEIT	6	12	1,3	4,6
CONTAINER_BESITZER	33	17	7,1	6,5

Tabelle 2: Ergebnisse der Auswertung des Snowden-Korpus und des Vergleichskorpus

Um zu prüfen, ob die ermittelten diskursiv dominierenden Bedeutungsaspekte, also Frame-Elemente, signifikant für den thematisch spezifischen Diskurs zu Snowden-Affäre sind, ist es erforderlich, an einem Vergleichskorpus des Standardsprachgebrauchs die dortige quantitative Verteilung der jeweils relevanten Frame-Elemente und der dominanten lexikalisch-semantischen Konzeptualisierungen von *collect* bzw. *collection* zu ermitteln und mit dem rekonstruierten Framing im Untersuchungskorpus zu vergleichen. Dazu wurden Okkurrenzen der Zielausdrücke *collect* (also auch z. B. *overcollected, collects* oder *collecting*) und *collection* (etwa auch *data-collection, collections*) aus dem bereits für die Schlüsselwortsuche gebrauchten Open American National Corpus (8.806 Dokumente) identifiziert. Es wurden 216 zufällig ausgewählte Belegstellen (insgesamt 4.576 Nennungen der Schlüsselworte) zu Konkordanzen für den Zweck der Annotation zusammengeführt. Die Annotationsergebnisse sind in Tabelle 2 zusammengefasst.

Im direkten Vergleich fällt zunächst auf, dass die quantitative Verteilung sehr unterschiedlich ausfällt. Lediglich in einigen wenigen Fällen, nämlich den FE CONTAINER_BESITZER, INSTRUMENT und ÜBERGREIFENDES_INSTRUMENT, ist der prozentuale Anteil in einer vergleichbaren Marge. Besonders groß sind hingegen die Abweichungen bei QUELLE, ZWECK, ORT, ART_UND_WEISE und INDIVIDUEN. Während die ersten vier FE im Vergleichskorpus stärker dominieren als im Korpus zur Snowden-Affäre (dies allerdings im niederfrequenten Bereich meist deutlich unterhalb der 15 Prozent-Marke), gilt für das FE INDIVIDUEN umgekehrt, dass für sie eine starke Dominanz im Snowden-Korpus kennzeichnend ist. Die Unterschiede und Ähnlichkeiten der quantitativen Verteilung veranschaulicht das Balkendiagramm in Abbildung 2.

In der Snowden-Affäre liegt der diskursive Hauptfokus deutlich auf dem Objekt des Sammelns (INDIVIDUEN), weniger aber auf Snowden oder anderen Personen/Institutionen, die sammelnd tätig sind (AGENS), und überhaupt nicht auf den (technischen) Hilfsmitteln (INSTRUMENT) und die Art der Realisierung des Sammelns (ART_UND_WEISE).

Bei der Auswertung dieser Effekte medialen Framings ist zu berücksichtigen, dass im Korpus zur Snowden-Affäre das FE AGENS zwar knapp ein Drittel mal häufiger realisiert wird, jedoch über die im Vergleichskorpus annotierten (und in der Statistik erfassten) Instanzen hinaus AGENS-Realisierungen durch insgesamt

31 Passivkonstruktionen unterdrückt werden. Somit wird der klare Fokus auf die sammelnde Instanz im Korpus zur Snowden-Affäre überdeutlich. Dass weder ZWECK noch QUELLE des Sammelns diskursiv in vergleichbarer Weise prominent sind wie im Vergleichskorpus, verstärkt den medialen Effekt der erzielten Rahmung der Einheit von Sammelnden (AGENS) und Gesammelten (INDIVIDUEN).

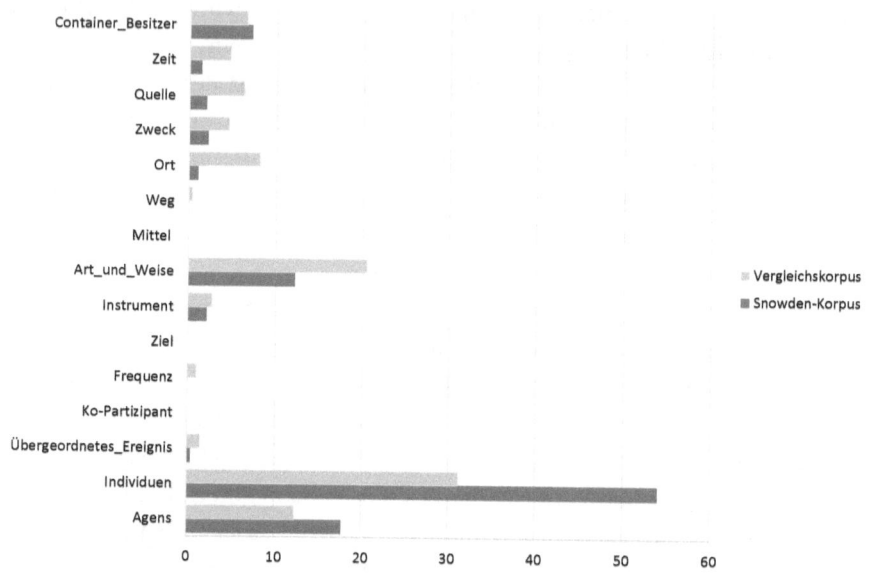

Abb. 2: Quantitative Verteilung der realisierten Frame-Elemente im Vergleich

In einer kommunikationswissenschaftlichen Interpretation dieser Befunde liegt es nahe, den festgestellten Fokus auf sammelnde Akteure (AGENS) und gesammelte Objekte (INDIVIDUEN) als Ausdruck einer journalistischen Framing-Strategie zu verstehen. In diesem Sinn liegt der Fokus der medialen Berichterstattung in der *New York Times* auf der bevorzugten Verbindung von datensammelnden Institutionen, allen voran der NSA, aber auch anderen staatlichen oder kommerziellen Organisationen wie dem britischen Geheimdienst bzw. den Betreibern von Telefonnetzen (z. B. Verizon) und Online-Plattformen (z. B. Facebook), und den durch sie gesammelten Daten (etwa Verbindungsdaten, Anschlussdaten etc.).

Es sind verschiedene Gründe für diese diskursstrategische Engführung auf eine sehr begrenzte Auswahl von Frame-Elementen denkbar, in der Analyse müssten sie jeweils im Detail plausibilisiert werden. Hinsichtlich der Abstraktheit und Vielschichtigkeit der aufgedeckten Sachverhalte kann das journalistische Framing etwa darum bemüht sein, Komplexität zu reduzieren und so den Blick auf die vermittel- und problematisierbare zentrale Verbindung von Sammelnden und Gesammeltem zu lenken. Der Fokus mag aber auch angesichts der sich tagesaktuell entwickelnden Affäre in der Vorläufigkeit der Informationen liegen, sodass die Etablierung eines stabilen Framing darauf abzielt, bereits identifizierbare Kernaspekte hervorzuheben, während unbelegte Behauptungen und Enthüllungen zunächst nicht bzw. erst in einem späteren und mithin nicht mehr durch das Korpus abgedeckten Zeitfenster Teil des Framing werden. Schließlich ist auch denkbar, dass der Befund nicht so sehr einem Diskurskalkül entspringt, sondern vielmehr dem unvollständigen, nur allmählich zugänglichen und von zunächst nur einer Quelle ausgehenden Informationsstand, nämlich den von Edward Snowden bereitgestellten Daten, geschuldet ist. In diesem Fall handelte es sich bei dem identifizierten medialen Framing gleichsam um ein Epiphänomen, das weder durch Diskursakteure motiviert noch durch sie bewusst gesteuert ist. Dieser letzten Erklärungsvariante steht aber der kommunikationswissenschaftliche Befund entgegen, dass sich gesellschaftliche, politische und publizistische Akteure in der Regel darum bemühen, Frames strategisch zu setzen und idealiter (massen-)medial auch durchzusetzen. So gesehen kann die eruierte Rahmung von datensammelnden Akteuren und gesammelten Daten interpretiert werden als Ausdruck und Ergebnis von „meaning work – the struggle over the production of mobilizing and countermobilizing ideas and meanings" (Benford/Snow 2000: 613). Kurzum: Sie dient als argumentativer Ausgangspunkt dafür, Verantwortlichkeiten für den festgestellten Zustand zu benennen und Schlussfolgerungen darüber, was zu tun ist, abzuleiten.

4 Schlussbemerkungen

Wie öffentlich brisante Themen, Ereignisse oder Personen wahrgenommen werden, ist das Ergebnis eines mehrdimensionalen kommunikativen Prozesses, an dem eine Vielzahl an Faktoren konstitutiv beteiligt sind bzw. sein können. Dazu gehören nicht zuletzt die Massenmedien selbst, denn sie schaffen erst den Resonanzraum, in dem Brisanz in der Öffentlichkeit entstehen kann. Dieser Resonanzraum ist zumeist an Sprache gebunden, mit der Sachverhalte kommuniziert werden und in den öffentlichen Diskurs geraten. Der Sprachgebrauch – also die Wahl bestimmter sprachlicher Kategorien (Schlagwörter, Metaphern, grammatischer Konstruktionen, Textsorten usw.) – ist dabei niemals ‚neutral', er trägt vielmehr zur begrifflichen Rahmung und mithin Erfassung des jeweiligen Bezugsobjektes bei.

Mediales Framing, das durch den Sprachgebrauch motiviert ist, stand im Mittelpunkt des vorliegenden Beitrages. Konkret untersucht wurden sprachlich gebundene Rahmungen am Beispiel der Schlüsselwörter *collect* und *collection* in der so genannten Snowden-Affäre. Empirische Grundlage bildeten dabei Belegstellen aus einem kompilierten Zeitungskorpus. Zur semantischen Annotation der Belegstellen dienten jene Frame-Elemente, die der von den Schlüsselwörtern aufgerufene `Gathering_up`-Frame bereitstellt.

In dreierlei Weise kann die framesemantisch motivierte Herleitung von Frame-Elementen und ihre Verwendung als Annotationskategorien genutzt werden, um die Analyse von Medienframes methodologisch und methodisch weiterzuentwickeln. Erstens trägt der vorgestellte Einbezug von semantischen Frames dazu bei, die Rekonstruktion von Framingprozessen in einem grundsätzlichen Konzept frame-basierter Wissens- und Verstehensprozesse zu verankern und linguistisch angemessen zu fundieren. Damit kann die linguistische Frame-Theorie (etwa im Anschluss an FrameNet) entschieden dazu beitragen, die kognitive und diskursive Dimension von Frames zu verknüpfen und in der empirischen Untersuchung nachzuweisen. Zweitens erlaubt die Aufstellung adaptierbarer Sets an Frame-Elementen die datengestützte und zugleich theoretisch begründete Elaborierung von Framestrukturen, statt ein allgemeingültiges, generisches und somit thematisch abstraktes Muster gebrauchen zu müssen. Drittens ist schließlich die so begründete Analyse prinzipiell offen für qualitative, am Verstehen orientierte Zugänge einerseits und quantifizierende Verfahren (korpuslinguistischer oder sozialwissenschaftlicher Provenienz), um Medien-Frames möglichst umfassend empirisch zu erfassen und zu validieren.

Die kommunikationswissenschaftliche Analyse von Framingprozessen kann ergänzend dazu beitragen, die framesemantischen Befunde als Teil strategisch-diskursiver Aktivitäten zu verstehen. Diese Orientierung an Deutungskämpfen steht unter der Prämisse, dass Frames epistemisch keineswegs neutral sind, also Wissensbestände unabhängig von ihrer sozialen und kontextuellen Einbettung „repräsentieren"; vielmehr dienen sie dazu, Bewertungen vorzunehmen und zielen darauf ab, Zuständigkeiten, Gründe und Konsequenzen zu bestimmen und dominant zu setzen. In dieser Hinsicht geht die Analyse von Frames stets einher mit ihrer Verortung in gesellschaftlichen Problemfeldern, die sich mittels Frames als kulturellen Ressourcen konstituieren und kollektive Deutungsordnungen transformieren.

Literatur

Barsalou, Lawrence W. (1992): Frames, Concepts, and Conceptual fields. In: Lehrer, Adrienne / Kittay, Eva F. (eds.): Frames, Fields, and Contrasts. Hillsdale, NJ: Lawrence Erlbaum, 21–71.

Benford, Robert / David A. Snow (2000): Framing Processes and Social Movements: An Overview and Assessment. In: Annual Review of Sociology, 26, 611–639.

Boas, Hans C. (2005): Semantic Frames as Interlingual Representation for Multilingual Lexical Databases. In: International Journal of Lexicography, 18 (4), 445–478.

Busse, Dietrich (2012): Frame-Semantik. Ein Kompendium. Berlin / Boston: de Gruyter.

Carragee, Kevin M. / Roefs, Wim (2004): The Neglect of Power in Recent Framing Research. In: Journal of Communication, 54 (2), 214–233.

Chong, Dennis / Druckman, James N. (2007): Framing Theory. In: Annual Review of Political Science, 103–126.

Croft, William / Cruse, Alan D. (2007): Cognitive Linguistics. Cambridge: Cambridge University Press.

Dahinden, Urs (2006): Framing. Eine integrative Theorie der Massenkommunikation. Konstanz: UVK.

D'Angelo, Paul / Kuypers, Jim A. (eds.) (2009): Doing News Framing Analysis. Empirical and Theoretical Perspectives. London / New York: Routledge.

Entman, Robert (1993): Framing: Toward Clarification of a Fractured Paradigm. In: Journal of Communication, 43 (4), 51–58.

Entman, Robert / Matthes, Jörg / Pellicano, Lynn (2009): Nature, Source and Effects of News Framing. In: Wahl-Jorgensen, Karin / Hanitzsch, Thomas (eds.): The Handbook of Journalism Studies. London / New York: Routledge, 175–190.

Fillmore, Charles J. (1977): Scenes-and-Frames Semantics. In: Zampolli, Antonio (eds.): Linguistic Structures Processing. Amsterdam: North Holland, 55–82.

Fillmore, Charles J. (1982): Frame Semantics. In: The Linguistic Society of Korea (ed.): Linguistics in the Morning Calm. Seoul: Hanshin, 111–137.

Fillmore, Chares J. (1985): Frames and the Semantics of Understanding. In: Quaderni di Semantica, 6 (2), 222–254.

Fillmore, Charles J. / Johnson, Christopher R. / Petruck, Miriam R. L. (2003): Background to FrameNet. In: International Journal of Lexicography, 16 (3), 235–250.

Fillmore, Charles J. / Baker, Collin (2010): A frame approach to semantic analysis. In: Heine, Bernd / Narrog, Heiko (eds.): The Oxford Handbook of Linguistic Analysis. Oxford: Oxford University Press, 313–339.

Fraas, Claudia (1996): Gebrauchswandel und Bedeutungsvarianz in Textnetzen – Die Konzepte IDENTITÄT und DEUTSCHE im Diskurs zur deutschen Einheit. Tübingen: Gunter Narr.

Fraas, Claudia / Pentzold, Christian (2011): Frames as Adaptive Networks of Meaning: A Frame-semantic Model for Communication Research. Vortrag auf der Annual Conference der International Communication Association, Boston (Section: Mass Communication).

Gamson, William A. / Modigliani, Andre (1989): Media Discourse and Public Opinion on Nuclear Power: A Constructionist Approach. In: American Journal of Sociology, 95 (1), 1–37.

Goffman, Erving (1977): Rahmen-Analyse: Ein Versuch über die Organisation von Alltagserfahrungen. Frankfurt a. M.: Suhrkamp.

Hermanns, Fritz (1995): Sprachgeschichte als Mentalitätsgeschichte. Überlegungen zu Sinn und Form und Gegenstand historischer Semantik. In: Gardt, Andreas / Mattheier, Klaus J. / Reichmann, Oskar (Hrsg.): Sprachgeschichte des Neuhochdeutschen. Gegenstände, Methoden, Theorien. Tübingen: Niemeyer, 69–101.

Hertog, James / McLeod, Douglas M. (2001): A multiperspectival approach to framing analysis: A field guide. In: Reese, Steven / Gandy, Oscar / Grant, August (eds.): Framing Public Life. Mahwah, NJ: Lawrence Erlbaum, 139–161.

Holly, Werner (2001): ‚Frame' als Werkzeug historisch-semantischer Textanalyse. Eine Debattenrede des Chemnitzer Paulskirchen-Abgeordneten Eisenstuck. In: Dieckmannshenke, Hajo / Meißner, Iris (Hrsg.): Politische Kommunikation im historischen Wandel. Tübingen: Stauffenberg, 125–146.

Johnston, Hank (2002): Verification and Proof in Frame and Discourse Analysis. In: Klandermans, Bert / Stagenborg, Suzanne (eds.): Methods of Social Movement Research. Minneapolis: University of Minnesota Press, 62–91.

Keller, Rudi (2003): Sprachwandel. Von der unsichtbaren Hand in der Sprache. 3. Auflage. Tübingen / Basel: Francke.

Klein, Josef (2002): Metapherntheorie und Frametheorie. In: Pohl, Inge (Hrsg.): Prozesse der Bedeutungskonstruktion. Frankfurt a. M. u. a.: Lang, 179–185.

Konerding, Klaus-Peter (1993): Frames und lexikalisches Bedeutungswissen. Untersuchungen zur linguistischen Grundlegung einer Frametheorie und zu ihrer Anwendung in der Lexikographie. Tübingen: Niemeyer.

Lakoff, George (1987): Women, Fire, and Dangerous Things: What categories reveal about the mind. Chicago: The University of Chicago Press.

Lakoff, George (2004): Don't think of an elephant! Know your values and frame the debate: the essential guide for progressives. Vermont: Chelsea Green.

Langacker, Ronald W. (1987): Foundations of Cognitive Grammar. Vol. 1: Theoretical Prerequisites. Stanford: Stanford University Press.

Liedtke, Frank / Wengeler, Martin / Böke, Karin (Hrsg.) (1991): Begriffe besetzen. Strategien des Sprachgebrauchs in der Politik. Opladen: Springer.

Löbner, Sebastian (2014): Evidence for frames from natural language. In: Gamerschlag, Thomas / Gerland, Doris / Petersen, Wiebke / Osswald, Rainer (eds.): Frames and Concept Types: Applications in Language and Philosophy. Heidelberg, New York: Springer, 23–68.

Löbner, Sebastian (2015): Functional Concepts and Frames. In: Gamerschlag, Thomas / Gerland, Doris / Osswald, Rainer / Petersen, Wiebke (eds.), Meaning, Frames, and Conceptual Representation (Studies in Language and Cognition 2). Düsseldorf: Düsseldorf University Press, 13–42.

Lönnecker, Birte (2003): Konzeptframes und Relationen: Extraktion, Annotation und Analyse französischer Corpora aus dem World Wide Web. Berlin: Akademische Verlagsgesellschaft.

Lüders, Christian / Meuser, Michael (1997): Deutungsmusteranalyse. In: Hitzler, Ronald / Honer, Anne (Hrsg.): Sozialwissenschaftliche Hermeneutik. Opladen: Leske + Budrich, 57–79.

Matthes, Jörg (2007): Framing-Effekte. Zum Einfluss der Politikberichterstattung auf die Einstellung der Rezipienten. München: Fischer.

Matthes, Jörg (2009): What's in a Frame? A Content Analysis of Media-Framing Studies in the World's Leading Communication Journals, 1990–2005. In: Journalism and Mass Communication Quarterly, 86, 349–367.

Matthes, Jörg / Kohring, Matthias (2008): The Content Analysis of Media Frames: Toward Improving Reliability and Validity. In: Journal of Communication, 58 (2), 258–279.

Minsky, Marvin (1975): A Framework for Representing Knowledge In: Winston, P. H. (Hrsg.): The Psychology of Computer Vision. New York: Mc-Graw-Hill, 211–278.

Minsky, Marvin (1977): Frame-System Theory. In: Johnson-Leird, Philip / Wason, Peter C. (Hrsg.): Thinking: Readings in Cognitive Science. Cambridge: Cambridge University Press.

Minsky, Marvin (1988): The Society of Mind. New York: Simon & Schuster.

Petersen, Wiebke (2007): Representation of Concepts as Frames. In: The Baltic International Yearbook of Cognition, Logic and Communication 2, 151–170.

Plaß, Christine / Schetsche, Michael (2001): Grundzüge einer wissenssoziologischen Theorie sozialer Deutungsmuster. In: Sozialer Sinn 3, 511–536.

Polenz, Peter von (2008): Satzsemantik. Grundbegriffe des Zwischen-den-Zeilen-Lesens. Berlin / New York: de Gruyter.

Ruppenhofer, Josef et al. (2010): FrameNet II: Extended Theory and Practice. University of California at Berkeley. Online: http://framenet.icsi.berkeley.edu/book/book.html [14.11.2015].

Schank, Roger C. / Abelson, Robert P. (1977): Scripts, Plans, Goals and Understanding: An Inquiry into Human Knowledge Structures. Hillsdale, NJ: Lawrence Erlbaum.

Scheufele, Dietram A. (1999): Framing as a Theory of Media Effects. In: Journal of Communication, 49 (1), 103–122.

Scheufele, Bertram (2003): Frames – Framing – Framing-Effekte. Theoretische und methodische Grundlegung des Framing-Ansatzes sowie empirische Befunde zur Nachrichtenproduktion. Wiesbaden: Westdeutscher Verlag.

Schmid, Hans-Jörg (2010): Does frequency in text really instantiate entrenchment in the cognitive system? In: Glynn, Dylan / Fischer, Kerstin (eds.). Quantitative methods in cognitive semantics: Corpus-driven approaches. Berlin / New York: de Gruyter, 101–133.

Scholz, Ronny / Ziem, Alexander (2013): Lexikometrie meets FrameNet: das Vokabular der „Arbeitsmarktkrise" und der „Agenda 2010" im Wandel. In: Wengeler, Martin / Ziem, Alexander (Hrsg.): Sprachliche Konstruktionen von Krisen: Interdisziplinäre Perspektiven auf ein fortwährend aktuelles Phänomen. Bremen: Hempen, 155–184.

Simon, Adam F. / Jerit, Jennifer (2007): Toward a Theory Relating Political Discourse, Media, and Public Opinion. In: Journal of Communication 57, 254–271.

Stötzel, Georg (1980): Konkurrierender Sprachgebrauch in der deutschen Presse. Sprachwissenschaftliche Textinterpretation zum Verhältnis von Sprachbewusstsein und Gegenstandskonstitution. In: Wirkendes Wort 30, 39–53.

Stötzel, Georg (1995): Einleitung. In: Stötzel, Georg / Wengeler, Martin (Hrsg.): Kontroverse Begriffe. Geschichte des öffentlichen Sprachgebrauchs in der Bundesrepublik Deutschland. Berlin / New York: de Gruyter, 1–17.

Tannen, Deborah (1993): Framing in Discourse. New York: Oxford University Press.

Tankard, John W. (2001): An Empirical Approach to the Study of Media Framing. In: Reese, Steven / Gandy, Oscar / Grant, Augustus (eds.): Framing Public Life. Mahwah, NJ: Lawrence Erlbaum, 95–106.

Tèsniere, Lucien (1959): Elements de Syntaxe Structurale. Paris: Klingksieck.

Van Gorp, Baldwin (2009): Strategies to Take Subjectivity Out of Framing Analysis. In: D'Angelo, Paul / Kuypers, Jim A. (eds.): Doing News Framing Analysis. Empirical and Theoretical Perspectives. London / New York: Routledge, 84–109.

Wengeler, Martin (1996): Sprachthematisierungen in argumentativer Funktion. Eine Typologie. In: Böke, Karin / Jung, Matthias / Wengeler, Martin (Hrsg.): Öffentlicher Sprachgebrauch. Opladen: Westdeutscher Verlag, 413–430.

Ziem, Alexander (2008): Frames und sprachliches Wissen. Kognitive Aspekte der semantischen Kompetenz. Berlin / New York: de Gruyter.

Ziem, Alexander (2013): Frames als Prädikations- und Medienrahmen: auf dem Weg zu einem integrativen Ansatz? In: Fraas, Claudia / Meier, Stefan / Pentzold, Christian (Hrsg.): Online-Diskurse. Theorien und Methoden transmedialer Online-Diskursforschung". Köln: Halem, 136–172.

Ziem, Alexander (2014): Von der Kasusgrammatik zum FrameNet: Frames, Konstruktionen und die Idee eines Konstruktikons. In: Ziem, Alexander / Lasch, Alexander (Hrsg.): Grammatik als Inventar von Konstruktionen? Sprachwissen im Fokus in der Konstruktionsgrammatik. Berlin / New York: de Gruyter, 263–290.

Ziem, Alexander (2017): Lexik – korpusanalytisch. In: Niehr, Thomas / Kilian, Jörg / Wengeler, Martin (Hrsg.): Handbuch Sprache und Politik. Bremen: Hempen, 169–194.

Ziem, Alexander / Scholz, Ronny (2013): Das Vokabular im diskurshistorischen Vergleich: Skizze einer korpuslinguistischen Untersuchungsheuristik. In: Kämper, Heidrun / Warnke, Ingo (Hrsg.): Diskurs interdisziplinär. Berlin / Boston: de Gruyter, 281–313.

ANWENDUNGSFELDER

Frames als Mittel zur systematischen Klassifikation von psychischen Störungen

Gottfried Vosgerau, Jürgen Zielasek & Patrice Soom

Abstract
Der vorliegende Beitrag hat zum Ziel, anhand eines Beispiels die Vorteile der Frame-Darstellung psychischer Störungen zu verdeutlichen. Diese Vorteile liegen in erster Linie darin, eine systematische Beschreibung verschiedener Faktoren und deren Interaktionen zu erlauben. Da verschiedene Beschreibungsebenen in Frames integriert werden können, können somit auch komplexe Zusammenhänge zwischen verschiedenen psychischen Funktionsbereichen sowie eventuell „diffuse" Auswirkungen einzelner Störungen auf unterschiedlichste psychische Bereiche erfasst werden. Nachdem im ersten Abschnitt zunächst einige Grundüberlegungen zur Klassifikation von psychischen Störungen vorgestellt werden, wird der Beitrag anhand des Beispiels des Phänomens der Fremdbeeinflussung, wie es bei Schizophrenie auftritt, schrittweise einen komplexen Frame erstellen. Hierzu werden zunächst Frames allgemein charakterisiert, um dann schrittweise über die Diskussion des Phänomens einen komplexen Frame zu erstellen. Die spezifischen Vorteile der Frame-Darstellung werden parallel zur Erstellung des Frames diskutiert und am Ende des Beitrages in der Zusammenfassung gebündelt dargestellt.

1 Stand und Desiderata der Klassifikation psychischer Störungen

Aktuell werden für die Klassifikation psychischer Störungen international vor allem zwei Klassifikationssysteme angewendet: zum einen das *Diagnostic and Statistical Manual of Mental Disorders* der American Psychiatric Association (DSM-5, American Psychiatric Association 2013) und das Kapitel „Psychische und

Verhaltensstörungen" in der *Internationalen statistischen Klassifikation der Krankheiten und verwandter Gesundheitsprobleme* der Weltgesundheitsorganisation (ICD-10, World Health Organization 1992). Während in der Forschung und in den USA auch im klinischen Alltag die Nutzung von DSM-5 dominiert, wird in den meisten europäischen Ländern und auch in Deutschland zur klinischen Diagnose und zur Abrechnung mit den Kassen nach gesetzlicher Vorschrift die ICD-10 verwendet (Gaebel/Zielasek 2011). Beide Kataloge werden regelmäßig überarbeitet und neu aufgelegt. So ist die fünfte Version des DSM im Mai 2013 erschienen, die elfte Version der ICD ist gegenwärtig in Arbeit und wird wahrscheinlich 2017 erscheinen.

Obwohl sich die Details der Klassifikation in den beiden Werken unterscheiden (z. B. in der Mindestsymptomdauer bei der Schizophrenie), sind der Aufbau und die Systematik durchaus vergleichbar für die hier zu diskutierenden Punkte. Mit ICD-11 dürfte die Annäherung der beiden Klassifikationssysteme weitere Fortschritte machen, z. B. im Bereich der psychotischen Störungen, wobei jedoch auch einige Unterschiede bestehen bleiben dürften (Gaebel/Zielasek/Cleveland 2012). Weiterhin gilt, dass die beiden Klassifikationssysteme nicht nur der Wissenschaft dienen, sondern auch klinisch-praktischen Anforderungen genügen müssen: So muss die Definition einer Krankheit etwa derart sein, dass die Diagnostik im klinischen Alltag auch mit vertretbarem Aufwand durchgeführt werden kann. Weiterhin bilden die Kataloge die Grundlage von rechtlichen Entscheidungen, und zwar nicht nur vor Gericht, sondern auch in Bezug auf das Recht auf eine von der Krankenkasse finanzierte Behandlung. Daher müssen bei der Gestaltung der Klassifikationssysteme neben der wissenschaftlichen Evidenz und der praktischen Umsetzbarkeit auch juristische und politische Dimensionen mitberücksichtigt werden, die in der Wissenschaft keine oder jedenfalls nur eine untergeordnete Rolle spielen sollten. Die kritische Analyse der Klassifikationssysteme, die wir hier vorstellen, ist aus einer rein wissenschaftlichen Sichtweise formuliert und erhebt nicht den Anspruch, den genannten komplexen Anforderungen an die Klassifikationssysteme vollständig gerecht zu werden.

Eine vollständige und systematische Klassifikation im Sinne einer Taxonomie psychischer Störungen ist an sich bereits ein Ziel der Wissenschaft. Darüber hinaus allerdings bildet eine solche Klassifikation die Grundlage von Forschung, in-

Frames als Mittel zur systematischen Klassifikation von psychischen Störungen

dem sie die zu untersuchenden Phänomene zunächst beschreibt, in einer hochgradig operationalisierten Weise verbindlich definiert und zueinander in Beziehung stellt. Eine Untersuchung von Komorbidität (hier verstanden als das gleichzeitige oder zumindest zeitlich enge Zutreffen der Klassifikationskriterien mehrerer psychischer Störungen) etwa kann nur erfolgen, wenn die beiden Störungen hinreichend gut beschrieben und abgegrenzt sind. Daher bildet eine systematische Klassifikation psychischer Störungen die Grundlage für die wissenschaftliche Untersuchung und damit auch für das bessere Verständnis der Störungen sowie für die Entwicklung besserer Therapien. Dabei gilt natürlich auch immer, dass die Klassifikation von der Forschung beeinflusst wird, sodass Phänomenbeschreibungen immer wieder an den aktuellen Stand der Forschung angepasst werden müssen.

Auch über die Psychiatrie hinaus kommt der Klassifizierung psychischer Störungen eine entscheidende Rolle zu, nämlich in Bezug auf das Verständnis des menschlichen Geistes generell. Das Verständnis einzelner Funktionen eines komplexen Systems kann besonders gut anhand von ungewöhnlichen Reaktionen des Systems, um nicht zu sagen: an Fehlfunktionen, erfolgen. Das gilt bereits im Alltag: Über die (Existenz und) Funktionsweise einzelner Muskeln erfährt man oft erst dann etwas, wenn diese Muskeln etwa durch Überbelastung schmerzen oder nicht die gewohnte Arbeit verrichten. Auf ähnliche Weise funktioniert die Experimentelle Psychologie, die (grob vereinfacht) oft versucht, in einem experimentellen Umfeld ungewöhnliches Verhalten zu provozieren, anhand dessen sie dann auf die Funktionsweise des Geistes schließen kann. Genauso halten die ungewöhnlichen Phänomene, die wir im Bereich der psychischen Störungen antreffen, wertvolle Hinweise für das Verständnis des „normal" funktionierenden menschlichen Geistes bereit. Dabei geht es nicht nur um das Verständnis einzelner Funktionen (z. B. der Wahrnehmung, für deren Verständnis Halluzinationen eine große Rolle spielen), sondern auch um das Zusammenwirken einzelner Funktionen bis hin zu einem generellen Bild der „Architektur des Geistes".

Aus dieser Disziplinen-übergreifenden Perspektive ist die Frage, welche Erscheinungsformen psychischer Funktionen man als „krank" ansehen sollte und welche nicht, nachgeordnet. Es geht also in der Wissenschaft, anders als in der Klassifikation von Erkrankungen, nicht in erster Linie um eine Klassifikation von Pathologien, sondern um eine Klassifikation von Phänomenen. Ob und inwiefern diese Phänomene dann als „pathologisch" (im Sinne von „eine Krankheit anzeigend") anzusehen sind, ist eine andere Frage, die hier nicht im Vordergrund steht, die aber für die oben genannten Klassifikationssysteme von entscheidender Bedeutung ist. Um den menschlichen Geist anhand von ungewöhnlichen Phänomenen besser zu verstehen, ist es zunächst unerheblich, ob diese ungewöhnlichen Phänomene zu einem Leidensdruck oder einer Einschränkung der Funktionstüchtigkeit im Alltag führen – diese Frage kommt erst ins Spiel, wenn wir uns dafür interessieren, welche Kriterien „Leiden" oder „Funktionstüchtigkeit im Alltag" ausmachen. Wie entscheidend die letztgenannten Fragen werden können, zeigt die Tatsache, dass nach DSM-5 für das Vorliegen einer psychischen Störung in der Regel Einschränkungen der Alltags-Funktionen erforderlich sind, während dies in ICD-10 – und aller Wahrscheinlichkeit nach auch in ICD-11 – kein Kernkriterium für die Feststellung einer „Krankheit" ist. Vor diesem Hintergrund soll hier die Debatte um den Begriff der „Pathologie" oder der Grenzziehung zwischen „noch gesund" und „schon krank" ausgeklammert bleiben.

Das Ziel einer wissenschaftlichen Klassifikation psychischer Störungen ist also, eine möglichst gute Beschreibung von beobachtbaren Phänomenen psychischer Störungen zu liefern, die die Grundlage für das Verständnis dieser Phänomene selbst, aber auch für das Verständnis des menschlichen Geistes allgemein bilden können. Dafür ist eine systematische Klassifikation nötig, die die Phänomene einheitlich nach bestimmten Dimensionen einordnet. Sie sollte möglichst einfach sein, muss aber selbstverständlich komplex genug sein, um die relevanten Unterschiede darstellen zu können.

Sowohl in DSM-5 als auch in ICD-10 erfolgt die Klassifikation nach verschiedenen Dimensionen, die allerdings nicht hierarchisch-systematisch, sondern nebeneinander stehend eingesetzt werden. So sind etwa in ICD-10 verschiedene Störungen zu Gruppen zusammengefasst, und zwar u. a. nach folgenden Kriterien: Ätiologie (z. B. Störungen, die durch Missbrauch von Substanzen ausgelöst wurden), Zeitpunkt des Auftretens (z. B. Störungen, die im Kindesalter auftreten), betroffene „Funktionen" (z. B. affektive Störungen, Intelligenzstörungen), Auftreten bestimmter Symptome (z. B. Schizophrenie). Offensichtlich schließen sich diese Kriterien nicht wechselseitig aus, sodass eine Zuordnung der Gruppen nicht ohne

Frames als Mittel zur systematischen Klassifikation von psychischen Störungen

weiteres erfolgen kann – hier erfolgt dann eine definitorische Setzung, indem beispielsweise Hierarchisierungs- oder Ausschlussregeln eingeführt werden.[1]

Wenn wir allerdings davon ausgehen, dass die Störung einer bestimmten geistigen Funktion grundsätzlich immer dieselben Effekte hat, dann spielen solche Kriterien wie Zeitpunkt des Auftretens oder die Ätiologie der Funktionsstörung zunächst keine Rolle. Vielmehr ist zunächst eine systematische Klassifikation der beobachtbaren Effekte der Störungswirkung (Symptome) anhand von standardisierten Kriterien notwendig, die einen Rückschluss auf zugrundeliegende Funktionsstörungen erst ermöglicht. Natürlich ist die Realität viel komplexer, da nicht nur ein bestimmter „klinischer" Effekt durch verschiedene Funktionsstörungen hervorgerufen werden kann, sondern auch, weil sich in der Interaktion von verschiedenen Faktoren dieselbe Funktionsstörung durchaus unterschiedlich äußern kann oder verschiedene Störungseinwirkungen zu identischen „klinischen" Erscheinungsweisen der Funktionsstörung führen können. Umso wichtiger ist es, eine Beschreibung und Klassifikation der Symptome zu finden, die solche Interaktionen auffindbar macht und nicht durch die unsystematische Anwendung verschiedener Kriterien verschleiert.

Tatsächlich entwickeln sich die Klassifikationen der APA (DSM) und der WHO (ICD) in Richtung eines solchen „dimensionalen" Ansatzes, der nicht von unabhängig von den Ursachen bestehenden Krankheitsbildern ausgeht (also anosologisch ist), sondern Symptom-orientiert vorgeht (Zielasek/Gaebel 2008; Gaebel/Zielasek 2009). Diese Entwicklung ist allerdings bei langem noch nicht abgeschlossen. Dieser Beitrag hat zum Ziel, nachzuweisen, dass Frames ein gutes Mittel darstellen, um diese Entwicklung weiter zu unterstützen, indem Sie eine übersichtliche Darstellung verschiedener Symptome erlauben und gleichzeitig die systematischen Zusammenhänge zwischen verschiedenen Funktionen des Geistes deutlich werden lassen.

---

[1] Eine solche Ausschlussregel könnte z. B. lauten: Eine Schizophrenie wird nicht diagnostiziert, wenn die Symptome auf die Wirkung von Rauschmitteln zurückzuführen sind.

2 Vorteile der Frame-Darstellung

Frames sind rekursive Attribut-Wert-Strukturen, die die Struktur von Repräsentationen abbilden (Barsalou 1992; Petersen 2007). Der zu beschreibende Begriff, in unserem Fall z. B. das Symptom, kann als zentraler Knoten dargestellt werden, der durch bestimmte Attribute, durch Pfeile dargestellt, charakterisiert wird. Attribute sind Funktionen, die dem Begriff jeweils einen bestimmten Wert zuordnen. Der Wert kann wiederum durch weitere Attribute spezifiziert werden. Abb. 1 zeigt als Beispiel einen stark vereinfachten Frame von intrusiven Gedanken, die bei Patienten mit Zwangsstörungen auftreten und zu den typischen Zwangshandlungen führen.

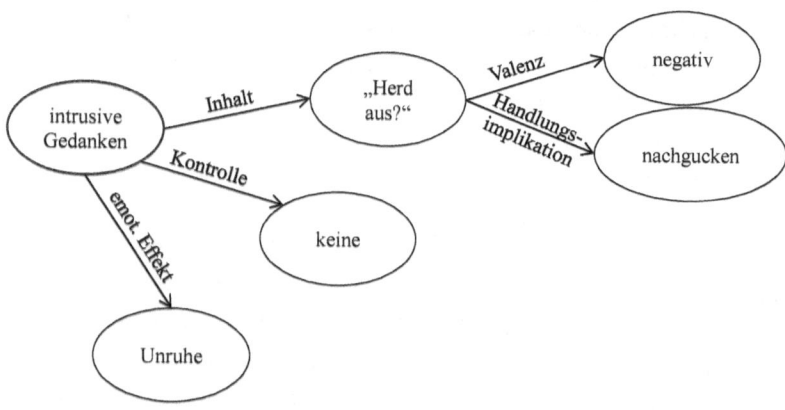

Abb. 1: Vereinfachte Frame-Darstellung von intrusiven Gedanken

In diesem Frame wird übersichtlich dargestellt, dass sich intrusive Gedanken dadurch auszeichnen, dass sie Unruhe auslösen, dass die Patienten das Auftreten dieser Gedanken nicht kontrollieren können und dass solche Gedanken einen typischen Inhalt haben. In unserem Beispiel handelt es sich um den Gedanken, dass der Herd nicht ausgeschaltet wurde. Die Angabe im Inhalts-Knoten zeigt an, zu welchem Inhaltstyp ein bestimmter intrusiver Gedanke gehört. Natürlich gibt es auch andere intrusive Gedanken mit anderen Inhalten. Wenn ausgedrückt werden soll, dass zwar jeder intrusive Gedanke einen bestimmten Inhalt hat, dieser Inhalt aber zu verschiedenen Typen gehören kann, wird in der Frame-Darstellung

Frames als Mittel zur systematischen Klassifikation von psychischen Störungen

der Inhalts-Knoten schlicht leer gelassen. Weiterhin wird dargestellt, dass die Valenz des Inhalts des Gedankens negativ ist und dass der Inhalt bestimmte Implikationen für das Verhalten hat, in diesem Fall die Implikation, nachzugucken, ob der Herd wirklich noch eingeschaltet ist. Während die spezifische Handlungsimplikation mit dem Inhaltstyp variiert (und demnach dieser Knoten bei fehlender Typ-Einordnung des Inhalts-Knotens leer bleiben würde), können wir davon ausgehen, dass alle intrusiven Gedanken, die mit einer Zwangsstörung verbunden sind, eine negative Valenz haben. Dieser Wert bleibt also im Frame erhalten, sodass sich aus dieser Spezifikation dieses Wertes bereits eine Einschränkung für mögliche Typen im Inhalts-Knoten ergibt.

Offensichtlich haben wir uns in diesem Beispiel auf eine psychologische Beschreibungsebene beschränkt. Ebenso gut lassen sich allerdings andere Dimensionen in den Frame einfügen, etwa eine neuronale, eine genetische und auch eine soziale Dimension. So könnte etwa der als Unruhe bezeichnete emotionale Effekt weiter spezifiziert werden durch physiologische Attribute wie Blutdruck, Puls und Schweißproduktion, während die negative Valenz des Inhaltes in Beziehung gesetzt werden könnte zu sozialen Normen.

Es wird schnell ersichtlich, dass ein vollständiger Frame in diesem Sinne äußerst komplex werden kann. Durch die Beschränkung auf funktionale Attribute, die eine eindeutige Zuordnung von Werten erfordern, wird der Frame allerdings nicht zu einer beliebigen grafischen Darstellung, sondern erfasst gezielt die spezifischen Zusammenhänge zwischen einzelnen Faktoren. Zusätzlich können bestimmte Attribute bestimmten „Bereichen" oder funktionalen Einheiten zugeordnet werden, wie z. B. dem Denken oder der Handlungssteuerung. Dadurch werden nicht nur systematische Zusammenhänge zwischen einzelnen Funktionen deutlich, sondern auch Auswirkungen von einzelnen Funktionsstörungen auf unterschiedliche Bereiche sowie generell Zusammenhänge zwischen verschiedenen Dimensionen. Auf diese Art und Weise kann die komplexe Einbettung von einzelnen Funktionen in einen größeren Zusammenhang auf verschiedenen Beschreibungsebenen systematisch dargestellt werden. Dies führt nicht nur zu neuen Erkenntnissen und Hypothesen über mögliche Entstehungsmechanismen, sondern es erlaubt auch eine systematische Vergleichbarkeit von Symptomen.

Im Folgenden soll nun am Beispiel von Fremdbeeinflussung und Wahn schrittweise gezeigt werden, wie eine Frame-Darstellung aufgebaut werden kann und welche Perspektiven der Klassifizierung sich daraus ergeben.

3 Beispiel Fremdbeeinflussung

Bei dem Phänomen der „Fremdbeeinflussung" berichten Betroffene, dass einige ihrer Handlungen oder Gedanken nicht von ihnen gemacht werden, sondern von anderen Menschen oder fremden Mächten. Wir beziehen uns im Folgenden auf Fälle, in denen Bewegungen von den Betroffenen bisweilen als fremdgesteuert beschrieben werden.

Im deutschen Sprachraum wird dieses Symptom als „Ich-Störung" klassifiziert, zusammen mit anderen Symptomen wie Gedankeneingebung, Derealisation, etc. Der zugrundeliegende Gedanke ist, dass die Grenzen des erlebten „Ich", zu dem u. a. die eigenen Handlungen und die eigenen Gedanken gehören, verschwimmen, und eine normale Trennung von „Ich" und Umwelt nicht mehr stattfindet.[2] In DSM-5 wird diese Symptomgruppe unter den Wahn-Phänomenen klassifiziert (englischer Name: *delusion of control*; DSM-5, S. 87). Wahn wird dabei aufgefasst als falsche Überzeugung, die auf fehlerhaften Schlüssen die umgebende Welt betreffend basiert und an der trotz überwältigender Gegenevidenz festgehalten wird.[3] Die angelsächsische Gruppierung von Symptomen legt also den Fokus auf den Überzeugungs-Charakter und auf fehlerhafte „Denkmechanismen". Während auf der einen Seite die Betonung des Inhalts dazu führen wird, die Ursache für die Äußerungen der Betroffenen v. a. in abnormen „Ich"-Erfahrungen zu suchen, führt eine Fokussierung auf die Besonderheiten der Überzeugung dazu, die Ursache in einer Störung des „Überzeugungssystems" zu suchen. Darüber hinaus hat sich in den letzten Jahrzehnten ein neurokognitives Modell der Fremdbeeinflussung etabliert, das unter dem Namen „Komparator-Modell" bekannt geworden ist (Frith 1992; Synofzik/Vosgerau/Newen 2008a). Dieses Modell ist zunächst ein allgemeines Modell der Motorik-Steuerung, das grob skizziert Folgendes behauptet (vgl. auch Abb. 2): Vor jeder (absichtlichen) Bewegung steht eine Intention bzw.

---

[2] Eine kritische Auseinandersetzung mit dem Begriff des „Ich" findet sich in Beckermann (2010).
[3] „Delusions are fixed beliefs that are not amenable to change in light of conflicting evidence." (American Psychiatric Association 2013, 87).

Frames als Mittel zur systematischen Klassifikation von psychischen Störungen

ein Ziel, die bzw. das nicht unbedingt bewusst vorliegen muss. Aufgrund dieser Intention werden ein Bewegungsplan und schließlich ein Motorik-Kommando erstellt, das an die Muskeln gesendet wird, sodass die Bewegung ausgeführt wird. Dabei wird von dem Motorik-Kommando eine Kopie erstellt (die sog. „Efferenzkopie"),[4] aus der eine Vorhersage errechnet wird über die auszuführende Bewegung. Diese Vorhersage kann nun ständig von einem „Komparator" mit der durch verschiedene Sinne registrierten tatsächlichen Bewegung verglichen werden. Sollte es zu Abweichungen zwischen Vorhersage und tatsächlicher Bewegung kommen, kann nicht nur die Bewegung bereits während der Ausführung korrigiert werden, sondern die Mechanismen zur Erstellung des Motorik-Kommandos können auch auf längere Sicht verbessert werden.

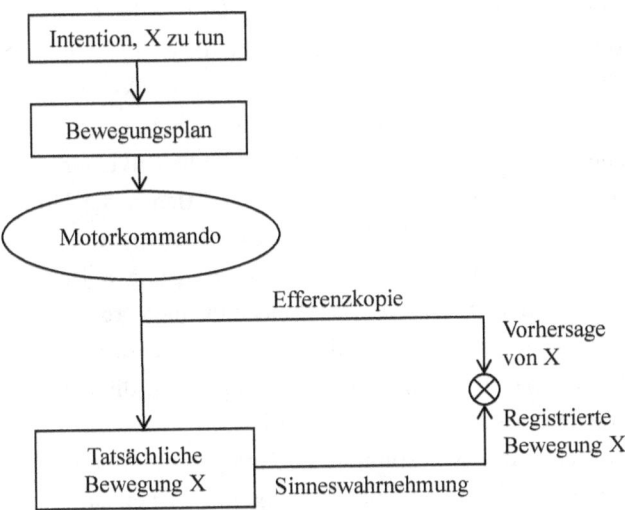

Abb. 2: Das Komparator-Modell (vereinfacht); bei dieser Darstellung handelt es sich um einen Flow-Chart, der die Informationsflüsse abbilden soll, und nicht um einen Frame mit funktionalen Attributen.

Das Komparator-Modell stellt nach Frith (Frith/Blakemore/Wolpert 2000; Frith 2005) eine einfache Erklärung für unser alltägliches Erleben der Urheberschaft

---

[4] Die Idee der Efferenzkopie stammt bereits aus den 1950er Jahren (von Holst/Mittelstaedt 1950; Sperry 1950).

unserer Bewegungen bereit: Wenn der Komparator eine Übereinstimmung zwischen Vorhersage und tatsächlicher Bewegung registriert, dann schreiben wir uns die Initiierung und Kontrolle, also die Urheberschaft für diese Bewegung selbst zu. Wenn allerdings eine Abweichung registriert wird, dann können wir davon ausgehen, dass (z. B. aufgrund von äußeren Einflüssen) die Bewegung nicht bzw. nicht vollständig von uns initiiert und kontrolliert wurde, sodass in diesem Fall kein Gefühl der Urheberschaft entsteht, sondern diese fremdzugeschrieben wird (das ist z. B. der Fall, wenn jemand anders meinen Arm bewegt). Im Fall der Fremdbeeinflussung, so diese Theorie, liegt eine noch näher zu spezifizierende Störung in diesem Mechanismus vor (etwa in der Vorhersage, in der Wahrnehmung der Bewegung oder im Komparator selbst), sodass fälschlicherweise eine Abweichung zwischen Vorhersage und registrierter Bewegung gemeldet wird, die zu einer falschen Fremdzuschreibung der Urheberschaft führt.

Mit dem Komparator-Modell haben wir nun eine dritte Möglichkeit der Klassifizierung des Symptoms, nämlich als Störung der Motorik-Steuerung. Offensichtlich schließen sich die verschiedenen Erklärungen aber nicht vollständig aus: Eine Störung in der Motorik-Steuerung könnte tatsächlich zu einer ungewöhnlichen Urheberschafts-Erfahrung führen, und da das Erleben der Urheberschaft von Bewegungen einen wichtigen Teil unseres „Ich" ausmacht, zu veränderten „Ich"-Erfahrungen. Gleichzeitig könnte eine solche Erfahrung zu Überzeugungen führen, die aufgrund einer Störung der Denkmechanismen trotz Gegenevidenz aufrechterhalten wird.[5] Ein solches Modell wird zwei-Stufen-Modell genannt, da auf der ersten Stufe eine ungewöhnliche Erfahrung steht, die auf der zweiten Stufe in das Überzeugungssystem eingefügt wird.

Tatsächlich gibt es einige Kritikpunkte am Komparator-Modell als alleinige Erklärung für Fremdbeeinflussung (Synofzik/Vosgerau/Newen 2008a), von denen hier nur wenige exemplarisch genannt werden sollen: Ein Komparator kann nur zwischen „ich" und „nicht-ich" unterscheiden, aber er kann nicht zu dem Gefühl führen, dass ausgerechnet mein Nachbar meine Bewegungen steuert. Zudem sollte eine generelle Störung der Bewegungssteuerung zu einer generellen Unfähigkeit, sich Urheberschaft zuzuschreiben, führen – tatsächlich aber tritt die

---

[5] Die ursprüngliche Formulierung des Komparator-Modells schließt ein solches zwei-Stufen-Modell zwar aus, aber die Beschränkung des Komparator-Modells auf die erste Stufe ist offensichtlich einfach zu bewerkstelligen.

Frames als Mittel zur systematischen Klassifikation von psychischen Störungen

fälschliche Fremdzuschreibung nur für manche Bewegungen auf. Aber auch im Detail treten Probleme mit dem Komparator-Modell auf, das die Komplexität der verschiedenen Sinneswahrnehmungen (visuell, kinästhetisch,...) und die kontextabhängige Relevanz der einzelnen Faktoren nur unzureichend berücksichtigen kann.

Gleichzeitig kann aber gezeigt werden, dass von einer Schizophrenie Betroffene tatsächlich Auffälligkeiten in der Bewegungs-Steuerung zeigen (Synofzik u. a. 2010; Synofzik/Voss 2010). Darüber hinaus werden auch bei vielen anderen psychischen Störungen Veränderungen der Motorik beobachtet, die anzeigen, dass hier diagnoseübergreifend ein allgemeines Prinzip wirkt. Dies hat beispielsweise dazu geführt, dass in DSM-5 Veränderungen der (Psycho-)Motorik mittlerweile einen eigenständigen diagnostischen Stellenwert in der Reihe der dimensionalen Symptomklassifikations-Merkmale bekommen haben. Dies weist darauf hin, dass die Grundidee des Komparator-Modells nicht falsch ist, auch wenn das Modell modifiziert und erweitert werden muss. Weiterhin ist auch bekannt, dass beispielsweise bei Patienten mit einer Schizophrenie eine Reihe von Auffälligkeiten im Bereich der Urteilsbildung auftritt (McKay 2012; Moritz/Woodward 2005; Woodward u. a. 2006), sodass auch dieser Faktor nicht unberücksichtigt bleiben darf. Ein zwei-Stufen-Modell der Urheberschaft liegt also nahe (Davies u. a. 2001).

Das „multifaktorielle Gewichtungsmodell" der Urheberschaft (Synofzik/Vosgerau/Newen 2008b) geht daher von zwei Ebenen aus (siehe auch Abb. 3): Auf der Ebene der „Urheberschafts-Gefühle" liegen perzeptuelle Repräsentationen vor, die ein Eindruck der eigenen Urheberschaft vermitteln. Dieses „Gefühl" basiert auf verschiedenen Faktoren („cues"), die Urheberschaft anzeigen können, wie etwa „feed-forward Signale" (das ist im Wesentlichen die Vorhersage im Komparator-Modell), Informationen aus der Propriozeption (z. B. Kinästhetik) und sensorisches Feedback (z. B. visuelle Information). Je nach Situation können diese verschiedenen Faktoren Informationen unterschiedlicher Qualität (v. a. in Hinblick auf Genauigkeit und Reliabilität) liefern, sodass sie gemäß der Situation jeweils gewichtet werden. Wenn ich mich z. B. in einem dunklen Raum bewege, kann und sollte ich mich nicht auf die visuellen Informationen zu meiner Bewegung verlassen, die hier nur sehr spärliche und wenig verlässliche Informationen liefern; in diesem Fall würde das visuelle Feedback ein sehr kleines Gewicht bekommen, während z. B. die Propriozeption stärker gewichtet würde.

Auf der Ebene des Urheberschafts-Urteils findet wiederum eine gewichtete Integration verschiedener Faktoren statt, wobei das Gefühl der Urheberschaft hierbei nur einen von vielen Faktoren darstellt. Dazu kommen Faktoren wie Hintergrundüberzeugungen, Kontext-Informationen, soziale Normen etc. All diese Faktoren spielen eine Rolle dabei, die Urheberschaftszuschreibung zu generieren, die wir dann als Urteil auch äußern. Dabei mag es sein, dass in den meisten Alltagsfällen der Inhalt des Gefühls mit dem Inhalt des Urteils übereinstimmt: Meistens haben wir nicht den Eindruck, dass unser Gefühl uns täuscht. Allerdings kann es in bestimmten Situationen Abweichungen des Urteils vom Gefühl geben. Stellen Sie sich z. B. vor, Sie sind allein in einem Raum mit einem Tisch, auf dem eine Vase steht. Plötzlich fällt die Vase herunter. Obwohl Sie nicht das Gefühl haben, etwas gemacht zu haben, werden Sie sich wahrscheinlich diesen vermeintlichen Effekt Ihrer Bewegung selbst zuschreiben, aus dem einfachen Grund, dass Sie wissen, dass Vasen nicht von alleine von Tischen fallen und dass niemand anders im Raum ist. In einem solchen Fall kann es also dazu kommen, dass wir zu der *Überzeugung* kommen, dass wir die Urheber eines Effekts sind, obwohl wir nicht das *Gefühl* haben, etwas getan zu haben. Der Grund ist, dass Hintergrundüberzeugungen und Kontextwissen den Inhalt des Gefühls „überschreiben" können, ohne dabei das Gefühl selbst zu ändern.

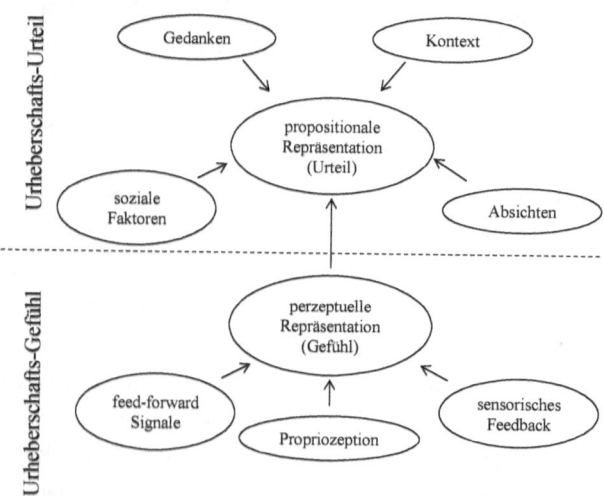

Abb. 3: Das multifaktorielle Gewichtungsmodell; auch bei dieser Darstellung handelt es sich nicht um einen Frame, sondern um ein Flow-Chart.

Frames als Mittel zur systematischen Klassifikation von psychischen Störungen

Das multifaktorielle Gewichtungsmodell der Urheberschaft erlaubt damit eine etwas komplexere Erklärung der Fremdbeeinflussung: Eine Störung kann auf ganz verschiedenen Ebenen vorliegen und trotzdem zu ähnlichen klinisch beobachtbaren Effekten führen. Zudem lassen sich bei Personen mit derartigen Fremdbeeinflussungs-Symptomen systematische Verzerrungen der feed-forward-Signale und eventuell der propriozeptiven Wahrnehmung nachweisen (siehe z. B. Lindner u. a. 2005; Shergill u. a. 2005; Synofzik u. a. 2010). Vor diesem Hintergrund scheint die folgende Hypothese gerechtfertigt: Ein Pathomechanismus der Fremdbeeinflussungs-Symptome könnte dann eine mangelnde Beachtung der „internen" Signale und eine Übergewichtung von „externen" Signalen sein, die von der Tatsache herrührt, dass die internen Signale nur verzerrte und daher unzuverlässige Informationen liefern. Das könnte wiederum dazu führen, dass sich Betroffene hauptsächlich auf „externe" Faktoren bzw. auf ihre Hintergrundüberzeugungen verlassen, um Urheberschafts-Urteile zu bilden. Das kann in manchen Situationen zur falschen Fremdzuschreibung von Urheberschaft führen (mit dem daraus folgenden klinischen Phänomen der „Fremdbeeinflussung"), es kann aber auch in experimentellen Situationen zu Selbstzuschreibungen für Bewegungen führen, für die gesunde Probanden sich keine Urheberschaft zuschreiben.

Um diese komplexe Lage übersichtlicher darzustellen, soll hierzu nun eine Frame-Darstellung vorgestellt werden. Wie oben bereits erwähnt, bestehen Frames nicht nur aus Kreisen, die mit Pfeilen verbunden sind. Vielmehr stellen die Pfeile Attribute dar, die als Funktionen aufgefasst werden. Daher können die Darstellungen aus Abb. 2 und 3 nicht ohne weiteres übernommen werden, da es sich bei diesen Abbildungen nicht um Frames, sondern vielmehr um Flow-Charts handelt, die den Informationsfluss anzeigen, aber keine Attribute. Diese formale Einschränkung von Frames wird uns dazu zwingen, die einzelnen Faktoren noch genauer zu bestimmen.

Zunächst soll die Grundidee des Komparator-Modells der Motorik-Steuerung dargestellt werden (Abb. 4): In dieser Darstellung können die einzelnen Komponenten des Komparator-Modells dargestellt werden, wobei ihr jeweiliger funktionaler Zusammenhang deutlich wird. Im Gegensatz zu der vereinfachten Darstellung in Abb. 2 haben wir nun zwei Komparatoren unterschieden: Ein Komparator gleicht vorhergesagten Zustand mit wahrgenommenem Zustand ab, so wie oben erläutert. Ein weiterer Komparator überprüft, ob das eigentlich intendierte Ziel überhaupt erreicht wurde. Diesen Komparator hatten wir in der obigen vereinfachten Version nicht erwähnt; auch dieser Komparator wird zur Erklärung von Fremdbeeinflussung herangezogen (vgl. etwa Carruthers 2012). Letztendlich führt aber die Einführung von mehreren Komparatoren zu dem zusätzlichen Problem, dass dann entschieden werden muss, welcher Komparator unter welchen Umständen der relevante ist (Vosgerau/Synofzik 2012). Da dieses Problem allerdings vom multifaktoriellen Gewichtungsmodell behoben wird, und da es hier nicht so sehr um die Details der Erklärung von Fremdbeeinflussung, sondern mehr um die Vorteile einer Frame-Darstellung geht, möchten wir nicht weiter auf solche Einzelheiten eingehen.

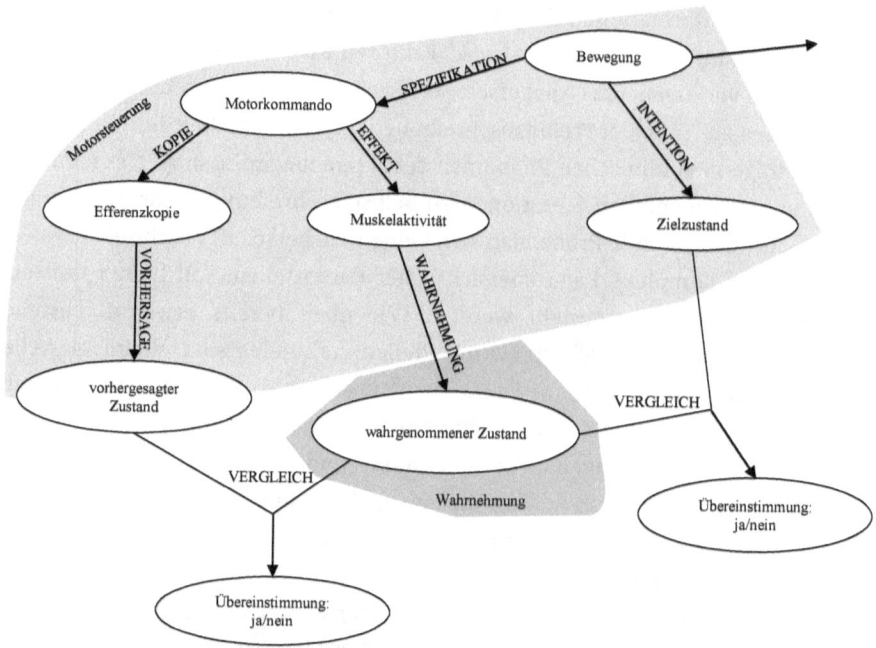

Abb. 4: Die Grundidee des Komparator-Modells als Frame; bei diesem Frame werden auch Attribute eingeführt, die zwei Werte eindeutig auf einen Wert abbilden, die also eine Funktion mit zwei Argumenten darstellen.

Zusätzlich haben wir in Abb. 4 die verschiedenen Bereiche bzw. funktionalen Einheiten des Geistes durch graue Hintergrundflächen markiert. Diese Zuordnung

Frames als Mittel zur systematischen Klassifikation von psychischen Störungen

ließe sich zwar auch relativ einfach durch Attribute bewerkstelligen, würde aber zu einer Unübersichtlichkeit führen. Interessant an dieser Zuordnung ist nun, dass wir nicht nur eine spezifische Störung einem bestimmten Bereich zuordnen können, sondern gerade, dass die genauen funktionalen Zusammenhänge zwischen verschiedenen Bereichen sichtbar werden und dadurch die Auswirkungen einer zunächst eng umgrenzten Störung auf ganz andere Bereich nachvollziehbar werden.

Wir können nun (zumindest in erster Näherung) die Vergleichsergebnisse der beiden Komparatoren (deren Existenz vom multifaktoriellen Gewichtungsmodell auch nicht bestritten wird) als zwei der Faktoren („*cues*") ansehen, die unser Gefühl von Urheberschaft mitbestimmen. So lässt sich der eben beschriebene Frame erweitern im Sinne des multifaktoriellen Gewichtungsmodells (siehe Abb. 5).

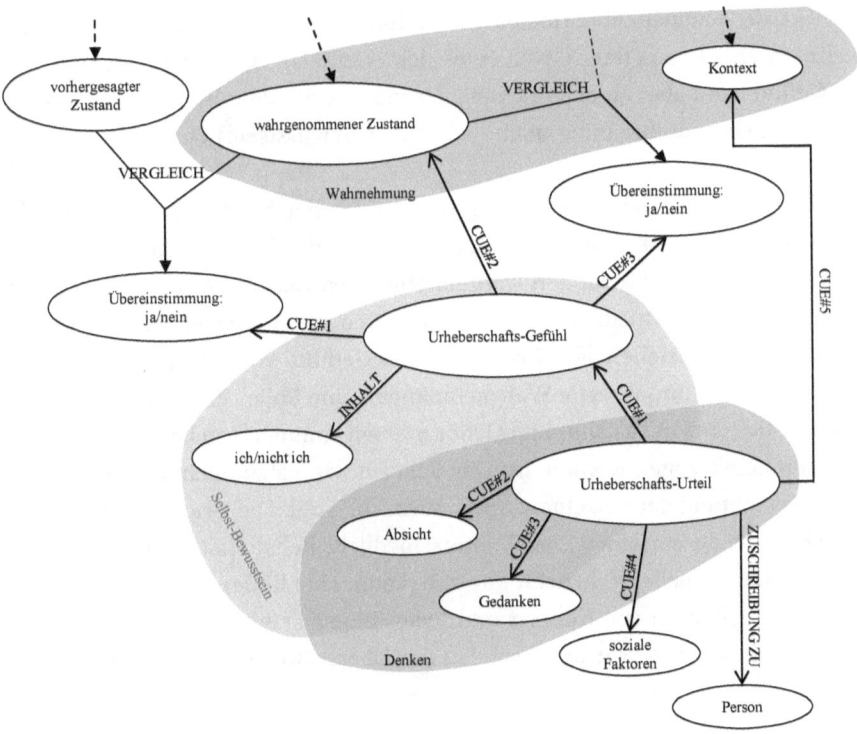

Abb. 5: Frame-Darstellung multifaktorielles Gewichtungsmodell (Fortsetzung zu Abb. 4)

Nach diesem Frame basiert das Urheberschafts-Gefühl auf drei Faktoren: dem wahrgenommenen Zustand und den beiden Komparator-Ergebnissen. Es ist selbst einer von fünf Faktoren, die das Urheberschafts-Urteil bestimmen. Während der Inhalt des Gefühls nur eine Unterscheidung zwischen „ich" und „nicht-ich" zulässt, kann auf der Ebene des Urteils die Urheberschaft einer bestimmten Person (inkl. sich selbst) zugeschrieben werden. Dabei können die verschiedenen Knoten (teilweise) verschiedenen Bereichen zugeordnet werden. Das komplexe Zusammenspiel von Motorik, Wahrnehmung, nicht-begrifflichem und begrifflichem Selbst-Bewusstsein[6] sowie dem Denken allgemein werden so sichtbar. So wird verständlich, dass sich die oben zitierten unterschiedlichen Einordnungen der Fremdbeeinflussung nicht ausschließen, sondern lediglich unterschiedliche Aspekte des Symptoms (über-)betonen: Tatsächlich ist es plausibel, dass eine Störung im motorischen System bzw. der Wahrnehmung der eigenen Bewegungen vorliegt, die zu einem abnormalen Gefühl führt, das zum Selbst-Bewusstsein gerechnet werden kann (ein Aspekt eines „Ich"-Gefühls). Darüber hinaus führt dieses Gefühl dann aber zu einem Urteil, das klarerweise dem Bereich des Denkens (und bei Selbstzuschreibung auch dem Selbst-Bewusstsein) zugeordnet werden kann.

Ein Vorteil der Frame-Darstellung ist die rekursive Struktur von Frames. Das bedeutet, dass jeder Knoten weiter spezifiziert werden kann durch weitere Attribute. So könnte man etwa den wahrgenommenen Zustand weiter spezifizieren, indem man unterschiedliche Sinnesmodalitäten unterscheidet. Plausiblerweise spielen beim Entstehen des Urheberschafts-Gefühls vor allem propriozeptive (kinästhetische) und visuelle Wahrnehmungen eine Rolle, aber auch andere Sinnesmodalitäten wie Tastsinn und Gehör müssen zumindest in bestimmten Situationen miteinbezogen werden. In Abb. 5 haben wir bisher auch die unterschiedliche Gewichtung der einzelnen „cues" vernachlässigt. Die Grundidee ist, dass je nach Kontext die einzelnen „cues" unterschiedliche Reliabilität besitzen (bei Dunkelheit spielt visuelle Wahrnehmung z. B. kaum eine Rolle). Die Gewichtung ist daher eine Funktion von Kontext und „cue". Eine Darstellung dieser Idee findet sich in Abb. 6, wobei wir aus Gründen der Übersichtlichkeit darauf verzichten,

---

[6] Vgl. zu dieser Unterscheidung Vosgerau (2009a; 2009b; 2009c).

Frames als Mittel zur systematischen Klassifikation von psychischen Störungen

einen kompletten Frame mit allen Aspekten abzubilden. Aufgrund der Rekursivität ist aber leicht ersichtlich, wie die dargestellten Teilframes jeweils zusammenzusetzen sind.

Auch bei der Gewichtung der einzelnen „cues" müsste man für eine umfassende Darstellung noch weiter ins Detail gehen. So ist es plausibel anzunehmen, dass die Gewichtung nach einem Bayesianischen Modell funktioniert, in das neben dem Kontext auch frühere Erfahrungen und Vorannahmen einfließen (Synofzik/Vosgerau/Lindner 2009). Da das Prinzip der Rekursivität und der dadurch entstehenden Möglichkeit der inkrementellen Verfeinerung der Darstellung bereits durch ein Beispiel gezeigt wurde, verzichten wir auf eine nähere Diskussion dieses Punktes.

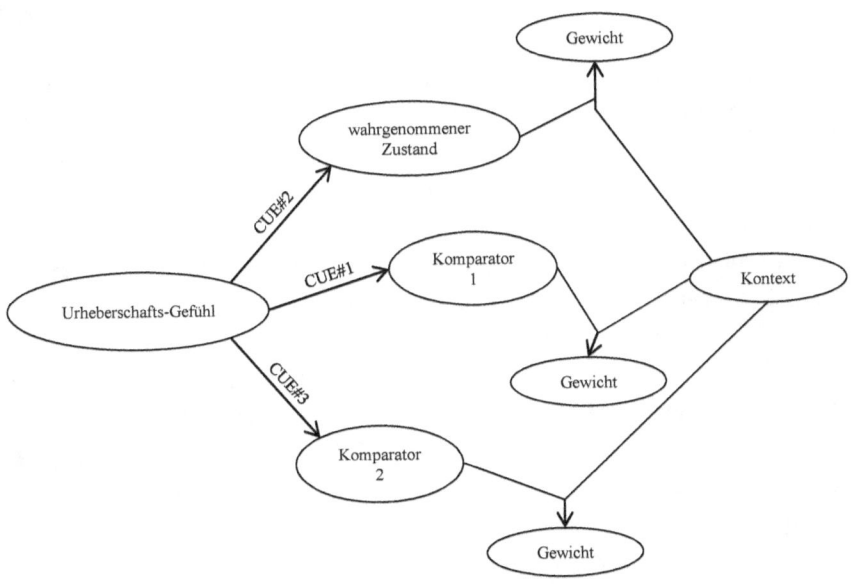

Abb. 6: Gewichtung von einzelnen „cues" in Abhängigkeit des Kontextes

Ein weiterer interessanter Punkt, der in den bisherigen Frames nur unzureichend dargestellt ist, betrifft die Urteilsbildung selbst. Nach der gängigen angelsächsischen Einteilung handelt es sich beim Fremdbeeinflussungs-Symptom um einen Wahn, welcher wiederum als Urteil mit bestimmten Eigenschaften definiert ist (siehe oben). Eine weitere Präzisierung dieses Punktes erlaubt es uns daher, das Symptom der Fremdbeeinflussung in einen größeren Rahmen einzuordnen. Wir wenden uns daher nun einer kurzen Diskussion von Wahn im Allgemeinen zu.

4 Beispiel Wahn

Als Wahn werden gewöhnlich (z. B. nach DSM-5) Überzeugungen bezeichnet, die falsch sind, die auf fehlerhaften Schlüssen die umgebende Welt betreffend basieren und an denen trotz überwältigender Gegenevidenz festgehalten wird. Weiterhin werden meist Überzeugungen vom Wahn ausgeschlossen, die die Mehrheit der sozialen Gruppe der betreffenden Person hat (American Psychiatric Association 2013, 819). Letztere Einschränkung hat vor allem zum Ziel, kulturell oder religiös motivierte Überzeugungen nicht zu pathologisieren. Da es, wie oben bereits ausgeführt, bei einer wissenschaftlichen Klassifikation aber nicht in erster Linie darum geht, pathologische Fälle von nicht-pathologischen Fällen zu unterscheiden, werden wir auf dieses Kriterium keine Rücksicht nehmen. Darüber hinaus sind einige Punkte der Standard-Definition kritikwürdig. So ist z. B. fraglich, ob der Inhalt einer Wahnüberzeugung immer falsch sein muss, um als Wahn zu gelten. Es gibt Berichte von Personen, die unter wahnhafter Eifersucht litten, insofern sie keinerlei Anhaltspunkt oder Grund zur Eifersucht hatten. Trotzdem stellte sich ihre Überzeugung, dass sie von ihrem Partner betrogen werden, als zufällig wahr heraus (Enoch 1991). Die Tatsache, dass die wahnhafte Überzeugung kontingenterweise wahr ist, ändert also nichts an dem Status der Überzeugung als Wahn, wenn die entsprechende Überzeugung jeder Rechtfertigung entbehrt. Auch andere Punkte der Standard-Definition werden kontrovers diskutiert (vgl. Soom/Vosgerau 2015).

Wir wollen nun kurz einen eigenen Vorschlag zur Charakterisierung von (monothematischem) Wahn skizzieren (Soom/Vosgerau 2015), der die Frage nach der Pathologie völlig außer Betracht lässt. Wir vertreten dabei ein zwei-Stufen-Modell (vgl. Davies u. a. 2001), dass davon ausgeht, dass jedem monothematischen (also auf ein bestimmtes „Thema" begrenzten) Wahn eine ungewöhnliche Erfahrung zugrunde liegt. Diese Erfahrung ist für die Betroffenen verstörend und verlangt nach einer Erklärung. Betroffene stellen zunächst eine Hypothese zur Erklärung dieser Erfahrung auf, die sie immer wieder bestätigt finden. Der Denkprozess, der zur (dann wahnhaften) Überzeugung führt, ist also ein zunächst normaler abduktiver Denkprozess,[7] der an sich nicht pathologisch ist. Allerdings muss der Gedanke derart sein, dass er tatsächlich das Auftreten der ungewöhnlichen Erlebnisse erklärt. Ein einfaches klinisches Beispiel ist das Auftreten von akustischen Halluzinationen in Form von imperativen Stimmen, die sich Betroffene im Rahmen einer wahnhaften Fehlinterpretation so erklären, dass Außerirdische, von denen man verfolgt wird, die Urheber dieser Stimmen seien. Jedoch kann der Wahn auch ohne solche Fehlwahrnehmungen auftreten: Beispielsweise sieht ein von einem Verfolgungswahn Betroffener im Fernsehen, wie sich der Nachrichtensprecher die Krawatte zurechtzieht. Der Betroffene wird verunsichert, da dies ein ungewöhnlicher Vorgang ist. Im Rahmen eines Verfolgungswahns interpretiert der Betroffene fälschlicherweise diese – richtige – Wahrnehmung als für ihn gemeintes Signal des Nachrichtensprechers, dass die altbekannten Verfolger vor der Wohnungstür stünden. Dabei laufen die abduktiven Denkprozesse, die zu diesen Interpretationen führen, typischerweise automatisch und unbewusst ab und sind der Kontrolle des Betroffenen entzogen.

Zu einem wahnhaften Gedanken wird die „Hypothese" aber erst dadurch, dass sie ein „asymmetrisches Inferenzprofil" aufweist: Damit ist gemeint, dass der wahnhafte Gedanke zwar Auswirkungen auf viele andere Gedanken hat und durch Folgerungsbeziehung diese verändern kann, dass er aber gleichzeitig immun ist gegenüber der Veränderung durch andere Gedanken, insbesondere gegenüber neuen Gegen-Evidenzen. Das bedeutet, dass Betroffene an diesem Gedanken festhalten werden, ungeachtet aller Gegenanzeichen und Beteuerungen von Anderen. Gleichzeitig aber kann der wahnhafte Gedanke eine große Rolle für das übrige Überzeugungssystem spielen, sodass es zur Ausbildung ganzer „Wahngebäude" kommt („systematisierter Wahn").

---

[7] Wir gehen dabei nicht davon aus, dass alle Denkprozesse bewusst ablaufen müssen. Viele Prozesse, die gemeinhin als Denkprozesse eingeordnet werden, laufen automatisch und ohne kognitive Kontrolle ab. So verstehen wir z. B. mühelos und automatisch, dass der Sprecher mit dem Auto über die A46 gekommen ist, wenn er sagt: „Entschuldigung für meine Verspätung, auf der A46 war Stau." Tatsächlich erfordert ein solches Verständnis aber einige Schlussfolgerungen im Hintergrund (zusammen mit Hintergrundannahmen), die man gewöhnlich als Denkprozesse auffasst. In ähnlicher Weise dürften die meisten der abduktiven Hypothesenbildungen unbewusst und automatisch ablaufen.

Die „Immunität gegenüber Revision" ist also das zentrale Merkmal des Wahns. Da es sich dabei um eine ungewöhnliche Art handelt, mit Überzeugungen umzugehen, liegt die Vermutung nahe, dass auch auf dieser Ebene eine weitere Störung vorliegt.[8] Damit müssen wir generell bei Wahn, ähnlich wie wir es schon oben für die Fremdbeeinflussung getan haben, zwischen zwei Ebenen unterscheiden: Zum einen gibt es eine Erfahrungsebene, auf der eine ungewöhnliche Wahrnehmung oder ein ungewöhnliches Gefühl auftritt, dass auf der Urteilsebene durch eine bestimmte Überzeugung erklärt wird. Wenn diese Überzeugung dann immun wird gegenüber Gegenevidenz, sprechen wir von einer wahnhaften Überzeugung.

Als ein Beispiel zur Illustration sei hier die Capgras-Illusion kurz vorgestellt. Patienten, die an dieser Illusion leiden, haben den Eindruck, dass eine ihnen nahe stehende Person (meist der Ehegatte oder die Eltern) durch eine andere Person ersetzt wurde, die aber genauso aussieht und sich genauso verhält. Dieser Eindruck entsteht wohl durch eine Störung in dem Gehirnareal, das der emotionalen Reaktion auf bekannte Gesichter zugeordnet werden kann (Ellis u. a. 1997; Hirstein/Ramachandran 1997). Daher können die Betroffenen zwar offenbar das bekannte Gesicht als solches erkennen und einer bestimmten Person zuordnen, aber die normale emotionale Reaktion bleibt aus. Es stellt sich ein Gefühl der Fremdheit gegenüber der bekannten Person ein. Um dieses Gefühl zu erklären, formulieren (manche) Patienten nun die Hypothese, dass die Person tatsächlich durch eine andere ersetzt wurde (Coltheart 2007).[9] Dabei ist diese Hypothese zunächst nicht irrational, sondern sie bietet tatsächlich eine sehr gute Erklärung für die ungewöhnliche Erfahrung: Wenn es tatsächlich so wäre, dass der Ehegatte durch einen Betrüger ausgetauscht wurde, so wäre es zu erwarten, dass der Patient die

---

[8] Tatsächlich ist dies letzten Endes aber eine empirische Frage. Natürlich gibt es viele Alltagsgedanken, die wir de facto nie ändern (etwa die Überzeugung, dass 1+1=2) und für die es schwer vorstellbar ist, wie eine Gegenevidenz überhaupt aussehen könnte. Ob wir allerdings wirklich wahnhaft an solchen Überzeugungen festhalten würden oder nicht, ist zunächst eine offene Frage. Mit Sicherheit ist es aber so, dass im Alltag die wahnhafte Überzeugung, dass 1+1=2, nicht auffallen würde und daher die betreffende Person niemals als pathologisch eingestuft werden würde. Demnach bleibt aber auch offen, ob die zugrundeliegenden Denkprozesse bei Wahnpatienten tatsächlich gestört sind (was aufgrund der „Unglaublichkeit" der wahnhaften Überzeugungen nahe liegt), oder ob der Denkprozess zwar normal, aber die in den Denkprozess eingehenden Prämissen aufgrund veränderter Wahrnehmung verzerrt sind.

[9] Falls ein Patient diese Hypothese nicht aufstellt, spricht man von einer Illusion. Falls aber eine solche wahnhafte Überzeugung hinzutritt, wird die Capgras-Illusion zum Wahn.

Frames als Mittel zur systematischen Klassifikation von psychischen Störungen

Person zwar erkennt, aber nicht die normale, automatische emotionale Reaktion erfährt. Insofern sich diese Hypothese dann als revisionsimmune Überzeugung etabliert, entsteht der Capgras-Wahn.

Vergleichbar sind nicht-pathologische Phänomene, zum Beispiel die Illusion eines „schwarzen Mannes" auf einer nebligen Hochfläche – wobei sich der „schwarze Mann" bei näherem Herantreten an das gewähnte Objekt als harmloser Busch entpuppt und dann auch korrekt als solcher wahrgenommen wird. Auch hier kommt es zu einer automatischen „Hypothesenbildung"; allerdings wird die Hypothese nicht zum Wahn, da die beim Herantreten neu gewonnenen Evidenzen korrekterweise zur Revision der Hypothese führen. In der Darstellungsmöglichkeit auch für solche normalpsychologischen (im Grenzbereich zur psychischen Störung angesiedelten) Phänomene liegt eine Stärke des Modells und der Frame-Darstellung. Auch ist diese Grundkonzeption therapeutisch hilfreich, denn sie erklärt beispielsweise therapeutische Effekte durch die kognitive Psychotherapie bei Wahnsymptomen, die letzten Endes auf eine „Neukalibrierung" der automatischen Hypothesenbildung hinausläuft. Eine einfache Frame-Darstellung des Capgras-Wahns findet sich in Abb. 7.

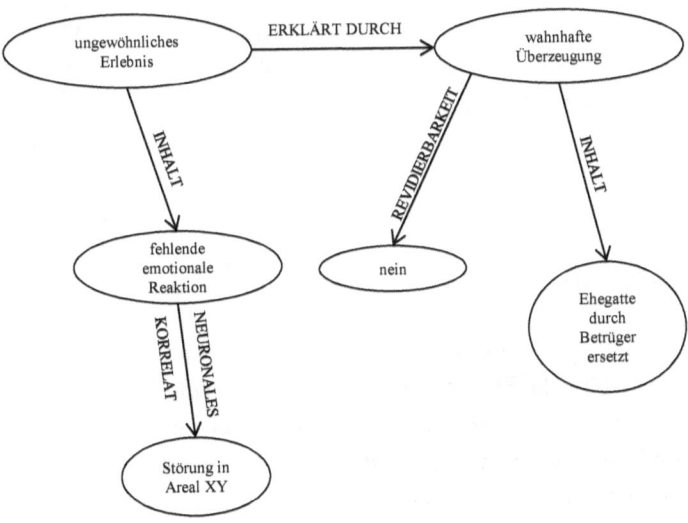

Abb. 7: Frame-Darstellung des Capgras-Wahns

Offensichtlich sind aber einige Aspekte in dieser Darstellung noch nicht erfasst – durch die rekursive Struktur von Frames lassen sich aber einzelne Aspekte, wie z. B. der Einfluss der wahnhaften Überzeugung zu anderen Überzeugungen, ergänzen. Ebenfalls müsste für eine umfassende Darstellung das neuronale Korrelat weit detaillierter dargestellt werden, was hier aber aus Platzgründen nicht geschehen soll. Wichtig ist an dieser Stelle nur zu zeigen, dass die Frame-Darstellung eine Erweiterung um diese Beschreibungsebene erlaubt. Ebenso kann, was in diesem Aufsatz allerdings nicht geleistet werden kann, auch die soziale Dimension, die einen entscheidenden Einfluss auf die Ausbildung von wahnhaften Überzeugungen und auf die dadurch entstehenden Einschränkungen der Betroffenen hat, aufgenommen werden.

Aus der (vereinfachten) Darstellung des sehr speziellen Capgras-Wahns ergibt sich eine allgemeine Darstellung von (monothematischem) Wahn (siehe Abb. 8).

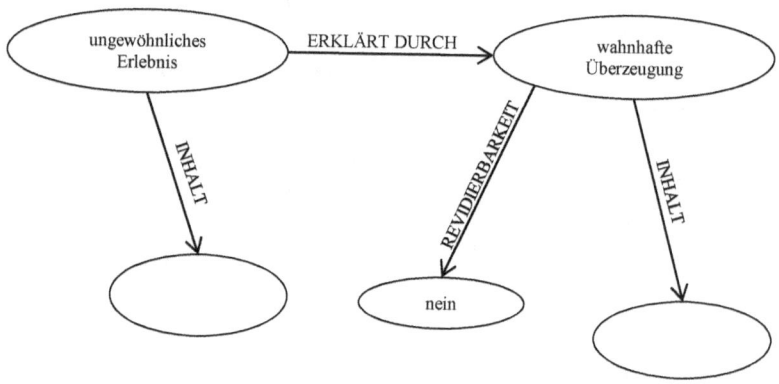

Abb. 8: Allgemeine Frame-Darstellung von monothematischem Wahn

In diesem Frame ist nur das Gerüst übernommen, das die Grundbestandteile von Wahnstörungen darstellt: Es gibt zwei Ebenen, nämlich die Ebene des ungewöhnlichen Erlebnisses und die Ebene der wahnhaften Überzeugung. Charakteristisch für Wahn sind nun zwei Elemente: Erstens erklärt die wahnhafte Überzeugung das ungewöhnliche Erlebnis, und zweitens ist die wahnhafte Überzeugung nicht revidierbar, also immun gegenüber Gegen-Evidenzen. Die Werte zu den beiden Inhalts-Attributen sind nicht angegeben, was anzeigt, dass zwar immer ein bestimmter Inhalt vorliegt, dass dieser Inhalt aber nicht entscheidend ist für Wahn.

Frames als Mittel zur systematischen Klassifikation von psychischen Störungen

Allerdings können wir aufgrund des spezifischen Inhalts verschiedene Formen des Wahns unterscheiden, wie etwa Verfolgungswahn, Capgras-Wahn oder eben Fremdbeeinflussungswahn.

Wenn wir nun das Phänomen der Fremdbeeinflussung (siehe Abb. 5) kombinieren mit dem allgemeinen Frame für Wahn, so werden wir das Urheberschafts-Gefühl als das ungewöhnliche Erlebnis identifizieren, dessen Inhalt ist, dass manche der eigenen Bewegungen als nicht selbst-verursacht erlebt werden. Die wahnhafte Überzeugung ist in diesem Fall das Urheberschafts-Urteil mit dem Inhalt, dass eine bestimmte andere Person Urheber dieser Bewegungen ist. Während in Abb. 5 das Urheberschafts-Gefühl lediglich als „cue" für das Urteil angeführt wird, wird durch die Kombination mit dem Wahn-Frame eine neue Beziehung zwischen beiden deutlich, nämlich dass das Urheberschafts-Urteil auch das Urheberschafts-Gefühl erklärt.[10] Auf diese Weise kann nun gleichzeitig erfasst werden, wie nicht-pathologische Urheberschafts-Urteile zustande kommen und wie wahnhafte Fremdbeeinflussungs-Überzeugungen entstehen. Die spezifischen Ursachen des Fremdbeeinflussungs-Wahns können nun in verschiedenen Bereichen des Geistes ausgemacht werden, wobei in diesem Fall sowohl motorische als auch Wahrnehmungsstörungen infrage kommen. So kann auch die (mögliche) komplexe Auswirkung von lokal begrenzten Störungen etwa im Bereich der Propriozeption auf andere Bereiche wie dem Selbst-Bewusstsein nachvollzogen werden.

Darüber hinaus können verschiedene Aspekte eines Phänomens, nämlich der Fremdbeeinflussung, übersichtlich dargestellt werden: Alle oben genannten unterschiedlichen Klassifikationen finden sich in der Frame-Darstellung wieder (motorische Störung, Ich-Störung, Wahn) und können zueinander in Beziehung gesetzt werden. Dadurch entsteht nicht nur ein umfassenderes Verständnis der Phänomene, sondern es ergibt sich auch eine neue Möglichkeit der Klassifikation, die sich nicht nur an den gestörten „Bereichen" orientiert, sondern an den unterschiedlichen Faktoren, die bei der Entstehung eine Rolle spielen. So wird der systematische Vergleich zwischen Symptomen möglich, die durch die bisherige Klassifizierung als völlig verschiedene Bereiche betreffend eingeordnet wurden und

---

10 Das gilt allerdings nur für den Wahn: Im Alltag kann, wie oben am Beispiel mit der Vase gezeigt, durchaus das Gefühl vom Urteil abweichen, ohne dass das Urteil irgendeine Erklärung für das Gefühl bereithalten würde.

daher auch nicht verglichen wurden (das gilt auch für die Möglichkeit, verschiedene Ursachen für die lokalen Störungen miteinzubeziehen, etwa Drogenmissbrauch vs. genetische Faktoren, die in den bisherigen Klassifikationssystemen zu völlig unterschiedlichen Einordnungen führen).

Die hier vorgestellte Theorie der Wahnphänomene ist ein Modell, das sich empirisch überprüfen lässt. Im Gegensatz zu dem ganz ähnlichen Modell der abduktiven Inferenz von Coltheart et al. (2010) ist es allerdings offener für Störungsverursachungen, die nicht nur eine fehlerhafte Wahrnehmung oder eine Komparator-Fehlfunktion annehmen, und es erlaubt, neuere Erkenntnisse über die Pathophysiologie des Wahns zu nutzen, um Verfeinerungen des Modells vorzunehmen. Hier sind vor allem Modelle einer vermehrten Neigung zu voreiligem Schlussfolgern sowie Modelle einer exzessiven Selbstreferenz als Ergänzungen und Alternativen zu nennen, die in künftigen Erweiterungen der Frame-Darstellungen des Wahns zu berücksichtigen sind (Braun/Suffren 2011). Dafür wäre eine systematische Literaturübersicht zu empirischen Untersuchungen zur Pathophysiologie des Wahns und der Halluzinationen wünschenswert, die als Grundlage für eine empirisch fundierte Überarbeitung des Frames herangezogen werden könnte. Umfassende Modelle des Wahns müssen auch die bereits erwähnten Aspekte der neurogenetischen Faktoren und der soziokulturellen Faktoren, die bei der individuellen Ausprägung der Wahninhalte eine wichtige Rolle spielen (Cannon/Kramer 2012), mit einbeziehen. Hier kommen auch affektive Faktoren (Garety u. a. 2013) und Umweltfaktoren ins Spiel, wobei letztere entweder über epigenetische Regulationsschritte wie (symptomspezifische?) DNA-Methylierungen (Liu u. a. 2013) oder über die urbane Umgebung und deren psychologische Auswirkungen (Ellett/Freeman/Garety 2008) das Auftreten und/oder das klinische Ausprägungsbild psychotischer Störungen modifizieren.

5 Zusammenfassung

Am Beispiel des Symptoms der Fremdbeeinflussung haben wir eine komplexe Frame-Darstellung entwickelt, die ganz unterschiedlichen Aspekten dieses Phänomens gerecht wird. Diese Darstellung erlaubt ein wesentlich detaillierteres Verständnis des komplexen Phänomens und damit auch eine Klassifizierung, die bisher nicht beachtete Parallelen zu anderen Symptomen aufzeigen kann. Dabei

Frames als Mittel zur systematischen Klassifikation von psychischen Störungen

orientiert sich die Klassifizierung, die auf der Grundlage von Frame-Darstellungen erfolgt, nicht mehr am Bereich, der angeblich gestört ist, sondern an den einzelnen Faktoren, die für die Entstehung des Symptoms eine Rolle spielen. Auf diese Weise werden auch die komplexen Zusammenhänge zwischen Bereichen, die traditionell als getrennt voneinander behandelt werden (z. B. Motorik und selbstbewusste Überzeugungen), sichtbar.

Über die Vorteile für die Klassifikation psychischer Störungen hinaus ergeben sich wertvolle Erkenntnisse für die Funktionsweise des menschlichen Geistes im Allgemeinen. Generell gilt, dass wenn bestimmte Funktionen gestört sind, wir dann oft besser die Funktion verstehen. Auch in diesem Fall hilft uns das Symptom der Fremdbeeinflussung, die komplexen Zusammenhänge zwischen verschiedenen funktionalen Einheiten („Bereichen") des menschlichen Geistes zu verstehen. Auf diese Art und Weise können wir nicht nur eine spezifische Theorie der Bildung von Urheberschafts-Urteilen im Alltag entwickeln, wir können auch den allgemeinen Zusammenhang zwischen dem motorischen Bereich und dem Bereich der selbstbewussten Urteile nachvollziehen.

Die Frame-Analyse von psychischen Störungen trägt damit zu einem umfassenden Verständnis der „Architektur des Geistes" bei. Dieses Verständnis zielt vor allem auf die detaillierte Darstellung der Zusammenhänge der unterschiedlichen Einheiten ab, wohingegen „radikale" Ansätze entweder systematische Interaktionen (die über den Informationsaustausch hinausgehen) zwischen Bereichen ausschließen (so in einigen Aspekten der älteren Modularitätsthesen; Übersicht bei Zielasek/Gaebel 2008) oder jeglicher Aufteilung des Geistes in funktionell abgrenzbare Bereiche den Sinn absprechen.[11]

Das Ziel einer Frame-Darstellung aller psychischen Symptome ist daher nicht nur eine vollständige Darstellung aller Symptome, sondern auch die Erstellung eines Personen-Frames, der alle Aspekte einer gesunden wie einer kranken Person erfasst, und in dem die komplexen Auswirkungen unterschiedlicher lokal begrenzter oder systemisch einwirkender Störungsfaktoren nachvollzogen werden können. Selbstverständlich ist ein solch umfassender Personen-Frame, der auch die gesamte Architektur des Geistes enthalten würde, nicht nur enorm komplex, sondern auch ein Ziel, das in weiter Ferne liegt. Die Arbeit an diesem Ziel kann

---

[11] Für eine Diskussion solcher Thesen siehe auch Weber/Vosgerau (2012).

aufgrund der rekursiven Struktur von Frames allerdings auch in kleinen Schritten erfolgen: Egal auf welcher Ebene wir anfangen und mit welchen Detailgrad wir beginnen, wir können die Frame-Darstellung jederzeit erweitern durch weitere Details und durch „Brücken" auf andere Beschreibungsebenen.[12]

Literatur

American Psychiatric Association (ed.) (2013): Diagnostic and Statistic Manual of Mental Disorders, Fifth Edition (DSM-5). Arlington: American Psychiatric Association.

Barsalou, L. W. (1992): Frames, Concepts and Conceptual Fields. In: A. Lehrer / E. Feder Kittay (eds.): Frames, Fields and Contrasts. Hillsdale / Hove / London: Erlbaum, 21–74.

Beckermann, A. (2010): Die Rede von dem Ich und dem Selbst. Sprachwidrig und philosophisch höchst problematisch. In: K. Crone / R. Schnepf / J. Stolzenberg (Hrsg.): Über die Seele. Berlin: Suhrkamp, 458–473.

Braun, C. M. J. / Suffren, S. (2011): A general neuropsychological model of delusion. In: Cognitive Neuropsychiatry 16, 1–39.

Cannon, B. J. / Kramer, L. M. (2012): Delusion Content across the 20th Century in an American Psychiatric Hospital. In: International Journal of Social Psychiatry 58 (3), 323–27. doi:10.1177/0020764010396413.

Carruthers, G. (2012): The case for the comparator model as an explanation of the sense of agency and its breakdowns. In: Beyond the Comparator Model 21 (1), 30–45. doi:10.1016/j.concog.2010.08.005.

Coltheart, M. (2007): Cognitive Neuropsychiatry and Delusional Belief. In: Quarterly Journal of Experimental Psychology (2006) 60 (8), 1041–1062.

Coltheart, M. / Menzies, P. / Sutton, J. (2010): Abductive Inference and Delusional Belief. In: Cognitive Neuropsychiatry 15 (1–3), 261–287. doi:10.1080/13546800903439120.

---

[12] Der Beitrag ist im Teilprojekt B06 des DFG-geförderten Sonderforschungsbereichs 991 „The Structure of Representations in Language, Cognition, and Science" entstanden. Wir danken der DFG für die großzügige Förderung.

Davies, M. / Coltheart, M. / Langdon, R. / Breen, N. (2001): Monothematic Delusions: Towards a Two-Factor Account. In: Philosophy, Psychiatry, and Psychology 8 (2–3), 133–158.

Ellett, L. / Freeman, D. / Garety, P. A. (2008): The Psychological Effect of an Urban Environment on Individuals with Persecutory Delusions: The Camberwell Walk Stud". In: Schizophrenia Research 99 (1–3), 77–84. doi:10.1016/j.schres.2007.10.027.

Ellis, H. D. / Young, A. W. / Quayle, A. H. / De Pauw, K. W. (1997): Reduced autonomic responses to faces in Capgras delusion. In: Proceedings of the Royal Society of London: Biological Sciences 264 (1384): 1085–1092.

Enoch, D. (1991): Delusional Jealousy and Awareness of Reality. In: The British Journal of Psychiatry 159 (14), 52–56.

Frith, C. D. (1992): The Cognitive Neuropsychology of Schizophrenia. Hillsdale: Erlbaum.

Frith, C. D. (2005): The self in action: Lessons from delusions of control. In: Consciousness and Cognition 14 (4), 752–770.

Frith, C. D. / Blakemore, S.-J. / Wolpert, D. M. (2000): Abnormalities in the awareness and control of action. In: Philosophical Transactions of the Royal Society of London B 355 (1404), 1771–1788.

Gaebel, W. / Zielasek, J. (2009): Future Classification of Psychotic Disorders. In: European Archives of Psychiatry and Clinical Neuroscience 259 (2), 213–218.

Gaebel, W. / Zielasek, J. (2011): Experience with ICD-10 in Europe and Scientific Evidence for New Aspects of ICD-11 from German-Language Publications. In: European Psychiatry 26 (Suppl. 2), 6–10.

Gaebel, W. / Zielasek, J. / Cleveland, H. R. (2012): Classifying Psychosis – Challenges and Opportunities. In: International Review of Psychiatry 24 (6), 538–548. doi:10.3109/09540261.2012.737313.

Garety, P. A. / Gittins, M. / Jolley, S. / Bebbington, P. / Dunn, G. / Kuipers, E. / Fowler, D. / Freeman, D. (2013): Differences in Cognitive and Emotional Processes Between Persecutory and Grandiose Delusions. In: Schizophrenia Bulletin 39 (3), 629–639. doi:10.1093/schbul/sbs059.

Hirstein, W. / Ramachandran, V. S. (1997): Capgras syndrome: A novel probe for understanding the neural representation of the identity and familiarity of persons. In: Proceedings of the Royal Society of London: Biological Sciences 264 (1380), 437–444.

Lindner, A. / Thier, P. / Kircher, T. T. J. / Haarmeier, T. / Leube, D. T. (2005): Disorders of Agency in Schizophrenia Correlate with an Inability to Compensate for the Sensory Consequences of Actions. In: Current Biology 15 (12), 1119–1124. doi:10.1016/j.cub.2005.05.049.

Liu, J. / Chen, J. / Ehrlich, S. / Walton, E. / White, T. / Perrone-Bizzozero, N. / Bustillo, J. / Turner, J. A. / Calhoun, V. D. (2013): Methylation Patterns in Whole Blood Correlate With Symptoms in Schizophrenia Patients. In: Schizophrenia Bulletin, Juni. doi:10.1093/schbul/sbt080. http://schizophreniabulletin.oxfordjournals.org/cgi/doi/10.1093/schbul/sbt080.

McKay, R. (2012): Delusional Inference. In: Mind & Language 27 (3), 330–355. doi:10.1111/j.1468-0017.2012.01447.x.

Moritz, S. / Woodward, T. S. (2005): Jumping to conclusions in delusional and non-delusional schizophrenic patients. In: British Journal of Clinical Psychology 44, 193–207.

Petersen, W. (2007): Representation of Concepts as Frames. In: The Baltic International Yearbook of Cognition, Logic and Communication 2, 151–170.

Shergill, S. S. / Samson, G. / Bays, P. M. / Frith, C. D. / Wolpert, D. (2005): Evidence for Sensory Prediction Deficits in Schizophrenia. In: American Journal of Psychiatry 162 (12), 2384–2386. doi:10.1176/appi.ajp.162.12.2384.

Soom, P. / Vosgerau, G. (2015): A Functionalist Approach to the Concept of ‚Delusion'. In: Journal für Philosophie und Psychiatrie, www.jfpp.org/113.html.

Sperry, R. W. (1950): Neural Basis of the Spontaneous Optokinetic Response Produced by Visual Inversion. In: Journal of Comparative and Physiological Psychology 43, 482–489.

Synofzik, M. / Thier, P. / Leube, D. T. / Schlotterbeck, P. / Lindner, A. (2010): Misattributions of agency in schizophrenia are based on imprecise predictions about the sensory consequences of one's actions. In: Brain 133, 262–271. doi:10.1093/brain/awp291.

Synofzik, M. / Vosgerau, G. / Lindner, A. (2009): Me or not me – An optimal integration of agency cues? In: Consciousness and Cognition 18, 1065–1068.

Synofzik, M. / Vosgerau, G. / Newen, A. (2008a): Beyond the comparator model: A multifactorial two-step account of agency. In: Consciousness and Cognition 17, 219–239.
Synofzik, M. / Vosgerau, G. / Newen, A. (2008b): I move, therefore I am: A new theoretical framework to investigate agency and ownership. In: Consciousness and Cognition 17, 411–424.
Synofzik, M. / Voss, M. (2010): Disturbances of the sense of agency in schizophrenia. In: Balconi, M. (ed.): Neuropsychology of the sense of agency. New York: Springer, 145–156.
Von Holst, E. / Mittelstaedt, H. (1950): Das Reafferenzprinzip. In: Die Naturwissenschaften 20, 464–476.
Vosgerau, G. (2009a): Mental Representation and Self-Consciousness. From Basic Self-Representation to Self-Related Cognition. Paderborn: mentis.
Vosgerau, G. (2009b): Stufen des Selbstbewusstseins: Eine Analyse von Ich-Gedanken. In: Grazer Philosophische Studien 78, 101–130.
Vosgerau, G. (2009c): Die Stufentheorie des Selbstbewusstseins und ihre Implikationen für das Verständnis psychiatrischer Störungen. In: Journal für Philosophie und Psychiatrie 2 (2). http://www.jfpp.org/jfpp-2-2009-02.html.
Vosgerau, G. / Synofzik, M. (2012): Weighting models and weighting factors. Consciousness and Cognition 21, 55–58.
Weber, A. / Vosgerau, G. (2012): Grounding Action Representations. In: Review of Philosophy and Psychology 3, 53–69.
Woodward, T. S. / Moritz, S. / Cuttler, C. / Whitman, J. C. (2006): The Contribution of a Cognitive Bias Against Disconfirmatory Evidence (BADE) to Delusions in Schizophrenia. In: Journal of Clinical and Experimental Neuropsychology 28, 605–17.
World Health Organization (1992): The ICD-10 Classification of Mental and Behavioural Disorders. Geneva: World Health Organization.
Zielasek, J. / Gaebel, W. (2008): Modern Modularity and the Road towards a Modular Psychiatry. In: European Archives of Psychiatry and Clinical Neuroscience 258 (Suppl. 5), 60–65.

Eine framesemantische Modellierung des juristischen Diebstahl-Begriffs

Detmer Wulf

Abstract

In diesem Beitrag wird eine framesemantische Analyse des Rechtsbegriffs ‚Diebstahl' vorgestellt. Die Grundlage für die Analyse bildet zum einen die Diebstahl-Definition in § 242 StGB und zum anderen die Kommentarliteratur zum Diebstahl-Paragraphen. Während der Gesetzestext vor allem auf die Partizipanten des Wegnahme-Geschehens sowie auf bestimmte Aspekte der täterseitigen Absicht abzielt – Diebstahl ist „Wegnahme" einer „fremden beweglichen Sache", mit der Absicht, sie „sich oder einem Dritten rechtswidrig zuzueignen" – sind die Kommentartexte zum § 242 (unter anderem) um eine Klärung des Wegnahme-Begriffs selbst bemüht, den sie als Bruch fremden und Begründung neuen, nämlich tätereigenen Gewahrsams (an einer Sache) deuten, wobei sie sich ausführlich der Frage widmen, unter welchen Voraussetzungen von Bruch fremden bzw. Begründung neuen Gewahrsams gesprochen werden kann. Im Beitrag soll, zunächst ausgehend von einer im Rahmen des FrameNet-Projekts vorgeschlagenen, Partizipanten-orientierten Analyse, gezeigt werden, wie sich die in den Kommentaren hervorgehobenen Aspekte in eine framesemantische Modellierung einbauen lassen.

1 Einleitung

Für das Verständnis von Rechtsbegriffen gilt in besonderem Maße, was laut Fillmore Bedeutungsverstehen generell auszeichnet: dass nämlich die Kenntnis der Bedeutung eines Einzelausdrucks immer auch die Kenntnis der konzeptuellen Gesamtstruktur voraussetzt, in die das mit dem Ausdruck assoziierte (Teil-)Konzept eingebettet ist. Dieser holistische Charakter des Bedeutungswissens, den Fillmore im Rahmen seiner „semantics of understanding" (Fillmore 1985) unter den Begriff des Wissensrahmens (*framework of knowledge*) fasst (vgl. ebd., 223 f.), zeigt sich auch in dem Verhältnis der rechtswissenschaftlichen Kommentarliteratur zu den Gesetzestexten des Strafgesetzbuches (StGB) oder des Bürgerlichen Gesetzbuches (BGB), die bemüht ist, über verschiedene Ebenen der begrifflichen Explikation das einzuholen, was in den Gesetzestexten selbst nicht ausgedrückt wird, jedoch im Anwendungsfall mitzuverstehen ist.

So definiert etwa § 242 StGB den Tatbestand des Diebstahls als „Wegnahme" einer „fremden beweglichen Sache" mit der Absicht, sie „sich oder einem Dritten rechtswidrig zuzueignen". Während der Gesetzestext aber lediglich die Partizipanten des Wegnahme-Geschehens – die Sache, den Täter, der (oder die) potenzielle(n) Empfänger – sowie bestimmte Aspekte der täterseitigen Absichten in den Blick nimmt, sind die umfangreichen Kommentartexte zum Diebstahl-Paragraphen (neben vielen weiteren Aspekten) um eine Explikation des Wegnahme-Begriffs selbst bemüht, den sie als Bruch fremden und Begründung neuen, nämlich tätereigenen Gewahrsams (an einer Sache) deuten, wobei sie sich ausführlich der Frage widmen, unter welchen Voraussetzungen von Bruch fremden bzw. Begründung neuen Gewahrsams gesprochen werden kann.

Es versteht sich von selbst, dass eine (frame-)semantische Analyse des Verbs *stehlen* (bzw. des Substantivs *Diebstahl*), die diese Explikationsebenen mitberücksichtigt, weit über Bedeutungsbeschreibungen hinausgehen muss, die sich – etwa ausgehend von Fillmores (1968) Kasus-Rahmen-Theorie – auf die Angabe der mit dem Verb standardmäßig realisierten (oder ‚mitgedachten') ‚Mitspieler' (Aktanten) des mit dem Verb assoziierten Verbalgeschehens beschränken. Die Herausforderung für eine framesemantische Analyse des Diebstahlbegriffs besteht somit darin, diese in den Kommentaren entwickelten konzeptuellen Aspekte mit in die Modellierung einzubringen.

Wie eine solche Modellierung aussehen könnte, soll in diesem Beitrag vorgestellt werden. Zunächst folgen jedoch einige einführende Erläuterungen zum Charakter von Rechtsbegriffen im Allgemeinen und – etwas ausführlicher – zum Diebstahl-Begriff im Besonderen (Abschnitt 2 und 3). Im Anschluss (Abschnitt 4) wird begründet, wie sich ein framesemantischer Zugriff auf das Diebstahl-Konzept motivieren lässt, und es werden kurz die Besonderheiten des hier zugrunde gelegten Düsseldorfer Frame-Modells (Petersen 2007; Löbner 2015) erläutert. In den nachfolgenden zwei Abschnitten wird die framesemantische Modellierung vorgestellt, wobei zunächst (Abschnitt 5) der konzeptuelle ‚Kern' des Diebstahl-

Eine framesemantische Modellierung des juristischen Diebstahl-Begriffs

Konzepts – der Bruch fremden und die Begründung neuen, tätereigenen Gewahrsams – im Mittelpunkt steht, welcher dann abschließend (Abschnitt 6) durch die noch zu ergänzenden Elemente zu einer vollständigen Modellierung erweitert wird.[1] Mit in den Blick genommen wird hierbei immer, wie die im Diebstahl-Paragraphen und in den Kommentaren enthaltenen Definitionen, Explikationen und Verständnisweisen in die Modellierung eingeflossen sind.

2 Zur Explikationsbedürftigkeit von Rechtsbegriffen

Anders als das in der angelsächsischen Rechtstradition verwurzelte Fallrecht (*case law*), in dem sich die Rechtsprechung vornehmlich an vorangegangenen ähnlichen oder vergleichbaren Entscheidungen (Präzedenzfällen) orientiert, basiert die kontinentaleuropäische Rechtsprechung auf kodifiziertem Recht, d. h. Ausgangs- und Orientierungspunkt richterlicher Entscheidungen ist dort primär die in Gesetzen und Verordnungen formulierte rechtliche Norm. Das heißt, dem Normtext (das ist der jeweilige Gesetzesparagraph oder die jeweilige Verordnung) kommt hierbei die Aufgabe zu, bestimmte Sachverhalte rechtlich zu regulieren[2] oder – bezogen auf das Strafrecht – bestimmte Verhaltensweisen oder Handlungen als Straftatbestände erfassbar und auf dieser Grundlage sanktionierbar zu machen. Vor allem dieser Aspekt trägt zu dem häufig festzustellenden definitorischen Charakter der Normtexte des StGB bei.[3] Definitorischen Charakter

---

[1] Der in diesem Beitrag vorgestellte Diebstahl-Frame ist in dem zum Sonderforschungsbereich (SFB) 991 „Die Struktur von Repräsentationen in Sprache, Kognition und Wissenschaft" gehörenden Teilprojekt B05 „Frameanalyse deutscher Rechtsbegriffe" entwickelt worden, das vom 1.7.2011 bis zum 30.6.2015 von der Deutschen Forschungsgemeinschaft (DFG) gefördert wurde. Die hier vorgestellten Frame-Modellierungen gehören zu den Ergebnissen dieses Projekts, in dem unter der Leitung von Prof. Dr. Dietrich Busse und unter Mitarbeit von Frau Michaela Felden M. A. und dem Verf. Rechtsbegriffe des deutschen Strafrechts (*Diebstahl, (mit) Gewalt*) sowie des deutschen Zivilrechts (*Besitz, Eigentum*) unter framesemantischer Perspektive analysiert wurden. Für einen Überblick zu den weiteren Ergebnissen des Projekts siehe Busse (2015a), Busse (2015b) sowie ausführlich Busse/Felden/Wulf (2018).

[2] Als Beispiel kann hier etwa § 249 Abs. 1 BGB dienen, der den Umfang einer Schadensersatzleistung bestimmt: „Wer zum Schadensersatz verpflichtet ist, hat den Zustand herzustellen, der bestehen würde, wenn der zum Ersatz verpflichtende Umstand nicht eingetreten wäre."

[3] Natürlich haben nicht alle Paragraphen des StGB definitorischen Charakter oder sind gar Definitionen im streng formalen Sinne. Siehe jedoch beispielsweise die Mord-Definition in § 211 Abs. 2 StGB: „Mörder ist, wer aus Mordlust, zur Befriedigung des Geschlechtstriebs, aus Habgier oder sonst aus niedrigen Beweggründen, heimtückisch oder grausam oder mit gemeingefährlichen Mitteln oder um eine andere Straftat zu ermöglichen oder zu verdecken, einen Menschen tötet." Auf

hat auch der Diebstahlparagraph des StGB, dessen vollständiger Wortlaut folgendermaßen lautet:

> § 242 StGB Diebstahl: (1) Wer eine fremde bewegliche Sache einem anderen in der Absicht wegnimmt, die Sache sich oder einem Dritten rechtswidrig zuzueignen, wird mit Freiheitsstrafe bis zu fünf Jahren oder mit Geldstrafe bestraft. (2) Der Versuch ist strafbar.

Zwar enthält § 242 StGB keine explizite Diebstahl-Definition, aber Abs. 1 ist doch insofern definitorisch, als sich dort eine Reihe von Angaben darüber finden, welche Bedingungen erfüllt sein müssen, damit eine bestimmte Wegnahme-Handlung als Diebstahl im Sinne von § 242 StGB gelten kann.[4] Diese Bedingungen beziehen sich zum einen auf das Tatobjekt selbst und zum anderen auf bestimmte Absichten und Einstellungen des Wegnehmenden. Die Tatobjekt-Bedingungen legen zunächst fest, welche Dinge als Tatobjekt eines Diebstahl-Delikts in Frage kommen: Gestohlen werden können laut Abs. 1 nur „Sachen", die (i) „fremd" sind, d. h. die nicht zum Allein-Eigentum des Wegnehmenden gehören, und die (ii) „beweglich" sind, d. h. die über Eigenschaften verfügen, die die Sache überhaupt ‚wegnehmbar' machen.

Insofern weist schon die auf das Tatobjekt bezogene Nominalphrase (*fremde bewegliche Sache*) in mehrfacher Hinsicht über den Normtext, in dem sie enthalten ist, hinaus: erstens, indem sie über das Attribut ‚fremd' auf das Eigentumskonzept des Bürgerlichen Gesetzbuches Bezug nimmt,[5] zweitens, indem sie Wissen darüber voraussetzt, was im rechtlichen Sinne unter einer Sache zu verstehen

---

der Basis dieser Kriterien ist Mord somit als Untertyp der sog. ‚Straftaten gegen das Leben' ausgezeichnet, für die das deutsche Strafrecht noch eine Reihe weiterer Untertypen definiert, so etwa neben Mord beispielsweise Totschlag (§ 212), Tötung auf Verlangen (§ 216) oder fahrlässige Tötung (§ 222).

[4] So könnte man die in Abs. 1 enthaltene ‚Definition' etwa so wiedergeben: Diebstahl ist Wegnahme einer fremden beweglichen Sache, in der Absicht, sie sich oder einem Dritten rechtswidrig zuzueignen. Allerdings kennt das deutsche Strafrecht keine Oberklasse der Wegnahme-Delikte, von denen Diebstahl einen Untertyp darstellen würde. Zwar gibt es Deliktstypen wie etwa ‚besonders schwerer Fall des Diebstahls' (§ 243 StGB) oder ‚Raub' (§ 249 StGB), aber diese stellen lediglich spezifische Fälle des Diebstahl-Delikts dar, das prinzipiell auch ohne die diese Typen auszeichnenden Merkmale vorliegen kann. ‚Besonders schwerer' Diebstahl liegt u. a. vor, wenn zur Ausführung der Tat in ein Gebäude oder einen verschlossenen Raum eingebrochen wird, wenn jemand ‚gewerbsmäßig' stiehlt oder wenn etwa Waffen, Sprengstoff o. ä. gestohlen werden. Raub ist als Diebstahl in Verbindung mit der Anwendung oder Androhung von Gewalt definiert.

[5] Vgl. den ersten Satz in § 903 BGB (Befugnisse des Eigentümers): „Der Eigentümer einer Sache kann, soweit nicht das Gesetz oder Rechte Dritter entgegenstehen, mit der Sache nach Belieben verfahren und andere von jeder Einwirkung ausschließen."

Eine framesemantische Modellierung des juristischen Diebstahl-Begriffs

ist,[6] und drittens, indem sie im konkreten Anwendungsfall u. U. eine Begründung dafür einfordert, dass es sich tatsächlich um eine bewegliche Sache handelt. Denn dass eine Sache beweglich ist, versteht sich nicht unbedingt von selbst! So ist die Einschränkung auf bewegliche Sachen im Fall von Immobilien, d. h. Grundstücken, Gebäuden oder Wohnungen zwar noch unmittelbar einleuchtend: Häuser, Grundstücke usw. sind zumindest nicht im Sinne von § 242 StGB ‚wegnehmbar'. Aber wie verhält es sich bei Gras, das ja zunächst fester, d. h. nicht abgetrennter Bestandteil eines Wiesen- oder Weidegrundstücks ist? So ist in einem Urteil gegen einen Schäfer, der seine Schafe vorsätzlich und unbefugt auf einem fremden Grundstück hat weiden lassen (LG Karlsruhe, Urteil vom 21.06.1993 – 8 AK 25/93)[7] die Frage, inwiefern sich abgeweidetes Gras als *bewegliche* Sache begreifen lässt, für die Subsumtion seiner Tat unter den Straftatbestand des Diebstahls durchaus relevant gewesen. Die Begründung lautet dort folgendermaßen:

> Der Tatbestand des Diebstahls ist dadurch erfüllt, daß die Schafe des Angekl. das auf fremden Grundstücken wachsende Gras sowie Klee abgerissen und gefressen haben. Ursprünglich handelte es sich bei dem Gras nicht um eine bewegliche Sache, da es fest mit dem Boden verbunden war. Es sind jedoch auch Teile von unbeweglichen Sachen als beweglich anzusehen, wenn sie losgelöst und beweglich gemacht werden. [...] Bei dem Vorgang des Abfressens wurden die Halme zunächst vom Boden abgetrennt und dadurch zu beweglichen Sachen i. S. des § 242 StGB. (NStZ 1993, 543)

Was hier nur in groben Zügen am Beispiel der Tatobjekt-Bedingungen erläutert wurde, trifft auch auf andere zentrale Begriffe in § 242 StGB zu. Auch für sie gilt:

---

[6] Was im rechtlichen Sinne eine Sache ist, bestimmt § 90 BGB (Begriff der Sache) – der allerdings nur die knappe Auskunft gibt: „Sachen im Sinne des Gesetzes sind nur körperliche Gegenstände." Was der Normtext somit nicht leistet (und prinzipiell auch nicht leisten kann), ist die Explikation seiner eigenen Explikationsbegriffe. Wer also wissen möchte, was rechtlich zu den körperlichen Gegenständen gezählt wird (und was nicht), ist auf die entsprechenden Kommentare (und/oder auf damit befasste Rechtsurteile oder Entscheidungen, die mit in die Kommentierungen eingeflossen sind) angewiesen; vgl. etwa die Auskunft des Münchener Kommentars (MüKo) zum § 90 BGB, Randnummer (Rn) 1: „Der im Gesetz nicht definierte Oberbegriff ‚Gegenstände' umfasst alle individualisierbaren, vermögenswerten Objekte und Güter, über die Rechtsmacht im Sinne von Herrschafts- oder Nutzungsrechten ausgeübt werden kann." Nicht stehlbar sind darum Personen, die zwar körperlich, aber nicht Sachen, sondern „Rechtssubjekte" sind (vgl. MüKo § 90 BGB, Rn 2). Keine Sache im Sinne des § 90 BGB ist etwa auch elektrischer Strom, da ihm die Eigenschaft der Körperlichkeit abgesprochen wird (vgl. MüKo § 90 BGB, Rn 24) – was es im Strafrecht notwendig gemacht hat, die rechtswidrige Zueignung elektrischer Energie als eigenen, vom Diebstahl zu unterscheidenden Straftatbestand zu konstituieren (siehe § 248c StGB: Entziehung elektrischer Energie).

[7] In Auszügen veröffentlicht in: Neue Zeitschrift für Strafrecht (NStZ) 1993, 543 f.

Nicht der Normtext allein kann leisten, dass ein bestimmtes ‚Realgeschehen' unter den im Normtext benannten Straftatbestand subsumierbar ist. Der Normtext selbst – und die in ihm enthaltenen rechtlich relevanten Begriffe – setzt einen Wissens- und Verstehenshorizont voraus, der zum einen auf andere Normtexte bezogen ist und zum anderen Verstehensweisen vorangegangener Urteile oder obergerichtlicher Grundsatzentscheidungen umfasst, welche in die Kommentarliteratur eingeflossen sind und auf diese Weise das Verständnis des Normtexts – und damit auch wiederum seine Anwendung in konkreten Entscheidungsfällen – prägen und lenken.

Ebenso explikationsbedürftig wie der Begriff der Sache ist der Begriff der Zueignung, der im Zusammenhang mit § 242 StGB insofern von Bedeutung ist, als er auf die für den Diebstahl-Begriff tatbestandsrelevanten Täterabsichten abstellt: Der Täter nimmt die Sache in der Absicht weg, sie sich (oder einem Dritten) rechtswidrig zuzueignen. (Was unter ‚Zueignung' zu verstehen ist und welche Konsequenzen sich daraus für das Diebstahl-Konzept ergeben, werde ich im nächsten Abschnitt erläutern.)

Und auch das im Normtext enthaltene Verb *wegnehmen* wird in der Kommentarliteratur zum § 242 StGB umfassend expliziert: Eine Handlung, die unter Diebstahl subsumierbar ist,[8] zeichnet sich dadurch aus, dass durch Bruch fremden und Begründung neuen Gewahrsams eine „Gewahrsamsverschiebung" vom Bestohlenen auf den Wegnehmenden stattfindet. Stellvertretend für viele andere ähnlich lautende Kommentarstellen sei hier Randnummer (Rn) 22 in Schönke/Schröders Strafgesetzbuch-Kommentar wiedergegeben:[9]

> Die Tathandlung [des Diebstahls] besteht in der Wegnahme der Sache: durch Bruch fremden und Begründung neuen (idR eigenen) Gewahrsams [...]. Aufgrund der dafür erforderlichen Gewahrsamsverschiebung vom Opfer zum Täter kommt

---

[8] Die Subsumtion einer Handlung unter den Begriff des Diebstahls erfolgt somit auf der Basis bestimmter, für Diebstahl-Handlungen notwendig geltender Tatbestandsmerkmale. Insofern enthält § 242 StGB zumindest implizit eine Definition, die über den Begriff der Wegnahme dem ‚klassischen' Muster der Begriffsdefinition auf der Basis von *genus proximum* und *differentia specifica* nahekommt: Diebstahl ist Wegnahme einer fremden beweglichen Sache, in der Absicht, sie sich (oder einem Dritten) rechtswidrig zuzueignen.

[9] Es ist üblich, die Kommentarstellen durch Randnummern (Rn) anzugeben. Die Randnummernzählung ist immer auf den jeweiligen kommentierten Paragraphen bezogen und beginnt mit dem nachfolgenden Paragraphen wieder neu. Die Identifizierung der zitierten Kommentarstelle erfolgt also über die Angabe des kommentierten Paragraphen und über die Randnummer, die der zitierten Stelle zugeordnet ist.

Eine framesemantische Modellierung des juristischen Diebstahl-Begriffs

dem Gewahrsamsbegriff eine Schlüsselfunktion zur Bestimmung der Wegnahme zu [...]. (Schönke/Schröder § 242 StGB, Rn 22)

Durch die Konzeptualisierung von Wegnahme als Bruch und Begründung (die Wegnahme bewirkt eine Gewahrsamsverschiebung vom Bestohlenen auf den Wegnehmenden) kommt ein weiterer klärungsbedürftiger Begriff ins Spiel: der Begriff des Gewahrsams. Dieser wird darum in einem nächsten Schritt expliziert als „tatsächliches Herrschaftsverhältnis zwischen einer Person und einer Sache [...], das von einem Herrschaftswillen [...] getragen ist" (Schönke/Schröder § 242 StGB, Rn 23).

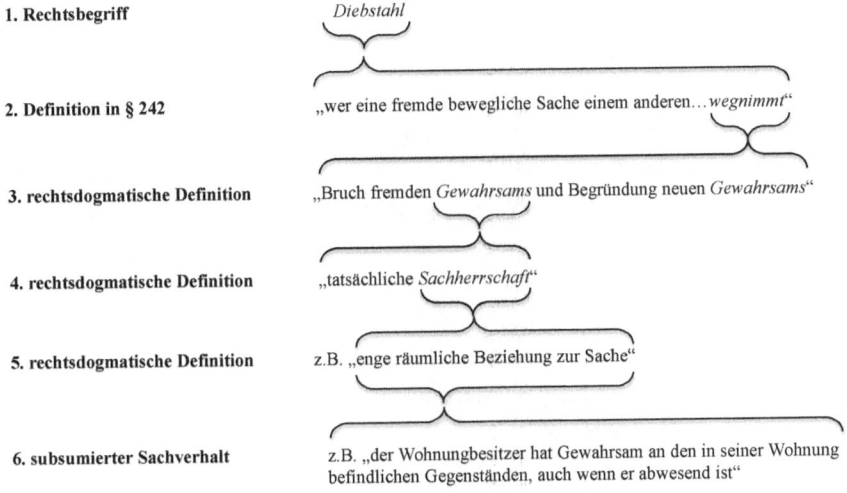

Abb. 1: Explikationsstufen von *wegnehmen* in § 242 StGB, orientiert an Busse (2002)

Gewahrsam ist also zu verstehen als „Sachherrschaftsverhältnis", das sich darin auszeichnet, dass „der unmittelbaren Verwirklichung des Einwirkungswillens auf die Sache keine Hindernisse entgegenstehen [...]" (ebd., Rn 25), was u. a. dadurch gewährleistet ist, dass eine „enge räumliche Beziehung" zwischen der Person und der Sache besteht (ebd.), etwa wenn sich die Sache in der Wohnung der Person befindet – welche nach herrschender Meinung aber auch dann noch fortbesteht, wenn sich die Person vorübergehend nicht in ihrer Wohnung aufhält (ebd. Rn

221

26). Wie Abb. 1 zeigt, lassen sich auf diese Weise bis zu sechs Explikationsstufen unterscheiden. Abb. 1 liefert natürlich noch kein vollständiges Bild: Zum einen bleibt die auf Stufe 3 gewählte Fortführung des Explikationspfads auf den Gewahrsamsbegriff beschränkt und lässt die Explikation der Begriffe ‚Bruch' und ‚Begründung' unberücksichtigt. Und zum anderen wird auf der Ebene der Sachherrschaftsexplikation (Stufe 5), ebenso wie auf der Ebene der üblicherweise unter Sachherrschaft subsumierten ‚realweltlichen' Sachverhalte (Stufe 6), lediglich ein Aspekt bzw. ein typisches Beispiel genannt.

3 Bruch und Begründung vs. Zueignung: Begriffliche Merkmale des Diebstahl-Delikts

§ 242 StGB Abs. 1 bestimmt Diebstahl zunächst als Wegnahme einer fremden beweglichen Sache. Die Wegnahme-Handlung selbst ist in der Kommentarliteratur als „Bruch fremden und Begründung neuen [in der Regel tätereigenen] Gewahrsams" definiert (siehe oben, Schönke/Schröder § 242 StGB, Rn 22). Des Weiteren gibt Abs. 1 bestimmte täterseitige Absichts- und Wissensaspekte an: Der Täter nimmt die Sache weg, um sie „sich oder einem Dritten rechtswidrig zuzueignen". Der Wegnahme-Handlung liegt somit (i) eine Zueignungsintention zugrunde und diese Zueignungsintention ist (ii) von dem Wissen begleitet, dass die Sache dem Täter rechtmäßig nicht zusteht.[10] Darüber hinaus wird in Abs. 2 noch die (konzeptuell zunächst relativ harmlos erscheinende) Auskunft gegeben, dass auch der Versuch strafbar ist.

Klärungsbedürftig ist jedoch nicht nur, wann bzw. unter welchen Bedingungen von Bruch und (im Anschluss daran) von Begründung gesprochen werden kann – sondern auch, wie das Verhältnis von Begründung und Zueignung zu verstehen ist. Zwei Deutungsmöglichkeiten bieten sich hier an: Eine wäre, Begründung und Zueignung als zeitlich und logisch zusammenfallend aufzufassen, so-

---

[10] Das Wissen um die Unrechtmäßigkeit der Zueignung ist darum notwendig für die Subsumtion einer Wegnahme-Handlung unter den Diebstahl-Tatbestand. Nimmt der Wegnehmende etwa irrtümlich an, dass die Zueignung aus bestimmten Gründen *nicht* unrechtmäßig ist (etwa weil er die Sache für seine eigene hält oder denkt, dass sie herrenlos ist, vgl. MüKo § 242 StGB, Rn 153), so ist der Aspekt der Unrechtmäßigkeit auch nicht Bestandteil seines Vorsatzes, sich die Sache zuzueignen.

dass im Fall erfolgreicher Gewahrsamsbegründung auch die erfolgreich vollzogene Zueignung angenommen werden müsste. Die andere Möglichkeit ist, Begründung und Zueignung konzeptuell voneinander zu trennen, mit der Folge, dass die Wegnahme-Handlung selbst – die sich ja laut Kommentarliteratur aus dem Bruch fremden und der Begründung eigenen Gewahrsams zusammensetzt – von der Frage der erfolgreichen Zueignung zu lösen wäre. Das heißt, nach dieser Deutung ist die (erfolgreiche) Begründung tätereigenen Gewahrsams prinzipiell unabhängig davon, ob am Ende auch die Zueignung erfolgreich vollzogen werden konnte. Die Rechtsprechung hat sich für die letztere Deutungsvariante entschieden. Der Grund für diese aus der Laienperspektive vielleicht nicht unmittelbar einleuchtende Verstehensweise ist, dass sich so eine Regelung für die in der Rechtsprechungspraxis außerordentlich wichtige Frage formulieren lässt, ab wann von vollendetem Diebstahl gesprochen werden kann. Denn da Abs. 2 festhält, dass auch versuchter Diebstahl strafbar ist, muss ebenfalls geklärt werden, ob ein Wegnahme-Fall noch als versucht oder schon als vollendet anzusehen ist. So könnte man etwa dafür argumentieren, dass eine Wegnahme-Handlung, bei der der Täter ‚auf frischer Tat' ertappt wird, unter *versuchten* Diebstahl zu subsumieren sei, da die Zueignung in einem solchen Fall ja nicht erfolgreich vollzogen worden ist. Die Rechtsprechung hat sich gegen diese Sichtweise entschieden. Diebstahl gilt vielmehr schon dann als vollständig vollzogen, wenn „der Dieb auf frischer Tat betroffen wird", weshalb „nicht erst das Fortschaffen oder gar Bergen des Diebesguts den Zeitpunkt der Vollendung markieren" kann (Leipziger Kommentar (LK) § 242 StGB, Rn 48).

Diese Bestimmung scheint auf den ersten Blick etwas stipulativ zu sein, lässt sich aber nach der Auffassung des Leipziger Kommentars klar dem Normtext entnehmen: Zueignung sei darum von der Wegnahme „streng [...] zu unterscheiden", weil sie „nach dem Gesetzeswortlaut [!] nicht Tathandlung des Diebstahls ist", sondern lediglich „beabsichtigt, nicht aber eingetreten sein muss" (LK § 242 StGB, Rn 51; siehe auch Abb. 2). Zueignung ist laut Fischer (§ 242 StGB, Rn 33) „die Begründung des Eigenbesitzes unter Ausschluss des Berechtigten mit dem Willen, wie ein Eigentümer über die Sache zu verfügen". Aber ob es im Anschluss an den Diebstahl „tatsächlich zu einer Zueignung kommt, ist [...] unerheblich" (Fischer § 242 StGB, Rn 32). Diebstahl ist darum ein Delikt mit „überschießender

Innentendenz" und ein sog. „kupiertes Erfolgsdelikt". Mit ‚überschießender Innentendenz' ist gemeint, dass der Aspekt der Zueignungs*absicht* notwendiger *subjektiver* Bestandteil der Wegnahme-Handlung ist, ohne den sich Wegnahme im Sinne von § 242 StGB nicht denken lässt, der aber prinzipiell unabhängig davon ist, ob die Zueignung am Ende tatsächlich erfolgreich vollzogen werden konnte. Eben dies macht Diebstahl zu einem „kupierten Erfolgsdelikt": Denn egal ob die Zueignung erfolgreich war oder nicht – es handelt es sich in jedem Fall um Diebstahl.[11]

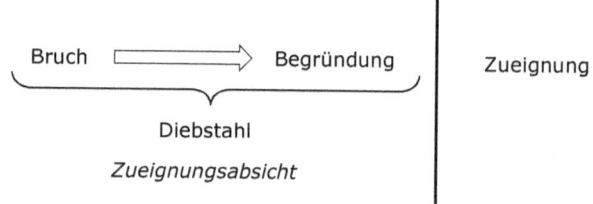

Abb. 2: Wegnahme vs. Zueignung

Der Sinn dieser Konstruktion besteht somit darin, von Diebstahl schon ab dem Zeitpunkt sprechen zu können, an dem der Gewahrsamsübergang abgeschlossen ist, d. h. wenn der neue, tätereigene Gewahrsam begründet (worden) ist. Wird der Täter im Moment der Gewahrsamsbegründung oder direkt im Anschluss daran auf frischer Tat ertappt, so ist der Diebstahl nicht als versucht, sondern als schon vollendet aufzufassen, ohne dass die Zueignung erfolgt ist. „Kupiert" ist der Erfolg für den Täter dann in dieser Hinsicht: Der Täter hat nicht erreicht, was er mit der Tat eigentlich erreichen wollte, nämlich im Anschluss daran „wie ein Eigentümer über die Sache [...] verfügen" zu können (siehe oben, Fischer § 242 StGB, Rn 33).

Die Gewahrsamsbegründung besteht demgegenüber lediglich in der Herstellung aktueller Sachherrschaft, für die nicht erforderlich ist, dass sie längere Zeit andauert:

---

[11] Darum kann z. B. Mord niemals ein in diesem Sinne „kupiertes" Erfolgsdelikt sein. Denn um eine Tathandlung unter den Straftatbestand ‚Mord' subsumieren zu können, muss die Tat ‚erfolgreich' vollzogen worden sein, d. h. das Opfer muss tot sein. Wäre das Opfer nicht tot, hätte der Täter keinen Mord, sondern lediglich einen Mord*versuch* begangen.

Eine framesemantische Modellierung des juristischen Diebstahl-Begriffs

Neuer Gewahrsam ist begründet, wenn der Täter tatsächliche Herrschaft über die Sache erlangt und die Herrschaft – wenn auch nur vorübergehend [...] – unbehindert ausüben kann, während der frühere Gewahrsamsinhaber zur Rückerlangung der Sachherrschaft die Verfügungsgewalt des Täters erst beseitigen müsste. [...] Gesichert muss der Gewahrsam noch nicht sein. (LK § 242 StGB, Rn 93 f.)

Voraussetzung für die Gewahrsamsbegründung ist der Bruch, d. h. die „Aufhebung" bestehenden Gewahrsams durch den Täter:

„Weg"nehmen kann nur, wer den bestehenden Gewahrsam des ursprünglichen Gewahrsamsinhabers aufhebt. Entscheidend ist, dass dieser nicht mehr ohne weiteres an die Sache herankommen und seine Herrschaft ohne Beseitigung der faktischen Verfügungsgewalt des Diebes nicht mehr wahrnehmen kann. (LK § 242 StGB, Rn 87)

Ein weiterer entscheidender Punkt ist hierbei, dass die Wegnahme „gegen oder ohne den Willen des [Gewahrsams-]Berechtigten erfolgt, es also am so genannten tatbestandsausschließenden Einverständnis fehlt." (Joecks, § 242 StGB, Rn 10). Zu beachten ist hier die Redeweise „gegen oder ohne den Willen des Berechtigten". Für die Annahme, dass das „tatbestandsausschließende Einverständnis" fehlt, ist nämlich nicht notwendig, dass der Gewahrsamsberechtigte den Bruch bemerkt, vielmehr reicht schon aus, dass er sein Einverständnis in den Gewahrsamsübergang nicht zu erkennen gegeben hat. Im ersteren Fall (wenn er die Wegnahme bemerkt) geschieht der Bruch *gegen* seinen Willen, im letzteren Fall (wenn er die Wegnahme nicht bemerkt) geschieht der Bruch *ohne* seinen Willen. Für Wegnahme-Fälle gilt demnach: Seitens des Geschädigten besteht kein erkennbares Einverständnis in den Gewahrsamsverlust an dem Tatobjekt, für das er Gewahrsamsberechtigung hat (d. h. er hätte es nicht gegeben, wenn er den Bruch bemerkt hätte). Das fehlende Einverständnis ist darum ein weiteres notwendiges Tatbestandmerkmal: Würde seitens des Gewahrsamsberechtigten Einverständnis bestehen, ließe sich der Gewahrsamsverlust nicht mehr auf einen Bruch zurückführen, womit dann auch nicht mehr von Diebstahl gesprochen werden könnte.[12]

---

[12] Dennoch könnte auch bei vorausgesetztem Einverständnis in den Gewahrsamsübergang täterseitig die Absicht bestehen, sich die Sache rechtswidrig zuzueignen, etwa wenn der Täter beabsichtigt, eine Sache, die ihm anvertraut wurde, nicht zurückzugeben. Eine solche Tatkonstellation fällt nicht unter den Straftatbestand des Diebstahls, sondern unter den der Unterschlagung (§ 246 StGB). Allerdings ist Unterschlagung nicht auf das Einverständnis-Merkmal angewiesen. Wer bspw. eine verlorengegangene Geldbörse mit einem größeren Geldbetrag findet und diese nicht ins Fundbüro bringt, macht sich ebenfalls der Unterschlagung schuldig. Zwar besteht hier seitens des rechtmäßigen Besitzers sicherlich kein Einverständnis darüber, dass der Finder das Geld behält, aber da

Fassen wir zusammen: Wegnahme im Sinne von § 242 StGB besteht im Bruch fremden und in der Begründung neuen, in der Regel tätereigenen Gewahrsams. Die Wegnahme-Handlung ist begleitet (bzw. motiviert) von der Absicht des Täters, sich die Sache zuzueignen, wobei er sich über die Rechtswidrigkeit der Zueignung im Klaren ist. Bruch setzt voraus, dass kein Einverständnis des Gewahrsamsberechtigten in den Gewahrsamsübergang besteht. Die Begründung ist erfolgt (und die Wegnahme-Handlung damit vollendet), sobald der Täter – wenn auch nur vorübergehend – Sachherrschaft über die Sache erlangt hat.

Die Entscheidung, Wegnahme mit der Gewahrsamsbegründung als vollendet aufzufassen, hat entscheidende Auswirkungen darauf, was als *versuchter* Diebstahl gelten kann. Da Zueignung auf diese Weise so konzeptualisiert wird, dass sie der Wegnahme zeitlich nachgelagert ist, lassen sich Fälle ‚missglückter' Zueignung (etwa wenn der Täter ‚auf frischer Tat ertappt' wird) nicht als Fälle versuchten Diebstahls begreifen. Dies hat zur Folge, dass versuchter Diebstahl zeitlich *vor* der Begründung verortet werden muss (vgl. bspw. MüKo § 242 StGB, Rn 166: „Im Stadium des Versuchs befindet sich der Täter bis zur Begründung neuen Gewahrsams") und somit Fälle betrifft, in denen die Begründung aufgrund ‚missglückter' Bruch-Aktivitäten nicht erfolgt ist (für Beispiele siehe LK § 242 StGB, Rn 193 f. sowie Fischer § 242 StGB, Rn 55 f.).[13]

4 Das Wegnahme-Konzept aus framesemantischer Sicht

Frametheoretische Ansätze implizieren eine verstehensorientierte und eine konzeptorientierte Perspektive. Die erstere Perspektive hebt die entscheidende Rolle vorausgesetzten, nicht explizit gemachten Wissens für das Verstehen von Texten, Äußerungen oder Begriffen hervor. Wie wir gesehen haben, setzt auch das vollständige Verständnis eines Normtextes wie § 242 StGB Wissen darüber voraus,

---

sein Gewahrsam an der Geldbörse und dem darin enthaltenen Geld zu dem Zeitpunkt, an dem der Finder die Geldbörse an sich nimmt, schon nicht mehr besteht, liegt hier auch kein Bruch vor.

[13] Zum versuchten Diebstahl werden allerdings auch Fall-Konstellationen gezählt, in denen der Täter nicht weiß, dass der Eigentümer die Wegnahme insgeheim geschehen lassen will. Dies ist etwa bei der sogenannten ‚Diebesfalle' der Fall. Von Diebesfalle spricht man, wenn die Wegnahme bewusst zugelassen wird, um den Täter im Anschluss als Dieb überführen zu können, was u. U. erst *nach* dem Zeitpunkt der Gewahrsamsbegründung geschieht. Laut LK § 242 StGB, Rn 127 liegt in solchen Konstellationen Versuch vor, weil aufgrund des vorhandenen Einverständnisses in den Gewahrsamsübergang kein Bruch stattgefunden hat.

was im rechtlichen Sinne eine Sache ist, was unter Zueignung verstanden wird und noch vieles andere mehr. Die letztere Perspektive zielt demgegenüber auf das Wissen selbst ab, wobei in frametheoretischen Ansätzen von der These ausgegangen wird, dass dieses (verstehensrelevante) Wissen in einem kognitiven Format repräsentiert ist, das bestimmte allgemeine Strukturmerkmale aufweist. Diese zwei Perspektiven sind jedoch nicht voneinander zu trennen. Die erstere ist vielmehr bedingt durch die letztere: Voraussetzung für das Verstehen ist, auf schon vorhandene Wissensrepräsentationen zurückgreifen zu können, die dann auf das zu Verstehende ‚angewendet' werden. Diesen Mechanismus hat schon Minsky (1975) beschrieben:

> When one encounters a new situation [...] one selects from memory a structure called a frame. This is a remembered framework to be adapted to fit reality by changing details as necessary. A frame is a data-structure for representing a stereotyped situation. (Minsky 1975, 212)

Die einen Frame konstituierende „Daten-Struktur" beschreibt Minsky als ein Netzwerk aus „nodes" und „relations", das sich als ein ‚Gerüst' stabiler, standardmäßig mit der repräsentierten Situation assoziierter Strukturelemente denken lässt, deren „slots" im ‚Anwendungsfall' dann jeweils situationsspezifische „filler" zugewiesen werden (ebd.).[14]

Auch die Wegnahme- bzw. Diebstahl-Situation lässt sich so zunächst als abstraktes, allgemeines ‚Situationsgerüst' beschreiben, das über bestimmte, stabile Strukturelemente verfügt: etwa, dass die Wegnahme immer von irgendjemandem ausgeführt wird (dem Täter), des Weiteren, dass es immer etwas gibt, das weggenommen wird (die Sache), sowie, dass es immer jemanden gibt, dem die Sache weggenommen wird (den Geschädigten). Vor diesem Hintergrund ist es dann naheliegend, die aufgelisteten Elemente (den Täter, das Tatobjekt bzw. die Sache, den Geschädigten) als die standardmäßig involvierten ‚Partizipanten' oder ‚Mitspieler' des mit dem Verb *wegnehmen* (bzw. *stehlen*) assoziierten Verbalgeschehens aufzufassen. Dies ist eine Idee, die, inspiriert von Fillmores (1968) „case frame"-Ansatz, auch dem Frame-Verständnis des lexikalisch/semantisch orientierten, ebenfalls von Fillmore initiierten FrameNet-Projekts zugrunde liegt:

---

[14] Vgl. ebenfalls Minsky (1986, 244 f.): „A frame is a sort of skeleton, somewhat like an application form with many blanks or slots to be filled."

The word *frame* in this context is used to refer to a schematic representation of speakers' knowledge of the situations or states of affair that underlie the meanings of lexical items. The named components of a frame, called frame elements (FEs), stand for the participants, props, phases, and parts of the kinds of situations named by the frame. (Fillmore 2007, 130)

Bezogen auf das Verb *stehlen* heißt dies: Das der Bedeutung von *stehlen* zugrunde liegende (Frame-)Konzept setzt sich zusammen aus den mit der Wegnahme- bzw. Diebstahl-Situation standardmäßig assoziierten Partizipanten (Ausführender, Betroffener und (gestohlene) Gegenstände) sowie aus bestimmten lokalen und/oder instrumentalen Informationen. Ein Ausdruck wie *stehlen* ist darum laut FrameNet assoziiert mit Situationen „in which a PERPETRATOR takes GOODS from a VICTIM or a SOURCE".[15] Die in dieser Beschreibung aufgelisteten semantischen Rollen-Bezeichnungen – bzw. in der FrameNet-Terminologie: Frame-Elemente (vgl. Fillmore 2007, 129) – stellen die sogenannten „core elements" dar, die im FrameNet-Eintrag für *theft* wie folgt bestimmt sind:[16]

- GOODS: alles das, was weggenommen werden kann
- PERPETRATOR: die Person, die die Sachen wegnimmt
- SOURCE: der Ort, an dem die Sache gelegen hat, bevor sie weggenommen wurde
- VICTIM: derjenige, der die Sache besessen hat, bevor sie vom Täter weggenommen wurde

Alle diese Frame-Elemente sind Bestandteile des mit *stehlen* (oder mehr oder weniger synonymen Ausdrücken wie *klauen, stibitzen, entwenden* etc.) assoziierten schematischen Wissens und können in Sätzen, die diese Verben enthalten, in verschiedenen Kombinationen realisiert sein, entweder durch Argumente oder z. T. auch durch attributive Erweiterungen innerhalb von Argument-Konstituenten:

(1) *Arno stahl die Uhr (aus Utes Handtasche).*
    Arno stahl (Ute) die Uhr (aus der Handtasche).

---

[15] Diese Definition findet sich in der FrameNet-Datenbank (https://framenet.icsi.berkeley.edu) unter dem Eintrag für *theft* (zuletzt abgerufen am 8.6.2015).
[16] Des Weiteren werden für *stehlen* noch eine Reihe von „non core elements" aufgelistet, zu denen laut FrameNet u. a. auch die Instrumental-Rolle (MEANS) zählt.

Eine framesemantische Modellierung des juristischen Diebstahl-Begriffs

Die Beispiele in (1) orientieren sich grob an den Beispielen im FrameNet-Eintrag zu *theft*. Zunächst fällt auf, dass die jeweilige ‚Rolle' der realisierten „core elements" (PERPETRATOR, SOURCE, VICTIM etc.) zumindest nicht vollständig die Semantik (oder den Typ) der verwendeten Ausdrücke determiniert, durch die sie repräsentiert sind. So ist etwa die Handtasche nicht *per se* SOURCE, sondern könnte ebenso gut auch Tatobjekt sein.[17] Und nichts kommt Arno bzw. Ute als Eigenschaft zu, das sie prinzipiell als PERPETRATOR bzw. VICTIM ausweist. Ihre jeweilige Rolle wird ihnen vielmehr durch das Verb *stehlen* zugewiesen, das ihnen zunächst auf einer wesentlich abstrakteren Ebene die Agens- bzw. Patiens-Rolle zuweist, die dann – auf der Basis der Semantik von *stehlen* (bzw. des mit dem Ausdruck assoziierten konzeptuellen Wissens) – jeweils als PERPETRATOR bzw. VICTIM spezifiziert wird. Bildet man auf diese Struktur Minskys slot/filler-Unterscheidung ab, so lassen sich Arno, Ute, die Uhr usw. als *filler* für die jeweiligen *slots* PERPETRATOR, GOODS, VICTIM etc. auffassen. Insofern stellen die Sätze in (1) also Repräsentationen von *konkreten* Diebstahl-Situationen dar, während die ‚allgemeine' Frame-Struktur der Diebstahl-Situationen zunächst allein durch die *slots* repräsentiert wird und die jeweiligen ‚Füllungen' somit als Instantiierungen aufzufassen sind, d. h. die in der konkreten Diebstahl-Situationen involvierten Partizipanten repräsentieren.

Es ist aber ebenso möglich, die slot/filler-Unterscheidung auf die Ebene des ‚allgemeinen' Diebstahl-Konzepts anzuwenden, ohne dabei auf konkrete Diebstahl-Instantiierungen Bezug zu nehmen. Dies ist für die framesemantische Modellierung darüber hinaus sogar notwendig, da sich die ‚allgemeinen' strafrechtlich relevanten Aspekte des Diebstahl-Konzepts gar nicht auf die Ebene konkreter Instantiierungen ‚herunterbrechen' lassen. Dies gilt schon für das Tatobjekt: Für das Wegnahme-Konzept in § 242 StGB ist nicht relevant, ob es sich um eine Uhr, eine Geldbörse oder um sonst etwas handelt – relevant ist vielmehr die Klärung der Frage, über welche Eigenschaften ein Gegenstand *generell* verfügen muss, um

---

[17] Vgl. noch einmal die Definition in FrameNet: „SOURCE is the initial location of the goods, before they change location." Zwar lässt sich eine Handtasche durchaus als Ort konzeptualisieren, aber auch dies macht die Handtasche noch nicht zur SOURCE. Auch ein Ort ist nicht *per se* SOURCE. Ebenso wenig erfordert die SOURCE-Lesart, dass die Handtasche innerhalb eines Direktiv-Komplements (*aus der Handtasche*) realisiert wird, denn die „initial location" könnte genauso gut durch einen Attributsatz angegeben werden: *Arno stahl die Uhr, die sich in Utes Handtasche befand.* Und auch hier ist die „location" der Uhr erst in Verbindung mit dem Verb *stehlen* und den anderen am Wegnahme-Geschehen involvierten Partizipanten als SOURCE deutbar.

unter die Kategorie ‚Tatobjekt einer Diebstahl-Handlung' subsumiert werden zu können. So legt § 242 StGB in Bezug auf das Tatobjekt fest, dass es sich um eine fremde bewegliche Sache handeln muss. *Filler* der Partizipanten-Ebene wäre hier also nicht irgendeine Uhr, Geldbörse oder sonst etwas, sondern der allgemeine Begriff ‚Tatobjekt', für den es dann im nächsten Schritt – auf der Ebene des Teil-Konzepts ‚Tatobjekt' – gilt, die für das Tatobjekt notwendigen allgemeinen Merkmale zu benennen. Die im Normtext und in den Kommentaren enthaltenen Informationen sind in Abb. 3 grafisch modelliert.

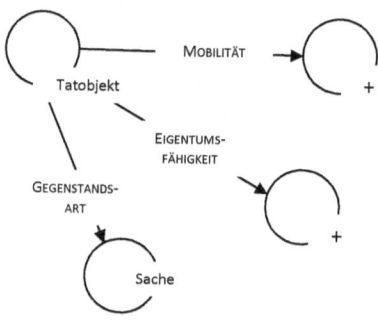

Abb. 3: Teil-Frame ‚Tatobjekt'

Die grafische Modellierung in Abb. 3 (sowie die anderen Frame-Modellierungen) folgt den Konventionen des im DFG-Sonderforschungsbereich 991 „Die Struktur von Repräsentationen in Sprache, Kognition und Wissenschaft" entwickelten Frame-Modells.[18] Die ‚klassische' slot/filler-Terminologie wird in diesem Modell durch die Unterscheidung von Attributen und Werten ersetzt, wobei die Werte grafisch durch Kreise (‚Knoten') und die Attribute durch Pfeile repräsentiert sind. Die Modellierung ist so zu verstehen, dass den Attributen jeweils ein bestimmter, in dem jeweiligen Wert-Knoten benannter Wert zugeordnet ist, wobei die Attribute bestimmte konzeptuelle Aspekte des modellierten (Frame-)Konzepts repräsentieren, das durch den ‚zentralen' Knoten, von dem die Attribut-Pfeile ausge-

---

[18] Zu den formalen Aspekten dieses Ansatzes siehe Petersen (2007). Zu den Grundannahmen und programmatischen Positionen siehe Löbner (2015).

hen, repräsentiert wird. Die Pfeil-Richtung gibt an, welcher Knoten dem jeweiligen Attribut als Wert zugewiesen ist. Da von jedem Knoten-Punkt wiederum Attribut-Pfeile ausgehen können, denen wiederum Wert-Knoten zugewiesen sind, ergibt sich so eine rekursive Modellierungsstruktur, die es erlaubt, Konzept-Strukturen bis in feinste Verästelungen zu beschreiben. Im Fall des abgebildeten ‚Tatobjekt'-Teilframes wäre es bspw. möglich, die Modellierung am ‚Sache'-Knoten fortzusetzen, indem dort Attribute angedockt werden, die bestimmte Aspekte des Rechtsbegriffs ‚Sache' repräsentieren, und denen jeweils wiederum bestimmte Werte zugeordnet sind. Insgesamt ergibt sich so eine Modellierung in der Form funktionaler Beschreibungen, die bspw. so zu lesen sind: Die Gegenstandsart [= Attribut] eines (Wegnahme-)Tatobjekts [= zentraler Knoten des ‚Tatobjekt'-Teilframes] ist: Sache [= Wert].

Der Teil-Frame modelliert die Bedingungen, die ein Objekt erfüllen muss, um Tatobjekt einer Wegnahme-Handlung im Sinne von § 242 StGB sein zu können. Tatobjekt eines Diebstahl-Delikts kann demnach nur etwas sein, das die folgenden Bedingungen erfüllt: Es ist (im rechtlichen Sinne) eine Sache, es ist eigentumsfähig und es ist mobil – d. h. ihm kommt die im Normtext so genannte Eigenschaft zu, „beweglich" zu sein.[19] Unmittelbar einleuchtend ist sicherlich das Kriterium der „Beweglichkeit" (Mobilität): Immobilien sind zwar Sachen im Sinne des Sachenrechts und eigentumsfähig, können jedoch nicht wie Uhren, Handtaschen etc. ‚weggenommen' werden. Etwas komplexer verhält es sich mit den zwei anderen Kriterien: Zum einen kann es der Fall sein, dass etwas nicht eigentumsfähig ist, weil es keine Sache im rechtlichen Sinne ist, etwa wenn es sich um ein Immaterialgut handelt (eine Idee, eine Erfindung oder ein geistiges Werk), an dem man nicht Eigentümer, sondern ‚Rechteinhaber' ist und dessen ‚Diebstahl' darum nicht unter § 242 StGB verhandelt wird (vgl. LK § 242, Rn 9). Zum anderen kann

---

[19] Das im Normtext genannte Merkmal „fremd" ist in der Modellierung lediglich implizit, über das Merkmal der Eigentumsfähigkeit, enthalten. „Fremd" impliziert, dass das Tatobjekt nicht zum Allein-Eigentum des Täters gehört – weswegen vorausgesetzt sein muss, dass das Tatobjekt eigentumsfähig ist. Personen sind daher als Tatobjekte ausgeschlossen, da sie aufgrund ihrer Eigenschaft als Rechtssubjekte nicht eigentumsfähig sind (vgl. MüKo § 90 BGB, Rn 2). Tiere sind zwar laut § 90a BGB keine Sachen, werden im strafrechtlichen Sinne jedoch dazugezählt. Vgl. LK § 242 StGB, Rn 8: „Nichtmenschliche Lebewesen, insbesondere Pflanzen, Pilze, Tiere, sind Sachen im strafrechtlichen Sinne." Pflanzen und Tiere sind als Handelsware eigentums- und darum „verkehrsfähig", woraus sich dann die Möglichkeit zum Vieh-, Feld- und Forstdiebstahl ergibt, die zum „historischen Kern des Diebstahlrechts" zählen (LK, ebd.).

etwas zwar eine Sache sein, ist aber u. U. nicht eigentumsfähig, weil ihm die ‚Verkehrsfähigkeit', d. h. die Möglichkeit, damit (legal) Handel zu treiben, abgesprochen wird. Dies ist etwa der Fall bei Drogen oder Waffen, wenn sie „mehr oder weniger weitgehenden Umgangsverboten unterliegen" (LK § 242, Rn 31), sodass deren Besitz u. U. schon aufgrund der bestehenden Umgangsverbote strafrechtlich sanktionierbar ist – unabhängig davon, wie der Besitz an diesen Sachen ‚erworben' wurde.

Was den Tatobjekt-Frame, in dem alle diese Aspekte modelliert sind, auszeichnet, ist aber nicht nur, dass er sich von der Ebene der Instantiierung löst, sondern auch, dass seine Struktur-Elemente nicht mehr unmittelbar auf die Wegnahme-Situation bezogen sind, sondern stattdessen die allgemeine konzeptuelle Struktur eines im Wegnahme-Geschehen involvierten Partizipanten repräsentieren. Mit anderen Worten: Der Tatobjekt-Frame modelliert kein Verbal-Geschehen, das sich durch einen Satz repräsentieren ließe, der das mit dem Geschehen assoziierte Verb enthält, sondern er modelliert ein *nominales* Konzept. Das auf das Tatobjekt-Konzept angewendete Frame-Format mit seinen Strukturelementen ‚Attribut' und ‚Wert' eignet sich zwar besonders gut für nominale Konzepte, ist aber durchaus auch auf verbale Konzepte übertragbar. So lassen sich auch die mit dem Verb *wegnehmen* assoziierten Partizipanten als ‚attributive' Aspekte des Wegnahme-Konzepts auffassen, deren jeweilige ‚Wegnahme'-spezifischen Rollen über ihre entsprechenden Wert-Zuweisungen ausgedrückt werden können.[20] Auf diese Weise lassen sich dem Wegnahme-Konzept (repräsentiert durch einen ‚zentralen'

---

[20] Darum ‚erben' die in den Knoten angegebenen Werte häufig konzeptuelle Aspekte des Attributs, dem sie zugeordnet sind. So bedeutet bspw. Täterschaft immer auch, Agens der Tathandlung zu sein. Dies ist ein Punkt, den auch Barsalou (1992) hervorhebt, an dessen Frame-Konzept sich das Düsseldorfer Modell in vielen Punkten anlehnt. Attribute sind laut Barsalou Konzepte, die bestimmte Aspekte einer Kategorie benennen: „*Color* becomes an attribute when viewed as an aspect of bird, and *location* becomes an attribute when viewed as an aspect of *vacation* (1992, 30 f.). Werte sind „subordinate concepts of an attribute. Because values are subordinate concepts, they inherit information from their respective attribute concepts" (1992, 31). Dies ist sicherlich eine gute Charakterisierung von Attributen und Werten von Gattungskonzepten (vgl. bspw. Barsalous *car*-Frame; 1992, 30), trifft aber vielleicht weniger auf Attribute und Werte von *event*-Konzepten wie etwa Barsalous *vacation*-Frame zu (vgl. ebd., 38). Des Weiteren wird dadurch, dass Barsalou auch Attributen und Werten Konzept-Status zuspricht, der Rekursivitätscharakter seines Frame-Modells noch einmal potenziert. Denn so lassen sich auch Wert- und Attribut-Konzepte als Frames auffassen, denen selbst wieder Attribute und Werte zugeordnet werden können. (Im Düsseldorfer Modell ließe sich diese Ebene in Bezug auf die Attribute jedoch nicht abbilden, da die Attribute – anders als in Barsalous Modell – nicht als Knoten repräsentiert werden.)

Eine framesemantische Modellierung des juristischen Diebstahl-Begriffs

Wegnahme-Knoten) zunächst drei Attribut-Aspekte zuweisen: Agens, Patiens und Objekt (repräsentiert durch die jeweiligen Attribut-Pfeile), denen wiederum jeweils ein spezifischer Wert zugewiesen ist: Täter, Geschädigter und Tatobjekt (repräsentiert durch die jeweiligen Wert-Knoten). Auch diese Modellierung ist als eine Liste funktionaler Beschreibungen lesbar:

(i) Agens des Wegnahme-Geschehens ist der Täter.
(ii) Patiens des Wegnahme-Geschehens ist der Geschädigte.
(iii) Objekt des Wegnahme-Geschehens ist das Tatobjekt.

Diese drei Aspekte können dann den Ausgangspunkt für eine vorläufige – und natürlich noch unzureichende – Frame-Modellierung des Wegnahme-Konzepts bilden, der auf dem Wortlaut des Normtextes beruht (Abb. 4).

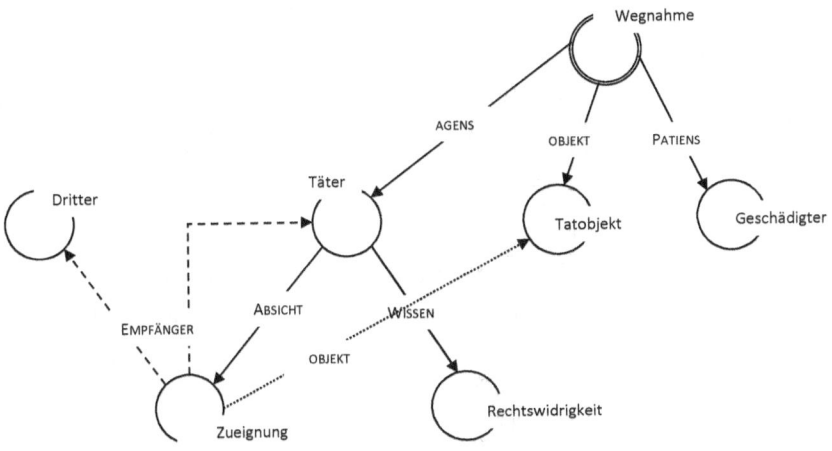

Abb. 4: ‚Einfacher' *Diebstahl*-Frame, angelehnt an den Wortlaut des § 242 Abs. 1 StGB

Entsprechend dem Wortlaut in § 242 StGB Abs. 1 modelliert der Frame in Abb. 4 Diebstahl als Wegnahme einer fremden beweglichen Sache, in der Absicht, sie sich oder einem Dritten rechtswidrig zuzueignen.[21] Neben den oben aufgelisteten

---

[21] Vgl. noch einmal Abs. 1: „Wer [Täter] eine fremde bewegliche Sache [Tatobjekt] einem anderen [Geschädigter] in der Absicht wegnimmt, die Sache sich oder einem Dritten rechtswidrig zuzueignen, wird mit Freiheitsstrafe bis zu fünf Jahren oder mit Geldstrafe bestraft."

Partizipanten-Aspekten (Täter, Geschädigter, Tatobjekt) modelliert der Frame noch die weiteren in Abs. 1 genannten Aspekte: das Wissen des Täters um die Rechtswidrigkeit, die täterseitige Absicht der Zueignung, sowie, dass der ‚Empfänger' der (beabsichtigten) Zueignung der Täter selbst oder ein Dritter sein kann. (Dass der Täter die Sache u. U. nicht sich selbst, sondern einem Dritten zueignen möchte, wird durch die gestrichelten Attributpfeile indiziert.) Und schließlich ist im Frame noch modelliert, dass das Tatobjekt nicht nur Objekt der Wegnahme, sondern natürlich auch Objekt der (beabsichtigten) Zueignung ist.

Vergleicht man die Modellierung in Abb. 4 mit der in FrameNet vorgeschlagenen Konzeptualisierung, so fällt auf, dass der Normtext das SOURCE-Element, das laut FrameNet zu den „core elements" zählt, überhaupt nicht berücksichtigt und stattdessen einen weiteren Partizipanten ins Spiel bringt, der in der FrameNet-Konzeptualisierung fehlt: den Empfänger der Zueignung, der, wie in Abs. 1 explizit herausgestellt wird, nicht mit dem Täter identisch sein muss.

Dieser lässt sich zwar ohne Probleme durch ein Dativ-Argument realisieren, aber ohne vorausgesetztes Situationswissen bleibt hierbei völlig offen, ob im Dativ-Argument der Empfänger oder der Geschädigte realisiert ist:

(2) *Arno stielt Ute eine Perlenkette.*[22]

Unabhängig von der Frage der ausdrucksseitigen Realisierbarkeit der involvierten Partizipanten (und ihrer Zuweisung auf die entsprechenden Argument-Konstituenten) erfassen solche Analysen jedoch weder die für das juristische Diebstahl-Konzept so zentrale Unterscheidung von Wegnahme und Zueignung noch tragen sie dazu bei, die Konsequenzen zu erhellen, die sich daraus für das Dieb-

---

[22] Auch die Realisierung aller denkbaren Partizipanten (Täter, Geschädigter, Tatobjekt, Empfänger) ist möglich, setzt bzgl. der Rollen-Zuweisung aber ebenfalls eine Menge Vorwissen (bzw. Situationswissen) voraus: *Arno stiehlt Ute Giselas Perlenkette.* Hier ist für das Dativ-Argument auch die Empfänger-Lesart möglich (in welchem Fall alle vier Partizipanten-Rollen besetzt wären). In der anderen Lesart (die vielleicht salienter ist) ist Ute diejenige, der die Kette weggenommen wird, sodass Arno, wie im prototypischen Fall, Täter und Empfänger der Zueignung in einer Person ist. Der Umstand, dass nicht Ute, sondern Gisela Eigentümerin der Kette ist, spielt für die strafrechtliche Bewertung der Tat Arnos keine Rolle. Möglich wäre auch, dass Ute die Kette schon von Gisela gestohlen hat und Arno sie im Anschluss Ute wegnimmt. Auch dies würde für die strafrechtliche Bewertung der Tat keine Rolle spielen. Lediglich in der folgenden, als Entscheidungsfrage realisierten Aufforderung lassen sich die jeweiligen Partizipanten-Rollen durch ihre deiktische Situierung sicher zuweisen: (Ute zu Arno) *Stiehlst du mir Giselas Perlenkette?*

stahl-Konzept ergeben. Ohnehin ist es so, dass eine framesemantische Modellierung des Rechtskonzepts ‚Diebstahl' nicht bei der Benennung der darin involvierten Partizipanten stehen bleiben kann. Was in der Frame-Modellierung in Abb. 4 (und ebenso in der FrameNet-Konzeptualisierung) völlig unbestimmt bleibt, ist die Modellierung des Wegnahme-Begriffs selbst, der in den Kommentaren über die Konzepte ‚Bruch' und ‚Begründung' expliziert wird.

5 Bruch und Begründung framesemantisch

Ein weiterer zentraler Aspekt des Diebstahl-Konzepts ist der mit der Wegnahme-Handlung notwendig einhergehende Umstand, dass die Sache von einer Person auf die andere übergeht: Die Wegnahme bewirkt, dass jemand, der eine Sache zuvor in Gewahrsam hatte, sie jetzt nicht mehr in Gewahrsam hat, und an seiner Stelle nun der Wegnehmende Inhaber des Gewahrsams an der Sache ist. Dieser zunächst trivial erscheinende Sachverhalt wird in der Kommentarliteratur unter dem Stichwort der „Gewahrsamsverschiebung" verhandelt. Stellvertretend für viele andere, mehr oder weniger gleichlautende Kommentarstellen sei hier eine einschlägige Stelle aus dem Münchner Kommentar angeführt:

> Wegnahme setzt die Verschiebung des Gewahrsams voraus. Daher muss er auf Seiten des alten Gewahrsamsinhabers durch die Tathandlung aufgehoben und anschließend neuer Gewahrsam begründet werden. Mit der Begründung neuen Gewahrsams ist die Tat vollendet. (MüKo § 242 StGB, Rn 71)

Die Kommentarliteratur deutet Wegnahme darum als Handlung, die sich aus zwei Handlungsteilen zusammensetzt: „Erster Handlungsteil ist der Bruch fremden Gewahrsams", der sich dadurch auszeichnet, dass die „tatsächliche[] Sachherrschaft [...] des bisherigen Gewahrsamsinhabers ohne dessen Willen aufgehoben ist" (Schönke/Schröder § 242 StGB, Rn 35). „Als zweiter Handlungsteil ist zwecks Vollendung der Wegnahme die Begründung neuen Gewahrsams auf Täterseite erforderlich" (ebd., Rn 37). Gewahrsam gilt als begründet, wenn der Täter „die Herrschaft über die Sache derart erlangt hat, dass er sie ohne Behinderung durch den alten Gewahrsamsinhaber ausüben und dieser seinerseits ohne Beseitigung der Verfügungsgewalt des Täters nicht mehr über die Sache verfügen kann" (ebd., Rn 38). Wann bzw. ob dies schon der Fall ist, lässt sich nur auf der Basis der jeweiligen Einzelfall-Bedingungen beurteilen (MüKo § 242 StGB,

Rn 71 ff.).²³ Wer beispielsweise in einem Selbstbedienungsladen eine Sache ergreift und heimlich einsteckt, und dies unmittelbar danach vom Personal entdeckt wird, hat Gewahrsam schon begründet, obwohl er die Sache noch nicht fortschaffen konnte (Schönke/Schröder § 242 StGB, Rn 39). Dass der Täter die Sache einstecken konnte, genügt, um von ‚Sachherrschaft' sprechen zu können (LK § 242 StGB, Rn 96). Anders sieht es aus, wenn die Sache zu groß ist, um ‚einfach so' eingesteckt und fortgeschafft werden zu können. In solchen Konstellationen lässt sich von Sachherrschaft oft erst dann sprechen, wenn der Täter die Sache aus dem „räumlichen Machtbereich" des rechtmäßigen Besitzers herausschaffen konnte (ebd., Rn 97).

Aus der Perspektive von Bruch und Begründung ist das Ergreifen und Einstecken einer Sache ohne Frage ein prototypischer Fall. In dieser Hinsicht weniger prototypisch ist sicherlich der schon oben erwähnte Fall des Schäfers, der seine Schafe vorsätzlich und unbefugt auf einem fremden Grundstück hat weiden lassen. In Bezug auf den Bruch-Aspekt wird der Tathergang im Urteil zunächst folgendermaßen gedeutet:

> Der Bruch [des] Gewahrsams und die Begründung neuen Gewahrsams durch den Angekl. ist darin zu sehen, daß die Schafe sich Gras und Klee einverleibt haben. So hat das OLG Köln [...] entschieden, daß derjenige, der in einem Selbstbedienungsladen eine Flasche öffne und daraus trinke, den Gewahrsam an dem Getränk deshalb inne habe, weil in dem Augenblick des Trinkens der Inhaber des Ladens von dem Gewahrsam an dem im Mund des Täters befindlichen Teil des Getränks ausgeschlossen werde, da es in diesem Augenblick nach der Lebensauffassung eindeutig der Herrschaftssphäre des Täters zuzuordnen sei. [...] Übertragen auf den vorliegenden Fall bedeutet dies, daß die Herrschaftsmacht des bisherigen Gewahrsamsinhabers in dem Moment, in dem die Schafe das Gras vom Boden abgerissen hatten und im Maul hielten, aufgehoben war, da seine Einwirkungsmöglichkeiten auf das Gras damit nicht mehr bestanden. Daß der Angekl. den Gewahrsam nicht durch eine eigene Handlung gebrochen hat, sondern dieses durch die Tiere geschah, ist unerheblich, da ihm das Verhalten der Tiere zugerechnet wird [...]. (NStZ 1993, 543)

Die Gewahrsams*begründung* wird im Urteil – ganz im Einklang mit der Explikation der einschlägigen Kommentarliteratur – daraus abgeleitet, dass der Schäfer

---

²³ Hinzu kommt, dass die Frage, ob Gewahrsam schon begründet wurde oder noch nicht, ohnehin nur dann entscheidungsrelevant ist, wenn der Täter ‚auf frischer Tat betroffen' wird – und nicht mehr, wenn er die Sache schon längst fortgeschafft und gesichert hat (vgl. LK § 242 StGB, Rn 85).

durch das Weidenlassen der Schafe „tatsächliche Herrschaftsgewalt über die Sache erlangt" hat:

> Indem die Schafe das Gras vom Boden abrissen und im Maul hielten, hat der Angekl. es zwar nicht selbst ergriffen, da ihm jedoch die Schafe als Werkzeuge und damit quasi als ‚verlängerter Arm' fungierten, ist ihm deren ‚Inbesitznahme' über Gras und Klee zuzurechnen. (NStZ 1993, 544)

Ob nun also der Gewahrsamswechsel durch Ergreifen und Einstecken der Sache herbeigeführt wurde oder durch Schafe, die als „Werkzeuge" und „verlängerter Arm" des Schäfers gewirkt haben – ausschlaggebend für die Subsumtion unter Bruch und Begründung ist, dass durch den Tathergang bestimmte *Effekte* erzielt wurden, die sich für beide Handlungsteile allgemein benennen lassen: Bruch bewirkt, dass der Geschädigte seinen Gewahrsam an der Sache verliert, Begründung bewirkt, dass der Täter Sachherrschaft über die Sache erlangt.

Zwar ist es im prototypischen Fall so, dass sich die Begründung unmittelbar aus der Bruchhandlung ergibt. Aber Bruch und Begründung stehen nicht notwendig in einem „engen zeitlichen und räumlichen Zusammenhang", beispielsweise dann nicht, wenn der Täter Pakete von einem Güterzug abwirft, um sie später vom Bahndamm abzuholen (vgl. MüKo § 242, Rn 71). Es sind solche oder ähnliche Fall-Konstellationen, die zeigen, dass sich Gewahrsamsbegründung nicht einfach nur als Effekt von Bruchhandlungen konzeptualisieren lässt. Im Fall des Ladendiebstahls ist dies zwar insofern der Fall, als durch das Ergreifen und Einstecken der Ware auch die Begründung unmittelbar erfolgt ist, ebenso wie sich im Fall der unbefugt weidenden Schafe die Begründung unmittelbar aus dem Abfressen des Grases ergibt. Aber dennoch sind Fall-Konstellationen möglich – siehe das Güterzug-Beispiel –, in denen sich für beide Wegnahme-Aspekte spezifische Handlungen angeben lassen, durch die die jeweiligen bruch- und begründungsspezifischen Effekte erzielt werden. So ist das Abwerfen der Pakete vom Güterzug zwar Bruch, weil der Geschädigte dadurch seinen Gewahrsam an den Paketen verliert, aber hieraus folgt noch keine Begründung, weil die Pakete durch das Abwerfen zunächst gewahrsamslos werden. Erst das Abholen der gewahrsamslosen Pakete vom Bahndamm ist die Begründungshandlung, die bewirkt, dass der Täter nun auch Sachherrschaft über sie erlangt hat.

Da sich Bruch und Begründung vor diesem Hintergrund nicht nur als Handlungsteile, sondern durchaus auch als Teil-Handlungen begreifen lassen, bietet es sich an, beide Wegnahme-Aspekte als Teil-Frames zu modellieren. Dies ist besonders naheliegend für den Bruch-Aspekt, denn dort ist es aufgrund der in bestimmten Fall-Konstellationen u. U. klärungsbedürftigen Frage, ob von versuchtem oder vollendetem Diebstahl auszugehen ist, prinzipiell immer möglich, Bruch als individualisierbare Teil-Handlung ohne jegliche Begründungsaspekte zu konzeptualisieren.[24]

In Anlehnung an den vorläufigen Wegnahme-Frame in Abb. 4 bietet es sich daher an, das Bruch-Konzept zunächst über die involvierten Partizipanten (Täter, Tatobjekt, Geschädigter) sowie des Weiteren über den Effekt zu modellieren, der in den Kommentaren einhellig als Gewahrsamsverlust charakterisiert wird (siehe Abb. 5).

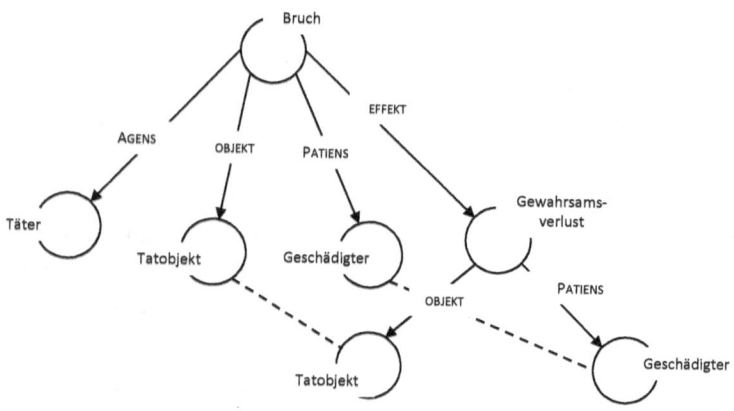

Abb. 5: Modellierung von *Bruch* als Bewirkens-Relation mit Aktanten

Auf diese Weise ergeben sich zunächst wieder funktionale Beschreibungen, die, ausgehend vom (zentralen) Bruch-Knoten, folgendermaßen zu lesen sind:

(i)   Agens der Bruch-Handlung ist der Täter;
(ii) Objekt der Bruch-Handlung ist das Tatobjekt;
(iii) Patiens der Bruch-Handlung ist der Geschädigte;
(iv) Effekt des Bruch-Handlung ist der Gewahrsamsverlust.

---

[24] Für mögliche Fall-Konstellationen, in denen nur Bruch vorliegt, vgl. LK § 242 StGB, Rn 89 f.

Eine framesemantische Modellierung des juristischen Diebstahl-Begriffs

Zur Vervollständigung des Gesamtbildes ist dann noch zu ergänzen, *wer* Gewahrsamsverlust erleidet, sowie schließlich, *woran* Gewahrsamsverlust besteht:

(v)   Patiens des Gewahrsamsverlusts ist der Geschädigte;
(vi) Objekt des Gewahrsamsverlusts ist das Tatobjekt.

Die Frage ist nun, wie sich die Angaben in (v) und (vi) in die Modellierung einbauen lassen. Bindet man sie, so wie in Abb. 5, an den Gewahrsamsverlust-Knoten an, kommt es in Bezug auf das Tatobjekt und den Geschädigten zu unerwünschten Doppelungen (in der Modellierung hervorgehoben durch die gestrichelten Linien). Die Werte für das Objekt des Gewahrsamsverlusts (das Tatobjekt) sowie für den ‚Betroffenen' (d. h. das Patiens) des Gewahrsamsverlusts (der Geschädigte) sind identisch mit den Werten der direkt am Bruch-Knoten anschließenden Attribute. Diese Identität ist jedoch nicht nur konzeptueller, sondern auch ‚realweltlicher' Natur, denn das Tatobjekt ist nicht nur das Objekt, an dem (seitens des Geschädigten) Gewahrsamsverlust besteht, sondern natürlich auch das Objekt, um dessentwillen der Täter den Bruch begeht. Und der Geschädigte ist sowohl derjenige, der vom Gewahrsamsverlust (am Tatobjekt) betroffen ist, als auch derjenige, der ‚Betroffener' des Bruch-Geschehens ist. Diese Doppelungen lassen sich auflösen, indem man zunächst das Patiens-Attribut am Bruch-Knoten streicht, sodass der Geschädigte im Frame nur einmal, als Wert des vom Gewahrsamsverlust-Knoten ausgehenden Patiens-Attributs, realisiert wird. Und die Doppelung in Bezug auf das Tatobjekt lässt sich eliminieren, indem der Tatobjekt-Knoten sowohl Wert des Bruch-Attributs ‚Objekt' als auch Wert des Gewahrsamsverlust-Attributs ‚Objekt' ist.

In der revidierten Modellierung (siehe Abb. 6) sind die unerwünschten Doppelungen beseitigt. Dennoch erfasst der Frame alle Relationen, die zwischen Tatobjekt und Bruch sowie zwischen Tatobjekt und Gewahrsamsverlust bestehen. Effekt des Bruchs ist der Gewahrsamsverlust, welcher sowohl auf den Geschädigten als auch auf das Tatobjekt bezogen ist: Der Geschädigte erleidet durch den Bruch Gewahrsamsverlust an dem Tatobjekt. Das Tatobjekt ist sowohl das Objekt, an dem Gewahrsam verloren gegangen ist, als auch das Objekt des Bruchs. Diese Identität wird im Frame dadurch ausgedrückt, dass der Tatobjekt-Knoten Wert zweier Attribute ist: sowohl des Objekt-Attributs, das vom Bruch-Knoten ausgeht, als auch des Objekt-Attributs, das zum Gewahrsamsverlust-Knoten gehört.

Die Doppelung in Bezug auf den Geschädigten ist dadurch aufgehoben, dass der Geschädigte nicht als Partizipant des Bruchgeschehens konzeptualisiert wird, sondern als Patiens des Gewahrsamsverlusts.

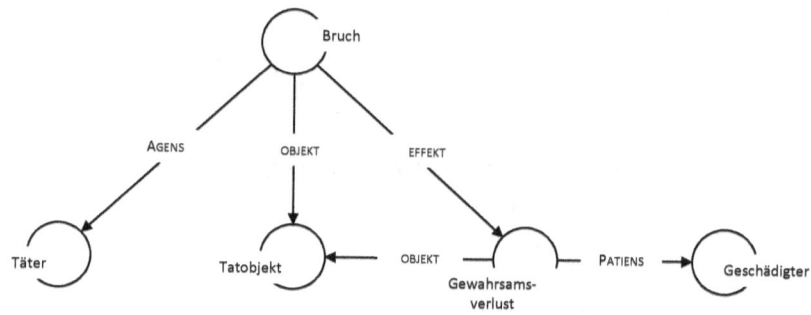

Abb. 6: Revidierte *Bruch*-Modellierung

Es ist wichtig, sich darüber im Klaren zu sein, dass sich diese Modellierung in weiten Teilen von valenzgrammatisch inspirierten Konzeptualisierungen löst, in denen die vom zentralen Knoten abgehenden Attribut-Wert-Paare als Argumente des Verbs gedeutet werden und die Wert-Knoten die den Argumenten jeweils zugewiesenen semantischen Rollen repräsentieren. Zwar lassen sich alle Beteiligte (Täter, Geschädigter und Tatobjekt) in einem Satz, der ein Bruch-Geschehen repräsentiert, realisieren – so wie etwa in (3):

(3) *Arno* [Täter] *bricht Utes* [Geschädigter] *Gewahrsam an ihrer Handtasche* [Tatobjekt].

Aber diese Realisierungen finden sich nicht in analoger Weise in der Argumentstruktur des Satzes wieder, der lediglich aus dem transitiven Verb (*bricht*), dem Subjekt-Argument (das den Täter repräsentiert) und dem Objekt-Argument besteht, wobei im Kopf der Objektkonstituente nicht einer der Partizipanten realisiert ist, sondern das Substantiv ‚Gewahrsam', dem die zwei verbliebenen Partizipanten lediglich durch Attribut-Konstituenten zugewiesen sind. Insofern findet sich in der Argumentstruktur des Satzes keine ‚Abbildung' der Struktur des Realgeschehens wieder – so wie es bspw. für Fälle angenommen wird, in denen das

Eine framesemantische Modellierung des juristischen Diebstahl-Begriffs

Objekt des transitiven Satzes auch das Patiens des vom Agens ausgeführten Verbalgeschehens repräsentiert, wie etwa in: *Arno zerbricht eine Vase.* Die fehlende Strukturhomologie zwischen Realgeschehen und Satz in (3) erklärt sich zum Teil auch dadurch, dass es im Grunde verfehlt ist, den Satz als Repräsentation eines Realgeschehens auffassen zu wollen. Der Satz drückt vielmehr die Subsumtion eines Realgeschehens (z. B. das Ergreifen einer Handtasche) unter den Rechtsbegriff des Gewahrsamsbruchs aus. Im Hinblick auf das tatsächliche Geschehen ‚vollständiger' wäre daher die Variante in (4):

(4) *Arno bricht Utes Gewahrsam an ihrer Handtasche, indem er die Handtasche ergreift.*

Was im Hauptsatz ausdrucksseitig in finites Verb (*bricht*) und Kopf der Objekt-Konstituente (*Gewahrsam*) zerfällt, ist das begriffliche Konzept ‚Gewahrsamsbruch', unter das das Realgeschehen (das Ergreifen der Handtasche) subsumiert ist. In der Frame-Modellierung abstrahiert der Bruch-Knoten von den tatsächlichen Details des Realgeschehens (etwa ob der Bruch durch Ergreifen oder auf irgendeine andere Weise vollzogen wird), weshalb die Knotenbezeichnung ‚Bruch' als ‚Label' für das Rechtskonzept ‚Gewahrsamsbruch' fungiert – das es ja im Frame zu modellieren galt.

Auf nahezu analoge Weise lässt sich das Begründungskonzept modellieren (Abb. 7).

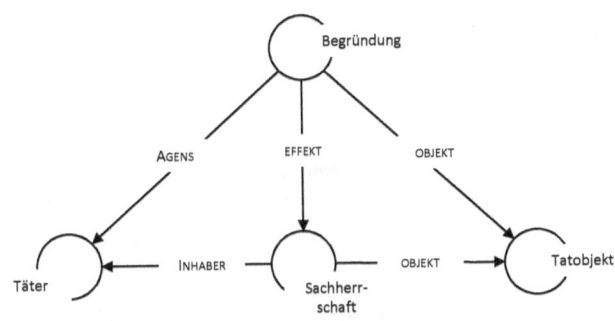

Abb. 7: Teilframe *Begründung*

Die mit der Begründung assoziierten Partizipanten sind Agens (Täter) und Objekt (Tatobjekt), die als Attribut-Werte-Paar an den zentralen Knoten angehängt sind. Ebenso wie im Bruch-Frame ist auch dort ein Effekt-Attribut an den zentralen Knoten angebunden. Effekt der Begründung ist der neu etablierte Gewahrsam, beziehungsweise hier: die neu etablierte (täterseitige) Sachherrschaft. Die Sachherrschaft steht in Relation zu ihrem Inhaber (dem Täter) und zu ihrem Objekt (dem Tatobjekt). Das Objekt der Sachherrschaft ist auch das Objekt der Gewahrsamsbegründung, wodurch ausgedrückt wird, dass der Täter Inhaber der Sachherrschaft über das Tatobjekt ist.

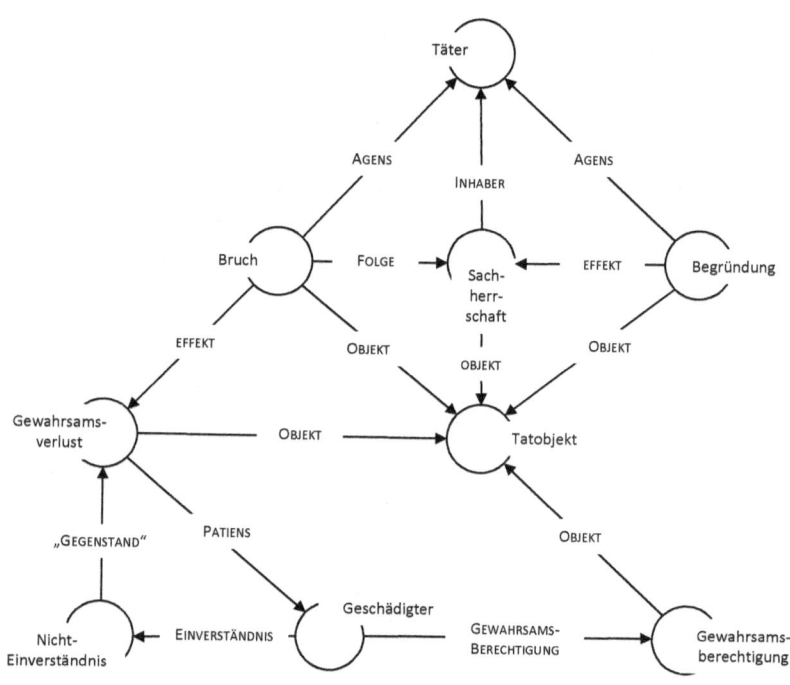

Abb. 8: *Bruch* fremden und *Begründung* neuen Gewahrsams

Fügt man beide Handlungsteile (Bruch und Begründung) zusammen, ergibt sich die Modellierung in Abb. 8, die darstellungstechnisch bedingt allerdings nicht nur

Eine framesemantische Modellierung des juristischen Diebstahl-Begriffs

ein vollkommen anderes Arrangement der Wert-Knoten und Attribut-Pfeile aufweist, sondern auch Amalgamierungen in Bezug auf den Täter und das Tatobjekt enthält: Der Täter ist sowohl Agens des Bruchs als auch Agens der Begründung und das Tatobjekt ist Objekt des Bruchs wie auch Objekt der Begründung.

Des Weiteren modelliert der Frame noch den Aspekt des Nicht-Einverständnisses des Geschädigten in seinen Gewahrsamsverlust sowie den Umstand, dass der Geschädigte berechtigt ist, Gewahrsam am Tatobjekt zu haben. Anders als die anderen Wert-Zuschreibungen (Agens des Bruchs ist der Täter, Objekt des Bruchs ist das Tatobjekt etc.) fügen sich diese Aspekte allerdings nicht so ‚glatt' in das funktionale Beschreibungsformat ein. In Bezug auf den Einverständnis-Aspekt ist die Modellierung folgendermaßen zu verstehen: Laut Kommentarliteratur ist der Einverständnis-Aspekt „tatbestandsausschließendes Merkmal": Bruch liegt nur dann vor, wenn der Gewahrsamsverlust „gegen oder ohne den Willen des Berechtigten erfolgt, es also am so genannten tatbestandsausschließenden Einverständnis fehlt" (Joecks § 242 StGB, Rn 10). In Bezug auf den Einverständnis-Aspekt sind somit zwei ‚Zustände' denkbar: Bzgl. des Gewahrsamsverlusts besteht seitens des Gewahrsamsberechtigten Einverständnis oder es besteht *kein* Einverständnis – in welchem Fall Bruch vorliegt. Der auf das Einverständnis-Attribut bezogene Wert ist darum ‚Nicht-Einverständnis', welches einen ‚Gegenstand' hat, nämlich den Gewahrsamsverlust (über das Tatobjekt).

Die Modellierung gibt also den folgenden Sachverhalt wieder: Der Geschädigte zeigt kein erkennbares Einverständnis (bzw. hat kein Einverständnis zu erkennen gegeben) bzgl. seines Gewahrsamsverlusts an dem Tatobjekt, für das er Gewahrsamsberechtigung hat. Die Gewahrsamsberechtigung ist der zweite Aspekt, der auf den Geschädigten bezogen ist und der die Eigentums- bzw. Besitz-Relation zwischen Geschädigtem und Tatobjekt benennt: Der Geschädigte hat Gewahrsamsberechtigung an dem Tatobjekt.[25]

---

[25] Man könnte hier einwenden, dass sich dieser Aspekt funktional doch wesentlich ‚glatter' beschreiben ließe: Inhaber der Gewahrsamsberechtigung ist der Geschädigte. Allerdings würde diese Modellierung die Attribuierungsperspektive umkehren (die Gewahrsamsberechtigung hat einen Inhaber: den Geschädigten) – was darüber hinaus auf der Seite des Komplementär-Aspekts (der *Nicht-*Berechtigung des Täters am Gewahrsam über das Tatobjekt, siehe Abb. 9: vollständiger Diebstahl-Frame) keine so ‚glatte' Modellierung ergibt: Inhaber der Gewahrsams*nicht*berechtigung ist der Täter. Die Komplementarität dieser zwei Aspekte bringt zum Ausdruck, was aus dem fehlenden Einverständnis in den Gewahrsamsübergang notwendig hervorgeht: dass der Gewahrsam des Geschädigten am Tatobjekt rechtmäßig ist, der Gewahrsam des Täters am Tatobjekt jedoch nicht.

Ein weiterer im Frame modellierter Aspekt ist die Relation zwischen Bruchhandlung und täterseitiger Sachherrschaft, die als Folge-Beziehung charakterisiert ist: Folge der Bruchhandlung (deren Agens der Täter ist) ist die (täterseitige) Sachherrschaft. Dies wirft wiederum die Frage auf, ob es nicht angemessener wäre, Begründung lediglich als Folge-Aspekt der Bruchhandlung zu modellieren, wodurch ihr dann allerdings der Status als eigenständiger, isolierbarer Handlungsteil abhandenkäme. Dies widerspräche jedoch der Motivation, die dieser Unterscheidung zugrunde liegt, und die darin besteht, dass Bruch und Begründung als parallele und gleichgewichtige Handlungsteile zu verstehen sind, mit deren Hilfe sich bestimmte begriffliche und rechtsprechungspraktische Fragen beantworten lassen, die sich aus dem Diebstahl-Konzept ergeben: etwa die Frage, nach welchen Kriterien zwischen Diebstahl und versuchtem Diebstahl unterschieden werden kann, sowie, damit zusammenhängend, ab wann und unter welchen Bedingungen Diebstahl als vollendet gilt. Insofern implizieren Bruch und Begründung also ein *Nacheinander* – wenn auch in der Regel eher logisch als zeitlich – und nicht ein ‚Enthaltensein' in dem Sinne, dass Gewahrsamsbegründung als Teilaspekt der Bruchhandlung aufzufassen wäre.

Was das vom Bruch-Knoten ausgehende Folge-Attribut zum Ausdruck bringt, ist das besondere Verhältnis zwischen Bruchhandlung und täterseitiger Sachherrschaft: Wer im Rahmen einer Wegnahme-Handlung im Sinne von § 242 StGB über ein Tatobjekt Sachherrschaft erlangt hat, muss notwendigerweise Bruch begangen haben.[26] Andererseits bedeutet Bruch jedoch nicht, dass der Täter mit Notwendigkeit auch Sachherrschaft über das Tatobjekt erlangt. Wäre dies der Fall, so könnte man weder theoretisch noch praktisch zwischen versuchtem und vollendetem Diebstahl unterscheiden. Anders sieht dies bei den Bruch und Begründung jeweils zugeordneten Effekt-Werten aus. Weder lässt sich von Bruch sprechen, wenn es zu keinem Gewahrsamsverlust gekommen ist, noch kann von

---

Darum ist es für die Modellierung angemessener, Gewahrsamsberechtigung bzw. Gewahrsams*nicht*berechtigung als Aspekte aufzufassen, die dem Geschädigten bzw. dem Täter zugeschrieben werden (und nicht umgekehrt Gewahrsamsberechtigung und Gewahrsams*nicht*berechtigung als ‚Entitäten' zu konzeptualisieren, denen jeweils ein Geschädigter bzw. ein Täter als ‚Inhaber' zugeordnet sind).

[26] Dies zeigt sich etwa auch daran, dass bei rechtswidriger Sachherrschaft, die auf anderem Wege als durch Bruch erlangt wurde, nicht von Diebstahl, sondern von Unterschlagung oder Betrug gesprochen werden müsste.

Begründung die Rede sein, wenn der Täter keine Sachherrschaft über das Tatobjekt erlangt hat. Dass dort beide Werte mit Notwendigkeit gelten, der Wert ‚Sachherrschaft' in Bezug auf den Bruch-Aspekt jedoch nur, wenn die Wegnahme vollendet wurde,[27] soll die terminologische Unterscheidung zwischen ‚Folge' und ‚Effekt' indizieren (auch wenn sich dies in der Semantik dieser zwei Bezeichnungen natürlich nicht widerspiegelt).

6 Der vollständige Wegnahme-Frame

Für die vollständige Modellierung (siehe Abb. 9) sind jetzt noch die auf den Täter bezogenen „subjektiven" Tatbestandsmerkmale zu ergänzen sowie der ‚zentrale' Wegnahme-Knoten, auf den die Teilaspekte ‚Bruch' und ‚Begründung' bezogen sind. Entsprechend der in der Kommentarliteratur üblichen Sichtweise, dass sich Wegnahme aus den „Handlungsteilen" ‚Bruch' und ‚Begründung' zusammensetzt, sind sie im Gesamt-Frame als die jeweiligen Werte zweier Attribute, die von einem zentralen Wegnahme-Knoten ausgehen, realisiert:

(i) Handlungsaspekt 1 der Wegnahme ist Bruch;
(ii) Handlungsaspekt 2 der Wegnahme ist Begründung.

Die subjektiven, auf den Täter bezogenen Tatbestandsmerkmale sind zunächst seine Absicht (Attribut) der Zueignung (Wert) sowie sein Wissen (Attribut) um ihre Rechtswidrigkeit (Wert). Darum ist die Zueignung Wert zweier Attribute: zum einen des auf den Täter bezogenen Absicht-Attributs, zum anderen des vom Rechtswidrigkeit-Knoten abgehenden ‚Gegenstand'-Attributs: ‚Gegenstand' des Wissens um die Rechtswidrigkeit ist die Zueignung. Empfänger (Attribut) der Zueignung ist entweder der Täter (Wert) oder ein Dritter (Wert). (Dass potenziell beide Empfänger sein können, wird durch die gestrichelten Attribut-Pfeile angezeigt.)

Erläuterungsbedürftig ist noch der Motivationsaspekt. Was die täterseitige Wegnahme motiviert, ist der Wille, über die Sache in einer „eigentümerähnlichen" Weise zu verfügen (vgl. Fischer § 242 StGB, Rn 33). Auch für den Leipziger

---

[27] Nur aus der Perspektive des *gesamten* Wegnahme-Geschehens ist der auf den Bruch bezogene Wert ‚Sachherrschaft' notwendig, nämlich insofern, als nur *vollendete* Wegnahme Gewahrsamsbegründung und damit täterseitige Sachherrschaft impliziert.

Kommentar ist dies „Motiv oder Zweck des Diebstahls": Durch die Wegnahme „kann sich der Dieb [...] an die Stelle des Eigentümers setzen und diesen damit [...] aus seiner Eigentümerposition verdrängen" (LK §242 StGB, Rn 133). Der Wille, „wie ein Eigentümer über die Sache zu verfügen" und damit auf Dauer Sachherrschaft über sie zu haben (Fischer, § 242 StGB, Rn 33 f.), erschöpft sich jedoch nicht in der bloßen *Absicht*, dies zu tun. Vielmehr besteht er solange fort, bis er aktiv aufgegeben wird. Ohne einen solchen Willen – der im Zivilrecht *Besitzwille* genannt wird (vgl. Staudinger, Eckpfeiler des Zivilrechts, V. Rn 8 f.) – liegt Sachherrschaft nicht vor: „Da Sachherrschaft die Unterwerfung der Sache unter den eigenen Willen bedeutet, kann von ihr ohne einen solchen Willen nicht die Rede sein; will jemand eine Sache nicht beherrschen, hat er sie auch nicht in seiner tatsächlichen Gewalt" (Staudinger, ebd. Rn 9).[28] Was die Wegnahme somit täterseitig motiviert, ist, die Sache seinem Willen zu unterwerfen – wodurch dann erst die Voraussetzung dafür geschaffen ist, sie sich (oder einem Dritten) längerfristig zuzueignen (vgl. LK § 242, Rn 148 ff.).

Die Modellierung bringt auch diese weiteren, impliziten Relationen zwischen Täter und Tatobjekt zum Ausdruck, deren Beziehung sich somit nicht allein darin erschöpft, dass der Täter das Tatobjekt wegnimmt. Das Tatobjekt ist Objekt der Zueignung (die der Täter durch die Wegnahme beabsichtigt) sowie Objekt seines Eigentumswillens (d. h. das Objekt, um dessentwillen der Täter die Wegnahme ausführt).

---

[28] Dies bedeutet natürlich nicht, dass aus dem Besitzwillen notwendig Sachherrschaft folgt. Vielmehr ist es andersherum zu verstehen: Aus dem *objektiven* Sachverhalt, dass jemand (aktuell) Sachherrschaft über eine Sache innehat, lässt sich auf den *subjektiven* Sachverhalt schließen, dass er auch willens ist, diese auszuüben. Dennoch lässt sich beides getrennt denken: Jemand, dem eine Sache heimlich weggenommen wurde, vermeint lediglich, die Sachherrschaft innezuhaben. Dass aber sein Wille, die Sache zu besitzen, nach wie vor besteht, zeigt sich gerade daran, dass sie ihm *ohne* seinen Willen weggenommen wurde, dass er also gegen die Wegnahme in irgendeiner Form vorgegangen wäre, wenn er sie bemerkt hätte. Aus dieser Perspektive sind Besitzwille und (tatsächliche) Sachherrschaft also getrennt zu denken, denn andernfalls könnte weder von Gewahrsamsverlust „ohne Willen", noch von Bruch gesprochen werden.

Eine framesemantische Modellierung des juristischen Diebstahl-Begriffs

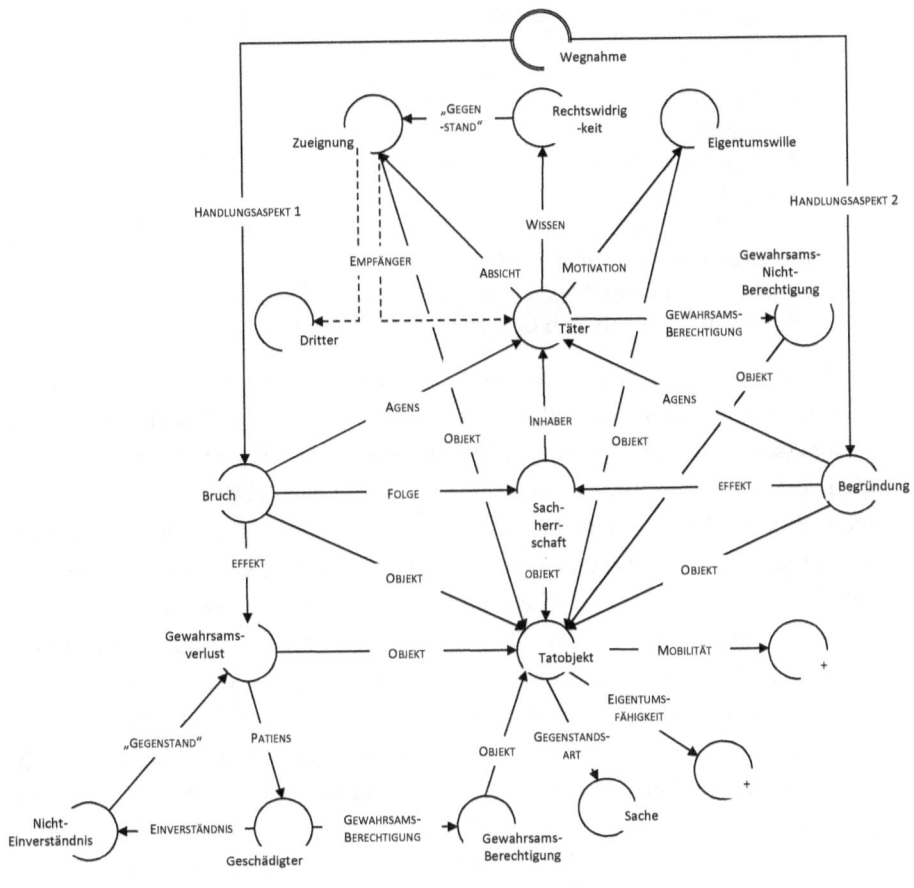

Abb. 9: Vollständiger Frame des Diebstahl-Begriffs nach § 242 StGB

7 Fazit

Was in der Gesamtschau der Modellierung deutlich zutage tritt, ist die zentrale Stellung des Tatobjekts innerhalb der im Frame modellierten Relation: Das Tatobjekt ist dasjenige Element, auf das bei weitem die meisten Attribut-Pfeile zulaufen. So ist das Tatobjekt nicht nur Objekt der (durch die Wegnahme beabsichtigten) Zueignung und Objekt seines Eigentumswillens (um dessentwillen er die Wegnahme ausführt); es ist des Weiteren:

- Objekt des vom Täter ausgeführten Gewahrsamsbruchs sowie seiner Gewahrsamsbegründung,
- Objekt der Sachherrschaft (deren Inhaber der Täter durch die Gewahrsamsbegründung ist),
- Objekt des (durch den Bruch verursachten) Gewahrsamsverlusts seitens des Geschädigten und schließlich
- Objekt der Gewahrsamsberechtigung seitens des Geschädigten sowie Objekt der nicht gegebenen Gewahrsamsberechtigung seitens des Täters.

Das Tatobjekt steht allerdings noch zu einem weiteren Wegnahme-Aspekt in Beziehung: nämlich dem Umstand, dass es von einer Person auf die andere übergeht. Dieser Aspekt, den die Kommentarliteratur, wie schon oben erwähnt, unter dem Stichwort der „Gewahrsamsverschiebung" verhandelt, stellt gewissermaßen den ‚realweltlichen Kern' des Wegnahme-Geschehens dar: Die Wegnahme bewirkt, dass jemand, der eine Sache zuvor in Gewahrsam hatte, sie jetzt nicht mehr in Gewahrsam hat, und an seiner Stelle nun der Wegnehmende Gewahrsamsinhaber ist. Dieser dynamische Aspekt, der für das Wegnahme-Konzept zwar insofern von Bedeutung ist, als ohne ihn nicht von Wegnahme gesprochen werden könnte, kommt im Frame allerdings nur indirekt, durch den resultativen Charakter der Effekt- bzw. Folge-Attribute zum Ausdruck: Nur daraus, dass die täterseitige Sachherrschaft als Folge-Aspekt der Bruch-Handlung modelliert ist, welche (zuvor) einen Gewahrsamsverlust bewirkt hat, lässt sich erschließen, dass der Gewahrsam an der Sache vom Geschädigten auf den Täter übergegangen ist.

Es sollte jedoch klar geworden sein, dass eine Modellierung des Rechtsbegriffs ‚Wegnahme' nicht auf der Ebene des ‚realweltlichen' Übergangs einer Sache von einer Person auf die andere stehen bleiben kann, denn aus dem Gewahrsamswechsel selbst lässt sich zunächst überhaupt nichts für das Diebstahl-Konzept Relevantes ableiten: Denn dass eine Sache zuerst in A's, und anschließend in B's Gewahrsam ist, könnte ebenso gut darauf beruhen, dass B die Sache gekauft hat, dass sie ihm geschenkt wurde oder dass sie aus sonstigen Gründen in seinen Gewahrsam gekommen ist. Für die framesemantische Modellierung wesentlich relevanter als der Gewahrsamswechsel selbst sind darum diejenigen Aspekte, die ihn zu einer Wegnahme im strafrechtlichen Sinne werden lassen. Und auch die hierfür in Anspruch genommenen Teil-Konzepte ‚Bruch' und ‚Begründung' lassen sich nicht auf ‚realweltliche' Handlungen wie bspw. ‚eine Sache ergreifen und einstecken' herunterbrechen; vielmehr erhellt sich ihr Sinn erst dadurch, dass sie diese Handlungen und die dahinter stehenden Motive und Intentionen in einen rechtlich-normativen Rahmen einbetten – durch den sie dann als rechtwidrig und strafrechtlich sanktionierbar ausgewiesen werden können.

Literatur

Barsalou, Lawrence W. (1992): Frames, concepts, and conceptual fields. In: Lehrer, Adrienne / Kittay, Eva. F. (eds.): Frames, Fields, and Contrasts. Hillsdale NJ: Lawrence Erlbaum, 21–71.

Busse, Dietrich (2002): Bedeutungsfeststellung, Interpretation, Arbeit mit Texten? Juristische Auslegungstätigkeit in linguistischer Sicht. In: Haß-Zumkehr, Ulrike (Hrsg.): Sprache und Recht. (= Institut für deutsche Sprache, Jahrbuch 2001). Berlin / New York: de Gruyter, 136–162.

Busse, Dietrich (2015a): Begriffsstrukturen und die Beschreibung von Begriffswissen. Analysemodelle und -verfahren einer wissensanalytisch ausgerichteten Semantik (am Beispiel von Begriffen aus der Domäne Recht). In: Archiv für Begriffsgeschichte 56. 153–196.

Busse, Dietrich (2015b): Juristisches Wissen als institutionelle Begriffsstrukturen. Analyseansätze aus Kognitionswissenschaften und wissensanalytischer Semantik (am Beispiel von Gesetzes-Begriffen). In: Archiv für Rechts- und Sozialphilosophie 101/3. 354–385.

Busse, Dietrich / Felden, Michaela / Wulf, Detmer (2018): Bedeutungs- und Begriffswissen im Recht. Frame-Analysen von Rechtsbegriffen im Deutschen. Berlin / Boston: de Gruyter.

Fillmore, Charles J. (1968): The Case for Case. In: Emmon Bach / Robert T. Harms (eds.): Universals in Linguistic Theory. New York: Holt, Rinehart & Winston 1968, 1–88.

Fillmore, Charles J. (1985): Frames and the Semantics of Understanding. In: Quaderni di Semantica 6, 222–254.

Fillmore, Charles J. (2007): Valency Issues in FrameNet. In: Herbst, Thomas / Götz-Votteler, Katrin (eds.): Valency – theoretical, descriptive and cognitive issues. Berlin/New York: Mouton de Gruyter, 129–160.

Löbner, Sebastian (2015): Functional Concepts and Frames. In: Gamerschlag, Thomas / Gerland, Doris / Osswald, Rainer / Petersen, Wiebke (eds.): Meaning, Frames, and Conceptual Representation. Düsseldorf: Düsseldorf University Press, 15–42.

Minsky, Marvin (1975): A Framework for representing knowledge. In: Winston, P. H. (ed.), The Psychology of Computer Vision. New York: McGraw-Hill, 211–277.

Minsky, Marvin (1985): The Society of Mind. New York: Simon & Schuster.

Petersen, Wiebke (2007): Representations of concepts as frames. In: The Baltic International Yearbook of Cognition, Logic and Communication (Vol. 2), 151–169.

Verwendete Kommentare

Fischer, Thomas (2011): Strafgesetzbuch und Nebengesetze (Beck'sche Kurz-Kommentare Band 10). 58. Auflage. München: C. H. Beck.

Joecks, Wolfgang (2010): Strafgesetzbuch: Studienkommentar. 9. Auflage. München: C. H. Beck.

Joecks, Wolfgang / Miebach, Klaus (Hrsg.) (2012): Münchener Kommentar zum Strafgesetzbuch [MüKo]. Band 3: §§ 185–262 StGB. 2. Auflage. München: C. H. Beck.

Laufhütte, Heinrich Wilhelm / Rissing-van Saan, Ruth / Tiedemann, Klaus (Hrsg.) 2010: Leipziger Kommentar. Strafgesetzbuch [LK]. Band 8: §§ 242–262 StGB. 12. Auflage. Berlin: de Gruyter.

Säcker, Franz Jürgen / Rixecker, Rolang (Hrsg.) (2012): Münchener Kommentar zum Bürgerlichen Gesetzbuch [MüKo]. Band 2: §§ 241–432. 6. Auflage. München: C. H. Beck.

Schönke, Adolf / Schröder, Horst (Hrsg.) (2010): Strafgesetzbuch. Kommentar. 28. Auflage. München: C. H. Beck.

Staudinger, Julius von (2012): Eckpfeiler des Zivilrechts. Neubearbeitung 2012. Berlin: Sellier / de Gruyter.

Frames als Repräsentationsformat in modernen Terminologiesystemen

Birte Lönneker-Rodman & Alexander Ziem

Abstract
Der vorliegende Beitrag stellt ein konkretes Anwendungsgebiet von semantischen Frames im Bereich der praktischen Terminologiearbeit, einem Untergebiet der Lexikografie, vor. Es wird insbesondere gezeigt, wie Frames mittels existierender Software zur Terminologieverwaltung dargestellt werden können und welcher konkrete praktische Nutzen sich daraus ergibt. Nach einer kurzen Einführung in das Anwendungsgebiet der Terminologieforschung und einschlägige Software wird dargelegt, inwiefern sich konzeptuelle Informationen, die mittels Frames erfasst werden, für die Terminologiearbeit verwenden lassen. Ausgeführt wird, wie Frame-Ansätze auf den Bereich der Terminologiearbeit übertragen werden können und welche Möglichkeiten es gibt, Frames mit marktüblicher Software zu modellieren. Ein besonderes Augenmerk liegt hier auf dem Nutzen und den Beschränkungen aktueller Software-Tools. Abschließend werden die erzielten Ergebnisse zusammengefasst und im Hinblick auf mögliche zukünftige Anwendungsfelder bewertet.

1 Einleitung

Frames spielen nicht nur in bedeutungstheoretischen Grundlagendiskussionen eine zunehmend große Rolle (Busse 2012; Löbner 2014; Ziem 2014a), auch ihr praktischer Einsatz in so unterschiedlichen Anwendungsbereichen wie der Psychiatrie (hier etwa zur Erstellung von Klassifikationssystemen, vgl. Vosgerau/Zielasek/Soom in diesem Band), der Übersetzungswissenschaft (López 2002; Čulo 2013), der computerbasierten Sprachverarbeitung (Das et al. 2013) und der Terminologiearbeit in Fachdomänen (Faber/López Rodríguez 2012; Faber 2015) ist in der letzten Dekade vielseitiger und umfassender geworden. Das Frame-Konzept hat dabei im Zuge linguistischer, philosophischer, medien-, kognitions- und computerwissenschaftlicher Modellierungen von Wissen in zweifacher Form Eingang gefunden. Zum einen dienen Frames als Analyseinstrumente, um Wissen strukturell zu beschreiben und analytisch fassbar zu machen; dies ist etwa der Fall, wenn sie als Annotationsschemata (etwa Fraas/Pentzold/Ziem in diesem Band) oder als Werkzeug für qualitative Inhaltsanalysen (Scheufele in diesem Band) eingesetzt werden. Zum anderen gelten Frames als ein Format, in dem Wissen kognitiv repräsentiert ist; dieser Anspruch ist bereits in Fillmores linguistischer Frame-Konzeption angelegt, in aller Deutlichkeit wird er von dem kognitiven Psychologen Barsalou (1992) vertreten und im Düsseldorfer Frame-Ansatz fortgesetzt. In dem vorliegenden Beitrag verstehen wir Frames in diesem doppelten Sinne zugleich als ein analytisches Hilfsmittel und ein kognitives Repräsentationsformat, möchten insbesondere aber, anders als die meisten Beiträge in diesem Band, den praktischen Nutzen von Frames herausstellen. Konkret geschieht dies am Beispiel von Wissensdarstellungen und -erschließungen durch Frames in modernen Terminologiesystemen.

Die linguistische Beschäftigung mit Terminologie und Terminologiesystemen kann, vereinfacht gesagt, als ein Untergebiet der Lexikografie aufgefasst werden. Aufgrund der besonderen Bedeutung der Terminologiearbeit wie auch der Lexikografie für die Praxis und für die in diesen Bereichen verwendeten Software-Systeme lohnt es sich, den Gegenstandsbereich präziser zu konturieren. Sager (1990, 3) versucht, Terminologie wie folgt von Lexikografie abzugrenzen:

> By its etymology 'terminology' would mean 'the science/study/knowledge of terms' which would make it parallel to lexicology, the science/study/knowledge of the lexicon or lexical items; this interpretation is, however, rejected by most terminologists. [...] ['Terminology' is used] to refer to an internally consistent and coherent set of terms belonging to a **single subject field** [...]. (Hervorhebung hinzugefügt)

Auch Faber und López Rodrígez (2012, 12) heben die Bedeutung des Fachgebiets für die Terminologie hervor. Sie verstehen unter *Terminologie* den Bestand von Einheiten („units") eines Fachgebiets. Hiermit ist noch nicht gesagt, ob dieser Bestand (vorrangig) von der sprachlichen oder der konzeptuellen Ebene her erfasst und strukturiert ist.

In der Praxis besteht eine gängige Auffassung in der Annahme, dass es sich bei einer Terminologiesammlung um ein „Wörterbuch" handele, dessen Inhalte sich auf ein bestimmtes Fachgebiet beziehen, beispielsweise auf eine Branche, ein Unternehmen oder eine Abteilung. Damit ist das Fachgebiet einerseits das vereinende Element, also der Lebens-, Arbeits- und Gedankenraum, innerhalb dessen die in einer bestimmten Terminologie betrachteten Dinge, Konzepte oder sprachlichen Zeichen eine Rolle spielen. Andererseits wird eine Abgrenzung zu anderen Fachgebieten vorgenommen, in denen die betrachteten Einheiten ebenfalls eine Rolle spielen bzw. spielen können. Sofern die anderen Fachgebiete für die betreffende Branche oder das Unternehmen nicht ebenfalls relevant sind, können derartige Mehrdeutigkeiten also bei der Terminologiepflege ignoriert werden.

Aufgrund der Konzentration auf sehr spezifische Fachgebiete sind oft neben den Erstellern von Terminologiesammlungen oder Terminologiedatenbanken, d. h. neben den Terminologen und ihren Informanten, auch die Anwender bzw. Nutzer von Terminologieverwaltungssystemen hochgradig spezialisiert. Je nach Arbeitsgebiet handelt es sich bei letzteren z. B. um Elektrotechniker, Marketingexperten oder Mitarbeiter in Support und Wartung technischer Produkte.

Das Ziel des vorliegenden Beitrages besteht darin aufzuzeigen, inwiefern Frames durch existierende Software zur Terminologieverwaltung so verwendet werden können, dass sich bestehende Defizite bei der professionellen Verwaltung von Fachtermini vermeiden lassen. In einem ersten Schritt umreißen wir das Anwendungsgebiet der Terminologieforschung und der dafür einschlägigen Software, wobei ein besonderes Augenmerk auf der Relevanz von konzeptuellen Informationen für die Terminologiearbeit liegt (Abschnitt 2). Im Anschluss daran stellen wir Möglichkeiten vor, Frames in Terminologiesystemen als Darstellungsformat zu integrieren. Am Beispiel von Verpackungsmaschinen machen wir dabei von einem hybriden Frame-Modell Gebrauch, das sowohl Aspekte von Minskys Frame-Konzeption aufgreift als auch linguistische Weiterentwicklungen im Rahmen des Berkeleyer FrameNet-Projektes berücksichtigt (Abschnitt 3). Von besonderem Nutzen erweisen sich Möglichkeiten zur Modellierung und grafischen Darstellung von terminologischen Netzwerken; ihnen wenden wir uns abschließend zu (Abschnitt 4).

2 Terminologie als praktische Anwendungsdomäne: Hintergrund und Herausforderungen

2.1 Von Wortlisten zum Terminologiemanagementsystem

Die einfachsten Terminologiesammlungen sind Wortlisten, in der Terminologielehre häufig als „Glossare" bezeichnet. Diese Listen sollen je nach Beschaffenheit entweder als Übersetzungs- oder als Formulierungshilfe dienen. Als Übersetzungshilfe fungieren in der Regel zwei- oder mehrsprachige Wortlisten, wie in Tabelle 1 beispielhaft illustriert; in die Kategorie der Formulierungshilfe fallen dagegen einsprachige Wortlisten, die nach ihrer empfohlenen Verwendung strukturiert sind.

Englisch	Deutsch
garden	Garten
weed	jäten
weed	Unkraut
water	Wasser
water	begießen
bank	Böschung
excavator	Bagger
...	....

Tabelle 1: Zweisprachiges Glossar

Hintergrund einer Kennzeichnung von „empfohlenen" vs. „nicht zu verwendenden" Ausdrücken ist das Bestreben, den Sprachgebrauch der Terminologie-Konsumenten aus welchen Gründen auch immer zu normieren (mehr dazu in den Abschnitten 2.2 und 2.3). Ein Beispiel hierfür ist in Tabelle 2 illustriert.

Der Bestand dieser Glossare ist mithin vorrangig von der sprachlichen Ebene her erfasst und strukturiert – abgesehen vom Zusammenhang über das betrachtete Fachgebiet hilft die Liste dem Empfänger nicht, die Bedeutung der enthaltenen Wörter und ihre Beziehungen untereinander zu erfassen. Glossare haben aber den Vorteil, dass sie verhältnismäßig schnell erstellt werden können. Für den Autor eines Glossars, der dieses in nicht zu großem zeitlichem Abstand selbst als Konsument zur Hand nimmt, kann die einfache Struktur sogar ein Vorteil sein. Man denke in diesem Zusammenhang etwa an eine Vokabelliste als Lernhilfe oder einen Spickzettel (im Bereich Terminologie für Dolmetscher vgl. auch Rütten 2013).

Empfohlen	Nicht verwenden
Wildkraut	Unkraut
Herbizid	Unkrautvernichtungsmittel
bewässern	begießen
...	....

Tabelle 2: Einsprachiges Glossar mit Verwendungshinweisen

Die Nachteile der Wortliste kommen deutlich zum Vorschein, wenn die Liste über längere Zeiträume und/oder von unterschiedlichen Personen verwendet werden soll. Zum einen kann ein Glossar nicht zwischen mehreren Bedeutungen eines Wortes unterscheiden (z. B. *water* – *water*, *bank* – *bank*). Selbst bei der Begrenzung auf ein einziges Fachgebiet ist es möglich, dass eine solche Mehrdeutigkeit vorkommt. Ein Glossar bietet in diesem Fall keine Hilfe zur Disambiguierung, also keine Entscheidungshilfe dafür, welche fremdsprachliche Entsprechung (von zwei oder mehr möglichen) bzw. welchen bevorzugten Term (von mehreren möglichen) der Anwender zu benutzen hat. Zum anderen gibt das Glossar keinen Hinweis darauf, ob dem Anwender beim Nachschlagen überhaupt die korrekte Bezeichnung eingefallen ist. Wenn der Anwender beispielsweise irrtümlich eine Mutter als „Schraube" bezeichnet und *Schraube* nachschlägt, wird er den Term *Schraube* übersetzen bzw. prüfen. Solange das Glossar keinerlei konzeptuellen Informationen enthält, kann es dem Anwender also nicht helfen, falls sein Wortgebrauch auf ein ‚falsches', d. h. im jeweiligen Verwendungskontext nicht-intendiertes Ding in der Welt verweist.

Natürlich ließen sich Wortlisten-Darstellungen wie in Tabelle 1 und 2 um zusätzliche Spalten erweitern und ggf. sogar zusammenführen, sodass sie weiteren zur Disambiguierung benötigten Informationen Platz bieten. Zum Beispiel könnte eine Spalte „Wortart" eingefügt werden, über die sich die englischen Terme *water* (Verb) und *water* (Substantiv) unterscheiden ließen. Dadurch wird die Tabelle aber schnell unübersichtlich und unhandlich. Die Anwender bzw. Nutzer verbrauchen für das Nachschlagen und die Orientierung in der angereicherten Tabelle viel Zeit – oder sie unterlassen das Nachschlagen gänzlich, um Zeit zu sparen, wodurch aber der beabsichtigte Nutzen der Terminologiearbeit nicht erzielt wird.

Um diesen Problemen Rechnung zu tragen, werden seit geraumer Zeit computerbasierte Terminologiesysteme – auch bekannt als „Terminologiemanagementsystem", „Terminologieverwaltungssystem", „Terminologiedatenbank" – entwickelt. Viele dieser Systeme gehen über die Anlage von Wortlisten weit hinaus, insofern in den Systemen etwa Terme unterschiedlicher Sprachen angelegt und mit zusätzlichen Informationen, die der Disambiguierung von Termen dienen, gespeichert werden können. Auf diese Weise wird nicht nur dem Nutzer die Suche im Terminologiebestand erleichtert; die ermittelten Informationen werden darüber hinaus auch übersichtlich angezeigt.

Terminologiesysteme sind entweder alleinstehende Softwareprodukte oder stehen als Module zur Verfügung, die in andere Systeme eingebettet sind. Als Module sind sie typischerweise Bestandteil von Übersetzungsmanagementsystemen und *Computer Aided Translation* bzw. von Content Management Systemen oder auch von Software zur Autorenunterstützung. Die Einbettung in andere Systeme oder die Verknüpfung mit anderen Anwendungen ist für den Nutzer insofern besonders hilfreich und zeitsparend, als das Nachschlagen von Fachwörtern in einem bestimmten Anwendungsprogramm und auch innerhalb eines bestimmten sprachlichen Kontextes erfolgt. Das System kann also die Terme während des Übersetzens oder Schreibens bereits selbst suchen und die Ergebnisse im Terminologie-Modul anzeigen. Der Anwender braucht in seiner Tätigkeit nicht innezuhalten, um zu überlegen, ob passende fachspezifische Terme vorliegen, die in einer separaten Anwendung gesucht werden müssten.

2.2 Ziele der Terminologiearbeit

Während die Kosten der Terminologiearbeit relativ leicht zu beziffern sind, besteht der Nutzen in verschiedenen Faktoren, die sich teilweise nur schwer bzw. indirekt messen lassen. Hierzu zählen:

Frames als Repräsentationsformat in modernen Terminologiesystemen

- Einsparungen (vor allem an Arbeitszeit, ggf. auch an Material wie Fehldrucken);
- Verringerung von Risiken (z. B. Regressansprüche aufgrund unverständlicher oder falscher Bedienungsanleitungen, Beipackzettel usw.);
- Erhöhung von Qualität (Produktqualität, Arbeitsumfeld);
- Verbesserung des Images der die Terminologie verwendenden Organisation.

Auf einer allgemeinen Ebene verfolgt eine Institution mit dem Aufbau und der Pflege einer Terminologiedatenbank also zwei Ziele, nämlich Eindeutigkeit und Verständlichkeit:[1]

Eindeutigkeit. Je eindeutiger Texte sind, desto weniger Missverständnisse entstehen. Zum Beispiel sollten die Marketing-Abteilung (Katalog, Online-Shop), die Forschungs- und Entwicklungsabteilung sowie die Technische Support-Abteilung für das gleiche Bauteil eines Produkts dieselbe Benennung verwenden. Ansonsten bestünde die Gefahr, dass ein Kunde ein vom Support empfohlenes Ersatzteil im Katalog nicht findet bzw. ein falsches Ersatzteil identifiziert. Beim Vorliegen mehrerer möglicher Bezeichnungen (z. B. *Antriebswellenmanschette, Achsmanschette, Gelenkschutzhülle*) sollte also eine sogenannte Vorzugsbenennung bestimmt (z. B. *Antriebswellenmanschette*) und andere Bezeichnungen nur unter bestimmten Bedingungen erlaubt (z. B. *Achsmanschette*) oder gänzlich vermieden werden (z. B. *Gelenkschutzhülle*). Ähnlich ist es mit der Benennung von Tarifen (z. B. Telefontarifen, Stromtarifen mit Benennungen wie *Light, Paket L, Large, Package L* usw.), die bei Bestellungen, Abrechnungen und im Werbematerial eindeutig identifizierbar sein müssen, damit nicht z.B. *Light* bestellt und *Large* abgerechnet wird. Die Terminologiedatenbank gibt bei mehreren denkbaren Bezeichnungen darüber Aufschluss, welche davon (per Konvention) verwendet werden soll.

Verständlichkeit. Je verständlicher die gesprochenen und geschriebenen Texte sind, die ein Unternehmen intern und extern verwendet bzw. veröffentlicht, desto besser erschließen sie sich. Die Verständlichkeit, aber auch die Glaubwürdigkeit der Fachtexte werden zu einem großen Teil durch den verwendeten Fachwortschatz bedingt (vgl. Faber/San Martín 2012, 196 f.). In Fachtexten für Laien bzw.

---

[1] Auch der Deutsche Terminologie-Tag e. V. (2014: M8-3) nennt diese beiden Aspekte als den Nutzen von Terminologie, nämlich zum einen die „gemeinsame Sprache aller Beteiligten von Anfang an" und zum anderen die „Brücke zum Sprachgebrauch anderer".

„nicht Eingeweihte", z. B. Interessenten, Kunden oder Geschäftspartner, müssen also Terme für unternehmens- oder produktspezifische Besonderheiten des Anbieters zunächst erklärt werden. Um die Glaubwürdigkeit zu sichern, sollten Terme des Fachgebiets gerade nicht vermieden werden, sondern korrekt und konsistent eingesetzt werden. Bis zu einem gewissen Grad müssen gesprochene und geschriebene Texte die Adressaten auch in die Fach-Materie einführen, z. B. in Spezifika bei Unternehmensabläufen, Produkten usw. Hier gilt es, auch neue Mitarbeiter möglichst schnell mit dem Fachwortschatz vertraut zu machen.

2.3 Präskriptive vs. deskriptive Terminologiearbeit

Im wissenschaftlichen Kontext wirkt der normierende bzw. präskriptive Charakter der Terminologiearbeit zur Erreichung von Eindeutigkeit zunächst befremdlich. Der Zweck der Eindeutigkeit geht auf eine Annahme von Eugen Wüster zurück (siehe dazu Faber/López Rodríguez 2012, 12 ff.), derzufolge per Normierung oder Standardisierung der (Fach-)Sprache eine 1:1-Beziehung zwischen Konzepten und ihren Benennungen hergestellt werden kann. Sowohl Synonyme als auch Homografen (Homonyme) sollen seiner Auffassung nach also vermieden werden.

Synonyme treten dann auf, wenn ein Konzept mehrere Benennungen hat, z. B. *Schnürband – Schnürsenkel – Schuhband* oder *Aufzug – Fahrstuhl – Lift*. Nach Wüster und anderen Vertretern seiner „General Terminology Theory" wäre es angeraten, einen Ausdruck als Vorzugsbenennung zu definieren und die anderen beiden zu verbieten, da bei bestimmten Textsorten eine geringere Varianz Vorteile bringt. Sie kann etwa dazu beitragen, dass eine Bedienungsanleitung klarer wird. Der Leser muss nicht überlegen, ob mit Schuhband auf dasselbe Konzept Bezug genommen wird wie etwa mit Schnürband, da nur Schnürband, nicht aber Schuhband verwendet wird. Beim Übersetzen von Texten ergibt sich ein Einsparungseffekt, wenn im Ausgangstext Synonyme nicht wahlweise abwechselnd verwendet werden, sondern lediglich die Vorzugsbenennung. Ein Übersetzer muss nicht mehrere Synonyme nachschlagen und wortwörtliche Satzwiederholungen sind kostengünstiger als neue bzw. ähnliche Sätze, die durch die Verwendung eines Synonyms entstehen.

Eine andere Herausforderung stellen Homonyme dar, wie etwa *Maus* (Fachbereich Biologie) und *Maus* (Fachbereich IT) oder *Bank* (als eine Finanzinstitution) und *Bank* (als ein Sitzmöbel).[2] Ziel wäre es, eine Verwechslung zu vermeiden, indem eine dieser Benennungen verboten und durch eine andere, ein Synonym, ersetzt wird. Beispielsweise könnte ein Terminologe statt *Maus* die genauere Benennung *Computermaus* und für *Bank* die genauere Bezeichnung *Sitzbank* vorschreiben.[3]

Trotz der genannten Vorteile birgt die präskriptive Terminologie auch Nachteile. Bei der Erstellung lässt sich nicht unbedingt vorhersehen, welche Homonyme zu Verwechslungen führen könnten. Wenn zur Vermeidung von möglichen Verwechslungen die Verwendung präziser Benennungen wie *Computermaus* und *Flachkopfschraube* überall gefordert wird, führt dies zu schwerfälligen Texten. Somit wäre die gewünschte Verständlichkeit sogar wieder gemindert.

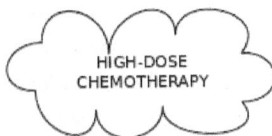

HIGH-DOSE CHEMOTHERAPY	high-dose chemotherapy high-dosage chemotherapy intense chemotherapy high intensity chemotherapy dose intense chemotherapy	intensive chemotherapy aggressive chemotherapy dose intensive chemotherapy intensified chemotherapy etc.

Abb. 1: Konzept mit mehreren Benennungen (nach Faber/San Martín 2012, 190)

Warum es gerade in der Fachsprache so viele Synonyme (sowohl Benennungsvarianten als auch formale Varianten) gibt, ist eine in der sprachwissenschaftlichen Forschung bisher unterrepräsentierte Fragestellung (vgl. Faber/San Martín 2012, 189 ff.). Faber und San Martín (2012, 190) haben eine Reihe von Benennungen für das Konzept HIGH-DOSE CHEMOTHERAPY zusammengetragen (vgl. Abb. 1). Ohne weitere Erläuterungen wird sich ein Autor eines medizinischen oder tech-

---

[2] Im Falle von *Bank* führt Metonymie zu weiteren, hier nicht weiter betrachteten, Homonymen, wie z. B. Gebäude oder Vertreter der Finanzinstitution.

[3] Dies ist nur bedingt sinnvoll, da gerade aufgrund der unterschiedlichen Fachgebiete die Benennungen selten im gleichen Text auftreten. Solche Texte müssten Anteile an beiden Fachgebiete haben, z. B. eine Benutzungsanleitung für ein zoologisches Softwareprodukt oder ein innenarchitektonisches Konzept für ein Bankgebäude. Der Terminologe hat mit der Entscheidung, ob die Unterscheidung zwischen *Bank* und *Bank* relevant ist, mindestens eine Festlegung auf der kognitiven Ebene bereits getroffen. Er hat entschieden, welches Fachgebiet oder welche Fachgebiete seine Terminologiesammlung abdeckt. Wenn die Terminologiedatenbank nur das Fachgebiet der Innenarchitektur abdeckt, ist die Erfassung der *Bank* als Sitzmöbel ausreichend. Unter Anwendung der sogenannten „Closed World Assumption" kann die Beschreibung der Bank als Finanzinstitut aus der Innenarchitektur-Terminologiesammlung unbeachtet bleiben.

nischen Fachtextes nicht von einem Terminologen vorschreiben lassen, nur bestimmte Ausdrücke zu benutzen bzw. die Verwendung von (teil-)synonymen Ausdrücken gänzlich zu vermeiden.

Eine Terminologiesammlung kann daher auch nach dem deskriptiven Prinzip erstellt werden, indem man die (in der Terminologielehre weit verbreitete) Forderung einer Vorzugsbenennung weglässt. Beim Erstellen einer deskriptiven Ressource geht es sowohl um die Erfassung von Benennungen als auch um die Erfassung bzw. Dokumentation von Wissen über die dargestellten sprachlichen sowie konzeptuellen Einheiten des Fachgebiets. Bei der Rezeption wird dieses Wissen durch den einzelnen Empfänger erschlossen. Deskriptive Terminologie-Ressourcen dienen ebenfalls der Erhöhung der Verständlichkeit von Texten, vor allem durch die Ermöglichung der angemessenen Verwendung des Fachwortschatzes beim Schreiben. Darüber hinaus besteht ein weiteres Einsatzgebiet deskriptiver Terminologie-Ressourcen darin, dem Rezipienten als Nachschlagewerke oder als Verständnishilfe beim Lesen von Texten oder bei der Aufbereitung anderer Kommunikationen zu dienen. Terminologie-Ressourcen können auch explorativ verwenden werden, zum Beispiel beim Einarbeiten in ein neues Fachgebiet, sei es als Übersetzer oder als neuer Mitarbeiter eines Unternehmens. Schließlich können neue Produkte oder neue Funktionen und Technologien innerhalb der Terminologiedatenbank zunächst beschrieben werden. Bei Bedarf ließe sich sogar der Prozess ihrer Namensfindung im Terminologie-System abbilden.

Deskriptive Terminologiearbeit nützt auch dem Übersetzer. Zwar wird eine Fachterminologie-Datenbank häufig mehrsprachig gepflegt. Falls dem Übersetzer aber die verwendeten Fachterme oder die benannten Dinge oder Prozesse des Fachgebiets nicht bekannt sind, kann das zu einer geringeren Verständlichkeit des gesamten ausgangssprachlichen Satzes führen und somit die Übersetzung erschweren. Hilfreich ist also, wenn das Konzept ausführlicher beschrieben ist, sodass der Übersetzer das Domänenwissen direkt in der Terminologie-Ressource erwerben kann. Außerdem sollen gerade Übersetzer auch die „Übersetzungen" für zunächst einsprachig existierende Terminologiebestände erstellen. Hierzu lesen sie einen einsprachigen Terminologie-Eintrag und tragen dann die fremdsprachliche Entsprechung als neuen Term ein. Ohne weitere erläuternde Informationen auf Konzept- und Termebene ist eine solche „Term-Übersetzung" eine große Herausforderung, weil – abgesehen vom Fachgebiet – der Kontext fehlt.

2.4 Terminologie und Wissensrepräsentation

Insbesondere im Fall der deskriptiven, aber auch der präskriptiven Terminologiearbeit sind Theorien und Techniken der Repräsentation terminologischen Wissens nützlich. Diese sollten über eine einfache Auflistung ‚aller' Konzepte des betrachteten Fachgebiets (der betrachteten Abteilung, des betrachteten Prozesses etc.) hinausgehen. Wie Léon Araúz, Faber und Montero Martínez (2012, 110 ff.) treffend darlegen, sind gerade in einer Terminologie-Datenbank nicht nur die Beschreibungen isolierter Konzepte, sondern ebenso die Verknüpfungen semantisch-konzeptueller Art wichtig.

In der Terminologielehre sind zwar taxonomische Beziehungen geläufig (d. h. die Kodierung von Oberbegriff/Unterbegriff). Die zur Repräsentation von Fachwissen notwendigen semantischen Beziehungen gehen aber über diese Typen-Beziehungen weit hinaus. Kognitiv-linguistische Annahmen, wie sie etwa Lakoffs (1987) „Conceptual Metaphor Theory" und Langackers „Cognitive Grammar" (1987) zugrunde liegen, so argumentieren Léon Araúz, Faber und Montero Martínez (2012, 112 f.), werden unterstützt durch die Ergebnisse neurowissenschaftlicher Versuche. Diese zeigen, so die Autoren, dass die Verarbeitung von Informationen immer in Relation zu anderen Informationen erfolge. Insbesondere sei die semantische Darstellung nicht von Wahrnehmung, Handlung und Introspektion abtrennbar, und semantische Repräsentationen würden vom Wahrnehmenden selbst und dem Kontext der Wahrnehmung beeinflusst.

> There is an increasing consensus in favor of a more dynamic view of cognitive processing or situated cognition, which reflects the assumption that cognition is typically grounded in multiple ways. These include simulations, situated action, and even bodily states. (Léon Araúz/Faber/Montero Martínez 2012, 112)

Eine für die Terminologie besonders relevante Schlussfolgerung, die die Autoren ziehen, bezieht sich direkt auf die semantisch-konzeptuellen Relationen:

> [...] knowledge acquisition requires simulation of human interaction with objects, and this signifies that non-hierarchical relations that define the goal, intended purpose, affordances, and result of the manipulation and use of an object [...] are just as important as hierarchical ones, such as *type_of* or *part_of* (Léon Araúz/Faber/Montero Martínez 2012,115)

Aus der Perspektive von Fachübersetzern, die auf Termdatenbanken zurückgreifen, bezeichnet Melby (2012) semantische Beziehungen als eine Information, die idealerweise in einer „high-end termbase" vorhanden sein sollte. Diese sowie weitere Informationen wie die Angabe einer Definition und/oder eines Beispielsatzes helfe dem Übersetzer, die jeweils passende Benennung auszuwählen. Melby (2012, 21) führt Beispiele für konzeptuelle Relationen an, darunter auch so genannte *associated relations*. Neben dem Erstellen und Übersetzen von Texten weist er auf weitere Anwendungsgebiete von Terminologie hin, die von konzeptuellen Relationen profitieren.

Die Frage ist nun, wie diese konzeptuellen Relationen praktisch in einer Terminologiedatenbank hinterlegt werden können. Hilfreich wäre es, sich an existierenden linguistischen und/oder kognitionswissenschaftlichen Theorien zu orientieren, so etwa an der Frame-Semantik. Hierbei ist letztendlich nicht entscheidend, für welche Konzeption von Frames man sich entscheidet. Je nach Umfeld und Umständen der Erstellung, des Darstellungsbereichs und der Anwendung der Terminologiedatenbank kann die Entscheidung unterschiedlich ausfallen. In Abschnitt 3 plädieren wir deswegen für ein hybrides Frame-Modell, das einerseits auf Minskys Konzeption basiert, andererseits aber auch die FrameNet-Datenbank als eine hilfreiche semantische Ressource nutzt. Die notwendigen Voraussetzungen für die Anwendung von Frames in einem Terminologiesystem erläutern wir zunächst im folgenden Abschnitt.

2.5 Datenmodell in einem Terminologiesystem

In modernen Terminologiesystemen werden unterschiedliche Datenmodelle verwendet. Das Datenmodell, das wir im Folgenden vorstellen möchten, folgt der Darstellung der Software *crossTerm*, enthalten im *Across Language Server* (www.across.net, letzter Zugriff: 28.11.2015). Anderen Systemen liegen ähnliche Modelle zugrunde.

Abb. 2 visualisiert die wichtigsten Entitäten des Datenmodells, nämlich ‚Eintrag' (Konzept) und ‚Term'. In der Terminologiearbeit bzw. im Zusammenhang mit den Systemen zur Terminologieverwaltung wird ‚Eintrag' gleichbedeutend mit ‚Konzept' verwendet. Einem terminologischen Eintrag kann eine beliebige Anzahl an Termen (0...N) in jeder Sprache zugeordnet sein, die auf das repräsentierte Konzept referieren.

Ein Konzept zeichnet sich durch Attribute (wie etwa „Definition", „Abbildung", „Fachgebiet") und andere Metadaten aus, die es näher beschreiben. In der

Frames als Repräsentationsformat in modernen Terminologiesystemen

Terminologiearbeit werden Attribute häufig auch als „Datenkategorien" bezeichnet. Der Einfachheit halber sind in Abb. 2 alle Attribute gleich dargestellt. Einige der Datenkategorien können für ein Konzept mehrfach verwendet werden, z. B. können mehrere „Definitionen" und „Abbildungen" existieren. Während „Definitionen" textueller Art sind, handelt es sich bei „Abbildungen" um Daten im Grafik-Format. Für das Attribut „Fachgebiet" existiert typischerweise eine Werteliste, aus der pro Konzept nur ein Fachgebiet ausgewählt werden kann.

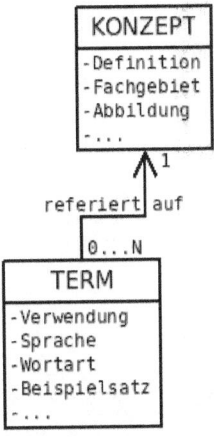

Abb. 2: Datenmodell in einem Terminologiesystem

Der Term ‚verfügt' über besondere Kategorien, etwa zu Verwendungshinweisen und zu den verwendeten Sprachen (z. B. Deutsch, Englisch oder jede andere Sprache, in der die Terminologiedatenbank gepflegt wird). Dies dient u. a. als Suchfunktion im Terminologiesystem, und es erlaubt auch Zusatzfunktionen, mit denen das Programm Terme in Texten auffindet und gemäß dem präskriptiven Ansatz (vgl. Abschnitt 2.3) gegen die Verwendungshinweise prüft. Zahlreiche andere Datenkategorien, darunter Textfelder für „Beispielsätze", Auswahllisten für „Wortart" usw., finden sich ebenfalls hier.

Standardmäßig enthält das hier betrachtete System *crossTerm* viele Term-Datenkategorien aus einem sogenannten Dialekt des Standardformats „TermBase Exchange" (TBX) zum Austausch von Terminologiedaten (ISO 30042: 2008). Beispiele dieser Term-Datenkategorien sind „hyphenation", „pronunciation", „grammatical gender", „etymology" und „register". Nicht alle Default-TBX-Datenkategorien sind jedoch von Anfang an aktiviert. Um dies zu illustrieren, ist es nötig, noch einen weiteren Bestandteil des *crossTerm*-Datenmodells einzuführen, und zwar die so genannte „Vorlage" (auch „Template" genannt). Es gibt Vorlagen für Konzepte und Terme. Die Vorlagen bestimmen, welche Datenkategorien beim Anlegen und Pflegen eines Konzepts/Terms ausgefüllt werden.

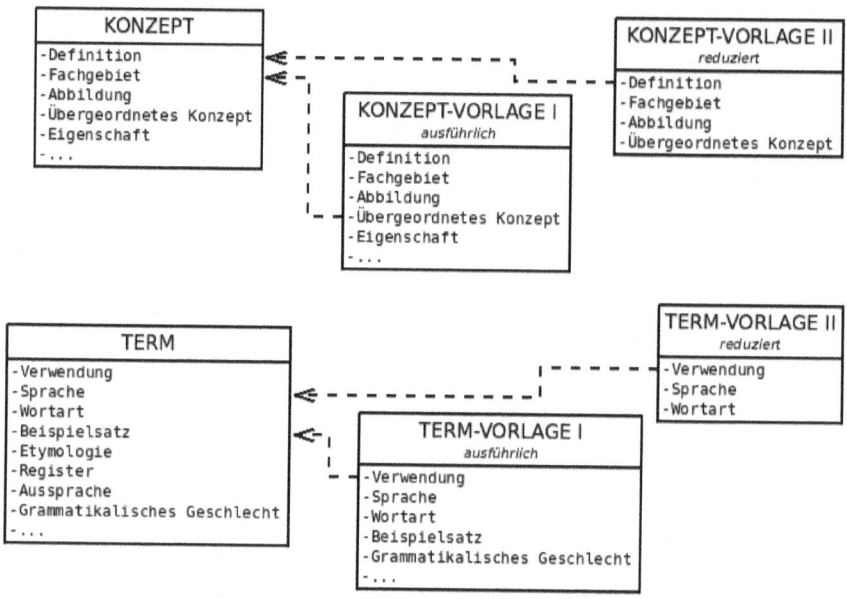

Abb. 3: Vorlagen für Konzepte und Terme

Abb. 3 illustriert dies anhand von je zwei Vorlagen für Konzepte und Terme. Die Konzept-Vorlage I aktiviert alle für die Entität ‚Konzept' vorhandenen Datenkategorien, während die Konzept-Vorlage II nur vier davon enthält. Bei der Anlage und Pflege von Konzepten in der Terminologiedatenbank wählt der Terminologe die Vorlage aus, die aktuell benötigt wird. Auf der Term-Ebene sind einige Datenkategorien in keiner der beiden Vorlagen enthalten („Etymologie", „Register",

Frames als Repräsentationsformat in modernen Terminologiesystemen

„Aussprache"). Sie werden bei Anlage und Pflege von Termen also nie angezeigt und könnten aus der Terminologiedatenbank entfernt werden. Standardmäßig enthält das Terminologiesystem bereits eine Vorlage mit einer Auswahl von Standard-Datenkategorien, sodass sofort mit der Arbeit begonnen werden kann. Der Terminologe kann aber auch neue Datenkategorien anlegen und diese in ein Template aufnehmen. Ebenso kann er einige oder alle der standardmäßig aktivierten Datenkategorien entfernen (abgesehen von systeminternen Kategorien wie „Sprache" oder „Verwendungshinweis"). In der fortgeschrittenen Terminologiearbeit ist die Anlage eigener Datenkategorien häufig anzutreffen. Diese Kategorien sind beispielsweise relevant für ein bestimmtes Fachgebiet, für eine bestimmte Firma oder eine bestimmte Abteilung. Ihre Aufnahme in einen Standard wie TBX oder in ein System, das allen Anwendern dienen soll, wäre jedoch sehr aufwendig, und sie ist auch nicht notwendig. Generell kann der Terminologe aber beliebig viele Templates anlegen und diese mit unterschiedlichen Datenkategorien spezifizieren.

3 Frames und ihre Anwendung in einem Terminologiesystem

Wie in jüngerer Zeit wiederholt diskutiert (Peterson 2007; Busse 2012; Löbner 2014; Ziem 2013, 2014a, 5–48; vgl. auch Sektion 1 in diesem Band), liegt zwar den modernen Frame-Ansätzen wie dem Minskys (1975; 1986, 221 ff.) im Bereich der Künstlichen Intelligenz-Forschung, dem Barsalous (1992) in den Kognitionswissenschaften bzw. der Kognitiven Psychologie sowie der linguistischen Frame-Semantik Fillmores (etwa 1975; 1985), einschließlich ihrer Weiterführung in FrameNet, ein Schema-Begriff zugrunde. Jedoch fällt dessen Modellierung im Detail sehr unterschiedlich aus. Mit Blick auf Anwendungsmöglichkeiten in Terminologiesystemen betreffen Unterschiede nicht zuletzt auch die definitorische Bestimmung der Strukturkonstituenten von Frames selbst. Auf diese möchten wir deshalb zunächst eingehen.

Zur Übertragung auf die terminologische Praxis und auf Einheiten in Systemen zur Terminologieverwaltung bietet sich die aus der Künstlichen Intelligenz-Forschung (KI) stammende Konzeption Minskys (1975) an. Wie in Tabelle 3 am

Beispiel des bekannten Apfel-Frames illustriert (Minsky 1986, 221), nimmt ein einfacher KI-Frame die Gestalt einer Attribut-Wert-Matrix an.

APFEL	
Form	rund
Farbe	rot
Größe	apfelgroß
Material	Fruchtfleisch
Geschmack	apfelig
Struktur	mit dünner Schale

Tabelle 3: Apfel-Frame nach Minsky (1986, 204, 221), vgl. Lönneker (2003, 7)

Anhand dieses Beispiels lassen sich die Strukturkonstituenten eines Frames begrifflich etwas genauer bestimmen. Der Apfel-Frame illustriert die in der künstlichen Intelligenz und auch in der linguistischen Semantik bekannten Begriffe des „Slots" und „Fillers". Ein Slot ist ein Aspekt des Konzepts, das durch den Frame beschrieben wird. Für den Apfel werden z. B. Form, Farbe, Größe, Material, Geschmack und Struktur als relevante Aspekte bzw. Beschreibungskategorien angenommen. Ein Filler ist der Wert, der für ein Slot für das betrachtete Konzept angegeben wird, also die Antwort auf die Frage, welche Form, Farbe, Größe usw. Äpfel haben. Es kommt vor, dass Kategorien nicht starr beschrieben werden können, sondern Exemplare unterschiedlicher Art enthalten. Daher sind die Filler als die üblicherweise anzutreffenden Werte anzusehen oder auch als diejenigen, die einem menschlichen Betrachter als erste in den Sinn kommen – die typischen Werte oder auch Standardwerte. Minsky (1975, 228) spricht hier auch von „default assignments". Ein bestimmter Apfel könnte demnach auch grün statt rot sein, obwohl der Frame den Standardwert „rot" für den Slot „Farbe" vorgibt. Diesem Umstand trägt auch Barsalou (1992) in seinem Frame-Ansatz Rechnung, ohne allerdings Standardwerte gesondert zu berücksichtigen; Ähnliches gilt für Frames, wie sie im Berkeleyer FrameNet-Projekt thematisiert werden (vgl. Ziem 2014b).

Nützlich an Minskys Ansatz ist die Annahme einer prinzipiell flexiblen konzeptuellen Struktur mit rekursiven Eigenschaften. Ein Apfelbauer, der mehrere

Sorten von Apfelbäumen mit unterschiedlichen Äpfeln anbaut, kann mit denselben Slots etwa alle Apfelsorten beschreiben, ggf. mit leicht unterschiedlichen Standardwerten bei Slots wie „Größe" und „Farbe". Falls nötig, kann er für eine bestimmte Apfelsorte weitere Slots hinzufügen, um spezifische Eigenschaften einzubeziehen. Je nach Bedarf und Anwendungszusammenhang können Frames mithin auf verschiedenen Ebene der Granularität angesetzt werden. Das eine Ende der Granularitätsskala bildet dabei eine maximal schematische Repräsentation eines Apfels in Gestalt eines Apfel-Frames ohne Filler. Am anderen Ende befände sich hingegen ein maximal spezifizierter Frame, also die Repräsentation eines einzelnen Exemplars (Tokens, hier: eines konkreten einzelnen Apfels). Auf diese Weise lassen sich Konzepte und Objekte vergleichen oder bestimmte Abläufe wie das Packen von Äpfeln planen, auch per Computerprogramm.

Minsky bleibt zwar hinsichtlich der Frage indifferent, welchen ontologischen Status spezifizierte Slots und Filler haben; wie bereits erwähnt, weist er jedoch darauf hin, dass sich Slots als Fragen verstehen lassen, die sinnvoll mit Bezug auf den Referenten (hier: Äpfel) gestellt werden können. So stellt Minsky (1975, 246) fest:

> Examinations of linguistic discourse leads [...] to a view of the frame concept in which the "terminals" [i. e. "slots" Anmerkung der Verfasser] serve to represent the questions most likely to arise in a situation. To make this important viewpoint more explicit, I will spell out this reinterpretation: A Frame is a collection of questions to be asked about a hypothetical situation; it specifies issues to be raised and methods to be used in dealing with them.

Vor diesem Hintergrund liegt die Annahme nahe, Filler als Prädikate zu begreifen, die sich einer Bezugsgröße zuschreiben lassen. Sprachlich handelt es sich somit um Prädikationsstrukturen, die sich systematisch rekonstruieren lassen. Ein solches Konzept von Frames als Prädikationsstrukturen erweist sich als kompatibel mit dem Verständnis von Frames als Valenzrahmen, wie es dem Berkeleyer FrameNet-Projekt zugrunde liegt (Ziem 2014b, 282 ff.). Zugleich ist es umfassender und weniger restriktiv, insofern prädikative Zuschreibungen nicht an die Valenz des jeweiligen Zielausdrucks gebunden sind.

Am Beispiel des Apfel-Frames wird eine Herausforderung insbesondere für empirisch-praktische Anwendungsdomänen des Frame-Begriffes sichtbar; sie betrifft die frame-geleitete Erfassung von Weltwissen und besteht unabhängig von der gewählten Art der Wissensrepräsentation und -modellierung: Interessanterweise ist es nicht trivial, gerade Gegenstände des Alltags in einer formalisierten Repräsentation zu beschreiben. So entsteht etwa die Tautologie, dass ein Apfel einen apfeligen Geschmack hat und apfelgroß ist. Da wir Menschen alle so vertraut mit Äpfeln sind und sie aus unserer Erfahrung kennen, sind die Filler korrekt und treffend. Ein Leser, Computer oder Roboter, der diese Erfahrung nicht teilt, kann indes aus diesen Angaben keine Erkenntnisse gewinnen. Bei neuen Erfindungen oder fachspezifischen Konzepten, die man jemandem erklären oder in Frames abbilden möchte, sollte man Filler also anders angeben – z. B. für die Größe einen Vergleich („wie eine Faust") oder eine Maßeinheit wählen. Wie der KI-Forscher Oren Etzioni (2014) betont, ist es immer noch eine Herausforderung, sich bei der Extraktion und Repräsentation von Wissen zu Konzepten des menschlichen Alltags auf diejenigen Slots und Filler zu konzentrieren, die gerade das grundlegende Wissen beschreiben. Die Gewinnung und Darstellung technischer oder fachspezifischer Einzelheiten und Fakten dagegen scheint wesentlich einfacher (z. B. Nährwerttabelle für 100 g Apfel). Etzioni (2014) stellt hierzu fest: „Knowledge bases are rich in facts, but knowledge poor."

In der Terminologiearbeit ist man mit diesem Problem nicht oder nur in geringerer Intensität konfrontiert, da ja gerade Fachwissen oder eine fachwissenschaftliche Sicht auf alltägliche Dinge festgehalten und nahegebracht werden sollen. Außerdem wird in der Terminologieforschung nicht das Ziel verfolgt, die Wissensbestände für KI-Anwendungen (z. B. automatische Beantwortung von Fragen, Reasoning) auswertbar zu machen. Terminologiedatenbanken richten sich vorrangig an den Menschen als Konsumenten, auch wenn bei intensiver Beschäftigung mit der Materie immer wieder eine Annäherung an die Informatik zu beobachten ist (durch Annäherung an Ontologien, *Semantic Web* und ähnliche Ansätze, siehe z. B. León Araúz et al. 2012, 169–170; Melby 2012, 21).

3.1 Frames in Terminologiesystemen: ein Beispiel aus der Praxis

Beim Aufbau von Terminologiesystemen ist der KI-inspirierte Frame-Ansatz durchaus nützlich. Dies lässt sich an einem Beispiel aus der Praxis illustrieren. Terminologieverwaltungssysteme wie *crossTerm* werden von unterschiedlichen

Frames als Repräsentationsformat in modernen Terminologiesystemen

Unternehmen eingesetzt, die spezialisierte Produkte vertreiben und entsprechende Dienstleistungen anbieten, z. B. in der Telekommunikation, Medizintechnik, Unterhaltungselektronik, im Maschinen- und Anlagenbau usw. Als Beispiel soll im Folgenden die Verpackungsindustrie dienen, und zwar solche Unternehmen, die Verpackungsmaschinen für kleinere und mittlere Endkunden herstellen.

‚Kammermaschine'	
Funktionsweise	Beladen, Evakuieren von Kammer und Folienbeutel, Siegeln des Beutels, Belüften der Kammer, Entladen
Verwendungszweck	Versiegeln von Konsumgütern und medizinischen Produkten
Maschinengröße	klein bis sehr groß
Produktionsvolumen	kleine bis große Chargen
Bestandteil	Edelstahlgehäuse
	Kammer
	Steuerung
...	....

Tabelle 4: Frame-Entwurf für das Konzept ‚Kammermaschine'

In unserem Beispiel möchte der Verpackungsmaschinen-Produzent jene Eigenschaften der Maschine, die sich für den Ablauf und das Ergebnis des Verpackungshergangs als relevant erweisen, terminologisch präzise erfassen. Seine Ziele entsprechen denjenigen, die in Abschnitt 2.2 für die Terminologie allgemein dargestellt wurden: Die Mitarbeiter in Entwicklung, Verkauf und Kundendienst sollen die gleichen Benennungen verwenden und allen soll eine gemeinsame Wissensbasis zur Verfügung stehen, die ein geteiltes grundlegendes Verständnis schafft.

Im Kanon dieser Maschinen befinden sich solche, mit deren Hilfe Ware in Folienbeutel verpackt wird.[4] Aufgrund ihrer Bau- und Funktionsweise werden die

---

[4] Die Beispiele sind inspiriert durch öffentlich verfügbare Produktbeschreibungen der Firma MULTIVAC (http://www.multivac.com/). Für eventuelle Irrtümer sind allein die Verfasser verantwortlich.

Maschinen auch als „Kammermaschinen" oder „Vakuumkammermaschinen" bezeichnet. In einer Kammer wird ein Beutel mit dem zu verpackendem Gut platziert; in Kammer und Beutel wird ein Vakuum erzeugt, sodass der Beutel eng an der Ware anliegt; der Beutel wird versiegelt; der Druck in der Kammer wird langsam wieder normalisiert, sodass der Beutel unbeschädigt bleibt und herausgenommen werden kann. Der Produzent hat mehrere Maschinenserien im Angebot, vereinzelt fertigt er sogar Sondermodelle an. Die „Funktionsweise" sowie der „Verwendungszweck" aller Maschinen in den verschiedenen Serien sind gleich oder ähnlich. Auch weitere Aspekte wie „Maschinengröße" oder „Produktionsvolumen" sind immer relevant, können jedoch von Maschine zu Maschine unterschiedliche Ausprägungen haben.

Konzept-Vorlage ‚Kammermaschine'
Funktionsweise
Verwendungszweck
Maschinengröße
Produktionsvolumen
Bestandteil(e)
...

Tabelle 5: Vorlage zum Konzept ‚Kammermaschine'

In diesem Beispiel besteht die Aufgabe des Terminologen dieses Unternehmens darin, für das Konzept ‚Kammermaschine' einen Frame mit einem Set an Slots zu entwerfen, etwa ähnlich dem in Tabelle 4 dargestellten Konzept. Für alle bestehenden oder in Zukunft neu erfundenen Maschinen(serien) wird der Frame in der Terminologie wiederverwendet und nur die Filler werden entsprechend eingetragen. Hierzu kann der Terminologe auf ein Terminologiesystem zurückgreifen. Wie bereits erwähnt, bieten moderne Terminologietools die Möglichkeit, Datenkategorien auf Konzept- und Term-Ebene anzulegen. Die Datenkategorien für Konzepte entsprechen den Slots des KI-Frames bzw. in FrameNet Frame-Elementen oder, allgemeiner, Prädikationsleerstellen. Der Terminologe legt also die Datenkategorien „Funktionsweise", „Verwendungszweck", „Maschinengröße",

Frames als Repräsentationsformat in modernen Terminologiesystemen

„Produktionsvolumen" und ggf. weitere an und fügt diese einer Konzept-Vorlage für ‚Kammermaschine' hinzu. Diese Vorlage wird bei der Anlage einer neuen Maschine in der Terminologiedatenbank wiederverwendet und mit Werten spezifiziert. Außerdem fügt der Terminologe den Konzepten die Benennungen bzw. Terme in einer oder mehreren Sprachen hinzu. Zur Betrachtung der Terme und ihrer Eigenschaften trägt der KI-Frame hingegen nichts Wesentliches bei.

Ein leistungsstarkes Terminologietool bietet zudem die Möglichkeit, für eine beliebige Anzahl allgemeiner Konzepte bzw. Frames Vorlagen anzulegen (für ‚Kammermaschine' vgl. Tabelle 5). Auf diese Strukturen kann der Terminologe bei der Anlage weniger allgemeiner Frames zurückgreifen, z. B. ‚Tischkammermaschine' (Kammermaschinen, die auf einem Tisch stehen können) vs. ‚Standkammermaschine' (vgl. Tabelle 6).

	‚Tischkammermaschine'	‚Standkammermaschine'
Funktionsweise	Beladen, Evakuieren von Kammer und Folienbeutel, Siegeln des Beutels, Belüften der Kammer, Entladen	Beladen, Evakuieren von Kammer und Folienbeutel, Siegeln des Beutels, Belüften der Kammer, Entladen
Verwendungszweck	Versiegeln von Konsumgütern und medizinischen Produkten	Versiegeln von Konsumgütern und medizinischen Produkten
Maschinengröße	sehr klein	klein bis sehr groß
Produktionsvolumen	kleine Chargen	kleinere bis mittlere Chargen
Bestandteil(e)	Gehäuse	Edelstahlgehäuse
	Kammer	Kammer
	Steuerung	Steuerung
Zielgruppe	Metzgereien, Hotels, Restaurants etc.	kleine bis mittelgroße Unternehmen v. a. der Lebensmittelindustrie
...		

Tabelle 6: Konzepte ‚Tischkammermaschine' und ‚Standkammermaschine' im Vergleich

Die Verwendung der Vorlage stellt sicher, dass dem Terminologen die für wichtig erachteten Datenkategorien bei der Anlage eines Konzepts sofort zur Verfügung stehen. Die erneute Arbeit der Auswahl bzw. Erstellung von Datenkategorien, die für diese Art von Maschinen sinnvoll sind, erübrigt sich. Wenn diese Datenkategorien bei jeder Maschine vorhanden sind, erleichtert dies auch beim Nachschlagen in der Terminologiedatenbank dem lesenden Benutzer das Auffinden und Vergleichen von Informationen.

Wünschenswert wäre im Terminologiesystem die Anlage von Standardwerten per Template und eine Hierarchisierung der Templates, um z. B. die Filler „Gehäuse", „Kammer" und „Versiegeln von Konsumgütern und medizinischen Produkten" bei Wiederverwendung des Templates zu erhalten bzw. zu vererben. Diese Funktionen bieten aber trotz der Wichtigkeit hierarchischer Beziehungen zurzeit selbst High-End-Tools im Terminologiebereich üblicherweise (noch) nicht an. Hierarchische und andere Beziehungen können jedoch in diesen Systemen über Verweise dargestellt werden.

3.2 Beschreibung der Slots: von Minsky zum FrameNet

Der Apfel-Frame (Tabelle 3) lässt sich insbesondere deshalb intuitiv erschließen, weil uns das Konzept Apfel sehr vertraut ist. Das Konzept ‚Kammermaschine' dürfte dagegen weniger bekannt sein; Gleiches gilt für viele andere Konzepte aus speziellen Fachgebieten, denen sich die Terminologiearbeit widmet.

Daher wird in der Terminologiearbeit – ebenso wie in der linguistischen Frame-Semantik im Anschluss an FrameNet (vgl. hierzu exemplarisch Fillmore/Baker 2010; zum so genannten EcoLexicon vgl. Faber 2012) – mit weiteren Kategorien wie „Definition", „Abbildung" und „Beispielsatz" gearbeitet. Diese lassen sich ebenfalls in den Frame als Slots bzw. in das terminologische Konzept als Datenkategorien aufnehmen. Allgemeingültige Datenkategorien wie z. B. „Definition" sollten in jedem Konzept enthalten sein; in den Terminologietools befinden sie sich üblicherweise in der Standard-Vorlage eines terminologischen Konzepts. Die Definition trägt dazu bei, dass die Slots eines Frames besser verstanden werden. León Araúz et al. (2012, 148 ff.) weisen darauf hin, dass gute terminologische Definitionen selbst anhand von Templates aufgebaut sind, die wie ein Mini-Frame aussehen.

Dass Minsky (1975; 1986) weder die einzelnen Slots näher beschreibt und definiert noch eine Systematik zur Ermittlung von Slots anbietet, schränkt den Nutzen seines Frame-Konzepts für die Entwicklung von Terminologiesystemen ein.

Frames als Repräsentationsformat in modernen Terminologiesystemen

Nötig ist zumindest, Slots konsistent und in einer für Ersteller und Nutzer eines Terminologiesystems verständlichen Weise zu beschreiben. Ebenso wäre es hilfreich und nützlich (und aus grundlagentheoretischer Sicht auch erforderlich) auszuweisen, wie Slots bzw. Frame-Elemente systematisch und möglichst exhaustiv ermittelt werden können. Aus Sicht des Praktikers wäre es schließlich wünschenswert, für beliebige Entitäten ohne großen Aufwand Frames mit dem Zweck zu kreieren, die Kommunikation über diese Entitäten zu vereinfachen und zu optimieren. Die einzige umfassende Datenbank, die für diesen Zweck bislang bereitsteht, ist FrameNet. Mit über 13.000 lexikalischen Einheiten, also Wort-Bedeutungspaaren, die semantisch mithilfe von derzeit ungefähr 1.200 Frames erfasst werden (Stand: Dezember 2015), deckt diese lexikalisch-semantische Datenbank grob den Alltagswortschatz ab.

Wie lässt sich nun FrameNet zum Aufbau von Terminologiesystemen nutzen? In seinen frühen Arbeiten, die der Entwicklung einer so genannten Kasusgrammatik verpflichtet sind (Fillmore 1968), schlägt Fillmore ein relativ kleines Set an Kategorien, sogenannten „Tiefenkasus" („deep cases"), vor, denen er einen universellen Status zuschreibt: „a set of universal, presumably innate, concepts which identify certain types of judgments human beings are capable of making about [...] events". Zu solchen tiefensemantischen Rollen gehören beispielsweise „Instrumental" und „Factitive"; erstere definiert er als „the inanimate force or object causally involved in the action or state identified by the verb", letztere als „the object or being resulting from the action or state identified by the verb [...]" (Fillmore 1968, 46). Nicht zuletzt aufgrund der empirischen Schwierigkeit, die im Datenmaterial attestierte Vielzahl und Vielgestaltigkeit realisierter thematischer Rollen auf ein Set von einigen wenigen Tiefenkasus zu reduzieren (Fillmore 2006, 616), rückt Fillmore jedoch von der problematischen Annahme eines geschlossenen, universellen Sets semantisch-thematischer Rollen ab. Im Zuge seiner frühen framesemantischen Arbeiten entwickelt er stattdessen seit Mitte der 1970er Jahre ein Konzept von semantischer und syntaktischer Valenz, das auch dem FrameNet-Projekt zugrunde liegt. Frames werden hier definiert durch Frame-Elemente, d. h. durch empirisch ermittelte semantische Rollen, die zum Valenzrahmen des jeweiligen Zielausdruckes gehören.[5] Der entscheidende Unterschied zum kasusgrammatischen Konzept des Tiefenkasus besteht darin, dass Frame-Elemente jeweils relativ zu dem Frame, den sie näher bestimmen, definiert werden. Die Menge der Frame-Elemente ist infolgedessen nicht festgeschrieben; vielmehr handelt es sich schon deshalb um ein offenes Set, weil jeder Frame auch Frame-Elemente umfassen kann, die nur für diesen Frame spezifisch sind, also nicht von einem übergeordneten Frame ererbt werden.

Für das eingeführte Beispiel des maschinellen Packens ist der so genannte Placing-Frame relevant und – auch in praktischer Hinsicht – nützlich;[6] er wird unter anderem von den Lexikalischen Einheiten packen und Paket aufgerufen. In FrameNet ist dieser Frame folgendermaßen definiert:[7]

> Generally without overall (translational) motion, an AGENT places a THEME at a location, the GOAL, which is profiled. In this frame, the THEME is under the control of the AGENT/CAUSE at the time of its arrival at the GOAL.
> [Agent David] placed [Theme his briefcase] [Goal on the floor].
> This frame differs from Filling in that it focuses on the THEME rather than the effect on the GOAL entity. It differs from Removing in focusing on the GOAL rather than the SOURCE of motion for the THEME.

Jede Definition enthält einen annotierten Beispielsatz. Im angeführten Beispielsatz wird der Frame durch das Wort *placed* aufgerufen, wobei die Frame-Elemente AGENT, THEME und GOAL instantiiert sind. Die entsprechenden Phrasen werden, wie im Beispiel geschehen, gekennzeichnet und semantisch annotiert. Die Definition enthält auch Hinweise zur Abgrenzung des Placing-Frames von anderen Frames, insbesondere von Filling und Removing. Zudem wird jedes Frame-Element definiert, GOAL etwa folgendermaßen: „The FE GOAL is the location where the THEME ends up."

---

[5] Frame-Elemente weisen ähnliche Charakteristika wie Slots eines KI-Frames auf: Auch sie können zwischen verwandten Frames vererbt oder weiterbenutzt werden. Zu den Unterschieden und Gemeinsamkeiten vgl. zusammenfassend Busse 2012, 553 ff.; speziell zum FrameNet-Datenmodell vgl. z. B. Lönneker-Rodman/Baker (2009), Ruppenhofer et al. (2010) und Ziem (2014b).

[6] Zum Zwecke der besseren Lesbarkeit folgen wir fortan der gängigen Konvention, Frame-Namen durch den Schrifttyp Courier New und Frame-Elemente durch KAPITÄLCHEN typografisch kenntlich zu machen.

[7] Vgl. https://framenet.icsi.berkeley.edu/fndrupal/frameIndex, letzter Zugriff: 30.9.2015.

3.3 Beziehungen zwischen Frames

Frames existieren nicht als isolierte Einheiten, sie unterhalten vielmehr vielfältige Beziehungen zu anderen Frames, die in FrameNet ausgewiesen und durch den so genannten FrameGrapher grafisch veranschaulicht werden können.[8]

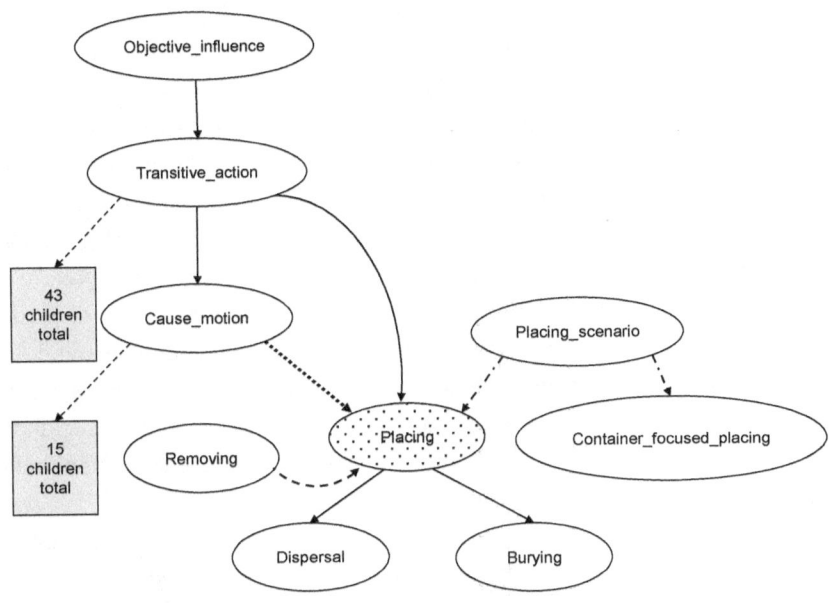

Abb. 4: Frame-zu-Frame-Beziehungen am Beispiel des Placing-Frames[9]

Fillmore und Baker (2010, 330) differenzieren zwischen insgesamt sieben Typen von Frame-zu-Frame-Beziehungen.[10] Der Typ der Beziehung legt jeweils fest, in

---

[8] Vgl. https://framenet.icsi.berkeley.edu/fndrupal/FrameGrapher; letzter Zugriff: 30.10.2015.
[9] Abb. 4 zeigt Beziehungen, die der Placing-Frame zu benachbarten Frames unterhält. Aus darstellungstechnischen Gründen beschränkt sich die Illustration auf folgende grundlegende Typen von Beziehungen: (a) Vererbung (dargestellt durch einen Pfeil mit durchgezogener Linie), (b) Subframe (abwechselnd gestrichelte und gepunktete Linie), (c) Perspektive (gepunktete Linie) und (d) Eltern-Kind-Beziehung (gestrichelte Linie).
[10] Diese lassen sich Fillmore und Baker zufolge in drei Gruppen zusammenfassen: (1) Generalisierungs-Relationen („Vererbung', ‚Perspektive', ‚brauchen' [engl. ‚using']), (2) Ereignisstruktur-Relationen („Subframes', ‚vorangehen') und (3) systematische Relationen („ursächlich für', ‚ausgehen von' [‚inchoative of']).

welchem semantischen Zusammenhang Frames miteinander stehen. Der `Placing`-Frame erbt beispielsweise Frame-Elemente vom `Transitive_action`-Frame, ist zugleich ein Subframe vom `Cause_motion`-Frame und wirft eine spezifische Perspektive auf das übergeordnete `Placing_scenario`. Einige der Frame-zu-Frame-Beziehungen, die der `Placing`-Frame mit anderen Frames unterhält, illustriert Abb. 4.

Frame-zu-Frame-Beziehungen sind für den Aufbau von Terminologiesystem von großem Nutzen, wie sich am Beispiel einer ausführlichen Fallstudie zum Fachgebiet Umwelt zeigen lässt, aus der das frame-basierte Fachlexikon „EcoLexicon" hervorgegangen ist (León Araúz et al. 2012). Im EcoLexikon spielen Relationen zwischen Konzepten eine zentrale Rolle. Die Autoren ermitteln zunächst für ihr Fachgebiet relevante Relationen, so etwa neben hierarchischen und Teil-Ganzes-Beziehungen auch Zusammenhänge (wie „*result_of*", „*affects*", oder „*has_function*"). Damit sowohl der Lexikonersteller als auch der Lexikonnutzer weiß, wie diese Relationen zu verstehen sind, werden diese definiert und durch Beispiele, teilweise auch mit Abbildungen, illustriert (León Araúz et al. 2012, 130 ff.). Die Definition der Relation *causes* umfasst beispielsweise neben fachgebietsspezifischen Beispielen unter anderem auch eine Abgrenzung von anderen relevanten Relationen:

> The *causes* relation links entities and events. For example, WATER *causes* EROSION. Even though this relation initially seems to be the inverse of *result_of*, there is a difference that stems from the active role played by certain entities. More specifically, the relation *causes* only describes the beginning of a process, whereas *result_of* may link events or entities that are the final consequence of another event. For example, a HURRICANE *causes* FLOODS during its passage over land, but floods are not the final (and more permanent) result of a hurricane. (León Araúz et al. 2012, 138)

Auf dem Gebiet der Terminologie beschreibt der TBX-Standard (ISO 30042: 2008) ebenfalls einige Datenkategorien bzw. Slots, die sich auf viele Konzepte (bzw. Frames) anwenden lassen. Ein Beispiel dafür ist die Datenkategorie „superordinateConceptGeneric", eine hierarchische Beziehung, vergleichbar der semantischen Hyperonymie- bzw. Hyponomie-Relation. Der Filler fungiert dabei als übergeordnetes Konzept des beschriebenen Frames, er steht also in einer hyperonymischen Relation zu letzterem. Ein anderes Beispiel ist die Datenkategorie

Frames als Repräsentationsformat in modernen Terminologiesystemen

„subordinateConceptPartitive", also eine Teil-Ganzes-Beziehung; der Frame repräsentiert hier das Ganze, der Filler eines Slots bildet einen Teil des Ganzen.

In der terminologischen Praxis ist die Verwendung derartiger Slots jedoch nicht sehr weit verbreitet. Abgesehen von Definitionen und Abbildungen, die einen allgemein angesehenen Status in der Terminologiearbeit haben, finden sich in der Praxis selten Datenkategorien auf der Konzeptebene. Konzeptuelle Darstellungen, wie exemplarisch in den Tabellen 5 und 6 für das Beispiel Kammermaschinen veranschaulicht, sind also bislang in der Terminologiearbeit selten anzutreffen. Über die Gründe kann man nur spekulieren. Ein Grund kann die weder sehr ausführliche noch besonders einprägsame Erläuterung der semantischen Relationen im TBX-Standard sein. Ein weiterer Grund könnte darin liegen, dass sich die Terminologiearbeit auf die Beschreibung der Terme (Benennungen und deren Attribute wie Wortart, grammatikalisches Geschlecht, Register usw.) konzentriert und der Beschreibung des Konzepts selbst nur wenig Zeit und Aufmerksamkeit gewidmet werden kann. Dies ist bedauerlich, da gerade die konzeptuellen Informationen und Relationen dem Erfassen und Weitergeben von Informationen über das Fachgebiet dienlich sind (León Araúz et al. 2012, 111 ff.).

Bereits das Ermitteln der relevanten Datenkategorien und ihrer Definitionen trägt zum Verständnis des Fachgebiets und der zu erfassenden Informationen bei. Sinnvoll ist es daher, die Definitionen dieser Datenkategorien ebenfalls im Terminologiesystem zu hinterlegen, insbesondere bei größeren Terminologiebeständen, längeren Terminologieprojekten und/oder der Bearbeitung durch mehrere Personen. Falls das Terminologieverwaltungssystem keine Annotation der Datenkategorien unterstützt, bestünde eine Alternative darin, für jede Datenkategorie ein eigenes Konzept anzulegen und dieses zu definieren. In der Definition der Konzepte eines Fachgebiets wäre es hilfreich, analog zu FrameNet-Definitionen die Bezeichnungen der definierten Datenkategorien zu berücksichtigen. Diese kann der Terminologe auch mit Verweisen versehen, sodass der Benutzer der Terminologiedatenbank weitere Informationen zu den Datenkategorien über Links direkt abrufen kann.

4 Aufbau terminologischer Netzwerke und deren grafische Darstellung

Im Folgenden soll anhand weiterer Beispiele erläutert werden, welchen Nutzen terminologische Netzwerke für die Praxis haben. Insbesondere geht es darum aufzuzeigen, wie sich konzeptuelle Relationen zwischen Frames grafisch darstellen lassen.

Auf konzeptueller Ebene sind Slots (bzw. Datenkategorien) dann von großer Nützlichkeit, wenn Konzepte mittels semantischer Relationen miteinander verbunden werden und so zum Aufbau gedanklicher Netze beitragen können (vgl. die FrameNet-Datenbank und das in Faber 2012 beschriebene EcoLexicon). Viele Terminologieverwaltungssysteme erlauben es aus diesem Grund, Verweise bzw. Links anzulegen, mit denen sich (mehr oder weniger eindeutige) visuelle Repräsentationen von Netzwerken erzeugen lassen. Da es in den Terminologiesystemen kaum formale Beschränkungen für die Angabe von Fillern bzw. Werten gibt, ist zwischen zwei Typen von Verweisen zu unterscheiden. Es finden sich einerseits solche Verweise, die den kompletten Filler betreffen und somit die Beziehung zwischen zwei in der Terminologiedatenbank erfassten Konzepten herstellen, und andererseits solche, die nur Teile des Fillers abdecken. Letztere werden in der Praxis typischerweise innerhalb von längeren Fillern verwendet, also z. B. in Definitionen, Anmerkungen zu Wartung oder Ähnlichem.

Der Unterschied lässt sich anhand von Beispielen verdeutlichen. Im Frame Tischkammermaschine (Tabelle 6) ist etwa als Filler des Slots „Bestandteil(e)" die Angabe „Gehäuse" eingetragen. Diese Angabe, in diesem Fall also nur das Wort „Gehäuse", kann mit einem Verweis hinterlegt werden, der zum Frame Gehäuse in derselben Terminologiedatenbank führt. Dieser Frame wiederum beschreibt, was im Fachgebiet der Kammermaschinen unter einem „Gehäuse" verstanden wird. Eine derartige Verlinkung kann für alle drei (oder mehr) getrennt angelegten Werte der Datenkategorie „Bestandteil(e)" vorgenommen werden.

Betrachten wir ein weiteres Beispiel. Im Frame Tischkammermaschine (Tabelle 6) ist als Filler des Slots „Verwendungszweck" „Versiegeln von Konsumgütern und medizinischen Produkten" angegeben. In diesem Fall wäre es zwar ebenfalls möglich, die gesamte Angabe mit einem Link zu hinterlegen, der dann auf den Frame Versiegeln von Konsumgütern und medizinischen

Produkten verweisen könnte. Ein solcher Frame wäre jedoch in kognitiver und funktionaler Hinsicht, also mit Blick auf die Zielvorgabe, Wissen effizient und präzise zu vermitteln, zweifelhaft. Gegebenenfalls unterscheiden sich die Konzepte ‚Versiegeln von Konsumgütern' und ‚Versiegeln medizinischer Produkte', sodass infolgedessen mindestens zwei Frames benötigt würden. Weiter sollte der Terminologe der Tatsache Rechnung tragen, dass mit den Maschinen noch andere Produkte versiegelt werden könnten. Es ist somit naheliegend, einen Frame für ‚Versiegeln' sowie Frames für ‚Konsumgüter' (oder ‚Konsumgut') und ‚Medizinisches Produkt' anzulegen. Demzufolge verweist der Filler zum Slot „Verwendungszweck" nun wie folgt auf drei Frames:

(1) Verwendungszweck: Versiegeln von Konsumgütern und medizinischen Produkten

Alle Verweise befinden sich innerhalb desselben Fillers (hier: dem Wert der Datenkategorie „Verwendungszweck"). Der erste Link verweist auf den Frame Versiegeln, der zweite auf den Frame Konsumgut, der dritte auf den Frame Medizinisches Produkt. Diese Verweise werden manuell angelegt, wobei eine Wortform wie „Konsumgütern" ohne weiteres mit einem Verweis zum Konzept ‚Konsumgut' versehen werden könnte.

Semantische Informationen, auch solche in Gestalt eines Frames, werden oft als Graph visualisiert, um die Rezeption und das Verständnis zu erleichtern oder die textuelle Ansicht durch eine diagrammatische zu ergänzen. Darüber hinaus werden grafische Darstellungen als Mittel genutzt, um komplexe Netzwerkstrukturen mit einem möglichst hohen Grad an Präzision und Eindeutigkeit zu visualisieren, was in sprachlicher Form nur schwer und nur mit großem Aufwand erreichbar wäre. Dieser Zweck motiviert etwa Visualisierungen im Düsseldorfer Frame-Ansatz (vgl. hierzu Vosgerau/Zielasek/Soom in diesem Band; Wulf in diesem Band). Der bereits erwähnte FrameGrapher des FrameNet-Projekts folgt dagegen primär einem Illustrationszweck. Analoges gilt für die ThinkMap-Ansichten im EcoLexicon. Ähnlich dem FrameGrapher, der es ermöglicht, Relationen zwischen Frames sowie zwischen ihren Frame-Elementen (Slots) zu zeigen, gehen auch EcoLexicon-Darstellungen von Frames aus. Dargestellt werden Relationen, die zwischen einem Frame und seinen Nachbarframes bestehen.[11] Interaktive

---

[11] http://ecolexicon.ugr.es/visual/index_en.html, zuletzt aufgerufen am 20. Oktober 2015.

Darstellungen erlauben es, die angezeigten Relationen einzuschränken sowie anhand der ausgewiesenen Relationen von einem Frame zu einem anderen zu navigieren.

Sobald die Konzepte in einer Terminologie-Datenbank als Frames aufgefasst und entsprechende konzeptuelle Relationen identifiziert, definiert und implementiert worden sind, ist eine grafische Darstellung dieser Relationen in Terminologie-Systemen naheliegend. Die Navigation zwischen Konzepten kann dabei auf den Verweisen basieren. Da die meisten Terminologieverwaltungssysteme derzeit grafische Darstellungen von Beziehungen zwischen Konzepten allenfalls rudimentär unterstützen, sind die folgenden Ausführungen eher als Anregungen für mögliche Weiterentwicklungen der Systeme zu verstehen.

Für den Anwendungsbereich der Terminologie lässt sich die Möglichkeit grafischer Visualisierungen folgendermaßen konkretisieren. Als Beispiel sollen die Slots „Bestandteil(e)" und „Zweck" im Frame Tischkammermaschine dienen. Der Slot bzw. die Datenkategorie „Bestandteil(e)" wurde in der hier exemplarisch behandelten Terminologiedatenbank mehrfach verwendet, da eine Tischkammermaschine mehrere für den betrachteten Bereich relevante Bestandteile hat. Alle Bestandteile sind ebenfalls als Konzepte in der Terminologiedatenbank dargestellt, sodass der Terminologe die Filler mit Verweisen auf diese Konzepte bzw. die sie strukturierende Frames wie in (2) hinterlegt hat.

(2) Bestandteil: Gehäuse
    Bestandteil: Steuerung
    Bestandteil: Kammer

Der Slot „Verwendungszweck" ist wie in Beispiel (1) mit einem ausführlicheren Wert versehen, der Verweise auf weitere Frames enthält, siehe Beispiel (3).

(3) Verwendungszweck: Versiegeln von Konsumgütern und medizinischen Produkten

Für die Verweisziele kann bereits in der textuellen Darstellung eine Anzeige bzw. Voransicht generiert werden, z. B. in Form eines Tooltips. Der Inhalt des Tooltips könnte die Definition des verbundenen Konzepts sein. Im nachfolgenden Beispiel (4) werden die Verweisziele in eckigen Klammern dargestellt, um das interne Wissen des Tools über die Verweise zu verdeutlichen; für eine tatsächliche Darstellung soll dies keine Empfehlung sein.

Frames als Repräsentationsformat in modernen Terminologiesystemen

(4) Verwendungszweck: Versiegeln [VERSIEGELN] von Konsumgütern [KONSUMGUT] und medizinischen Produkten [MEDIZINISCHES PRODUKT]

Das Konzept, seine Slots (Datenkategorien) und die in den Fillern als Verweisziele hinterlegten weiteren Konzepten könnten nun als Datengrundlage für die Erzeugung einer visuellen Repräsentation verwendet werden. Einen solchen Graphen zeigt Abb. 5 ausgehend vom Frame Tischkammermaschine und dessen Slots „Bestandteil" und „Verwendungszweck".

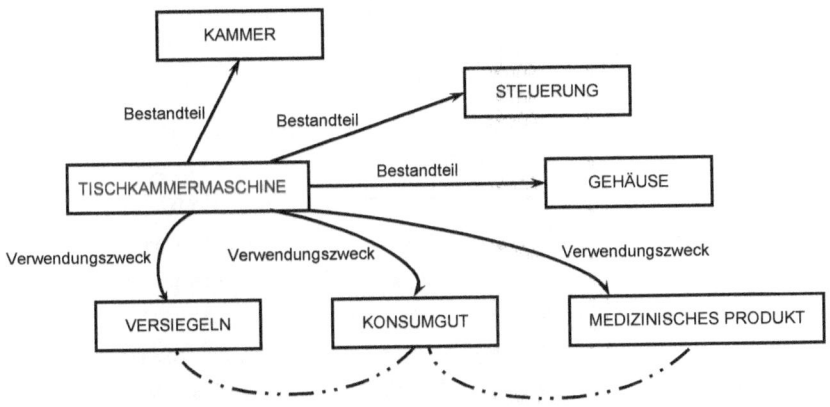

Abb. 5: Beziehungen zwischen Frames (am Beispiel von Tischkammermaschine)

Während die Darstellung der Datenkategorie „Bestandteil" und ihrer angenommenen Werte unproblematisch ist, da alle Relationen gleichwertig und voneinander unabhängig sind, enthält dagegen der Filler des Slots „Verwendungszweck" mehrere Links, die untereinander in einer zunächst nicht weiter bekannten Beziehung stehen. Hierfür sind mehrere Darstellungsformen denkbar. In Abb. 5 wird der Zusammenhang durch die gleiche Beschriftung der Achsen mit dem Slot („Verwendungszweck") und durch zusätzliche Verbindungslinien zwischen den drei relatierten Frames dargestellt.[12]

---

[12] Anders als im Düsseldorfer Frame-Ansatz handelt es sich bei den Kanten, also den Beziehungen zwischen Frames, nicht um funktionale Relationen (im mathematischen Sinne); vielmehr handelt es sich um Abstraktionsgrößen, die aus dem Datenmaterial gewonnen sind.

281

Ohne den Filler selbst semantisch zu parsen, d. h. in seine semantischen Bestandteile und deren Beziehungen zu zerlegen, müssen alle als Verweise gekennzeichneten Bestandteile („Versiegeln", „Konsumgütern", „medizinischen Produkten") bzw. die angegebenen Verweisziele Versiegeln, Konsumgut und medizinisches Produkt als gleichwertig angenommen werden. Insofern erweist sich eine visuelle Repräsentation solcher Slots ohne weitere Analysen zwangsläufig als unpräzise. In einer Terminologiedatenbank werden längere und syntaktisch und semantisch komplexere Werte von Datenkategorien häufig anzutreffen sein, z. B. in Fillern von Slots wie „Definition", „Anmerkung", „Verwendungszweck", „Zielgruppe", „Vertragsbedingungen" usw. Dies ist so lange der Fall, wie die Terminologie für menschliche Nutzer (und nicht für die maschinelle Weiterverarbeitung) bestimmt ist.

Eine Möglichkeit, im vorliegenden Fall die Ungenauigkeit der Visualisierung aufzuheben, besteht in der Aufspaltung des Slots. Der Verwendungszweck einer Verpackungsmaschine kann immer als „Verpacken" angenommen werden. Im speziellen Beispiel der Tischkammermaschine handelt es sich um eine besondere Art des Verpackens, nämlich des „Versiegelns". Daher kann dies entweder weiterhin als „Verwendungszweck" angegeben werden; alternativ wäre die Ergänzung einer speziellen Datenkategorie, hier etwa „Verpackungsart", möglich, wenn Verpackungsmaschinen in der Terminologiedatenbank besonders prominent und vielfältig sind. Hinzu kommt eine weitere Datenkategorie, z. B. Verpacktes Gut, um weitere Informationen aus Beispiel (3) darzustellen (vgl. hierzu auch das Frame-Element GOODS des Placing-Frames in FrameNet). Die Slots „Bestandteil(e)" und „Zweck" des Frames Tischkammermaschine könnten in der Terminologiedatenbank somit wie in (5) illustriert repräsentiert werden.

(5) Bestandteil: Gehäuse
   Bestandteil: Steuerung
   Bestandteil: Kammer
   Verwendungszweck: Versiegeln
   Verpacktes Gut: Konsumgut
   Verpacktes Gut: Medizinisches Produkt

Verloren geht zwar die Darstellung der Beziehung zwischen Versiegeln, Konsumgut und medizinisches Produkt; sie ist von einer anderen Art als

z. B. die Relation zwischen Gehäuse und medizinisches Produkt. Die Verweise sind aber vollständig durch die Filler abgedeckt. Sie werden von den Terminologen üblicherweise manuell gesetzt, wobei das Terminologietool Unterstützung leistet, so zum Beispiel durch eine Anzeige, ob der Verweis ein gültiges Ziel hat (d. h., ob der gewünschte Zielframe in der Terminologie existiert und korrekt angegeben ist). Die Tools ermöglichen auch, genaue bzw. disambiguierte Verweise zu definieren. Dies bedeutet, dass der Terminologe bei der Existenz von zwei verschiedenen Konzepten mit dem gleichen Term (z. B. *Gehäuse*) das im jeweiligen Frame- und Fillerkontext passende Konzept als Ziel auswählen kann. Wie erwähnt, ist in einer Terminologiedatenbank ein expliziter und eindeutiger Konzeptname nicht vorgesehen. Das Ziel des Verweises wird daher z. B. anhand der Definition und der im Konzept enthaltenen Terme ausgewählt und kann systemintern mit der eindeutigen Nummer (ID) des Konzepts versehen werden, sodass der Verweis eindeutig ist.

Um die Lesbarkeit der Filler zu vereinfachen (bzw. Flexibilität beim Formulieren längerer Fillertexte zu ermöglichen), muss der verlinkte Text nicht mit irgendeinem der Terme im Verweisziel (Verweis-Konzept/-Frame) übereinstimmen. Beispielsweise kann die Angabe „medizinischen Produkten" – vgl. Beispiel (3) – auf einen Frame verweisen, der die Terme *medizinisches Produkt* und *Medizinprodukt* (oder zumindest einen der beiden Terme) enthält.

Die Anlage der Verweise könnte noch komfortabler gestaltet werden, indem das System für die Filler Verweisziele vorschlägt, und zwar noch während bzw. kurz nachdem der Bearbeiter die Textfelder für diese Filler mit Inhalt füllt. Der Terminologe entscheidet dann, ob der entdeckte mögliche Zusammenhang korrekt ist und der Verweis angelegt werden soll. Umgekehrt könnte das System auch bei der Anlage neuer Konzepte und Terme herausfinden, wo in der Terminologiedatenbank dieses Konzept bereits erwähnt ist und dann die Verweise von Fillern bestehender Konzepten auf das neue Konzept vorschlagen.

5 Fazit

Im vorliegenden Beitrag haben wir den Versuch unternommen, den praktischen Nutzen von Frames am Beispiel des Aufbaus von Terminologiedatenbanken zu illustrieren. Leitend waren dabei insbesondere die Fragen, inwiefern konzeptuelle

Informationen, die durch Frames erfasst werden, in der Terminologiearbeit genutzt werden können und wie Frames für die Terminologiearbeit fruchtbar gemacht und mithilfe marktüblicher Software modelliert werden können. Die erzielten Ergebnisse lassen sich in vier Punkten zusammenfassen:

1. Die in empirisch-linguistischen Untersuchungen gewonnenen Frames dienen dazu, komplexe Konzepte, Themen oder ganze Themenbereiche zu modellieren und in Terminologiedatenbanken für praktische Zwecke aufzubereiten. Richtschnur ist dabei weniger theoretische Konsistenz als praktische Relevanz. Bei der Datenkodierung im Rahmen eines Terminologiesystems können zwar Elemente der gewählten Repräsentationsform verlorengehen, jedoch ist es mithilfe eines Terminologiesystems möglich, wesentliche Bereiche der konzeptuellen Repräsentation abzudecken bzw. diese auf wesentliche Elemente zu beschränken. Auch können die Daten nach der Kodierung in unterschiedlicher Weise im Terminologiesystem gefiltert, visualisiert und im Standard-Austauschformat TBX weitergegeben werden.

2. Für die anvisierten terminologisch-lexikografischen Zielsetzungen erweist sich ein hybrides Frame-Konzept als brauchbar, das praktischen Zwecken flexibel Rechnung tragen kann. Es hat sich gezeigt, dass der in der Terminologieforschung vielfach verwendete Konzept-Begriff große Ähnlichkeiten zum Frame-Begriff des KI-Forschers Minskys aufweist. Hilfreich ist insbesondere, dass Minsky – im Gegensatz zu Barsalous und Fillmores Ansatz – die Kategorie des Standardwertes („default assignment") einführt (vgl. aber Ziem 2014a, 289 ff.). Diese erlaubt es, Datenkategorien (Slots) mit prototypischen, erwartbaren Fillern zu belegen, die durch abweichende Werte ‚überschrieben' werden können. Welche Slots zur Beschreibung einer Entität überhaupt in Frage kommen, bleibt indes offen; hierfür lässt sich die FrameNet-Datenbank nutzen, wie am Beispiel von Verpackungsmaschinen mithilfe des Placing-Frames demonstriert wurde.

3. Konkret können Frames für die praktische Terminologiearbeit in mehrfacher Hinsicht hilfreich sein. Frames helfen zum einen bei der Erfassung und Darstellung von Wissen. Viele Terminologiesysteme erlauben darüber hinaus bereits die Anlage von Templates und Verweisen. Sie lassen dem Terminologen auch große Freiheit bei der Anlage von Frames, Slots, Fillern und Verweisen. Dass logisch-formale Beziehungen nicht definiert werden müssen und nicht überprüft

werden, ist von Vorteil, solange die Terminologiesammlung für menschliche Rezipienten konzipiert ist. Der Terminologe kann sich auf das konzeptuelle und sprachliche Wissen konzentrieren und es in einer Form darstellen, die für den aktuellen Kontext der Institution, ihrer Produkte und Prozesse am günstigsten ist. Die Anlage und Überprüfung logisch-formaler Beziehungen und Bedingungen – z. B. in einem Wissensrepräsentationssystem oder einer formalen Ontologie – wären ein zusätzlicher Zeitaufwand, den sich eine Institution angesichts begrenzter Ressourcen kaum leisten könnte. Ist der Rezipient hingegen ein Computerprogramm, das die Daten weiterverarbeitet, wäre zu hinterfragen, ob es sich überhaupt um eine Form von Terminologiearbeit handelt.

4. Terminologieverwaltungssysteme als Software könnten verändert oder erweitert werden, um neben der ‚klassischen' Terminologielehre auch alternative Ansätze besser zu unterstützen bzw. sich zunutze zu machen. Dies ist deswegen interessant, weil nicht alle Anwender das Ziel einer präskriptiven Terminologiearbeit verfolgen. Dabei kann eine Terminologiedatenbank entweder sowohl präskriptive als auch deskriptive Zwecke verfolgen oder mehr dem einen als dem anderen Zweck dienen. Ob einer der beiden Zwecke vorrangig erfüllt werden soll, bestimmen Faktoren wie konkreter Einsatzbereich, Unternehmensgröße, Unternehmenskultur, voraussichtliche Dauer der Tätigkeit in diesem Bereich usw. Durch die erlaubte Art der Datenmodellierung, die Prozesse zur Anlage der Terminologiebestände sowie durch die Möglichkeiten der Verwendung der erstellten Terminologiedatenbank sollte die Terminologieverwaltungs-Software das definierte Ziel bestmöglich unterstützen.

Literatur

Barsalou, Lawrence W. (1992): Frames, concepts, and conceptual fields. In: Kittay, Eva / Lehrer, Adrienne (eds.): Frames, fields, and contrasts: New essays in semantic and lexical organization. Hillsdale, NJ: Lawrence Erlbaum Associates, 21–74.

Busse, Dietrich (2012): Frame-Semantik. Ein Kompendium. Berlin: de Gruyter.

Čulo, Oliver (2013): Constructions-and-Frames Analysis of Translations: The Interplay of Syntax and Semantics in Translations between English and German. In: Constructions and Frames 5 (2), 143–67.

Das, Dipanjan / Chen, Desai / Schneider, Nathan / Smith, Noah A. (2013): Frame-Semantic Parsing. In: Computational Linguistics 40 (1), 956.

Deutscher Terminologie-Tag e. V. (2014): Terminologiearbeit Best Practices 2.0. 2., überarbeitete und ergänzte Ausgabe. Köln.

Edition 2/2013: edition – die Terminologiefachzeitschrift. Ausgabe 2/2013: Terminologien und Ontologien. http://dttev.org/edition/63-terminologien-und-ontologien.html

Etzioni, Oren (2014): Knowledge Tour. Vortrag auf der Konferenz „The future of artifical intelligence and deep learning, San Francisco, 18. September 2014, http://new.livestream.com/gigaom/FutureofAI (letzter Zugriff: 1.12.2015)

Faber, Pamela / López Rodríguez, Clara Inés (2012): Terminology and specialized language. In: Faber, Pamela (ed.): A cognitive linguistics view of terminology and specialized language. Berlin / Boston: de Gruyter Mouton, 9–31.

Faber, Pamela (2012): A cognitive linguistics view of terminology and specialized language. Berlin, Boston: de Gruyter Mouton.

Faber, Pamela (2015): Frames as a framework for terminology. Handbook of Terminology, 1:14. John Benjamins Publishing Company.

Faber, Pamela / San Martín, A. (2012) Specialized language pragmatics. In: Faber, Pamela (Hrsg.): A cognitive linguistics view of terminology and specialized language. Berlin / Boston: de Gruyter Mouton, 177–203.

Fillmore, Charles / Baker, Collin (2010): A frames approach to semantic analysis. In: Heine, Bernd / Narrog, Heiko (eds.): The Oxford Handbook of Linguistic Analysis. Oxford: Oxford University Press, 313–340.

Fillmore, Charles J. (1968): The case for case. In: Bach, Emmon / Harms, Robert (eds.): Universals in Linguistic Theory. New York: Holt, Rinehart & Winston, 1–88.

Fillmore, Charles J. (1975): An alternative to checklist theories of meaning. In: Cogen, Cathy / Thompson, Henry / Thurgood, Graham / Whistler, Kenneth / Wright, James (eds.): Proceedings of the first annual meeting of the Berkeley Linguistics Society. Berkeley: Berkeley Linguistics Society, 123–131.

Fillmore, Charles J. (1985): Frames and the semantics of understanding. In: Quaderni di Semantica 6 (2), 222–254.

Fillmore, Charles J. (2006) Frames Semantics. In: Brown, Keith (Hrsg.): Encyclopedia of Linguistics and Language. Bd. 4: Du – Gen. Amsterdam: Elsevier, 613–620.
ISO 30042:2008. Systems to manage terminology, knowledge and content – TermBase eXchange (TBX). Geneva: ISO.
Lakoff, George (1987): Women, Fire, and Dangerous Things. What Categories Reveal about the Mind. Chicago: Chicago University Press.
Langacker, Ronald W. (1987): Foundations of Cognitive Grammar: Theoretical prerequisites. Stanford: Stanford University Press.
León Araúz, Pilar / Faber, Pamela / Montero Martínez, Silvia (2012): Specialized Language Semantics. In: Faber, Pamela (ed.): A Cognitive Linguistics View of Terminology and Specialized Language. Berlin / Boston: de Gruyter Mouton, 95–175.
Löbner, Sebastian (2014): Evidence from frames from natural language. In: Gamerschlag, Thomas / Gerland, Doris / Petersen, Wiebke / Osswald, Rainer (eds.): Frames and concept types. Applications to language and philosophy (= Studies in linguistics and philosophy 94). Heidelberg / New York: Springer, 23–68.
Lönneker, Birte (2003): Konzeptframes und Relationen. Extraktion, Annotation und Analyse französischer Corpora aus dem World Wide Web. Berlin: Akademische Verlagsgesellschaft AKA.
Lönneker-Rodman, Birte / Baker, Collin (2009): The FrameNet Model and its Applications. In: Natural Language Engineering 15 (3), 415–453.
López, Ana María Rojo (2002): Applying Frame Semantics to Translation: A practical Example. In: Translators' Journal 47 (3), 312–350.
Melby, Alan (2012): Terminology in the age of multilingual corpora. In: The Journal of Specialised Translation 18, 7–29.
Minsky, Marvin (1975): A Framework for Representing Knowledge. In: Winston, Patrick H. (ed.): The Psychology of Computer Vision. New York: McGraw-Hill, S. 211–277.
Minsky, Marvin (1986): The Society of Mind. New York: Simon and Schuster.
Petersen, Wiebke (2007): Representations of concepts as frames. In: The Baltic International Yearbook of Cognition, Logic, and Communication 2, 151–170.
Ruppenhofer, Josef / Ellsworth, Michael / Petruck, Miriam R. L. / Johnson, Christoph R. / Scheffczyk, Jan (2010): FrameNet II. Extended Theory and Practics.

Berkeley: International Computer Science Institute. (abrufbar unter: https://framenet2.icsi.berkeley.edu/docs/r1.5/book.pdf).

Rütten, Anja (2013): Terminologiesysteme im Dolmetscheinsatz. In: eDITion 1. Deutscher Terminologie-Tag e.V. (DTT), 25–28.

Sager, Juan C. (1990): A Practical Course in Terminology Processing. Amsterdam/Philadelphia: John Benjamins.

Ziem, Alexander (2013): Frames als Prädikations- und Medienrahmen: auf dem Weg zu einem integrativen Ansatz? In: Fraas, Claudia / Meier, Stefan / Pentzold, Christian (Hrsg.): Online-Diskurse. Theorien und Methoden transmedialer Online-Diskursforschung. Köln: Halem, 136–172.

Ziem, Alexander (2014a): Frames of Understanding in Text and Discourse: Theoretical Foundations and Descriptive Applications. (= Human Cognitive Processing 48). Amsterdam / Philadelphia: Benjamins.

Ziem, Alexander (2014b): Von der Kasusgrammatik zum FrameNet: Frames, Konstruktionen und die Idee eines Konstruktikons. In: Ziem, Alexander / Lasch, Alexander (Hrsg.): Grammatik als Inventar von Konstruktionen? Sprachwissen im Fokus in der Konstruktionsgrammatik. Berlin / New York: de Gruyter, 263–289.

Frame und Framing: Frametheoretische Konsequenzen aus der Praxis und Analyse strategischen politischen Framings

Josef Klein

Abstract

Frame ist Struktur. Framing ist Handeln. Um beides kümmern sich unterschiedliche Wissenschaften, teilweise ohne einander zur Kenntnis zu nehmen. Framing, vor allem strategisches Framing, ist nicht Wissenschaft, sondern Praxis. Strategisches politisches Framing, insbesondere in Wahlkampagnen, ist kollektives Handeln politischer Akteure – gegebenenfalls unter Nutzung framewissenschaftlicher Erkenntnisse. Es zielt auf erwünschte Wissensbestände (= Überzeugungen, Meinungen und Einstellungen) bei Wählerinnen und Wählern. Insofern hängen Framing und Frames zusammen. Vor diesem Hintergrund sind mit dem Beitrag zwei Ziele verbunden: (1) den Zusammenhang zwischen Frames als ‚Wissensrahmen' und Framing als (kollektives) Handeln nicht nur an einzelnen Begriffen und Begriffsfeldern, sondern im Hinblick auf eine ganze politische Wahlkampagne frameanalytisch zu klären und (2) zu diesem Zweck einige frametheoretische Neuerungen, u. a. mit dem Einbezug von Emotionen, vorzulegen.

1 Einleitung

Die Kommunikationswissenschaft kennt seit zwei bis drei Jahrzehnten Framing als eigenen Forschungsgegenstand. Ihr Framing-Konzept ist, anders als man vielleicht erwarten würde, nicht präzis und konsistent aus der Frame-Theorie bzw.

einer ihrer Ausprägungen heraus entwickelt worden. In einer jüngst erschienenen Darstellung der kommunikationswissenschaftlichen Framing-Forschung wird „Frame" weit und etwas vage definiert:

> Frames werden als ‚Sinnhorizonte' von Akteuren verstanden, die gewisse Informationen und Positionen hervorheben und andere ausblenden [...]. Frames (lassen sich) sowohl im kognitiven Apparat des Menschen ausmachen als auch in kommunizierten Inhalten. (Matthes 2014, 10)

Für „Framing" als Handlung ist die Definition von Entman geradezu kanonisch geworden:

> To frame is to select some aspects of a perceived reality and make them more salient in a communicating text, in such a way as to promote a particular problem definition, causal interpretation, moral evaluation and/or treatment recommendation for the item described. (Entman 1993, 52. Hervorhebung im Original)

Entman hatte zuvor die Bedeutung von Framing – nicht zuletzt mit kritischem Blick auf das journalistische Objektivitätsgebot – am Beispiel der Berichterstattung führender US-amerikanische Medien über zwei vergleichbare Abschüsse ziviler Verkehrsflugzeuge – eines koreanischen durch UdSSR-Militär und eines iranischen durch US-Militär – herausgearbeitet. Das erste Ereignis wurde durch Hervorhebung und sprachliche Konzeptualisierung bestimmter Sachverhalte mehr als verbrecherischer Akt, das zweite durch Betonung anderer Sachverhalte und durch unterschiedliche Konzeptualisierung eher als bedauerliches Versehen ‚geframet' (Entman 1991).

Die kommunikationswissenschaftliche Framing-Forschung ist theoretisch und empirisch bislang fast ausschließlich an Framing als Praxis von Massenmedien und deren Wirkung interessiert („Medien-Framing", vgl. Matthes 2014, 36 ff.). Strategisches Framing politischer Akteure, etwa in Wahlkampagnen oder ganz allgemein im Rahmen (partei-)politischer Framing-Konkurrenz, sind dort bisher stiefmütterlich behandelt worden. Das wird nicht zuletzt darin deutlich, dass die von Entman als Kernelemente des Framing hervorgehobenen vier Schritte zwar fundamentalen Elementen des für die Begründung politischen Handelns grundlegenden topischen Musters[1] entsprechen: Situationsdaten (*problem definition*), Ursachen (*causal interpretation*), Situationsbewertung (*moral evaluation*) und als Schlussfolgerung Handeln/Handlungsempfehlung (*treatment recommendation*).

---

[1] Der Begriff „topisches Muster" verweist auf seine Herkunft aus Argumentationstheorie und Topik.

Frame und Framing

Doch gerade hier zeigt sich der Unterschied zwischen Medienframing und politischem Framing. In Mediendarstellungen genügt es meist, Probleme und Ursachen zu benennen, sie zu bewerten und dann Handeln einzufordern. In strategischer Kommunikation politischer Akteure kommt bei der Begründung politischen Handelns Einiges hinzu:

- die Prinzipien offen zu legen, nach denen gewertet wird und gehandelt werden soll,
- die Ziele des Handeln zu bestimmen,
- die Konsequenzen von Nicht-Handeln oder anderem Handeln zu verdeutlichen.

Die politikwissenschaftliche und politolinguistische Argumentationsforschung hat an zahlreichen Texten, Reden und Diskursen zeit- und kulturübergreifend nachgewiesen: Auf persuasives Legitimieren politischen Handelns ausgerichtetes Framing umfasst durchweg eine Konstellation grundlegender Begründungselemente (Basistopoi), die folgendes ‚topische Muster' bilden:[2]

- Datentopos
- Ursachentopos
- Valuationstopos
- Prinzipientopos
- Finaltopos
- Konsequenztopos

Ausgerichtet ist die Konstellation der Topoi auf (vollzogenes, zugesagtes, gefordertes oder abgelehntes) politisches Handeln als Konklusion. (Frametheoretisch reformuliert bildet dieses Muster eine feste Konstellation von Attributen im Barsalou'schen Sinne, vgl. Barsalou 1992, Abschnitt 4.3 und 5.3.)

Auch mit einem weiteren Punkt, der bisherigen Nichtberücksichtigung von Emotionen, wird die auf Medien-Framing orientierte Kommunikationswissenschaft den Bedürfnissen politischer Framing-Praxis nicht gerecht (vgl. Kühne/Schemer 2014, 195). Darin trifft sie sich mit der auf die kognitive Dimension

---

[2] Vgl. Klein 1995, 2000, 2002, 2003, 2007; Kuhlmann 1999, 118–124; Kuck/Römer 2012; Römer/Wengeler 2013. Die Terminologie ist zwischen den Autoren nicht ganz einheitlich. Auch schwankt die Kategorisierung der kausalen Faktoren zwischen Spezifizierung als Ursachentopos (Kuck/Römer 2012, Römer/Wengeler 2013) und Zuordnung zu einem weit verstandenen Datentopos (Klein) oder zu einer „Situation" (Kuhlmann 1999).

(‚Wissen') konzentrierten Frame-Theorie und ihren Ausprägungen. Bei den Akteuren politisch-strategischen Framings spielen emotionale Aspekte hingegen seit je eine praktische, allerdings nicht systematisch reflektierte Rolle. In der medienwissenschaftlichen Framing-Forschung werden Emotionen in jüngster Zeit zwar beachtet. Es handelt sich allerdings nur um wenige Emotionen, insbesondere Ärger und Trauer. Die Ergebnisse gehen noch kaum über die Bestätigung alltagsweltlichen Erfahrungswissens durch empirisch-sozialwissenschaftliche Methoden hinaus. So weisen Kühne und Schemer (2014) nach, dass Berichte über negativ bewertete Sachverhalte, die in der Verantwortung von Akteuren liegen, *Ärger* (über die Akteure) auslösen, während auf Berichte über schlimme Ereignisse, für die niemand verantwortlich ist, z. B. Naturkatastrophen, nicht mit Ärger, sondern mit *Traurigkeit* reagiert wird.

2. Framing in der politischen Beratung

Strategisches Framing in der Politik

- zielt auf Wissen in einem weiten Sinne, insofern es Einstellungen einschließt,
- strebt gesellschaftliche Durchsetzung an,
- steht im Konkurrenz mit gegnerischen Frames,
- ist an framesemantische Konzepte anschließbar,
- geht über die Lexem-Ebene hinaus,
- wird auf unterschiedlichem Niveau praktiziert.

Den letzten Punkt greife ich zunächst auf: das wissenschaftliche, intellektuelle und professionelle Niveau, auf dem strategisches Framing insbesondere im Bereich der Politikberatung betrieben wird – zunächst in den USA, dann in Deutschland.

Der weltweit bekannteste politische Framing-Berater ist der Linguist George Lakoff. Über sein wissenschaftliches Niveau als Theoretiker im Bereich der Kognitiven Linguistik, vor allem als Vater des modernen Metaphernverständnisses, braucht hier nichts weiter ausgeführt zu werden. Seit Ende der 1990er Jahre ist er mehr und mehr mit dem Anspruch als Politikberater für das ‚progressive', dem linken Flügel der Demokraten zugerechnete ‚Lager' in den USA aufgetreten – zeitweilig im Rahmen des eigens zu diesem Zweck gegründetes Rockridge Institute (1997–2008). In dem zeitgleich in Englisch und Deutsch erschienenen Band

Frame und Framing

„Auf leisen Sohlen ins Gehirn. Politische Sprache und ihre heimliche Macht" (Heidelberg 2008) lässt Lakoff sich von der deutschen Mitarbeiterin Elisabeth Wehling interviewen und macht sein Konzept von Frame und Framing deutlich:

> Es gibt zwei Arten von Frames: ‚Surface Frames', durch die wir die Bedeutung einzelner Worte und Sätze erfassen, also Frames auf der sprachlichen Ebene, und ‚Deep Seated Frames'. Deep Seated Frames sind in unserem Gehirn tiefverankerte Frames, die unser generelles Verständnis von der Welt strukturieren, unsere Annahmen von der Welt zum Beispiel auf Grund unserer moralischen und politischen Prinzipien, und die für uns schlicht ‚wahr' sind – die also unseren eigenen Common Sense ausmachen. (Lakoff/Wehling 2008, 73)

Für die USA nimmt er – empirisch wenig abgesichert – zwei konkurrierende Deep Seated Frames an. Beide modellieren Politik als Familiengeschehen. Danach haben die Konservativen den ‚Strenge-Vater-Frame' und die Liberalen den ‚Fürsorgliche-Eltern-Frame' verinnerlicht.

Lakoff arbeitet nicht exklusiv für bestimmte Politiker, sondern wendet sich mit seinen Publikationen an die ‚progressive' Öffentlichkeit. Er stellt einen – wenig selbstkritischen – aufklärerischen Anspruch, und ähnelt darin der europäischen sog. ‚kritischen Diskursanalyse'. Mit der hat er auch gemeinsam, dass er sich fast ausschließlich mit der Destruktion von Sprachstrategien des politischen Gegners – bei ihm die Republikaner – beschäftigt. Dazu ein Beispiel, das in Lakoffs Publikationen immer wieder auftaucht. Es betrifft die Steuerpolitik der Republikaner:

> Denken Sie an die Bezeichnung ‚Tax Relief', also ‚Steuererleichterung' – das ist ein sprachlicher Frame, der einem Denken im Sinne konservativer ‚Strenge-Vater'-Moral entspringt. Von dem Tag an, an dem George W. Bush das Präsidentenamt übernahm, tauchte der Begriff ‚Steuererleichterung' in den Reden konservativer Politiker, den konservativen Medien und den Pressemitteilungen des Weißen Hauses auf. [...] Das Wort ‚Erleichterungen' erweckt einen Frame, in dem es eine unschuldige Person gibt, die eine Last tragen muss und dadurch in Bedrängnis gerät. Die Last ist ihr von außen auferlegt worden. Man kann die Person von der Last befreien. Indem man das tut, erlöst man die Person. [...]
> Sooft wir das Wort ‚Steuererleichterung' hören, wird dieser Frame aktiviert und mit der Zeit Teil unseres politischen Common Sense. Steuern sind eine Last, und die konservative Partei ist diejenige, die uns heldenhaft von dieser Last befreien will. Im Umkehrschluss werden die Progressiven zu denen, die den Bürger durch Steuern belasten, ihm also schaden. (ebd., 79 f.)

So intensiv sich Lakoff mit Framing-Tricks der politischen Gegner befasst – genau genommen fast ausschließlich mit Metaphorik auf Lexikonebene – so sparsam und wenig konkret bleibt er mit Empfehlungen für ‚progressives' Framing. Das gilt selbst für sein Lieblingsthema Steuerpolitik:

> Nun, die Progressiven sollten in solchen Frames über Steuern sprechen, denen das Denken im Sinne des ‚Commonwealth-Prinzips' zu Grunde liegt. Sie müssen die Idee enthalten, dass wir das gemeinsame Vermögen für unser gemeinsames Wohl nutzen, dass unser aller individuelle Träume und Ziele erheblich von diesem gemeinsamen Vermögen abhängen. [...] Man kann Frames schaffen, in denen Steuern nicht als Abgabe unseres privaten Vermögens an den Staat begriffen werden, sondern als Rückerstattung dessen, was die Gesellschaft uns im Vorwege zur Verfügung gestellt hat. (ebd., 81)

Es bleibt bei solch allgemeinen politisch-moralischen Hinweisen. Politikern ist das normalerweise zu wenig. Sie brauchen Formulierungsvorschläge.

Ganz anders Frank Luntz, der prominenteste Framing-Experte auf rechts-republikanischer Seite. Er ist spezialisiert auf Kreieren, Testen und Erklären wirksamen Framings für sein eigenes politisches Lager. Luntz kümmert sich wenig um die Sprache der Gegenseite. Beim Framing beschränkt er sich nicht auf die Wortebene, sondern bezieht einprägsame Sätze und deren Kontextualisierung ein. Typisch ist eine Passage des Kapitels „TAX RELIEF & SIMPLIFICATION" aus einem (lange Zeit nicht öffentlich zugänglichem) Handbuch für republikanische Politiker („The New American Lexicon") (Luntz 2006, 52–65):

- You may be tempted to talk about tax policy in terms of reform. Don't. When Americans hear the word "reform", they fear that they will end up paying more. Far better for you to talk about "simplification" – which everyone supports and sees a benefit.
- You may be tempted to talk about making the tax cuts from 2001 and 2003[3] "permanent". Don't. It is a far more effective to talk about "the largest tax increase in American history if these tax cuts are revoked". Remember, the American public dislikes a tax hike more than they like a tax cut.
- You may be tempted to talk about Americans are overtaxed overall. Do, but also emphasize that Washington spends too much as well. The more you link high taxes to high spending, the greater the support for tax relief.
  If there is one debate, where framing the issue is as important as the policy itself, this is it.

---

[3] Nach den Terroranschlägen vom 11. September 2001 hatte die Regierung Bush die Steuern zweimal gesenkt.

Frame und Framing

Es folgen: (1) ein Katalog gängiger Stereotypen zur Politik und zum amerikanischen Selbstverständnis als Kontexte für darauf zugeschnittene Sätze zur Propagierung republikanischer Steuerpolitik, (2) Verknüpfung des republikanischen Steuerkonzepts mit den Prinzipien *fairness, simplicity* und *reliability,* ergänzt durch exemplarische Kontexte und Formulierungen, (3) Textausschnitte aus erfolgreichen Politikerreden zum Thema (*Words that work*).

Formulierungen, geeignet zur wörtlichen Übernahme, abgestimmt auf gängige Denk- und Situationskontexte – das können Politiker brauchen. Empirische Basis sind Texte, die sich als erfolgreich bewährt haben, sowie Tests in Focus-Gruppen. Luntz ist kein Frametheoretiker. Seine Praxis – beileibe nicht seine Ideologie – scheint mir am ehesten an Dietrich Busses Frame-Konzept anschließbar: Frame als kulturell generierte kognitive Größe, die sich in sprachlichen Einheiten und Kombinationen auf mehreren linguistischen Strukturebenen vom Wort bis zum Text manifestiert (Busse 2012, 372 u. öfter).

In den deutschen Parteizentralen ist das Formulieren politischer Texte, auch von Kampagnentexten, nach Vorgaben durch die politische Führung verteilt auf die Abteilungen ‚Politische Planung', ‚Presse- und Öffentlichkeitsarbeit' und die Redenschreiber/innen für die Chefs/Chefinnen. Es handelt sich fast ausschließlich um ehemalige Journalisten/Journalistinnen, selten mit sprachwissenschaftlicher Ausbildung. Meiner Erfahrung nach wird dort die Bezeichnung „Framing" ungenau und mit unterschiedlicher Extension verwendet, mal eng als modischer Terminus für die Auswahl einzelner parteigünstiger Begriffe (eine Unterart des seit langem bekannten ‚Begriffe-Besetzens', vgl. Klein 1991, 51 ff., auch 2014, 103 ff.), mal etwas weiter als Knüpfen von Begriffsnetzen und damit näher bei linguistischen Frame-Konzepten, gelegentlich auch als Bezeichnung für die sprachliche Gesamtgestaltung einer Wahlkampagne.

Damit liegen die politischen Kommunikationspraktiker jeweils partiell nicht falsch, insofern sich Mikro-, Meso- und Makroebene des Framings unterscheiden lassen – so in der überaus erfolgreichen Wahlkampagne der CDU zur Bundestagswahl am 22.09.2013, in der eine neue Stufe der Reflexion und Systematisierung strategischen Framings in Deutschland erreicht wurde. Deren framewissenschaftliche Modellierung wird Thema der folgenden Abschnitte sein.

3 Frametheoretische Vorüberlegungen und Weiterungen

Die größte Herausforderung für strategisches politisches Framing stellen Wahlkämpfe dar. Wie die Praxis – auch als Herausforderung an die Wissenschaft – aussieht, soll am Beispiel der Wahlkampagne der CDU im Bundestagswahlkampf 2013 erläutert werden. Ich habe diese Kampagne ausgewählt, zum einen weil sie mit 41,5 % der Stimmen für die Union, darunter laut Infratest Dimap 1,25 Millionen bisherige Nichtwähler, besonders erfolgreich war, zum anderen weil ich als wissenschaftlicher Berater der Arbeitsgruppe ‚Framing', die die CDU zur Vorbereitung der Kampagne gegründet hatte, einen guten Einblick in die Praxis gewonnen habe.[4]

Politisches Framing startet nicht von der Nulllinie. Ausgangspunkt ist weniger das Bild, das die Partei sich von der Politik macht, sondern das Bild, das sich – soweit für die Kampagnenakteure ermittelbar bzw. plausibel rekonstruierbar – die für die Partei relevanten Wahlberechtigten von der Politik, von den Parteien und deren Spitzenkandidaten machen. In frametheoretischer Terminologie handelt es sich um einen aus Kenntnissen und Meinungen bestehenden Wissensrahmen, von dem man annimmt, dass er im parteirelevanten Wählerspektrum[5] ziemlich kollektiv gilt. Diesen soll die Kampagne zu einem im Sinne der Parteiziele optimierten Wissensrahmen umbauen. Frametheoretisch gewendet bedeutet es, dass Framing-Forschung hier der frameanalytischen Modellierung beider Wissensrahmen bedarf.

Während Framing auf der Mikroebene (gezielter Umgang mit Einzelbegriffen) und auf der Mesoebene (strategische Generierung und Behandlung von Begriffsnetzen) naheliegende Gegenstände für die framesemantische Analyse sind, gilt das für die Makroebene der Gesamtkampagne nicht ohne weiteres. Denn dazu gehören Wissensbestände, die nicht fest an *bestimmte* sprachliche Strukturen gebunden sind und daher eher als Gegenstände für Inhaltsanalysen in Frage zu kommen scheinen. Auch visuelles Framing, z. B. Plakatgestaltung, gehört dazu.

---

[4] Vor diesem Hintergrund sind CSU-spezifische, auf Bayern abgestellte Züge innerhalb der Kampagne in diesem Beitrag nicht einbezogen.

[5] Nicht alle Wähler gehören zum für eine Partei relevanten Wählerspektrum. Bei einer ‚Volkspartei' ist dieses zwar ziemlich breit, doch gehören diejenigen nicht dazu, die grundsätzlich konträren Positionen und Prinzipien anhängen. Um sie wird nicht geworben, auch nicht per Framing.

Frame und Framing

Dennoch nutze ich das framesemantische Instrumentarium, wie es im Kompendium Frame-Semantik von Dietrich Busse entfaltet und weiter entwickelt wird (Busse 2012), auch für die Modellierung auf der Makroebene. Dafür sind drei Gründe ausschlaggebend: Erstens sind die meisten Züge strategischen Framings auch auf der Makroebene sprachlicher Natur – von der Zuspitzung von Inhalten in Slogans über deren Entfaltung in Reden bis zur Wahl bestimmter Verständlichkeitsniveaus; vor allem aber pflegen sie von den Akteuren – ähnlich wie in Diskursen[6] – immer wieder in Begriffen zusammengefasst und ‚auf den Punkt' gebracht zu werden.[7] Zweitens erscheinen mir Frames, verstanden als Darstellungsformat, für die analytische und gleichzeitig übersichtliche Repräsentation von Wissensbeständen generell bestens geeignet, auch wenn das Wissen nicht fest an *bestimmte* sprachliche Strukturen gebunden ist. Und – damit zusammenhängend – ist drittens der Kernbestand des frameanalytischen Instrumentariums – abgesehen von Fillmore und Konerding – nicht von Linguisten, sondern vom KI-Forscher Minsky und vom Kognitionspsychologen Barsalou entwickelt worden.

Der äußeren Form nach handelt es sich bei den im Folgenden präsentierten Frames um instantiierte, an der CDU-Kampagne exemplifizierte *Konzept*-Frames, insofern die Modellierung vor allem in Form nominaler Begriffe erfolgt. Das geschieht im Bewusstsein, dass die Relationen zwischen ihnen prädikativen Charakter haben (dazu Busse 2012, 550–553 und 687–703).

Vor diesem Hintergrund erfordert die Eigenart des Gegenstandes einige Erweiterungen des bisherigen frametheoretischen Rahmens. Sie betreffen vor allem

(1) die Art des Wissens,
(2) das Kriterium zur Auswahl der in Frames repräsentierten Wissensbestände,
(3) die Relationen zwischen den Ebenen der ‚Attribute' und der ‚Werte' (nach Barsalous Terminologie, die hier der sehr ähnlichen Unterscheidung von ‚slots' und ‚fillers' des frühen Minsky vorgezogen wird, vgl. Barsalou 1993, Minsky 1974),
(4) den frametheoretischen Umgang mit Emotionen.

---

[6] Zu Gemeinsamkeiten und Unterschieden zwischen Kampagnen und Diskursen vgl. Klein (2014, 295 ff.)
[7] Das ist auch die – gelegentlich implizite – Prämisse der frame-analytischen Tradition vor allem im deutschen Sprachraum, insbesondere Fraas (1996), Klein/Meißner (1999), Holly (2001), Klein (2002), Busse (2008), Ziem (2008).

3.1 Wissenstypus und Methode

Frametheoretiker erläutern ihren Frame-Begriff durchweg an reduktionistischen Modellen. Dabei werden Frames fast ausschließlich an überindividuell und übersituativ geltenden Wissenseinheiten, repräsentiert durch Einzelbegriffe (Konzepte) oder satzförmige Prädikationen, exemplifiziert. So bleiben Fragen am Rand, die sich bei der Modellierung weniger simpel strukturierten Wissens stellen, etwa eines Wissens, das weit über das Fassungsvermögen des Kurzzeitgedächtnisses hinausgeht, oder eines Wissens, das sozio-kommunikativ als einheitlicher Wissenskomplex funktioniert, obwohl es aufgrund der kommunikativen Dynamik innerhalb von Gruppen keineswegs in identischen und präzisen Begriffen oder Satzmustern versprachlicht ist, sondern sich in vielerlei mündlichen oder schriftlichen Sprachakten und Texten, u. U. auch in visuellen Medien als intern und extern unscharf abgegrenztes holistisches Phänomen herausbildet.

Um solches Wissen handelt es sich in Fall einer Wahlkampagne. Zwar lässt sich das Lexem *Wahlkampagne* – frametheoretisch als ‚Kategorie' im Sinne Barsalous verstanden – leicht als Konzept-Frame mit den Attribut-Wert-Konstellationen ‚AKTEUR: Partei', ‚WAHLWERBUNG: Plakate, Wahlreden etc.', ‚ADRESSATEN: Wähler(innen)' repräsentieren. Allerdings ist keineswegs sicher, wie viel Allgemeinverbindlichkeit dieser Frame beanspruchen kann – schließlich kontextualisieren viele politisch Interessierte den Begriff *Wahlkampagne* auch mit Attributen wie SPITZENKANDIDAT(IN), RESSOURCEN oder FINANZIERUNG. Die Situation wird noch uneinheitlicher, wenn man eine Frame-Modellierung nicht auf der Abstraktionsebene von Konzepten, sondern auf der Ebene von Exemplaren eines Konzepts vornimmt.[8] So verhält es sich mit der ‚CDU-Bundestagswahlkampagne 2013'. Wenn man dabei das Interesse nicht auf das Wissen einer mehr oder weniger politisch interessierten Öffentlichkeit richtet, sondern auf das kampagnenbezogene Wissen, das eine Gruppe von Experten, hier die der politischen und kommunikationsstrategischen Akteure, ihren Wahlkampf-Aktivitäten zugrunde legt, hat man es mit einem Gegenstand zu tun, der sich im intertextuellen Geflecht aus demoskopischen Umfragen, Beschlüssen und Protokollen oberster Parteigremien, Texten der Planungs- und Kommunikationsabteilungen, Skizzen und Powerpoint-Folien von Beratern und Agenturen konstituiert. Es

---

[8] Vgl. Busses (2012, 613 ff.) Unterscheidung von Muster- und Exemplar-Frames.

Frame und Framing

handelt sich um einen Komplex kognitiv-kommunikativer Natur, für dessen frameanalytische Repräsentation zwar nicht der Anspruch einer genauen Abbildung bestimmter psychischer Prozesse oder kommunikativer Ereignisse erhoben werden kann. Doch will man das, was sich da in der strategischen Planungskommunikation durchsetzt und schließlich in den Köpfen der Akteure als gemeinsames Konstrukt dominiert, übersichtlich zusammenfassen und gleichzeitig analytisch vertiefend präsentieren, so bietet sich eine frameanalytische Modellierung an.[9] (Für diese ist hier als Format die Tabellenform mit Zeilen, Spalten und Symbolen zur Indizierung von Relationen zwischen Frameelementen gewählt.)

Lässt man das Wissen zu Organisations- und Finanzierungsfragen, für die es eigene Experten gibt, beiseite, so bezieht sich das hier interessierende Wissen vor allem auf die Situation vor Beginn des Wahlkampfs (Ausgangsrahmen) und auf eine – angestrebte – Situation am Wahltag (Zielrahmen). Ausgangspunkt ist weniger das Bild, das sich die Führungselite der Partei vom Spektrum der politischen Sachprobleme macht, als das Politik- und Kandidatenbild in den Köpfen der für die Partei relevanten Wahlberechtigten. Es gilt also, im Wesentlichen Wissen über Wissen frameanalytisch zu modellieren, genauer: Kenntnisse und Annahmen der Kampagnenakteure über Kenntnisse, Annahmen und Einstellungen der für die Partei relevanten Wählerschaft.

Strategisches Framing besteht darin, den Ausgangsrahmen durch die Kampagne zu transformieren in einen Zielrahmen, der möglichst viele Wähler motiviert, die betreffende Partei – hier die CDU – zu wählen. Daher gehört es zu den zentralen Aufgaben der Framing-Akteure, die beiden Rahmen – sozusagen Ist und Soll – im Hinblick auf Gegebenheiten und Chancen möglichst realistisch zu entwerfen.

Vor dem frameanalytischen Zugriff stellt sich die methodische Frage, wie man sich der skizzierten Art von Wissen als Gegenstand einer wissenschaftlichen Untersuchung mit empirischem Anspruch nähern kann. Ich will die Frage nicht mit dem Anspruch auf Allgemeingültigkeit beantworten – da müsste man über die Leistungsfähigkeit von Interview, Korpus-Analyse, Inhaltsanalyse u. Ä. reden,

---

[9] Um Modellierung (und nicht um schlichte Eins-zu-eins-Repräsentation) handelt es sich schon allein deshalb, weil in den scharfen begrifflichen Abgrenzungen der Elemente von Frame-Darstellungen Unschärfen, Überlappungen und Geltungsdifferenzen, die es in sozio-kommunikativen Konstrukten trotz aller Deutlichkeit von Dominanzen stets gibt, nicht repräsentiert werden können.

aber auch über deren Grenzen für ‚von außen' kommende Wissenschaftler/innen angesichts der Dynamik der Wissensgenerierung der Akteure und der Lückenhaftigkeit, Unübersichtlichkeit und beschränkten Zugänglichkeit relevanter Daten. Als partiell beteiligter Akteur setze ich demgegenüber auf eine Mischung aus teilnehmender Beobachtung, Zeugenbericht und Textanalyse – stets im Bewusstsein der Unhintergehbarkeit des hermeneutischen Charakters jeden Zugriffs auf sozio-kommunikative Wissensgenerierung und deren Ergebnisse.

3.2 Relevant statt default

Das Kriterium, unter dem Wissen in Frames vor allem in der Minsky-Barsalou-Traditionslinie repräsentiert wird, ist Normalfallwissen (defaults). In kampagnentypischen Wissensrahmen tritt Normalfall-Wissen zurück hinter (unter wahlstrategischem Aspekt) für relevant gehaltenes Wissen. Die Relevant-Setzung erfolgt per Komplexitätsreduktionen auf zwei Ebenen: Da ist zunächst das Wissen der Akteure über die wahlrelevanten Aspekte von *policy, polity* und *politics* – wie jedes Wissen über politische, gesellschaftliche, kulturelle Phänomene eine soziokommunikativ erzeugte Konstruktion (Berger/Luckmann 1966; Searle 1997). Da sind ferner – als Teil dieses Konstrukts – mehr oder weniger empirisch fundierte Hypothesen über die politischen Kenntnisse und Einstellungen der für die jeweilige Partei relevanten Wählerschaft. Die Reduktion betrifft dabei zum Einen – entsprechend der kampagnentypischen Konzentration auf wenige Sachthemen und auf den Spitzenkandidaten / die Spitzenkandidatin – sachpolitisches und personenbezogenes Wissen. Zum anderen wird die – gegenüber dem gesamten Elektorat schon reduzierte – parteirelevante Wählerschaft gleichsam kondensiert zu *dem* Wähler / *der* Wählerin, einer Art Kollektivperson auf der Basis angenommener Durchschnittswerte in den für Wahlverhalten relevanten Dimensionen.[10] Reduziert wird – in teils systematischen, teils unsystematischen Kommunikationsprozessen zwischen den Akteuren (s. o.) – unter dem Aspekt der Relevanz für den Wahlerfolg. Default-Wissen spielt dabei lediglich eine dienende Rolle.

---

[10] Die Differenzierung der Wählerschaft in unterschiedliche Zielgruppen findet in Wahlkampagnen zwar regelmäßig statt, ist aber zumindest in Kampagnen von Parteien mit Volkspartei-Anspruch nachrangig.

3.3 Relationen

Der relationale Charakter der in Frames erfassten Wissensbestände wird in den älteren Modellen der frametheoretischen Tradition nicht hinreichend erfasst. Erst Barsalou setzt sich mit der Betonung von ‚strukturellen Invarianten' und ‚Constraints' davon ab. In den unten präsentierten Frames wird dies aufgegriffen, indem Konstellationen zusammengehöriger Frameelemente als strukturelle Invarianten sowie Ranking-, Kausal- und Folgerungs-Relationen insbesondere zwischen Werten als Constraints identifiziert werden.[11]

Es besteht eine Neigung, das Verhältnis von Kategorie und Attribut nach dem Modell der Ganzes-Teil-Beziehung bei Konkreta zu konzeptualisieren. Das ist bei Abstrakta wie etwa dem Begriff „Eurokrise", der in der Modellierung der CDU-Kampagne eine Rolle spielt, unangemessen. Bei den Attributen LAGE und VERANTWORTLICHKEIT zur Kategorie „Eurokrise" handelt es sich nicht um Teile, sondern – wesentlich abstrakter – um Aspekte des Konzepts Eurokrise. Noch deutlicher wird dieses Defizit, sobald in Frames Klasse-Element-Beziehungen auftauchen, z. B. die Kategorie ‚Politikfeld' als Klasse mit den Attributen EUROKRISE, SOZIALE GERECHTIGKEIT und WIRTSCHAFT/ARBEITSMARKT als Elementen. Ähnliches gilt für das Verhältnis der Klasse der Emotionen zur einzelnen Emotion, etwa im Rahmen einer Attribut-Wert-Zuordnung des Typs EMOTION-Ärger. Die Systematisierung von Wissensbeständen nach einem Zweistufen-Modell wie bei Barsalou und Minsky auf der Basis von Rekursivität bedarf eines übergreifenden Begriffs wie ‚Zuweisungsrelation', der nicht nur unterschiedliche Begriffspaare wie Ganzes – Teil, Konzept – Aspekt, Klasse – Element umfasst, sondern auch den kognitiv-hermeneutischen Akt der Zuweisung des einen Konzepts zum anderen verdeutlicht – Busse nennt das „epistemische Prädikation" (ebenda, 687 ff.).

---

[11] Allerdings weist Busse darauf hin, dass auch Barsalou den relationalen Charakter von Frames nicht konsequent beachtet, insbesondere bezüglich der „Zuordnungsleistung" bzw. dem prädikativen Charakter von Attributen im Verhältnis zu ihrer jeweiligen Kategorie (Busse 2012, 369).

3.4 Emotionen

Emotionen sind in der kognitiv orientierten Frame-Forschung bislang weitgehend unbeachtet geblieben.[12] Solange die Frametheorie ihren Gegenstand nicht über ‚Wissen' hinaus ausdehnt, wird Emotion als mentales bzw. physiologisches Geschehen – ebenso wie Handeln als performatives Geschehen – außerhalb bleiben. Aber es gibt keinen Grund, *Wissen* über Emotionen frametheoretisch und frameanalytisch zu ignorieren. Genau darum geht es aber beim strategischen politischen Framing: Wissen über Emotionen zu nutzen. Denn es gilt als ausgemacht, dass in der Einstellung von Wählern zu Politik, Parteien und deren Spitzenpersonal Emotionen eine wichtige Rolle spielen. In den für die CDU-Kampagne prägenden wählerbezogenen Wissensrahmen wurde der Aspekt ‚Emotion' systematisch berücksichtigt. Es ist – wahrscheinlich auch für den Erfolg der Kampagne – aufschlussreich, welche Emotionen die Akteure vor Beginn des Wahlkampfs als relevant identifizieren und welche für die Modellierung des Zielrahmens eine Rolle spielten. Um dies zu verdeutlichen, wird in Übersicht 1 eine Taxonomie der für politische Kommunikation wichtigsten Emotionen präsentiert. Zwar gibt es in der Psychologie weder eine Einigung darüber, welche dieser Emotionen als grundlegend zu gelten haben (sog. ‚Basis-Emotionen') und welche nicht, noch darüber, welche Kriterien für eine allgemeingültige Einteilung von Emotionsklassen als entscheidend zu gelten haben (dazu Schwarz-Friesel 2007, 66 ff.). Für den Zweck politisch-strategischen Framings ist das allerdings insofern unerheblich, als die drei Kriterien, nach denen Emotionen in dieser Taxomie eingeteilt werden (Wertigkeit, Bezug, Stärkegrad), in der Emotionsforschung als solche kaum umstritten sind – unabhängig davon, für wie grundlegend man sie unter emotionstheoretischer Perspektive hält.

Bei der Kategorisierung und Klassifikation von Emotionen ist man auf den Emotionswortschatz natürlicher Sprachen, in unserem Falle des Deutschen angewiesen. Da manifestiert sich die Stärke-Ausprägung von Emotionen nicht immer in unterschiedlichen Begriffen. In manchen Fällen lässt sich unterschiedliche Stärke einer Emotion kaum anders als durch attributive oder ähnliche Spezifizie-

---

[12] Zu den wenigen Hinweisen auf Emotionen gehört Barsalous Bemerkung: „By selecting the aspects of introspecting experience that are associated *with anxiety, tranquillity, anger*, and so forth, schematic representations of affective states develop" (Barsalou 1993, 54. Hervorhebung dort).

Frame und Framing

rung des jeweiligen Emotionsbegriffs ausdrücken. *Selbstbewusstsein, Minderwertigkeitsgefühl, Mitgefühl, Verachtung* und *Neid* sind solche Begriffe (*starkes Selbstbewusstsein, tiefste Verachtung, ein wenig Neid* u. Ä.). In Übersicht 1 sind diese Emotionsbegriffe unter der Rubrik „moderat" eingeordnet. Pfeile („<" und „>") signalisieren, dass sie stark oder schwach ausgeprägt sein können

Bezug	‚positive' Emotionen			‚negative' Emotionen		
	stark	moderat	schwach	stark	moderat	schwach
SITUATION / OBJEKT	Euphorie	Hoffnung, Zuversicht	Erleichterung	Angst, Furcht	Sorge	Unbehagen, Skepsis
	Begeisterung	Freude	Zufriedenheit	Verzweiflung	Traurigkeit	Deprimiertheit
SELBST	Stolz	Selbstvertrauen	Selbstzufriedenheit	Scham	Schuldgefühl	Gewissensbisse
	<	Selbstbewusstsein	>	<	Minderwertigkeitsgefühl	>
ANDERE	Enthusiasmus	Vertrauen	Achtung, Wohlwollen	Wut, Zorn	Ärger Misstrauen	Unmut
	Liebe	Sympathie	Zuneigung	Hass	Antipathie	Abneigung
	<	Mitgefühl	>	<	Verachtung	>
				<	Neid	>

Übersicht 1: Emotionen

Eine für Politik wichtige Emotion, das objektbezogene ‚Haben-Wollen' (*Begehren*), fehlt in Übersicht 1, da sie unter Positiv-Negativ-Aspekt ambivalent ist, insofern sie einerseits die ‚negative' Empfindung von Mangel, andererseits die ‚positive' Ausrichtung auf Besitzen beinhaltet. Auch *Gleichgültigkeit* ist in der Taxonomie nicht aufgeführt. Für emotionsbezogenes Framing spielt sie als Non-Emotion dennoch eine Rolle.

Wo sind Emotionen in Frame-Darstellungen zu verorten? Emotionen sind aufs Engste mit Bewertungen verbunden. In der politischen Kommunikation, insbesondere in Wahlkämpfen, gibt es kaum Gegenstände, die unabhängig von Bewertungen – sozusagen objektivistisch – konzeptualisiert werden – seien es politische Situationen und Handlungen, seien es Politiker oder Parteien. Darum enthalten die Elemente in Wert-Funktion oft Begriffe mit einer deontischen Komponente[13] (z. B. *Gefahr durch Staatsverschuldung*) oder Begriffe, die eine Wertung implizieren (z. B. *niedrigste Arbeitslosigkeit seit Jahren*). Es ist der Wertungsgehalt solcher Elemente, der nach übereinstimmender Auffassung der politstrategischen Akteure Emotionen, z. B. Sorge oder Zuversicht, erzeugt. Da es sich bei Emotionen um Empfindungen *über* Sachverhalte handelt, werden sie in der frameanalytischen Darstellung – entsprechend Busses Einführung von Meta-Elementen in die Frametheorie (Busse 2012, 581 ff.) – auf der Ebene der Attribute als Meta-Attribute und auf der Ebene der Werte als Meta-Werte behandelt. Ihr besonderer Status wird durch *Kursivschreibung* indiziert. Mit den Sachverhalten, durch die sie ausgelöst werden, sind sie – im Sinne der Barsalou'schen ‚constraints' – verknüpft, und zwar kausal, sodass wir hier immer wieder Kausal-Constraints zwischen jeweiligem Wert und Meta-Wert begegnen.

---

[13] Den Terminus „deontisch" hat Hermanns (1986) eingeführt. In politischen Begriffen kommt – anders als etwa im Liebesgedicht – Bewertung nicht subjektiv-individuell daher, sondern als Anspruch auf intersubjektive, gegebenenfalls allgemeine Geltung. Es wäre zu schwach, diesen Bedeutungsaspekt als „Bewertungskomponente" oder „evaluative Bedeutung" zu bezeichnen. Es geht um Normen, um überindividuelles Sollen, Müssen und (Nicht-)Dürfen, also um das, was die Logik als „Deontik" bezeichnet.

Frame und Framing

4 Die CDU-Wahlkampagne 2013. Framing und frame-analytische Modellierung

4.1 Ausgangslage und strategische Überlegungen

Framing-Aufgaben stellen sich bei Wahlkampagnen auf der Makro-Ebene der Gesamtausrichtung, der Meso-Ebene einzelner politikfeld-spezifischer Begriffsnetze und der Mikro-Ebene der Begriffsprägung. Sie betreffen die Modellierung

- politischer Sachlagen,
- des eigenen Partei- und Spitzenkandidatenbildes,
- der politischen Konkurrenz samt Spitzenkandidat,
- des Wählerbildes.

In sachpolitischer Hinsicht werden die Prämissen für chancenreiches Framing neben der generellen programmatischen Ausrichtung – vor allem bei einer Regierungspartei – durch deren praktische Politik und ihre Ergebnisse gesetzt. Bei der Selbstpräsentation, der Gegnermodellierung und dem Wählerbild sind es insbesondere Ergebnisse der Demoskopie, die Spielräume eröffnen oder begrenzen. Teilweise handelt es sich um öffentlich bekannte, im Auftrag von Fernsehanstalten und/oder Presseorganen erhobene Daten, teilweise um nicht-öffentliche, im Hinblick auf den Wahlkampf ermittelte Daten.

Für die Planung der CDU-Kampagne waren – neben den Beliebtheitswerten der Bundeskanzlerin Angela Merkel und ihres SPD-Herausforderers Peer Steinbrück – vor allem folgende Daten wichtig:

- die vorrangige Zuordnung wichtiger politischer Begriffe – und damit potenziell wahlrelevanter Sachverhalte und Werte – zur CDU einerseits und (vor allem) zur SPD andererseits,
- Unterschiedlichkeit in der Relevanz dieser Begriffe für die Wählerschaft.

Im Frühjahr 2013 lagen der CDU folgende Umfrageergebnisse zu parteibezogenen Begriffs-Assoziationen vor:[14]

---

[14] Im Hinblick auf den Wahlkampf interessierten vor allem die Unterschiede zwischen CDU- und SPD-Zuordnung und weniger der (durchaus bemerkenswerte) Umstand, dass viele Befragte keine parteispezifische Zuordnung vornahmen.

Primär der CDU zugeordnet:
führungsstark (CDU 47 %, SPD 14 %)
gutes Regieren (CDU 33 %, SPD 16 %)
Wohlstand (CDU 37 %, SPD 13 %)
Sicherheit (CDU 37 %, SPD 16 %)
Leistung (CDU 33 %, SPD 15 %)

Primär der SPD zugeordnet:
sozial (SPD 47 %, CDU 14 %)
soziale Marktwirtschaft (SPD 33 %, CDU 24 %)
Leistungsgerechtigkeit (SPD 24 %, CDU 18 %)

Was die Relevanz dieser Begriffe für die Wählerschaft betrifft, war die Lage nicht eindeutig. Einerseits beurteilten in einer aktuellen Umfrage der TNS-Infratest-Sozialforschung 51,4 % der Befragten ihre eigene wirtschaftliche Lage als gut oder sehr gut,[15] und auf einer 10er Skala zur Lebenszufriedenheit ordneten sich sogar 71,5 % bei den Skalenwerten 7–10 (= ziemlich zufrieden – ganz und gar zufrieden) ein.[16] Die damit zusammenhängenden Begriffe *Wohlstand*, *Sicherheit* und *Leistung* wurden laut Umfrage vorrangig mit der CDU assoziiert. Gleiches galt für *gutes Regieren*. In allen Umfragen hatte Bundeskanzlerin Merkel stabil die besten Zustimmungswerte.[17] Laut ARD-Deutschlandtrend waren im Februar 2013 71 % der Befragten „mit ihrem Wirken [...] zufrieden – ihr bester Wert in der laufenden Legislaturperiode".[18] In den Medien wurden Merkel immer wieder die Eigenschaften ‚nüchtern' und ‚unprätentiös' zugesprochen. Während ihrer Kanzlerschaft war die Arbeitslosigkeit von 11,7 % im Jahr 2005 auf 6,8 % im Jahresdurchschnitt 2012 gesunken. Merkel galt in der Euro-Krise, die die Bevölkerung seit 2011 beunruhigte, als Politikerin, die es – bei aller europäischen Orientierung – verstand, die deutschen Interessen gegen Begehrlichkeiten der sog. Krisenländer zu wahren.

---

[15] http://de.statista.com/statistik/daten/studie/176847/umfrage/beurteilung-eigene-wirtschaftliche-lage/.
[16] http://de.statista.com/statistik/daten/studie/180045/umfrage/gegenwaertige-lebenszufriedenheit/. Zu einem beinahe identischen Befund kommt eine Umfrage von Allianz und Universität Hohenheim (Der Tagesspiegel 21.03.2013).
[17] Mit Merkel „zufrieden"/„sehr zufrieden": 71 % (ARD-DeutschlandTREND Februar 2013).
[18] http://www.infratest-dimap.de/umfragen-analysen/bundesweit/ard-deutschlandtrend/2013/februar/.

Frame und Framing

Andererseits war in der Zeit der schwarz-gelben Koalition 2009–2013 das primär der SPD zugeordnete Thema „soziale Gerechtigkeit" vor allem unter dem Aspekt diesbezüglicher Defizite zum weithin beherrschenden politischen Thema in den Medien geworden. Die Assoziation der Begriffe ‚sozial' und ‚gerecht' mit der SPD war – im Vergleich mit der CDU – laut oben zitierter Umfrage so eng, dass selbst die Begriffe *Marktwirtschaft* und *Leistung*, die isoliert weit mehr mit der CDU assoziiert werden, in den Zusammensetzungen *soziale Marktwirtschaft* und *Leistungsgerechtigkeit* primär der SPD zugeordnet wurden. In einer am 12. Februar 2013 veröffentlichten repräsentativen Umfrage des Instituts für Demoskopie Allensbach zum Gerechtigkeitsbegriff heißt es im Fazit:

> Die große Mehrheit der Bürger hat einen umfassenden, anspruchsvollen Gerechtigkeitsbegriff, der Chancen- und Leistungsgerechtigkeit genauso umfasst wie Familien- und Generationengerechtigkeit sowie Verteilungsgerechtigkeit. In allen Gerechtigkeitsdimensionen sehen die Bürger erheblichen Handlungsbedarf. [...] Entsprechend ist die Politik mit hohen Erwartungen konfrontiert.[19]

Die von der SPD geforderten Konkretisierungen im Bereich der Verteilungsgerechtigkeit wie Mindestlohn und Maßnahmen zur Schaffung von Steuergerechtigkeit fanden mit je 76 % die höchsten Zustimmungswerte (vgl. ebenda).

Demgegenüber sehen zum gleichen Zeitpunkt die Werte für den SPD-Kanzlerkandidaten Steinbrück schlecht aus: Laut ARD-Deutschlandtrend würden sich bei einer Kanzler-Direktwahl im Februar 2013 nur „28 Prozent für Peer Steinbrück entscheiden" gegenüber „59 Prozent für die Amtsinhaberin".[20] Immer wieder wurde ein Widerspruch zwischen dem sich abzeichnenden ‚linken' Wahlprogramm der SPD und dem in der Vergangenheit als wirtschaftsnah und marktwirtschaftlich orientiert geltenden Kanzlerkandidaten thematisiert. Monatelang hatte es Schlagzeilen und kritische Berichterstattung wegen sehr hoher Honorare für Steinbrück als Redner im Kontext ‚der Wirtschaft' gegeben. Dazu kamen Nichtigkeiten, die vor allem von der Boulevardpresse skandalisiert wurden. Steinbrücks Reaktionen galten vielfach als ungeschickt und/oder dünnhäutig.

---

[19] Vgl. http://www.insm.de/insm/kampagne/gerechtigkeit/was-denkt-deutschland-ueber-gerechtigkeit.html; letzter Zugriff: 6. Juli 2015.
[20] http://www.infratest-dimap.de/umfragen-analysen/bundesweit/ard-deutschlandtrend/2013/februar/; letzter Zugriff: 6. Juli 2015.

4.2 Framing und Frames auf der Makroebene

Da Kampagnen-Akteure vor der Aufgabe stehen, möglichst viele Wähler/innen aus der Menge der für die CDU zugänglichen Wahlberechtigten zu gewinnen, ist es vorrangig, sich zunächst ein ungeschminktes Bild von deren

- Einschätzung der eigenen Lage,
- politischem Kenntnisniveau,
- politischen Themen-Prioritäten,
- Zustimmung zum politischen Spitzenpersonal,
- (normativen) Ansprüchen an Politiker/innen

zu machen. Das Bild des Wählers/der Wählerin (s. o.) beruht auf demoskopischen Daten und auf alltagsweltlichem, in Kommunikation und Medienerfahrungen aggregiertem Wissen.

Kategorie: (CDU-relevante) Wahlberechtigte		
ATTRIBUT	**WERT**	**Meta-Attribut *EMOTION***
SELBSTEINSCHÄTZUNG	gute wirtschaftliche Lage	→ *Zufriedenheit, Freude*
POLITISCHE KENNTNISSE	ungenau, defizitär	
THEMENPRIORITÄTEN	Wirtschaft/Arbeitsmarkt	→ *Zufriedenheit, Zuversicht*
	Eurokrise	→ *Ärger, Sorge*
	Soziale Gerechtigkeit	→ *Ärger, Begehren, Mitleid, Gleichgültigkeit*
KANZLERPRIORITÄT	Merkel	→ *Vertrauen*
ANSPRÜCHE AN POLITIKER	politikrelevante ‚Tugenden' (s. Subframe ‚Tugenden')	

Übersicht 2: Wähler-Frame

In der frameanalytischen Darstellung (Übersicht 2: Wähler-Frame) bilden die genannten Aspekte die Attribute (im Barsalou'schen Sinne). Deren Ausprägungen (Werte) interessieren nicht nur in inhaltlicher Hinsicht, sondern auch unter dem

Frame und Framing

Gesichtspunkt, welche Emotionen sie aus Sicht der Kampagnenakteure typischerweise auslösen. Die Emotionen sind in einer Spalte für die Werte des Meta-Attributes *EMOTION* notiert. Der angenommene Auslöseeffekt wird als Kausal-Constraint durch einen Pfeil symbolisiert.

Die in der Wählerschaft vorherrschenden normativen Ansprüche an Politiker betreffen etliche Aspekte persönlichen Verhaltens. Sie bilden eine Art Tugendkatalog, dessen Bestandteile einem Common Sense weit über den Bereich der Politik hinaus entsprechen und der wegen seines Umfangs als Subframe des Wähler-Frames präsentiert wird (Übersicht 3).

Kategorie: (politikrelevante) Tugenden		
Attribut	**Wert**	**Meta-Attribut** *EMOTION*
KÖNNEN	sachkundig, durchsetzungsfähig	→
MORAL	glaubwürdig, skandalfrei	→
GRUNDHALTUNG	ausgeglichen (= weder zu rational noch zu emotional), nicht abgehoben, unprätentiös	→ Achtung, Wohlwollen
ARBEITSHALTUNG	pflichtbewusst, leistungsorientiert	→
KOMMUNIKATION	dialogorientiert, verständlich, rhetorisch, fesselnd	→

Übersicht 3: Subframe (politikrelevante) Tugenden

Wie sehr dies für die Bilder von Merkel und Steinbrück in der Wählerschaft prägend ist, wird in den Frames zu Kanzlerin (Übersicht 5) und Kanzlerkandidat (Übersicht 6) deutlich. Der fließende Übergang zwischen allgemeinen ‚Tugenden' und den Verhaltensansprüchen an Politiker(innen) lässt es möglich erscheinen, per Framing eine so große Nähe zwischen Wählerschaft und Kandidat bzw. Kandidatin zu konstruieren, dass sie Wähler(innen) zur Identifikation mit dem Kandidaten/der Kandidatin motivieren kann. (Dazu, inwieweit das 2013 im Hinblick auf das Verhältnis zwischen Deutschland/den Deutschen und Angela Merkel versucht wurde, Näheres in Abschnitt 4.2.2.2)

4.2.1 Vor Beginn der Kampagne: Ausgangsframes

Drei Politikfelder wurde als kampagnenrelevant identifiziert: Soziale Gerechtigkeit, Eurokrise und Wirtschaft/Arbeitsmarkt (s. Übersicht 4). Anders als in der

Kommunikation mit politisch stark Interessierten, die die Thematisierung des gesamten Spektrums der Topik politischen Handeln (s. Abschnitt 1) erforderlich macht, sah man das Interesse des politisch nur mäßig interessierten Durchschnittswählers bei allen Themen primär auf die – mehr oder weniger aktuelle – Lage und auf die Verantwortlichkeit dafür gerichtet.

Bei der sozialen Gerechtigkeit wurden, wie die oben erwähnten Umfragen zeigen, Defizite in der Verantwortung der Regierung und/oder des Wirtschaftssystem gesehen. Dementsprechend herrschten kritische Einstellungen und negative Emotionen vor – vom Mitgefühl für Benachteiligte bis zum Neid auf Bessergestellte. In der Öffentlichkeit stark präsent waren polarisierungsträchtige Forderungen von SPD, Grünen und der Linken nach mehr sozialer Gerechtigkeit, z. B. Mindestlohn, mit unterschiedlichem Emotionspotenzial von Hoffnung bis Skepsis.

Die Eurokrise wurde wahrgenommen als Staatsverschuldung der Krisenländer, die den Euro ('unsere Währung') gefährdet. Das bereitete Sorge, andererseits sah man ein entschlossenes Gegensteuern insbesondere der deutschen Kanzlerin, indem Hilfen für die betroffenen Staaten nur bei Haushaltsdisziplin (Sparen) und Strukturreformen gewährt wurden. Dem wurde teils mit Zuversicht, teils mit Skepsis begegnet.

In der Bevölkerung dominierte der Eindruck von gut laufender Wirtschaft (Exportrekorde) und relativ geringer Arbeitslosigkeit. Üblicherweise wird das vom Gros der Wähler nicht zuletzt der Wirtschafts- und Arbeitsmarkt-Politik der Regierung zugeschrieben und ist emotional positiv besetzt – von der Zufriedenheit mit der eigene Situation bis zum Vertrauen in die Kanzlerin.

Die drei in ihrer Wertigkeit noch nicht entschiedenen Themen bildeten ein Frame-Cluster mit den Attributen LAGE und VERANTWORTLICHKEIT. Sie gehören als strukturelle Invarianten zusammen. Während beim Thema soziale Gerechtigkeit die REAKTION der Oppositionsparteien auf LAGE und VERANTWORTLICHKEIT (Forderung nach mehr sozialer Gerechtigkeit, insbesondere nach flächendeckendem Mindestlohn) als in der Wählerschaft allgemein bekannt eingeschätzt wurde und daher in den Frame aufgenommen wurde, galt dies für die anderen Themen nicht.

Frame und Framing

Das öffentliche Bild der Bundeskanzlerin Angela Merkel ist – neben den sachpolitischen Aspekten (s. Übersicht 4) und dem Wissen über ihre hohen Zustimmungswerte – geprägt durch die Wahrnehmung ihres politischen Stils, wobei für die potenzielle CDU-Wählerschaft nach Auffassung der Kampagnenakteure vor allem die im Ausgangsframe Merkel (Übersicht 5) notierten Qualitäten und deren emotionale Auswirkungen relevant waren. Bemerkenswert ist die erhebliche Übereinstimmung mit den in Übersicht 3 dargestellten ‚Tugendkatalog'.

Thema	Frame	Attribut	Wert	Meta-Attribut EMOTION
Politikfelder	Kategorie: Soziale Gerechtigkeit	LAGE	Steuerprivilegien, Niedriglöhne etc.	Wut, Begehren Neid, Mitleid
		VERANTWORTLICHKEIT	Schwarz-gelbe Regierung, Neoliberalismus	Ärger, Wut
		REAKTION	SPD u. a.: mehr soziale Gerechtigkeit, z. B. Mindestlohn!	Hoffnung, Skepsis
	Kategorie: Eurokrise	LAGE	I. Gefahr: Staatsverschuldung in Euro-Krisenländer	Sorge
			II. Gegensteuern: Hilfe bei Haushaltsdisziplin und Strukturreformen	Zuversicht, Skepsis
		VERANTWORTLICHKEIT	zu I.: Krisenstaaten: Griechenland etc., Finanzmärkte	Ärger, Wut
			zu II.: Kanzlerin Merkel	Vertrauen
	Kategorie: Wirtschaft / Arbeitsmarkt	LAGE	niedrigste Arbeitslosigkeit seit Jahren, Exportrekorde	Zufriedenheit, Zuversicht
		VERANTWORTLICHKEIT	u. a.: die Bundesregierung unter Kanzlerin Merkel	Vertrauen

Übersicht 4: Ausgangs-Framecluster ‚Politikfelder'
Legende: Pfeil: Kausalrelation (Ursache/Grund ⟶ Wirkung/Folge)

Kategorie: Bundeskanzlerin Merkel		
Attribut	Wert	Meta-Attribut *EMOTION*
AKTUELLER STATUS	Bundeskanzlerin (CDU), hohe Zustimmungswerte	→ Achtung, Vertrauen
KÖNNEN	kompetent, durchsetzungsfähig erfolgreich in Wirtschafts-, Arbeitsmarkt- u. Eurokrisenpolitik	→ Achtung, Vertrauen
MORAL	skandalfrei, glaubwürdig	→ Vertrauen, Sympathie
TEMPERAMENT	gelassen, rational ohne gefühllos zu wirken	→ Sympathie
ARBEITSHALTUNG	pflichtbewusst, leistungsorientiert	→ Achtung, Vertrauen
AUSSTRAHLUNG	unprätentiös, beherrscht, seriös	→ Sympathie, Vertrauen

Übersicht 5: Ausgangsframe Merkel
Legende: Pfeil: Kausalrelation (Ursache/Grund ⟶ Wirkung/Folge)

An dieser Stelle liegt die Frage nach einem eigenen CDU-Frame nahe. Darauf wird verzichtet, da in der Kampagne kein gegenüber der Spitzenkandidatin und Bundeskanzlerin Angela Merkel auch nur annähernd eigenständiges Parteibild entwickelt wurde. Das hatte gewichtige Gründe: Auch die CDU hatte – trotz ihres Vorsprungs auf Bundesebene vor den anderen Parteien – mit dem weit verbreiteten Misstrauen gegenüber Parteien zu kämpfen. Ihre Zustimmungswerte als Partei lagen seit langer Zeit weit hinter denen ihrer Vorsitzenden und Bundeskanzlerin Angela Merkel zurück. Auch wusste man, dass das Bild der CDU – selbst bei ihren potenziellen Wählern – nicht ganz einheitlich war und dass bei Betonung des Partei-Charakters auch das nicht spannungsfreie Verhältnis zur CSU Thema sein würde. Die Kampagne sollte darauf hinauslaufen, das Bild der CDU ganz mit dem Bild von Angela Merkel zu verschmelzen – nach dem Prinzip: Mit optimalem Merkel-Framing framen wir die CDU gleich mit. Vor diesem Hintergrund wird auf die Modellierung des Akteurswissens über das CDU-Bild vor Beginn der Kampagne verzichtet.

Frame und Framing

Auch ein eigener SPD-Frame fehlt – allerdings nicht wegen Verschmelzung mit dem Steinbrück-Frame, sondern weil die Aspekte der SPD-Politik, die die Kampagnenakteure als relevant für potenzielle CDU-Wähler annahmen, in den Politikfelder-Frames (Übersichten 4 und 8) enthalten sind.

Die im Verhältnis zu Merkel bemerkenswert geringen Zustimmungswerte für den – zuvor als Finanzpolitiker durchaus beliebten – Kanzlerkandidaten Peer Steinbrück führten die Kampagnenakteure der CDU auf sein Profil zurück, das dem ‚Tugendkatalog' für Politiker in etlichen Punkten nicht entspricht (Übersicht 6).

Kategorie: SPD-Kanzlerkandidat Steinbrück		
Attribut	**Wert**	**Meta-Attribut** *EMOTION*
AKTUELLER STATUS	Kanzlerkandidat (SPD) affärengeplagt, niedrige Zustimmungswerte	⟶ *Misstrauen, Antipathie*
KÖNNEN	finanz-/wirtschaftspolitisch kompetent,	⟶ *Vertrauen (sektoral)*
	rhetorisch brillant	⟶ *Achtung*
MORAL	‚Absahner',	⟶ *Antipathie*
	sozialpolitisch wenig glaubwürdig	⟶ *Misstrauen (sektoral)*
TEMPERAMENT	extrovertiert,	⟶ *Sympathie, Skepsis*
	gelegentlich unkontrolliert	⟶ *Unmut*
ARBEITSHALTUNG	leistungsorientiert	⟶ *Achtung*
AUSSTRAHLUNG	Anflüge von Arroganz, ‚machohaft'	⟶ *Antipathie*

Übersicht 6: Ausgangsframe Steinbrück
Legende: Pfeil: Kausalrelation (Ursache/Grund ⟶ Wirkung/Folge)

4.2.2 Strategisches Framing und Zielframes

Strategisches Framing hat dann eine Chance, wenn die strategische Hauptausrichtung einer Kampagne erfolgversprechend ist. Angesichts der guten Wirtschafts- und Arbeitsmarktdaten und der hohen Zufriedenheitswerte in der Bevölkerung sowohl mit der eigenen persönlichen Situation als auch mit der Arbeit der

Kanzlerin entschied man sich in der CDU zu einer feel-good-Kampagne. Von Seiten der SPD sah man eine Wut-Sorge-Mitleid-Kampagne oder zumindest einen alarmistischen Wahlkampf wegen ‚sozialer Ungerechtigkeiten' und Gefährdung des ‚Auseinander-Driftens der Gesellschaft' auf sich zukommen, zu dem allerdings der Kanzlerkandidat nicht so recht passte. Für die Kampagne der CDU hieß das, vor allem

- die Stärken der CDU und der Kanzlerin hervorzuheben und den Ansehensvorsprung Merkels im Spitzenkandidaten-Wettbewerb auszubauen oder zumindest zu halten,
- die sachpolitischen Schwächen der CDU im Feld ‚soziale Gerechtigkeit' zu beheben oder zumindest zu minimieren oder zu neutralisieren,
- vor diesem Hintergrund Deutschland nicht als gesellschaftlich spaltungsbedroht, sondern als funktionierende ‚Gemeinschaft' zu konzeptualisieren,
- Polarisierung zu vermeiden und ausschließlich moderate Emotionen zu mobilisieren.

Damit war für Framing die Aufgabe gestellt, die in den Ausgangsframes erfassten Vorstellungen im Sinne des Wahlzieles und der Hauptausrichtung der Kampagne zu modifizieren bzw. zu optimieren und als verbessertes Bild der CDU-Politik und der Kanzlerin in den Köpfen möglichst vieler Wahlberechtigter zu verankern. Die so erzeugten Vorstellungen werden als Zielframes präsentiert (Übersicht 7 und 8).

4.2.2.1 Spitzenkandidaten-Konkurrenz

Im Hinblick auf die Spitzenkandidaten-Konkurrenz lag es nahe, sich an eine bewährte Faustregel zu halten: „Werte bei starkem eigenem Kandidaten (hier: Kandidatin) einen schwachen Gegenkandidaten nicht durch starke Beachtung auf!" Die CDU und insbesondere Merkel selbst hielten sich strikt daran. Sie folgten dem Kalkül: Solange der Kanzlerkandidat der SPD sich durch skandalisierungfähige Fehler selbst in Negativschlagzeilen bringt und es nicht vermag, die Glaubwürdigkeitslücke zwischen parteioffizieller Propagierung ‚sozialer Gerechtigkeit' und dem Ruch des teuren wirtschaftsfreundlichen Vortragsredners zu schließen, thematisieren wir ihn von uns aus nicht. Daher wurde Framing zur Korrektur des im Ausgangsframe Steinbrück (Übersicht 6) manifestierten Profils erst gar nicht in Angriff genommen. In den Wahlkampfmedien der CDU kommt er in Wort und

Frame und Framing

Bild nicht vor. Die Kanzlerin nimmt bis zum TV-Duell seinen Namen nicht in den Mund. Steinbrücks Attacken, auch heftige, spielt sie ostentativ herunter. Wo sie auf ihn angesprochen wird, erinnert sie an die gute Kooperation in der Großen Koalition.[21]

4.2.2.2 Kanzlerinnen-Framing

Im Bild der Kanzlerin in der Öffentlichkeit finden sich, wie im Ausgangsframe Merkel (Übersicht 5) deutlich wird – anders als bei Steinbrück – etliche der erwünschten ‚Tugenden'. Es galt in der Wahlkampagne, diese Positiv-Werte zu bestärken und dort, wo Defizite oder ‚blinde Flecken' waren, sie möglichst zu beseitigen. So boten die Schwerpunkte Wirtschaft/Arbeitsmarkt und Eurokrise die Möglichkeit einer permanenten Bestärkung der Positiv-Werte für Merkel insbesondere beim Attribut KÖNNEN.

Auch visuelles Framing wurde genutzt, um Eigenschaften der Kanzlerin zu unterstreichen, die schon im Ausgangsframe positive Werte aufwiesen: So signalisiert Merkels Outfit in den verschiedensten Bild-Medien Seriosität, und im TV-Spot der CDU demonstriert Merkel optisch eindringlich Leistungsbereitschaft und Pflichtbewusstsein. Man sieht eine Frau, deren Falten von der Arbeit für Deutschland zeugen, über die sie spricht, und die das in einem wenig ansprechenden nüchternen Raum tut, wie ihn Millionen aus ihrem Arbeitsalltag kennen – insgesamt eine Situation, mit der viele Menschen sich identifizieren können.

Letzteres berührt eine Dimension, in der Merkels Ausgangsframe ohne Ausprägung war und wo es Einiges zu verbessern galt: Kommunikation, Gemeinsamkeit und Nähe zu ‚normalen Menschen'. Merkels weithin hoch geschätzte Eigenschaft, unprätentiös zu sein, erleichterte Framing in Richtung ‚Normalisierung' der Bundeskanzlerin. Das geschah primär in Texten, aber auch in Bildern. Auf Merkels eigens für die Wahlkampagne eingerichteter sog. ‚Homepage' und in der damit text- und bild-identischen, massenhaft verteilten Merkel-Broschüre wird einerseits die entscheidungsstarke, durchsetzungsfähige Politikerin nicht verleugnet („ich will..."; „ich entscheide..."), andererseits ist sie, wenn es um Privates geht, eine ‚wie du und ich': „Ich koche sehr gern, am liebsten Rouladen und Kartoffelsuppe." Ihr Ehemann, ein „Konditorsohn" beschwert sich, „auf dem Kuchen

---

[21] Zu Einzelheiten vgl. Klein (2013, 197 f.)

sind immer zu wenig Streusel." Dies blieb der einzige textliche Hinweis auf Weiblichkeit im traditionellen Sinne. Eine stärkere Signalisierung von Geschlechtsspezifik barg die Gefahr, das Identifikationspotenzial zum einen für männliche Wähler, zum anderen für Anhänger/innen eines ‚modernen' Frauenbildes zu schmälern.

Wichtiger als die Präsentation in kampagnenspezifischen Schriftmedien dürften für den Eindruck, sie sei – auch – ‚eine von uns', sprachstilistische Mittel in der Standard-Wahlrede gewesen sein, mit der sie über die Plätze und durch die Säle der Republik zog. Darin stellt sie ihre Politik in einfachster Sprache dar und thematisiert persönliches Erleben und Gefühle, um politische Zusammenhänge nachvollziehbar zu machen, etwa zum Thema Europa – so am 16.08.2013 in Waren an der Müritz:

> Und als ich auch mal'n bisschen verzweifelt über die Streitereien der Regierungschefs war, hab' ich mich gefragt: Was machst Du da eigentlich die vielen Stunden? Da hab ich mir mal überlegt, worüber wir uns nicht streiten in Europa: Wir streiten uns nicht darüber, dass wir Demokratie haben. Wir streiten uns nicht darüber, dass wir Pressefreiheit haben. Wir streiten uns nicht darüber, dass wir Meinungsfreiheit haben, dass wir Reisefreiheit haben. Und wir streiten uns auch nicht darüber, dass wir Religionsfreiheit haben. Das alles ist selbstverständlich in allen 28 Ländern Europas. Und diese Gemeinsamkeit, worüber wir uns nicht streiten, die ist unglaublich viel wert, wenn Sie mal daran denken, was in Ägypten, in Syrien und in anderen Ländern los ist. Das ist unser Europa, und das ist unsere Stärke.[22]

Alltagssprachlich und alltagslogisch rechtfertigt sie in dieser Rede auch ihren konfrontationsarmen Wahlkampfstil: „Ich hab' meine Zeit heute im Wesentlichen darauf verwandt, Ihnen zu sagen, was *wir* wollen. Ich hab' keine Lust den ganzen Wahlkampf damit zu verbringen zu erklären, was die anderen alles falsch machen." (Dafür erhält sie stets besonders starken Applaus, vgl. ebenda.)

Merkel beendet die Standardrede jeweils mit ausgesprochen höflichem Dank für die Aufmerksamkeit und für den Besuch der Veranstaltung, nachdem sie zuvor nicht nur auf die Wichtigkeit des Wählens, sondern auch – geschickt verbunden mit einer unaufdringlichen *Empfehlung*, der CDU die Stimme zu geben – auf die Freiheit des Wahlakts hinweist. Da wird vermittelt, dass das Volk der Souverän ist.

---

[22] www.youtube.com/watch?v=7--kmuylfLQ; letzter Zugriff am 07.06.2015.

Frame und Framing

Die Kommunikatorin Merkel ist auch Gegenstand visuellen Framings: Zwei der drei Merkel-Großplakate zeigen sie aufmerksam und freundlich im Gespräch.[23] Auch die Fotos in Merkel-Homepage und -Broschüre betonen lockere Kommunikativität stärker als Amtswürde.

Das alles begünstigt das Motiv der Gemeinsamkeit zwischen Merkel, Volk und CDU. Es handelt sich primär um eine Leistungsgemeinschaft, wie der Kampagnen-Claim ausweist: *Gemeinsam erfolgreich.* Der Claim der Obama-Kampagne *Yes, we can* klingt an – hier nicht mit Blick auf das, was man verändern will, sondern auf das, was man mit der Kanzlerin erreicht hat und was weitergeführt werden soll. Oft erweitert um den Zusatz *Für Deutschland* ziert der Slogan alle Wahlkampfmedien der CDU. Im Kontrast zur SPD-Kampagne, für die sich schon früh abzeichnete, dass sie ein *Auseinander-Driften* der Gesellschaft behaupten würde, wurde der *Zusammenhalt* betont, z. B. im ersten Abschnitt des Wahlprogramms. Gemeinschaft ist nicht als Kollektiv verstanden. An markanten Stellen wird Individualität herausgestellt: *Die Menschen sind ja alle ganz verschieden* (Merkels Standardrede), *jeder einzelne von Ihnen* (ebenda), *weil jeder zählt* (Großplakat mit Merkel). Visuell werden die Angehörigen dieser Gemeinschaft als aktiv und fröhlich geframt: Die erste große Plakatwelle der CDU präsentiert gut gelaunte Junge und Alte, Frauen und Männer zu Hause, bei der Arbeit oder anderswo in Situationen voller Lebendigkeit als Repräsentanten der gemeinsam Erfolgreichen (vgl. ebenda). Es geht dabei um ein (vor allem wirtschaftlich) *starkes* Deutschland, wie das (als „Regierungsprogramm 2013–2017" bezeichnete) Wahlprogramm von CDU und CSU sowie etliche andere Wahlkampftexte in hoher Frequenz der Epitheta *stark, stabil, erfolgreich, gut* und *sicher* ausweisen.

Die nationale Dimension von Gemeinschaft deutet Merkel mit den Farben Schwarz, Rot und Gold ihrer Halskette im TV-Duell auch visuell an. Dort richtet Merkel einen vielzitierten Satz an die Zuschauer, der Nähe des Volkes zu ihr behauptet: „Sie kennen mich."

Sämtliche Framing-Züge zur Optimierung des Merkel-Bildes bei potenziellen CDU-Wählern zielte auf Verknüpfung mit positiven Emotionen, und zwar ausschließlich moderaten Emotionen, wie man sie schon im Ausgangsframe Merkel

---

[23] Vgl. https://www.cdu.de/plakate; letzter Zugriff: 7. Juli 2015.

findet. Eine solche Emotionsstrategie führt zwar nicht zu massenhafter Identifikation begeisterter Anhänger mit ihr, doch öffnet sie Zugangschancen zu denen, die Polarisierung eher abstoßend finden.

Kategorie: Angela Merkel		
Attribut	Wert	Meta-Attribut *EMOTION*
AKTUELLER STATUS	Bundeskanzlerin (CDU); hohe Zustimmungswerte	➤ Achtung, Vertrauen, Zuversicht
KÖNNEN	sachkundig; <u>durchsetzungsfähig</u>; erfolgreich in Wirtschafts-, Arbeitsmarkt- und Eurokrisenpolitik	➤ Achtung, Vertrauen
MORAL	skandalfrei; glaubwürdig	➤ Vertrauen, Sympathie
TEMPERAMENT	gelassen; rational ohne gefühllos zu sein	➤ Wohlwollen, Sympathie
ARBEITSHALTUNG	pflichtbewusst, <u>leistungsorientiert</u> (TV-Spot: Falten als Zeichen harter Arbeit)	➤ Achtung, Vertrauen
AUSSTRAHLUNG	unprätentiös, beherrscht (Outfit: seriös)	➤ Wohlwollen, Vertrauen
WÄHLERNÄHE	‚wie du und ich': kochen, backen; Wendung an die Zuschauer im TV-Duell: „Sie kennen mich."	➤ Sympathie
KOMMU-NIKATION	einfache Sprache mit persönlichen Elementen; Wähler/-innen als Souverän ansprechen (Plakate: Merkel im Gespräch)	➤ Sympathie, Vertrauen
GEMEINSCHAFTS-BILD	„gemeinsam erfolgreich": Zusammenhalt zuversichtlicher, leistungsorientierter Individuen; starkes Deutschland als „Stabilitätsanker" in Europa (Halskette beim TV-Duell in Nationalfarben)	➤ Vertrauen, Zuversicht, *Stolz*

Übersicht 7: Zielframe Merkel

Legende:
Pfeil: Kausalrelation (Ursache/Grund ➔ Wirkung/Folge)
Fettdruck: neu, im Ausgangsframe nicht vorhanden;
Unterstreichung: im Ausgangsframe vorhanden und in der Kampagne deutlich gestärkt
Klammer: visuelles Framing

Frame und Framing

So ergibt sich ein Zielframe Merkel (Übersicht 7), der einige gegenüber dem Ausgangsframe neue Attribute enthält. Von den Merkel'schen Charakteristika, die der Ausgangsframe enthält, sind in der Kampagne mehrere deutlich bestärkt worden.

4.2.2.3 Politikfelder-Framing

Vor Beginn von Wahlkämpfen pflegt sich die Wählerschaft – vor allem im Hinblick auf regierende Parteien – primär für die aktuelle Politik zu interessieren. Doch mit Eintreten in die Kampagnenphase wird auch regierenden Parteien zunehmend die Frage nach künftiger Politik gestellt. Das beantworten Parteien mit ihren Wahlprogrammen und den daran orientierten Wahlkampftexten – von Reden und Interview-Statements über Slogans bis zu Argumentationshilfe für Kandidaten. Darum ist der Zielframe Politikfelder (Übersicht 8) gegenüber dem Ausgangsframe (Übersicht 4) um das Attribut PROGRAMM erweitert.

In den Medien dominierten schon weit vor Beginn des Bundestagswahlkampfs 2013 die Themen ‚soziale Gerechtigkeit' und ‚Eurokrise'. In Meinungsumfragen wurde soziale Gerechtigkeit als sehr wichtig eingestuft. Der Begriff war primär mit der SPD verbunden, während der CDU/CSU/FDP-Regierung hier Defizite angekreidet wurden. Eurokrise war ein seit mehreren Jahren aktuelles Gefahrenthema. Wirtschaft und Arbeitsmarkt standen dagegen in den Medien zurück.

Angesichts dieser Situation war die entscheidende Frage: Was interessiert die für die CDU relevante Wählerschaft im Hinblick auf die Wahlentscheidung vorrangig? Allen medialen Mutmaßungen über eine entscheidende Bedeutung des Themas ‚soziale Gerechtigkeit' zum Trotz entschieden sich die Akteure der Union für das Clinton-Motto: „It's the economy", stupid. Strategisches Framing setzte dabei an, dass in der Bevölkerung Zufriedenheit mit der eigenen wirtschaftlichen Lage deutlich überwog, ein Phänomen, das mit der Wirtschafts-, Finanz- und Arbeitsmarktpolitik eng verbunden ist. Die im Ausgangsframe noch ungewichteten Politikfelder wurden in eine Relevanzordnung gebracht. Gegen den medialen Trend wurde der Themenbereich Wirtschaft (*Deutschlands Wohlstand sichern*), Finanzen (*solide Finanzen; Schuldenbremse*) und Arbeitsmarkt (*Rekordbeschäftigung*) unter dem Label ‚starkes Deutschlands' an die Spitze der Kampagnenthemen, eng verknüpft mit Angela Merkel und ihrer Politik in der Eurokrise (*stabiler Euro; Deutschland als Stabilitätsanker*), gesetzt. Die Akteure gingen davon aus, dass gerade auf diesem Politikfeld das Gros der für die CDU relevante Wählerinnen und Wähler eher ein ‚Weiter so' wünschte. Daher bleibt das Programm hier vage. Am entschiedensten ist immer wieder die Ablehnung von Steuererhöhungen formuliert, dem Begriff, unter dem die CDU die von Rot-Grün geforderten Änderungen der Steuergesetzgebung zusammenfasste.

Mit der Eurokrise als zweitem Politikfeld zielte man auf das Sicherheitsbedürfnis der Wählerinnen und Wähler – auch das letztlich von der Clinton'schen Kampagnenmaxime geleitet. Das Framing zur Eurokrisenpolitik wurde von Angela Merkel selbst geprägt. Sie kommunizierte ein Begriffsnetz, das sie situations- und adressatenspezifisch variierte und das als wichtigster Beitrag zum Framing auf der Meso-Ebene in Abschnitt 5.3 genauer betrachtet wird. Es enthält den zweiten Punkt, in dem die sonst konfrontationsscheue CDU deutlich vor Rot-Grün warnte: die Vergemeinschaftung der europaweiten Staatsschulden durch *Eurobonds*.

Framing im Politikfeld ‚soziale Gerechtigkeit' galt als besondere Herausforderung. Hier hatte die SPD vor Beginn des Wahlkampfs in der öffentlichen Wahrnehmung einen deutlichen Vorsprung vor der CDU. Mit der Priorisierung der beiden anderen Politikfelder war keineswegs entschieden, wie man in der CDU mit dem Thema umgehen sollte, zumal man wusste, dass es das Hauptthema des SPD-Wahlkampfs (sowie von Die Linke und Die Grünen) sein würde. Soll man hier die Konfrontation suchen? Soll man das Thema ignorieren? Oder soll man nach dem Motto „Die CDU ist *auch* für soziale Gerechtigkeit, und zwar mehr noch als die anderen" versuchen, die Konkurrenz propagandistisch zu überholen?

Die CDU entschied sich für eine andere Strategie: eine Kombination aus Programmpolitik und Framing. In Parteitagsbeschlüssen und Ankündigungen der Bundeskanzlerin kam es zu sozialpolitischen, arbeitsrechtlichen und wohnungspolitischen Initiativen (*Mütterrente, Mindestlohn/Lohnuntergrenze, Mietpreisbremse*), die die CDU auf diesem Felde konkurrenzfähig mit der SPD machen sollten. Die erwartbaren emotionalen Reaktionen CDU-relevanter Wähler/innen darauf wurde von den Akteuren als nicht einheitlich eingeschätzt – von Erleichterung bis zu Unmut.

Frame und Framing

Thema	Frame	Attribut	Wert	Meta-Attribut *EMOTION*
Politik-felder	**Frame 1** Katego-rie: Wirt-schaft und Arbeits-markt	LAGE	geringste Arbeitslosigkeit seit Jahren, Exportrekorde →	*Zufriedenheit, Zuversicht*
		PROGRAMM	weiter so; keine Steuer-erhöhung! →	*Vertrauen*
		VERANT-WORTLICH-KEIT	Merkel/CDU/CSU →	*Vertrauen*
	Frame 2 Katego-rie: Eurokrise	LAGE	I. Gefahr durch Staatsver-schuldung in Euro-Krisenländern → II. Gegensteuern durch Hilfe für Krisenstaaten bei Haus-haltsdisziplin und Struktur-reformen →	*Sorge* *Achtung, Zuver-sicht*
		PROGRAMM	Hilfe für Krisenstaaten nur bei Haushaltsdisziplin und Strukturreformen; keine Eurobonds! →	*Zuversicht, Skepsis*
		VERANT-WORTLICH-KEIT	Merkel/CDU/CSU →	*Vertrauen*
	Frame 3 Katego-rie: Soziale Gerech-tigkeit	LAGE	einige Defizite, z. B. für Mütter und im Niedrig-lohnsektor →	*Ärger, Mitleid* *Gleichgültigkeit*
		PROGRAMM	Mütterrente, Mindestlohn (Lohnuntergrenze), Mietpreisbremse →	*Erleichterung, Freude, Skepsis, Unbehagen, Gleichgültigkeit*
		VERANT-WORTLICH-KEIT	Merkel/CDU/CSU →	*Vertrauen, Un-mut*

Übersicht 8: Ziel-Framecluster ‚Politikfelder'

Legende:
Pfeil: Kausalrelation (Ursache/Grund ⟶ Wirkung/Folge); Ziffer: Relevanz-Rang

Diese Initiativen wurden nicht unter dem Hochwertwort *soziale Gerechtigkeit* subsumiert – im Gegenteil. Die Leitlinie war: Wettbewerb in der Sache ja, aber nicht um ein Schlagwort, das als Fahnenwort der politischen Konkurrenz auch bei Gebrauch durch die CDU immer wieder die SPD assoziieren würde. Die de-facto-Marginalisierung des Ausdrucks *soziale Gerechtigkeit* und seiner Bestandteile mit Hilfe semantischer Kniffe war der interessanteste Fall von Framing auf der Mikro-Ebene. In Abschnitt 4.4 wird dies genauer betrachtet.

Die gesamte CDU-Kampagne vermeidet Wahlkampfgetöse und Feldgeschrei. Durchgängig herrscht ein Ton, der in der Selbstdarstellung und ebenso im Umgang mit dem politischen Gegner auf die Erregungen *moderater* Emotionen setzt – Emotionalisierung auf leisen Sohlen sozusagen.

4.3 Framing auf der Meso-Ebene: Merkels Begriffsnetz zur Eurokrisenpolitik

Das Framing zum Thema Eurokrise lag primär bei Angela Merkel. Seit das Thema für sie virulent wurde, hatte sie in fünf Regierungserklärungen zwischen dem 19.5.2010 und dem 14.6.2012 betont: *Scheitert der Euro, scheitert Europa* (dazu Klein 2014, 123–126). Der Satz bildete das Zentrum der Begründung ihrer Eurokrisenpolitik. Die Substanz der Argumente ist in Begriffen kondensiert, deren Einordnung in das oben erläuterte topische Muster sich problemlos frameanalytisch modellieren lässt (Übersicht 9). Die Konstellation der Topoi ist für die Legitimierung politischen Handelns kanonisch und bildet im Frame eine strukturelle Invariante der Attribute (siehe Abschnitt 1).

Merkel diente der Frame unabhängig von Wahlkämpfen zum Erklären ihrer Politik. Anders als bei kampagnenstrategisch geplanten Zügen ist unsicher, inwieweit die Argumentation – über die Absicht zu überzeugen hinaus – auf Emotionen zielte. Daher ist im Frame ‚Eurokrisenpolitik' auf das Meta-Attribut EMOTION verzichtet, ebenso auf Tabellenform.

Die in Übersicht 9 präsentierte, zwischen 2010 und 2012 entwickelte Argumentationsstruktur erfuhr mit der Wahlkampagne 2013 in einem entscheidenden Punkt ein ‚Reframing': Der Satz *Scheitert der Euro, scheitert Europa* verschwand aus der Begründung Merkel'scher Krisenpolitik. Die Möglichkeit eines Scheiterns auch nur zu erwähnen, passte nicht in das ‚positive Denken' der feel-good-Kampagne. Statt negative Konsequenzen zu beschwören, las und hörte man nun im

Frame und Framing

topischen Begründungscluster zur Eurokrisenpolitik ein neues Positiv-Datum: *Reformen erfolgreich auf dem Weg*. Mitzudenken war: ‚vor allem dank der deutschen Kanzlerin'.

DATEN: *Eurokrise* als *Staatsschuldenkrise*: drohende *Zahlungsunfähigkeit* von Euro-Staaten; verschärfter *globaler Wettbewerb; Deutschland* als *Stabilitätsanker* und *Wachstumsmotor*
URSACHEN: übermäßige *Staatsverschuldung; mangelnde Wettbewerbsfähigkeit*
KONSEQUENZ: *Scheitert der Euro, scheitert Europa.*
PRINZIPIEN: *Solidarität* bei *Eigenverantwortung, Hilfe* nur bei *eigener Leistung*
ZIELE: *Stabilitätsunion, Euro* als *starke und stabile Währung, Wettbewerbsfähigkeit, mehr Wachstum und Beschäftigung,* (abgelehnt: *Transferunion / Schuldenunion*)

- -

POLITISCHES HANDELN: *Strukturreformen, Haushaltssanierung, Schuldenbremse, Fiskalpakt, Bankenunion, ESM, Finanztransaktionssteuer* (abgelehnt: *Eurobonds*)

Übersicht 9: Frame Eurokrisenpolitik

Legende: In Kapitälchen: Attribute; Kursiv in Normalschreibung: wörtlich zitierte Begriffe, Begriffskombinationen sowie der Satz *Scheitert der Euro, scheitert Europa*; Klammer: stigmatisierende Begriffe für abgelehnte, primär der SPD zugeschriebene politische Konzepte; strichlinierte Linie: Schlussfolgerungssymbol (Übergang von den Argument- zu den Konklusionsbegriffen)

Das Merkel'sche Begriffsnetz war im Rahmen von Debatten und Verhandlungen im professionellen Bereich politischer Institutionen entstanden. Interessierten Bürgerinnen und Bürgern war es durchaus vertraut, weil die politischen Medien es transportierten und weitgehend übernommen hatten. In der Wahlkampagne 2013 splittete die Kanzlerin beim Thema Europa Begrifflichkeit und Sprachstil adressatenspezifisch: In TV- und Presse-Interviews, wo sie mit politisch überdurchschnittlich interessiertem Publikum rechnen konnte, blieb sie (mit der skizzierten inhaltlichen Verschiebung) bei dem seit 2010 entwickelten Begriffsinventar. In ihrer Standardwahlrede für ein weniger sachkundiges Publikum verzichtete sie auf die Spezifizierung der komplizierten Probleme der Eurorettung. In der oben zitierten Passage (vgl. Abschnitt 4.2.2.2) rechtfertigt sie ihr Bemühen um Europa grundlegender und verständlicher. Sie kontrastiert zwei Mini-Frames: das Europa der *Streitereien der Regierungschefs* mit dem Europa unstrittiger *Werte*

(*Demokratie, Pressefreiheit, Meinungsfreit...*), und betont die weit größere Relevanz dieser *Gemeinsamkeit,* gestützt durch den Hinweis auf das, *was in Ägypten in Syrien und in anderen Ländern los ist.*

4.4 Framing auf der Mikro-Ebene: Marginalisierung eines Fahnenworts der SPD [24]

Zu Beginn des Wahlkampfs machte es die CDU nervös, als die SPD *soziale Gerechtigkeit* thematisch in den Mittelpunkt rückte. Wie sollte sie auf ein Thema reagieren, das der Gegner mit populären Vorschlägen konkretisierte: *gesetzlicher Mindestlohn, Mietpreisbremse* etc.? Meinungsumfragen signalisierten breite Zustimmung und machten deutlich: *Soziale Gerechtigkeit* wird vor allem der SPD zugeordnet – trotz Agenda 2010.

Sprachstrategen wie Biedenkopf oder Geißler, die legendären CDU-Generalsekretäre unter Kohl, hätten wohl empfohlen, den ‚Begriff' für die CDU zu ‚besetzen'. Es hätte bedeutet, ihn häufig in den Mund zu nehmen und mit bisherigen Leistungen der Regierung in Verbindung zu bringen. Die CDU reagiert 2013 umgekehrt. Sie ergreift eigene programmatische Initiativen (*Mütterrente, tariflicher Mindestlohn, Mietpreisbremse*). Aber sie hütet sich vor dem rhetorischen Schlagabtausch um die Herrschaft über das Hochwertwort *soziale Gerechtigkeit.* So konnte man dem sozialpolitischen Singularitätsanspruch der SPD begegnen und darüber hinaus die Bedeutung des sozialdemokratischen Symbolworts mindern. Die Kampagnenakteure hatten Ergebnisse der Kognitiven Linguistik und der Sprachpsychologie zur Kenntnis genommen (z. B. Lakoff 2004 und Kahneman 2012): Je öfter man den Ausdruck *soziale Gerechtigkeit* in den Mund nähme, desto mehr käme die SPD konnotativ ins Spiel.

Andererseits kann keine Partei den Begriff ganz aus ihrem Wortschatz tilgen. Dazu ist er für Deutschland als Sozialstaat zu zentral. Wie lässt man einen Begriff gleichzeitig verschwinden und nicht verschwinden? Dazu entwickelten Kampagnenakteure eine lexikalische Strategie durch Kombination dreier Verfahren:

- Minimalübernahme (= einmalige, aber relevante Verwendung im Grundsatzteil des Wahlprogramms): *So verbindet die Soziale Marktwirtschaft in einzigartiger Weise die Vorteile einer Marktwirtschaft mit der Verpflichtung*

---

[24] Vgl. Klein (2013, 200 f.)

zur sozialen Gerechtigkeit.[25] Der Satz klingt im Rahmen eines Bekenntnisses zur *Sozialen Marktwirtschaft* als *Leitbild* der CDU (und der CSU) ideologisch gewichtig. Man schützt sich so vor dem Vorwurf, *soziale Gerechtigkeit* gering zu schätzen. Aber in der Masse der Sätze und Texte geht er unter, zumal der Begriff in der Kampagne nirgendwo sonst auftaucht.

- Umgehung durch Konkretisierung: Statt *soziale Gerechtigkeit* als Oberbegriff den einschlägigen Einzelmaßnahmen wie *Mütterrente, tariflicher Mindestlohn, Mietpreisbremse* etc. in Überschriften oder anderweitig überzuordnen, wird einfach auf einen Oberbegriff verzichtet. Hier wird deutlich, dass es den Akteuren nicht darum ging, das Konzept, das mit dem Ausdruck *soziale Gerechtigkeit* verbunden ist und dem die genannten Initiativen der CDU durchaus entsprachen, grundsätzlich in Frage zu stellen, sondern einen weithin positiv besetzten Ausdruck in den eigenen Texten und Reden zu meiden, weil er mit der politischen Konkurrenz assoziiert wird.
- Diffundierende Bezeichnungskonkurrenz: Es bleibt nicht beim Vermeiden des gegnerische Fahnenwortes. Die Vermeidungsstrategie trifft auch die Bestandteile *sozial* und *gerecht*. Sie werden zwar nicht völlig aus dem Sprachgebrauch der CDU verbannt, aber überwiegend durch bedeutungsähnliche Wörter ersetzt: Statt sozial heißt es meist *anständig, sicher, verantwortungsvoll, ordentlich* u. Ä. und statt gerecht überwiegend *fair, anständig*.[26] Es ist der Versuch, Markenwörter aus dem Ideologievokabular der SPD zu ertränken in bedeutungsähnlichen Allerweltswörtern mit emotional positiver Anmutung.

5 Frameanalytische Zusammenführung und eine Schlussbemerkung

Wie in Abschnitt 3 angedeutet, lassen sich die in den bisherigen Abschnitten getrennt voneinander präsentierten Frames und Subframes (Übersichten 2–9) zu einer Frame-Subframe-Struktur ‚CDU-Bundestagswahlkampagne 2013' zusam-

---

[25] CDU/CSU (2013): Gemeinsam erfolgreich für Deutschland. Regierungsprogramm 2013–2017, 17.
[26] Die entsprechende Empfehlung des „Leitfadens für gute Sprache im Wahlkampf" der CDU (Leitfaden, 13) wurde im Wahlprogramm und anderen Texten so praktiziert.

menfügen (Übersicht 10). Darin wird der rekursive Charakter von Frames deutlich. Die Frames der Makro- und Mikroebene sind als Sub-Subframes in die Struktur eingeklinkt, ohne dass die Wege der Rekursion über etwaige Zwischenstufen im Einzelnen expliziert werden.

Kategorie: CDU-Bundestagswahlkampagne 2013		
Attribut	Werte spezifizierende Sub-Frames und Sub-Subframes	Meta-Attribut EMOTION[27]
WÄHLERSCHAFT	CDU-relevante Wahlberechtigte (Ü 2) ↳ politikrelevante Tugenden (Ü 3)	überwiegend moderat
POLITIKFELD	Wirtschaft/Arbeitsmarkt (Ü4, Ü 8)	moderat
	Eurokrise (Ü 4, Ü 8) ↳ Eurokrisenpolitik (Ü 9, Erläuterungen zu Ü9) [Meso-Ebene]	
	Soziale Gerechtigkeit (Ü 4, Ü 8) ↳ SPD-Fahnenwort-Marginalisierung (Abschn. 4.4) [Mikro-Ebene]	
KANDIDAT	Merkel (Ü 5, Ü 7)	moderat
	Steinbrück (Ü 6)	

Übersicht 10: Frame-Subframe-Struktur ‚CDU-Bundestagswahlkampagne 2013'
Legende: Übersicht: Ü; Spezifizierung durch Sub-Subframe: ↳

Unter kommunikationswissenschaftlichen Aspekten handelt es sich bei dem Beitrag um eine Kombination aus Produktions- und Produktforschung. Framing-Forschung, vor allem die medien-orientierte, ist überwiegend Wirkungsforschung. Aus dieser Tradition heraus liegt die Frage nahe, ob das strategische Framing verfangen und die angestrebten Wirkungen erzielt hat? Diese Frage mit traditionellen Mitteln der empirischen Sozialforschung zu untersuchen, würde bei einem so

---

[27] Die Emotions-Werte sind für den Ist-Zustand unterstellt und als Ziel-Zustand angestrebt.

komplexen Gegenstand wie einer Wahlkampagne erhebliche Mittel und etliche Forschungsprojekte erfordern. In unserem Falle liegt allerdings ein gewichtiges Indiz anderer Art zumindest für generelle Wirk-Tendenzen vor: das Wahlergebnis. Zwar pflegen Wahlsiege viele Mütter und Väter zu haben, doch wäre es bei einem so klaren und hohen Wahlsieg wie dem der Union 2013 wenig rational anzunehmen, dass alles mögliche Andere für den Erfolg der Kampagne verantwortlich war, nur nicht das strategische Framing.

Literatur

Barsalou, Lawrence W. (1992): Frames, concepts, and conceptual fields. In: Kittay, Eva / Lehrer, Adrienne (eds.): Frames, fields, and contrasts. New essays in semantic and lexical organization. Hillsdale, NJ: Lawrence Erlbaum, 21–74.

Barsalou, Lawrence W. (1993). Flexibility, structure, and linguistic vagary in concepts: Manifestations of a compositional system of perceptual symbols. In: Collins, Alan. F. / Gathercole, Susan E. / Conway, Martin A. / Morris, Peter (eds.): Theories of memory. London: Lawrence Erlbaum, 29–101.

Berger, Peter L. / Luckmann, Thomas (1966): The Social Construction of Reality. Garden City NY: Doubleday.

Busse, Dietrich (2008): Semantische Rahmenanalyse als Methode der Juristischen Semantik. Das verstehensrelevante Wissen als Gegenstand semantischer Analyse. In: Christensen, Ralph / Pieroth, Bodo (Hrsg.): Rechtstheorie in rechtspraktischer Absicht. Freundesgabe zum 70. Geburtstag von Friedrich Müller. Berlin: Duncker & Humblot, 35–55.

Busse, Dietrich (2012): Frame-Semantik. Ein Kompendium. Berlin / Boston: de Gruyter.

Entman, Robert M. (1991): Framing US-Coverage of International News: Contrasts in Narratives of the KAL and Iran Air Incidents. In: Journal of Communication 41, H. 4, 6–27.

Entman, Robert M. (1993): Framing: Toward Clarification of a Fractured Paradigm. In: Journal of Communication 43, H. 4, 51–58.

Fillmore, Charles J. (1977): Scenes-and-Frames Semantics. In: Zampolli, Antonio (ed.): Linguistic Structures Processing. Amsterdam / New York / Oxford (North Holland): Elsevier Science, 55–81.

Fillmore, Charles J. / Atkins, Beryl T. (1992): Towards a frame-based lexicon: the case of RISK. In: Kittay, Eva / Lehrer, Adrienne (eds.): Frames, Fields, and Contrasts. New Essays in Semantic and Lexical Organization. Hillsdale NJ: Lawrence Erlbaum Publishers, 75–102.

Fraas, Claudia (1996): Gebrauchswandel und Bedeutungsvarianz in Textnetzen. Die Konzepte ‚Identität' und ‚deutsche Einheit' im Diskurs zur deutschen Einheit. Tübingen: Gunter Narr.

Hermanns, Fritz (1986): Appellfunktion und Wörterbuch. Ein lexikographischer Versuch. In: Wiegand, Herbert Ernst (Hrsg.): Studien zur neuhochdeutschen Lexikographie VI.1 (= Germanistische Linguistik 84–86). Hildesheim / Zürich / New York: Olms, 151–182.

Holly, Werner (2001): ‚Frame' als Werkzeug historisch-semantischer Textanalyse. Eine Debattenrede des Chemnitzer Paulskirchen-Abgeordneten Eisenstuck. In: Diekmannshenke, Hajo / Meißner, Iris (Hrsg.): Politische Kommunikation im historischen Wandel. Tübingen: Stauffenburg, 125–146.

Kahneman, Daniel (2012): Schnelles Denken, langsames Denken. München: Siedler.

Klein, Josef (1991): Kann man ‚Begriffe besetzen'? Zur linguistischen Differenzierung einer plakativen politischen Metapher. In: Liedtke, Frank / Wengeler, Martin / Böke, Karin (Hrsg.): Begriffe besetzen. Strategien des Sprachgebrauchs in der Politik. Opladen: Westdeutscher Verlag, 44–69.

Klein, Josef (1995): Asyl-Diskurs. Konflikte und Blockaden in Politik, Medien und Alltagswelt. In: Reiher, Ruth (Hrsg.): Sprache im Konflikt. Berlin / New York: de Gruyter, 15–71.

Klein, Josef (1999): „Frame" als semantischer Theoriebegriff und als wissensdiagnostisches Instrumentarium. In: Pohl, Inge (Hrsg.): Interdisziplinarität und Methodenpluralismus in der Semantikforschung. Frankfurt a.M. / Berlin: Peter Lang, 157–183.

Klein, Josef (2000): Komplexe topische Muster: Vom Einzeltopos zur diskurstypspezifischen Topos-Konfiguration. In: Schirren, Thomas / Ueding, Gert (Hrsg.): Topik und Rhetorik. Tübingen: Niemeyer, 623–649.

Klein, Josef (2002): Topik und Frametheorie als argumentations- und begriffsgeschichtliche Instrumente, dargestellt am Kolonialdiskurs. In: Cherubim, Dieter./ Jakob, Karlheinz / Linke, Angelika (Hrsg.): Neue deutsche Sprachgeschichte: Mentalitätsgeschichtliche, kultur- und sozialgeschichtliche Zugänge. Berlin / New York: de Gruyter, 167–181.

Klein, Josef (2003): Politische Rede. In: Ueding, Gert (Hrsg.): Historisches Wörterbuch der Rhetorik. Bd. 6, Tübingen: Niemeyer, 1465–1521.

Klein, Josef (2007): Texte mit globaler Resonanz. Auch ein Beitrag zu diskursivem ‚Kampf der Kulturen'. In: aptum. Zs. für Sprachkritik und Sprachkultur. Heft 2, 122–138.

Klein, Josef (2013): (Fast) alles ist gut – mit Angela Merkel als Kanzlerin. Wie die CDU die Wahlkampfsprache unspektakulär und erfolgreich revolutioniert. In: aptum. Zeitschrift für Sprachkritik und Sprachkultur. 9, H.03, 195–207.

Klein, Josef (2014): Grundlagen der Politolinguistik. Berlin: Frank & Timme.

Klein, Josef / Meißner, Iris (1999): Wirtschaft im Kopf. Begriffskompetenz und Einstellungen junger Erwachsener bei Wirtschaftsthemen im Medienkontext. Frankfurt a. M. / Berlin [u. a.]: Peter Lang.

Konerding, Klaus Peter (1993): Frames und lexikalisches Bedeutungswissen. Tübingen: Niemeyer.

Kuck, Kristin / Römer, David (2012): Metaphern und Argumentationsmuster im Mediendiskurs zur ‚Finanzkrise'. In: Peltzer, Anja / Lämmle, Kathrin / Wagenknecht, Andreas (Hrsg.): Krise, Cash und Kommunikation. Die Finanzkrise in den Medien. Konstanz / München: UVK, 71–93.

Kühne, Rinaldo / Schemer, Christian (2014): Emotionale Framing-Effekte auf politische Einstellungen und Partizipationsbereitschaft: In: Marcinkowski, Frank (Hrsg.): Framing als politischer Prozess. Beiträge zum Deutungskampf in der politischen Kommunikation. Baden-Baden: Nomos, 195–210.

Kuhlmann, Christoph (1999): Die öffentliche Begründung politischen Handelns. Zur Argumentationsrationalität in der politischen Massenkommunikation. Opladen / Wiesbaden: Westdeutscher Verlag.

Lakoff, George (2004): Don't think of an elefant. Know your values and frame the debate. White River Junktion (Vermont): Chelsea Green Publishing.

Lakoff, George / Wehling, Elisabeth (2007): Auf leisen Sohlen ins Gehirn. Politische Sprache und ihre heimliche Macht. Heidelberg: Carl-Auer-Verlag.

Luntz, Frank (2006): The New American Lexicon. (seit 2006 als Raubdruck kursierendes ‚playbook' zum Couching republikanischer Politiker).
Luntz, Frank (2009): What Americans Really Want... Really. New York: Hyperion.
Matthes, Jörg (2014): Framing. Baden-Baden: Nomos.
Minsky, Marvin (1974): A Framework for Representing Knowledge. (= MIT-AI Laboratory Memo 306, June 1974). Wiederabdruck in: Winston, P.H. (ed.): The Psychology of Computer Vision. New York: McGraw-Hill, 211–278.
Römer, David / Wengeler, Martin (2013): „Wirtschaftskrisen" begründen / mit „Wirtschaftskrisen" legitimieren. Ein diskurshistorischer Vergleich. In: Wengeler, Martin / Ziem, Alexander (Hrsg.): Sprachliche Konstruktionen von Krisen. Bremen: Hempen Verlag, 269–288.
Schwarz-Friesel, Monika (2007): Sprache und Emotionen. Tübingen / Basel: A. Francke.
Searle, John R. (1997): The Construction of Social Reality. New York: The Free Press.
Ziem, Alexander (2008): Frames und sprachliches Wissen. Kognitive Aspekte der semantischen Kompetenz. Berlin / New York: de Gruyter.

Intermedialität von Frames in einer Polit-Talkshow

Werner Holly

Abstract
Ausgehend von der Beobachtung, dass Frames keineswegs auf Sprachliches beschränkt werden können, wird die generelle Frage der Intermedialität von Frames behandelt, und zwar am Beispiel einer Polit-Talkshow mit zusätzlichem visuellen Einblendmaterial auf einer Projektionswand. Das Beispielmaterial, das aus der teilnehmenden Beobachtung in der Bildregie stammt, stützt nicht nur die These vom ‚code'- und ‚mode'-übergreifenden Charakter von Frames, es wirft auch weitere Fragen auf: Welche Bilder werden überhaupt verwendet? Wie werden entsprechende Bezugnahmen hergestellt und wie lassen sie sich beschreiben? Was sind die kommunikativen und inszenatorischen Potenziale und Risiken solcher intermedialen Frame-Aktivierungen? Es zeigt sich: Während das verbale „Framing" weitgehend in der Kontrolle der Protagonisten bleibt, sind die kamera-inszenierten Frame-Invokationen und -Evokationen von ihnen kaum überschaubar und nicht kontrollierbar.

1 Einleitung

Im Jahre 1658 erscheint ein sehr einflussreiches Buch, das dazu gedacht war, Schulkinder an Wissensbestände heranzuführen, der „Orbis sensualium pictus" des calvinistischen Theologen und Lehrers Johannes Comenius aus Böhmen: Es präsentiert Listen von (lateinischen und deutschen) Wörtern, die zu kleinen Texten gefügt sind, zusammen mit bildlichen Darstellungen in Form von Holzschnitten (s. Abb. 1). Man sieht und liest z. B. unter der Rubrik XLI „Euserliche und innere Sinnen" einen bildlichen und zwei sprachliche Frames von Modalitäten: schematische Bilder nicht nur von Auge, Ohr, Nase, Zunge und Hand, sondern auch vom Hirn, das – wie die Textseite auf lateinisch und deutsch erklärt – für

„die gemeine Empfindnis", „die Einbildungskraft" und „die Gedächtnis" steht. Von der Einbildungskraft heißt es da, dass sie dieselben Sachen", nämlich „die von den äusserlichen Sinnen eingebrachte Sachen", „entscheidet", außerdem „denket/träumet" (Comenius 1658/1978, 87).

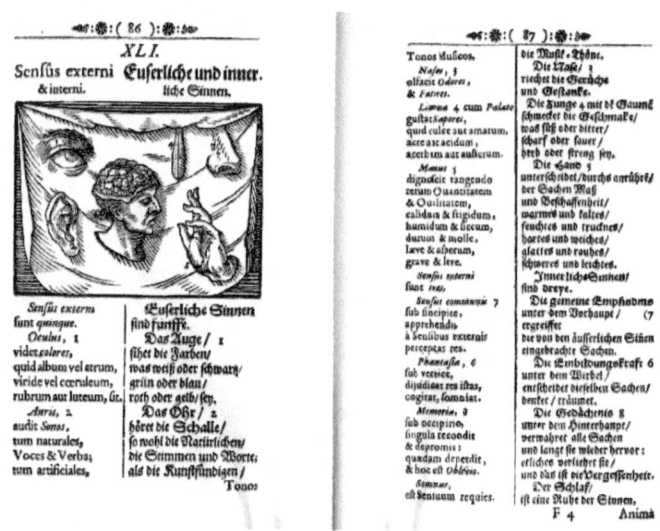

Abb. 1: Comenius, Orbis sensualium pictus, 1685 (Nachdruck 1978)

An diese Begrifflichkeiten können wir zumindest für unseren Alltagsgebrauch bis heute anschließen. Wahrnehmung und Denken (und Gedächtnis) gehören zusammen und – wie das Buch selbst vorführt – können „die Sachen" für die Kommunikation in Wort und Bild repräsentiert oder besser konstruiert und damit kulturell verfügbar gemacht werden. So weit, so einfach. Komplizierter wird es, wenn wir weiter fragen.

Wie bauen wir Wissen auf? Manche meinen, wir beginnen mit Visuellem, mit ‚Bildschemata', die sich aufgrund frühkindlicher sensomotorischer Körpererfahrungen herausbilden, also auch andere (akustische, taktile) Modalitäten einschließen (Lakoff 1987; Johnson 1987; Lakoff/Johnson 1980; dazu Konerding 1993, 59 f.; Ziem 2008, 25 ff.). Mit dem Spracherwerb treten wir dann jedenfalls ein ins Reich der Zeichen. Kaum einer würde bestreiten, dass die Strukturen unseres Wissens

Intermedialität von Frames in einer Polit-Talkshow

„nicht zuletzt aufgrund der Existenz und des Gebrauchs (und damit der Funktionen) sprachlicher Zeichen" entstehen – wie Busse (2012, 537) mit gutem Grund vorsichtig formuliert, glaubt er doch einerseits selbst, dass die Wissensstrukturen, Frames genannt, nicht einmal bei Fillmore, dem Vater der linguistischen Frametheorien, rein sprachlich bleiben können, weil „die Frame-Idee stark auf allgemeine Wissens-Hintergründe aller Art ausgedehnt wird": „bei Fillmore verschwimmen die Grenzen zwischen ‚sprachlichen' und ‚kognitiven' Frames" (ebd., 535). Andererseits scheint er eine gewisse Skepsis gegenüber Frames zu haben, die nicht an Zeichen gebunden sind: „Die Frage, welche Rollen andere Wissensquellen als die Zeichen-dominierten Quellen spielen, ob es in unserem Wissen also etwa eine ‚Zeichen-freie' Ebene unmittelbar ‚perzeptueller Symbole' gibt, wie es Barsalou 1993 propagiert, muss dahingestellt bleiben [...]" (ebd., 537, Anm. 2).

Die Frameforschung hat sich in ihrem linguistischen Zweig begreiflicherweise auf das Sprachliche konzentriert, ohne – wie wir gesehen haben – die Kognition ganz darauf zu beschränken. Darauf bezieht sich Meier, wenn er bemerkt, es „[...] ist zu beachten, dass das Frame-Konzept zunächst für die Ermittlung sprachlich realisierter Spuren konzeptuellen Wissens [...] entwickelt wurde, nicht jedoch für die Analyse ikonischer Zeichen" (Meier 2010, 3).

Recht hat auch Busses Kommentar dazu, der auf die kognitivistische Tradition verweist, die auch Visuelles keineswegs ausschloss: „Der Versuch [...], das Frame-Modell auf die Analyse von Bildern auszuweiten, ist anregend und weist in die richtige Richtung, auch wenn seine Vermutung, dass klassische Frame-Analyse sprachzentriert sei, so keineswegs richtig ist." (Busse 2012, 518)

Wie es mit der Medialität oder Modalität von Frames im Detail steht, bleibt eine offene Frage. Sollen die „kognitiven" Frames grundsätzlich an Zeichen gebunden sein und damit immer auch an Medialität, wie es bei Busse anklingt? Oder sind sie (zunächst) amodal und akodal, wie manche Kognitivisten angenommen haben (s. die Diskussion bei Schwarz 1996, 94–101)? Oder haben wir es mit einer „dualen" Repräsentation mit (mindestens) zwei Repräsentationssystemen zu tun, wie es vor allem Paivio (z. B. 1971) vertreten hat? Es bleibt wohl vorerst ein Geheimnis, für das man auch weiter wild spekulieren kann, da man ohnehin von den Prozessen kein Bewusstsein hat, wie Schwarz (ebd., 101) schließlich folgert:

Eine direkte Übersetzung von einem System in ein anderes setzt komplexe Übersetzungsregeln oder eine abstrakte Integratorebene voraus. Offensichtlich kann nur ein integrativer Erklärungsansatz, wonach kognitive Strukturen im LZG [Langzeitgedächtnis] sowohl modalitätsspezifisch als auch modalitätsunspezifisch repräsentiert sind, dem komplexen Phänomen gerecht werden. Wissensinhalte, die in amodalen konzeptuellen Einheiten und Strukturen gespeichert sind, sind unserem Bewußtsein jedoch nicht zugänglich. [...] Bevor konzeptuelle Wissensinhalte also unser Bewußtsein erreichen, transformiert sie ein kognitiver Prozeß in einen bestimmten Repräsentationsmodus.

Wie allerdings diese Transformation regelhaft abläuft, bleibt offen, da auch diese Übersetzungsregeln unbekannt zu sein scheinen. Hier tut sich ein regressverdächtiges Problem auf, dem man so wohl nicht entkommt. Wie solche amodalen Strukturen operieren könnten, wie dann die Bedeutungszuweisung erfolgen soll, bleibt ein Rätsel.

Die Sprachwissenschaft scheint in ihrer eigenen Domäne hier doch ein wenig weiter zu sein. Wie sprachliche Zeichen aus der Kombination kleinster bedeutungsunterscheidender Einheiten zu kleinsten bedeutungstragenden Einheiten in einem grundsätzlich dialogischen Prozess entstehen, dafür hat die Sprachwissenschaft mit Humboldt und spätestens seit der Rekonstruktion eines authentischen Saussure (Jäger 2010) ein überzeugendes Modell geliefert; das nicht-zeichenhafte Ausgangsmaterial ist aber alles andere als amodal, es ist gerade die material-modale Basis der Zeichenkonstitution.

Dass in anderen Zeichensystemen einiges anders zu sein scheint, ist ein traditionelles Thema und nicht erst (dann aber zunehmend) im Rahmen einer sich konstituierenden Bildwissenschaften klar geworden, ohne dass man vom Vorbild der Sprachwissenschaft ganz loskommt (Sachs-Hombach 2003; Kress/van Leeuwen 1996). Man muss auf jeden Fall mit autochthonen Semantiken der verschiedenen Zeichensysteme rechnen, die ja auch deren komplementäre Leistungen ausmachen. Man kann sich aber durchaus vorstellen, dass das intermediale Zusammenspiel verschiedenartiger Zeichen als Verfahren der ‚Transkription', wie es Ludwig Jäger in einigen Arbeiten umrissen hat (z. B. Jäger 2002; 2004), nach dem Modell der Bezugnahme von Zeichen auf Zeichen funktioniert, das ja auch innerhalb von Zeichensystemen erklärt, wie Bedeutungsgenese (über weite Strecken) ohne Referenzen auf eine zeichenexterne Welt möglich ist, also außerhalb repräsentationstheoretischer Semiotiken.

Intermedialität von Frames in einer Polit-Talkshow

Man darf weiteren Forschungsbedarf unterstellen. Wie Wissen und Frames, Nicht-Zeichen und Zeichen (außerhalb von Sprache) genau zusammenhängen, ist eben noch nicht klar. Mit dem Begriff der Frames ist man schnell auf spekulativem Boden. Man erreicht wieder sicheren Grund, wenn man sich an beobachtbare kognitive und kommunikative Operationen hält; dort kann man mühelos feststellen, dass wir Wissensstrukturen auf jeden Fall mit Sprache, aber eben auch in anderen Medialitäten konstruieren und bearbeiten, nicht selten in multikodaler (und multimodaler) Kombination. Dies zeigt anschaulich der „Orbis pictus", dem viele andere Texte mit Illustrationen folgen, wie jedes bebilderte Schulbuch, jede Enzyklopädie bis hin zu Wikipedia belegt. Wir finden solche Kombinationen von sprachlichen und bildlichen Frameoperationen in vielerlei technisch-medialer Gestalt. Im Folgenden werde ich beschreiben, wie Bilder-Frames nahezu unmerklich als zusätzliches symbolisches Material in der medientechnischen Inszenierung und Kontrolle einer TV-Polit-Talkshow benutzt werden, um noch mehr Perspektivierungen und Interpretationsoptionen in den hochkomplexen multikodalen und multiauktorialen Prozess der Bedeutungsgenese einzubringen.

Dabei gehe ich von der trivialen Beobachtung aus, dass wir offensichtlich kein Problem damit haben, sprachliche Ausdrücke oder Texte mit Bildern in Verbindung zu bringen und umgekehrt, allerdings sind die Verbindungen unterschiedlichster Art. Meine These wird sein, dass Frames in der Bezugnahme über kodale und modale Grenzen hinweg scheinbar mühelos verwendet werden (Transkriptivität) und so für intermediale Kohärenzbildungen sorgen können. Die offene Frage ist, wie die Modellierung dieser Praxis aussehen könnte. Den Anfang können genauere Beschreibungen von Beispielen dieser Praxis machen. Interessant erscheint auch, ob sich Verfahren und Potenziale der intermedialen Frameverwendung feststellen lassen?

Meine *ad-hoc*-Analyse eines kleinen Beispiels aus einer Talkshowsendung, die eine Bildwand im Hintergrund verwendet, um zusätzliche thematische Anreize zu geben, die als Frame-Material gedeutet werden können, benutzt das Frame-Erschließungsverfahren von Konerding (1993), das eigentlich für die Lexikographie entwickelt worden ist. Nach meiner Überzeugung sind solche Frame-Rekonstruktionen grundsätzlich nur eine situative „Momentaufnahme", da wir semantisches Material jeweils nach kommunikativem Bedarf immer wieder neu anordnen können, was den mehr oder weniger festen Angaben, die wir von Wörterbüchern erwarten gar nicht entspricht. Es gibt deshalb auch keine Gewähr dafür, dass die dargestellten Framestrukturen mehr als plausibilisierbar werden könnten, sie bleiben notwendig Gegenstand interpretativer Auseinandersetzung, andernfalls gäbe es kaum die (kommunikativ konstitutive) Möglichkeit von Missverstehen, produktivem Streit und entsprechendem Klärungsbedarf.

Was die Reichweite solcher semantischen Spielräume angeht, muss es andererseits gewisse Grenzen geben, sonst bestünde wohl keinerlei Chance auf ein (auch nur) beschränktes Verstehen. Hier hat Konerding mit seinem Verfahren zur Gewinnung von Matrixframes, die wiederum zu bestimmten Fragen und Prädikatoren führen, ein einigermaßen handliches Modell geliefert, das es erlaubt, empirisch auffindbare semantische Bezugnahmen als Frame-Ausgestaltungen zu identifizieren. Dass bestimmte bildliche und sprachliche Elemente hier als thematisch zusammengehörig verstanden werden, belegt ihre Verwendung. Dass dies nachvollziehbar ist, belegt der Nachweis entsprechender Strukturen nach dem Konerdingschen Modell.

2 Workplace-Studie: „Bildwandmaterial" (Maybrit Illner 26.5.2011)

Das empirische Material, das ich nun erläutern werde, ist am 26.5.2011 im Rahmen einer kleinen Workplace-Studie in der Bildregie des Berliner ZDF-Studios während einer Maybrit-Illner-Talkshow erhoben worden. Im Rahmen von Überlegungen zur bildlichen Inszenierung in Polit-Talkshows (s. auch Holly 2010; 2012; 2015) sollte durch die teilnehmende Beobachtung und Tondokumentation der Produktion einer Sendung folgenden Fragen nachgegangen werden:

- Wie wird das Thema inszenatorisch aufbereitet und kontrolliert?
- Mit welchen sprachlichen und bildlichen Mitteln?
- Welche Rolle spielen dabei Frames?
- Wie kann man Verfahren der intermedialen Frame-Verwendung und ihr intermediales Potenzial beschreiben?

Zum institutionellen Kontext muss man erwähnen, dass im Jahre 2011 im Vorfeld einer Neuordnung der ARD-Talkshowstruktur das konkurrierende ZDF sein

Intermedialität von Frames in einer Polit-Talkshow

Flaggschiff, die donnerstägliche sehr erfolgreiche Polit-Talkshow „Maybrit-Illner", mit einem neuen Setting versah (s. Abb. 2). Dazu wurde die Sendung aus dem Innenhof des Berliner ZDF-Gebäudes in ein Studio verlegt; anstelle der sichelförmigen Sitzanordnung ohne Tische wurde ein großer runder Tisch mit einem vorderen offenen Sektor installiert. Die Zahl der Kameras wurde auf sieben erhöht: vier fahrende, eine Steadycam (5), ein Kran (6), eine von der Decke hängende (nur für den Schuss auf Maybrits Tablet, auf dem sie Einspieler startet) (7). Die größte Herausforderung für die Regie war aber eine neue Projektionswand im Hintergrund, die ständig mit zusätzlichem Bildmaterial bespielt wird: insgesamt eine gesteigerte Komplexität der Gesamtinszenierung.

Abb. 2: Setting der Maybrit-Illner-Sendung vom 26.5.2011 (mit Bildwand 1)

Das Thema der beobachteten Sendung lieferte der damals aktuell noch laufende und medienwirksame Prozess des TV-(Wetter-)Moderators Jörg Kachelmann, der wegen Vergewaltigung angeklagt und dann später vom Vorwurf freigesprochen wurde; der Titel der Sendung war: „Der Fall Kachelmann – schon jetzt ein Justizskandal?". Als Gäste waren in der Sendung eingeladen (s. Abb. 2, von links, Illner als 3. v. l.):

- Rüdiger Bagger (ehemaliger Staatsanwalt)
- Alice Schwarzer (‚Emma'-Herausgeberin, die für die ‚Bild'-Zeitung vom Prozess berichtete)
- Gerhard Strate (Staranwalt)
- Hans-Hermann Tiedje (ehemaliger ‚Bild'-Chefredakteur)
- Mark Benecke (Kriminalbiologe)

In der ersten Publikumsreihe und zwischendurch an einem Stehpult interviewt (ohne Abb.):

- Sabine Hartwig (Vertreterin der Opfer-Organisation „Weißer Ring")

Angesichts der gesteigerten Komplexität des Produktionsablaufs erscheint ein gesteigerter Aufwand an Inszenierungskontrolle erforderlich, um dem Zuschauer eine reibungslose Präsentation einer spannenden und inhaltsreichen, zugleich aber doch gut strukturierten Aufbereitung des Themas zu ermöglichen.

Im Zentrum der Sendung steht die Moderatorin, die zugleich führungsstark und charmant Teilthemen prozessiert. Damit dies möglichst effektvoll gelingt, wird eine Reihe von Vorkehrungen getroffen, allerdings in einer sehr diskreten Form, die den Eindruck einer lebendigen und spontanen Diskussion nicht allzu sehr beeinträchtigt. Die Elemente dieser Inszenierungskontrolle sind vielfältig. Dazu gehören Ablaufpläne in Form schriftlicher Skripts mit möglichen Fragen in einer bestimmten Reihenfolge. Vor der Sendung findet ein Probedurchlauf statt, wobei Studierende als Vertreter der Gäste fungieren und erstaunlich sachkundig agieren. Zum Konzept gehört auch eine sogenannte „offene Regie", d. h. die wichtigen professionellen Protagonisten der Produktion (Moderatorin, Regie, Kameraleute, Aufnahmeleiterin im Studio) sind mit In-Ear-Monitoring miteinander verbunden und können auf einer zweiten Kommunikationsebene ohne Beobachtung des Publikums online den Inszenierungsfortgang steuern. Das ist besonders wichtig für das ständige Antizipieren möglicher Fortsetzungen, das für den reibungslosen Einsatz von Kameras, Umschnitt, Inserts (mit Namen, Funktionen der Gäste und thematischen Kommentaren), Einspielern und das Aufspielen von Bildwandmaterial unumgänglich ist und vor allem für rasche, flexible Korrekturen bei unvorhergesehene Verläufen.

Ein starkes Instrument für die Ablaufkontrolle ist also der Einsatz der sogenannten Einspieler, also kurzer Filme, die Themenaspekte aus Sicht der Redaktion perspektivieren und die nicht selten dazu genutzt werden, eine Diskussion, die ein bisschen „aus dem Ruder läuft", wieder in vorgesehene Bahnen zurückzulenken. Dagegen ist das Bildwandmaterial eher geeignet, als „Hintergrund" im wörtlichen Sinne, bestimmte Aspekte eines Themas zu verstärken und mit bestimmten Assoziationen zu kontextualisieren. Wie das in unserer Beispielsendung vonstatten geht, soll im Weiteren analysiert werden.

Intermedialität von Frames in einer Polit-Talkshow

2.1 Welche Bilder werden verwendet?

Insgesamt werden sechs der vorbereiteten Stand-Bilder eingesetzt, die verschiedene Subthemen des Kachelmann-Prozesses betreffen und die ich hier als Bilder-Frames behandeln will. Sie sind auf den folgenden Abbildungen zu sehen, so wie sie auf der Bildwand hinter dem Tisch mit den Teilnehmern erscheinen. Das erste davon ist gewissermaßen das Standardbild (s. o., Abb. 2): Es zeigt eine Fotocollage mit Titelseiten verschiedener Presseerzeugnisse und wird in der internen Kommunikation vom Regisseur auch entsprechend genannt: *die zeitungen, die fotostrecke, diese schlagzeilen-collage* (Bildwand 1).

Drei weitere Bilder zeigen den Haupt-Protagonisten des Themas, Jörg Kachelmann, in verschiedenen Situationen; sie werden vom Regisseur folgendermaßen identifiziert (Abb. 3–5): *son Kachelmann-bild, Kachelmann mit verteidigung* (Bildwand 2); *des andere Kachelmann-bild, nur kachelmann* (Bildwand 3); *Kachelmann abgeführt* (Bildwand 4):

Abb. 3: Bildwand 2   Abb. 4: Bildwand 3

Abb. 5: Bildwand 4

Weitere zwei Bilder sind unterschiedlicher Natur (Abb. 6–7). Das eine zeigt die Justiz allegorisch, vom Regisseur kurz *iustitia* genannt (Bildwand 5), das andere die Hauptfigur eines mehr oder weniger ähnlichen Falles, den französischen Politiker Dominique Strauss-Kahn, intern als *DSK vor gericht* bezeichnet (Bildwand 6).

Abb. 6: Bildwand 5   Abb. 7: Bildwand 6

Stellt man sich zunächst die Frage, wie es dazu kam, dass gerade diese Bilder vorbereitet wurden, kann man auf eine Unterscheidung Fillmores zurückgreifen, die auch Ziem heranzieht und die in folgenden beiden Zitaten erläutert wird:

> Interpretative frames can be introduced into the process of understanding a text through being invoked by the interpreter or through being evoked by the text. A frame is invoked when the interpreter, in trying to make sense of a text segment, is able to assign it an interpretation by situating its content in a pattern that is known independently of the text. A frame is evoked by the text if some linguistic form or pattern is conventionally associated with the frame in question. (Fillmore 1985, 232; zit. n. Ziem 2008, 232)
> Invoked frames can come from general knowledge, knowledge that exists independently of the text at hand, or from the ongoing text itself. (Fillmore, ebd.; zit. n. Ziem, ebd., 235)

Obwohl man der Ansicht sein kann, dass diese Unterscheidung von „invoked/abgerufenem" Frame vs. „evoked/aufgerufenem" Frame in vielen Fällen nicht sehr trennscharf gehandhabt werden kann (dazu auch Busse 2012, 203 ff.), mag sie in unserem Fall hilfreich sein, da es bei der Bereitstellung der Bilder zweifelsfrei nicht um Frames aufgrund einer konkreten Textvorlage gehen kann, sondern um Frames, die auf der Grundlage des bisherigen Diskurses zum Kachelmann-Fall interpretativ konstruiert werden, es sind also „invoked/abgerufene" Frames, die als Belege dafür dienen können, dass Diskurse nicht allein durch sprachliche Kon-

Intermedialität von Frames in einer Polit-Talkshow

struktionen geprägt werden, sondern immer schon auch durch bildliche Darstellungen unterschiedlicher Abstraktionsgrade. ‚Invoked' Frames sind übrigens in der gesamten Inszenierungsvorbereitung im Spiel, so z. B. auch wenn Personen eingeladen, Subthemen für Fragen ausgewählt, Einspieler vorbereitet oder sogenannte „Bauchbinden", also Inserts mit Namen, Funktionen usw., formuliert werden.

Im Zuge der verstärkten Beachtung piktorialer Kommunikation hat man sich in den letzten Jahren mit dem Einfluss der Bilder in verschiedenen Wissenschaften beschäftigt, auch in der Politikwissenschaft (z. B. Hofmann 1999), der Geschichte (z. B. Burke 2003; Brandt 2010; Paul 2006) oder der Soziologie (z. B. Raab 2008; Lucht/Schmidt/Tuma 2013), in den neueren Medienwissenschaften ohnehin, dort auch mit explizitem Bezug zu Frames unter dem Stichwort „Visual Framing" (z. B. Geise/Lobinger 2013), wobei man sich mit dem ‚Framing'-Begriff meist auf Goffman bezieht.

Versucht man nun in einer weiteren sprachlichen Transkription dieser Bilder (nach der, die vom Regisseur beim Abruf getätigt wird), einen gemeinsamen Frame zu konstruieren, könnte man in einem an Konerding (1993) angelehnten Verfahren für diese 6 Bilder folgende Struktur annehmen (s. Abb. 8):

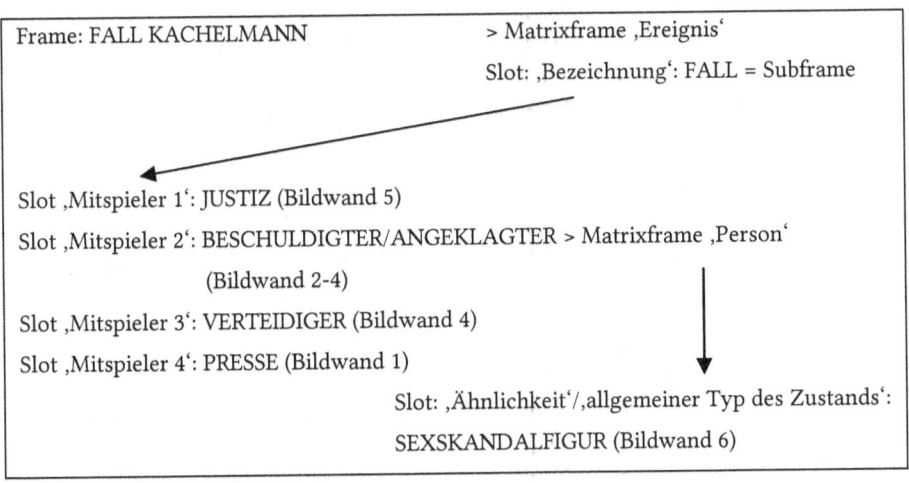

Abb. 8: Frame FALL KACHELMANN

Der Gesamt-Frame (token) ist der FALL KACHELMANN (Matrixframe ‚Ereignis') mit einem Slot ‚Bezeichnung' und dem Filler FALL (type), der zugleich als Subframe dient; zu diesem Subframe gehören vier Slots ‚Mitspieler': der erste dieser ‚Mitspieler'-Slots hat den Filler JUSTIZ (Bildwand 5), der zweite den Filler BESCHULDIGTER/ANGEKLAGTER (mit dem Matrixframe ‚Person') (Bildwand 2-4), der dritte den Filler VERTEIDIGER (sichtbar auf Bildwand 2), der vierte den Filler PRESSE (Bildwand 1). Über den Matrixframe ‚Person' kommt man zu einem Subframe ‚Person in besonderem Zustand' mit einem Slot ‚Ähnlichkeit', ‚allgemeiner Typ des Zustands' und dem Filler SEXSKANDALFIGUR (Bildwand 6).

Man kommt – so Konerding (1993) – zu den Slots durch den Zugriff auf Matrixframes, denen man entsprechende Suchfragen zuordnen kann. So gehört zum Matrixframe ‚Ereignis' die Frage: „Welche wesentlichen Mitspieler/Interaktionspartner fungieren in dem Ereignis?"; der Matrixframe ‚Person' (in besonderem Zustand) führt zur Frage: „Welchen Zuständen anderer Art ist der betreffende Zustand ähnlich [...]?" (Konerding 1993, 324, 335).

Die so gewonnene Struktur zeigt, dass die Bildauswahl zunächst einen relativ simplen Frame verwendet, der im Wesentlichen auf Mitspieler eines Justizfalles zurückgreift, das ist einmal die Justiz selbst als Institution, das sind wesentliche Rollen wie Angeklagter und Verteidiger, und das ist die Presse als Öffentlichkeitsfaktor. Nur das letzte Bild mit Strauss-Kahn benutzt eine speziellere Framebeziehung, die auf eine Ähnlichkeit der Person des Angeklagten (und der Beschuldigung) referiert, die Eigenschaft, eine prominente Figur in einem Sexskandal zu sein. Zugleich wird deutlich, dass – wie schon sprachlich – auch bildlich der Namensgeber des Falles, der Angeklagte, im Zentrum der Framekonstruktion steht, indem er nicht nur übergroß auf drei Bildern in seiner Prozessrolle zu sehen ist, sondern auch noch mehrfach auf dem Standardbild, das eigentlich Presse thematisieren soll.

2.2 Wie werden die Bilder ab-/aufgerufen?

Wie die Bilder im Einzelnen ab- bzw. aufgerufen werden, lässt sich anhand der Tonaufnahmen im Regieraum gut rekonstruieren. Der Regisseur folgt aufmerksam den sprachlichen Äußerungen der Talkshowteilnehmer, dabei wirken bestimmte Ausdrücke als Frameauslöser, die eines der Bilder aus dem vorbereiteten Bilderframe aktivieren. Hier handelt es sich nun z. T. um ‚evoked'/aufgerufene

Intermedialität von Frames in einer Polit-Talkshow

Frames, z. T. um ‚invoked'/abgerufene Frames bzw. Subframes. Hierzu einige Beispiele.

In einem längeren Statement zur grundsätzlich schwierigen Beweislage in Vergewaltigungsprozessen erwähnt Alice Schwarzer den Namen des französischen Politikers Dominique Strauss-Kahn, der nach Bekanntwerden von Vergewaltigungsvorwürfen – es ging um ein Zimmermädchen eines New Yorker Hotels – seine geplante Präsidentschaftskandidatur aufgeben musste (// Umschnitt; # zeitgleicher Einsatz der Regisseuräußerung):

Alice Schwarzer	Regisseur/Bildwand
[...] äh äh wir kennen die hohen zahlen von vergewaltigungen und wir wissen // heute das zeigen die nationalen studien die internationalen jeder zweite vergewaltigung passiert innerhalb einer // beziehung also durch den eigenen ehemann oder freund und wie sie eben schon sachten wird dann natürlich // die beweislage ganz schwierig herrn **strauss-kahn** wird es schwerfallen # äh überzeugend darzulegen dass ihn äh die schwarze putzfrau innerhalb einer halben stunde überfallen hat und sich // sein glied inn mund gesteckt hat und dann extra schreiend rausgelaufen ist das wird schwierig aber wenn // eine beziehung is kann # natürlich dann kamma auch sagen // dass dann sacht der eine das war doch einvernehmlicher sex und die andere sacht ich bin vergewaltigt worden // das macht diesen fall so schwierig	# **strauss-kahn** dsk vor gericht wechsel jetzt? ja wechsel – okay achtung für die drei und die drei # da isser ja

Es gibt unterschiedliche Evokations- und Invokationsmechanismen. Hier wird das Bild in einem simplen Verfahren gewissermaßen direkt „vom Text" aufgerufen. Kaum fällt der Name, reagiert der Regisseur. Der Name identifiziert die Person gewissermaßen genau wie das Bild. Der Einsatz auf der Bildwand erfolgt dann in mehreren Zügen. Nachdem das Bild mit einer Art Bezeichnung selektiert ist („DSK vor gericht"), wird die Möglichkeit des Wechsels auf der Bildwand mit Frageintonation vorbereitet („wechsel jetzt?") und bestätigt („ja wechsel"), dann wird die Kamera 3, welche die Bildwand erfasst, vorbereitet („achtung für die drei") und es wird der Umschnitt ausgelöst („und die drei"). Man sieht nun das entsprechende Bild (Abb. 7), wie es über den Sender geht, was der Regisseur erfreut zur Kenntnis nimmt, denn das Manöver hat geklappt: „da isser ja".

Im nächsten Beispiel wird die Bildauswahl ein wenig schwieriger, da es um ein Kachelmann-Bild geht und unter mehreren zu wählen ist:

343

Maybrit Illner / Alice Schwarzer	Regisseur/Bildwand
I: Alice Schwarzer wir ham sie zitiert mit dem satz dass wenn es einen freispruch nur aus mangel an beweisen gäbe dann wäre das eine katastrophe in ihren augen warum eigentlich gilt nicht ne unschuldsvermutung für jemanden S: woher ham sie den I: der hat gestanden in der Emma und wenn sie jetzt wollen S: is das wahr ja das könn wer vorlesen (I: ja) daran sieht man zum beispiel an diesem satz äh äh wie dreist der **Kachelmann-verteidiger** ständig zu lügen pflegt er hat diesen satz zitiert # in seinem plädoyer wo ich auf der pressebank saß da konnt ich sagen hallo alles falsch und hat [...]	# äh ich brauch mal **so'n Kachelmann-bild** mit ähm Kachelmann mit verteidigung

Das hier verwendete Bild (Abb. 3) könnte man als Ikon des Kompositums deuten, denn es zeigt Kachelmann zwischen seinen Verteidigern, bildet also gewissermaßen die zwei Komponenten des Kompositums ab; umgekehrt hat offensichtlich die Verwendung dieses Kompositums unmittelbar dieses Bild aufgerufen. Der Regisseur nähert sich der Auswahl in zwei Stufen, zunächst wird die Gruppe der entsprechenden Bilder ausgewählt („so'n Kachelmann-bild"), dann die genauere ‚Bezeichnung' („Kachelmann mit verteidigung").

Im nächsten Fall ist die Verknüpfung von Sprechtext und Bildauswahl viel abstrakter. Der ehemalige Staatsanwalt Bagger äußert in Anbetracht der Beweislage Verständnis für die Schwierigkeiten eines Richters („ich möchte kein richter sein"), was beim Regisseur dazu führt, die Thematisierung eines generellen Justizproblems durch die Auswahl einer allegorischen Darstellung der „Iustitia" (Abb. 6) zu unterstützen und verstärken:

Rüdiger Bagger / Maybrit Illner	Regisseur/Bildwand
B: [...] dies is ein fall sui generis aus zwei dingen wir ham in einem stillen zimmer zwei leute einer beschuldigt ein opfer I: einer sacht ja einer sacht nein // keine zeugen	

Intermedialität von Frames in einer Polit-Talkshow

B: genau aussage gegen aussage keine zeugen der satz war gut **ich möchte kein richter sein** der is gut die ham ein ganz ganz # schwere aufgabe und die wird ihnn durch die medien zum teil noch erschwert weil zeuginnen die dann aussagen sollten vorher schon in dem medien gegen viel geld ihre ganzen # intimen sachen ausgebreitet ham …	# packen wir **iustitia** rauf bitte schnell warte warte – jetzt # KAMERA ZEIGT iustitia AUF BILDWAND

Hier kann man davon sprechen, dass das Bild nicht unmittelbar ausgelöst wird, sondern dass mehr interpretative Leistung des Regisseurs nötig ist, um den Subframe ‚Justiz' abzurufen. Im nächsten Beispiel ist dieser Interpretationsaufwand noch größer. Man fragt sich, was hier den Regisseur dazu bewegt, ein neutraleres Kachelmann-Bild (Abb. 4) abzurufen („xxx" für in der Aufzeichnung unverständliche Passage):

Alice Schwarzer /Gerhard Strate	Regisseur/Bildwand
S: [..] äh ausschließlich der von dem gericht zu recht abgelehnte voreingenommene gutachter Brinkmann ich kenne teile des gutachtens in der tat erstaunlich dass ein so seriöser mann ein so voreingenommenes // gutachten macht St: woher kenn sie das S: ja w w da müssen se alle kollegen immer fragen woher se was kennen von der staatsanwaltschaft nicht so ähm also **alle haben immer gesacht kann sein # kann nicht sein** ja St: professor Püschel // sagt es sei wahrscheinlich S: das problem wahrscheinlich ja aber professor Püschel hat auch ne große phantasie […]	# gib mir noch mal **des andere Kachelmann** des elf bild des ds nur Kachelmann (xxxxx) glaub ich mach mal kannst jetzt wech- genau das

Alice Schwarzer unterstellt einem Gutachter Voreingenommenheit, was sie mit einer Aussage belegen will, die das umstrittene Gutachten mit der Ambivalenz anderer Gutachter („alle haben immer gesacht kann sein kann nicht sein") kontrastiert. Wenn dies nun mit einem Kachelmann-Bild kontextualisiert wird, kann man nur vermuten, dass hier die schwierige Suche der Gutachter nach der Wahrheit anhand eines mehrdeutigen Gesichtsausdrucks verdeutlicht werden soll, nach dem Motto: Diese Person gibt Rätsel auf. Ebenso vage wie diese Bezugnahme ist die Referenz des Regisseurs auf das Bild, in drei Schritten: (1) *des andere Kachelmann*, (2) *des elf bild*, (3) *des ds nur Kachelmann* (xxxxx) *glaub ich*. Während (1) und (2) Kontrast zum bisherigen Bildmaterial und eine interne Nummerierung bemühen, wird im Schritt (3) mithilfe einer spezifischen Differenz gearbeitet, nämlich dass es nur Kachelmann zeige (wie man die unverständliche Lücke wohl schließen muss), wobei abschließend die Vagheit mit einer Unsicherheits-Hecke („glaub ich") noch explizit markiert wird.

Im letzten Beispiel, das ich noch anführen möchte, beruht der interpretative Abruf auf einer klassischen Ekphrasis-Episode im Statement des Anwalts Gerhard Strate, das sich mit dem höchst problematischen Sachverhalt beschäftigt, dass von den Prozessbeteiligten die „Macht der Bilder" dazu genutzt werden kann, über die Medien auf die Stimmung in der Öffentlichkeit und damit letztlich auch auf das Gericht Einfluss zu nehmen. Strate unterstellt der Staatsanwaltschaft, dass sie durch die Bekanntgabe eines Haftprüfungstermins solche Bildanlässe inszeniert habe, wobei offen bleibt, ob dies nicht auch von der Verteidigung instrumentalisiert werden konnte:

Gerhard Strate	Regisseur/Bildwand
St: ich weiß nich also hier grade bei dieser geschichte iss ja so dass die staatsanwaltschaft ne pressemitteilung rausgegeben hat wo se exakt die uhrzeit und auch den ort der haftprüfung beziehungsweise der anhörung von herrn Kachelmann beschrieben hat das heißt alle wussten dort müssen wer uns versammeln und das war natürlich ein ort wo auch offenbar keine blinde zuführung erfolgt sondern man muss eben zugeführt werden über einn derartigen **mannschaftswagen** äh das is sicherlich auch # mitzuverantworten durch die staatsanwaltschaft ich will allerdings auch nicht ausschließen dass der damalige verteidiger möglicherweise auch durchaus n gefallen daran gehabt hat dass das so gelaufen is aber	# zeigt du mir noch mal **Kachelmann abgeführt** wart ich geb dir n [...]

Hier liefert das Bild (Abb. 5) nicht nur die Illustration der geschilderten Szene, sodass eine Bildbeschreibung im wörtlichen Sinne daraus wird, sondern zugleich

Intermedialität von Frames in einer Polit-Talkshow

den Beleg für die These von der Wirkmächtigkeit von „Bildpolitik" in spektakulären Prozessen. Mit dem Konkretum „Mannschaftswagen" wird ein Frame aufgerufen, der sofort die Aufmerksamkeit auf ein Bild lenkt, das intern „Kachelmann abgeführt" heißt. Dabei muss das Bild, das inzwischen überall bekannt war, den Auslöser ‚Mannschaftswagen' selbst gar nicht mehr zeigen, weil man aus den Fernsehbildern des gesamten Diskurses weiß, dass dieser links vom gezeigten Bildausschnitt stand (s. Abb. 9). Im Übrigen war in der Sendung die vollständige Szene auch noch einmal in einem Einspielfilm zu sehen.

Abb. 9: Der Mannschaftswagen

Insgesamt sieht man, dass die Auslöser im Sprechtext unterschiedlicher Natur sind; sie reichen von einfachen Verbindungen zum Bild durch Namen (*Strauss-Kahn*) oder Komposita (*Kachelmann-verteidiger*) bis zu komplizierteren Bezugnahmen, die sich auf ganze Situationen und ihre Implikationen erstrecken. Für den Rezipienten stehen Frameaufruf und Frameabruf nicht nur im Dienste des Textverstehens, sondern sie leisten einen Beitrag zur multiauktorialen und multimedialen Semiose mit reichhaltigem Interpretationspotenzial, das für die Protagonisten wiederum ein Kontrollproblem darstellt.

2.3 Transkriptive Potenziale von Bildern?

Allgemein gilt: Die Kameraführung in Polit-Talkshows generiert durch die Selektion von Einstellungen und Umschnitten Bedeutungskomponenten, die sprachliche Äußerungen im Sinne von Jäger (2002) „transkribieren", d. h. überformen, implizit kommentieren und dadurch „anders lesbar" machen. Brisant ist vor allem, dass so die alleinige Auktorialität dem Sprecher entzogen wird und er die

„performative Letztfassung" nicht mehr kontrolliert, sondern sich partiell an Instanzen technischer Medialität ausliefert, die auch nahezu unmerklich auf den Rezipienten wirken. Bildwandmaterial ist hierfür ein prominentes Beispiel, indem es seinerseits nicht nur stereotype Frames aufruft, sondern auch zusätzliche Bedeutungskomponenten und Perspektivierungen einbringt. Bildwandmaterial wird nach abgerufenen Frames vorbereitet, wird nach aufgerufenen und abgerufenen Frames eingeblendet und führt selbst zum Aufruf und Abruf von Frames, d. h. es steht nicht für isolierte Referenzobjekte, sondern präsentiert Frames, die sich auf andere (sprachliche und bildliche) Frames beziehen.

Man kann also auch die Auswahl und den Auf-/Abruf der Bilder als Bezugnahmepraktiken verstehen. Der Sprechertext ‚transkribiert' zunächst durch Bezüge auf Frameelemente die vorbereiteten Bilder und löst deren kommunikativen Einsatz aus. In einem zweiten Schritt wirken nun die Bilder ‚transkriptiv' auf den Sprechertext zurück, sodass sich eine Wechselseitigkeit der intermedialen Bezüge ergibt. Auch dies führt – wie schon beim „Orbis pictus" – zu Framevariationen und -erweiterungen, jeweils über die modalen und kodalen Grenzen hinweg.

Im Folgenden soll noch einmal an einem Beispiel illustriert werden, wie man das transkriptive Potenzial der Bildwand-Elemente im Rahmen einer Betrachtung von Frames erfassen kann.

Abb. 10: „Fotostrecke"

Fragt man danach, welche impliziten/abgerufenen oder expliziten Frames durch das Standardbild an der Bildwand, die sogenannte „Fotostrecke" (s. Abb. 10), ins Spiel kommen, so kann man interpretativ erschließen:
(1) Es wird nahegelegt, dass bebilderte Presseerzeugnisse (Illustrierte) die massenmedialen Mitspieler im Fall Kachelmann sind, andere Medien werden also ausgeblendet.

Intermedialität von Frames in einer Polit-Talkshow

(2) Kachelmann erscheint sichtbar als eine Figur der weniger seriösen Presse, als ein Gegenstand von Yellow-Press-Medien; somit wird er in ein Zwielicht gerückt, das seine Rolle als Angeklagter in einem Vergewaltigungsprozess zu seinen Ungunsten grundiert.
(3) Ganz wörtlich wie im übertragenen Sinne thematisiert die Fotomontage Kachelmann als einen „Mann mit vielen Gesichtern".
(4) Nicht alle dieser Gesichter Kachelmanns sind sympathisch, man betrachte z. B. auf der linken Seite die schwarz-weiß-Frontal-Ansicht mit Bart.
Diese wenigen Hinweise mögen verdeutlichen, dass hier ein optisch eindrucksvolles Instrument vorliegt, das die Gespräche mit einem semantischen Hintergrund ausstattet; auch wenn der einzelne Zuschauer mit seinen individuellen Verstehens- und Interpretationsleistungen dies mehr oder weniger bewusst und mehr oder weniger musterhaft aufnehmen kann, entsteht so doch ein transkriptives Potenzial, das durchaus manches Gesagte mit einer gewissen Tendenz kontextualisieren kann.

3   Fazit

Die Frage nach dem Zusammenhang von Frames und Medialität ist nach wie vor wenig geklärt. Hier stehen sich im Wesentlichen die Positionen gegenüber, die Frames (zumindest auch) in einem amodalen Bereich lokalisiert sehen, und andere, für die Framestrukturen grundsätzlich modal und kodal verankert sind, wobei ständig transkriptive Bezüge aufeinander stattfinden.

So bietet umgekehrt die Frame-Semantik Ansatzmöglichkeiten für die Beschreibung intermedialer Bedeutungsgenese, wie sie in verschiedensten Typen von Kommunikationen mit und ohne technische Medien an der Tagesordnung sind. Dies ist besonders augenfällig in technischen Medien, in denen die einzelnen Kodes und Modes gesondert und in mehr oder weniger kontrollierbarer Gestaltung prozessiert werden müssen. Der Kode- und Modewechsel lässt sich dabei als Aufruf bzw. Abruf von Frames modellieren. Belege dafür liefert die Beobachtung von Produktionsprozessen, wie sie hier anhand von Dokumentationsmaterial aus dem Regieraum in Verbindung mit der Aufzeichnung der Sendung vorgeführt wurden.

Dabei hat sich gezeigt: Während das verbale „Framing" weitgehend in der Kontrolle der Protagonisten bleibt, sind die kamera-inszenierten Frame-Invokationen und -Evokationen von ihnen nicht kontrollierbar. Aber auch die Inszenierer können nicht beliebiges Bildmaterial einspielen, sondern arbeiten im nur partiell vorhersehbaren Ablauf live/online jeweils reaktionsschnell und nach aktuellen Erfordernissen. Umso mehr sind sie auf allgemeine und leicht nachzuvollziehende Wissensstrukturen angewiesen, können aber zusätzliche Perspektivierungen einbringen, indem sie das transkriptive Potenzial der Bilder nutzen.

Literatur

Barsalou, Lawrence W. (1993): Flexibility, Structure, and Linguistic Vagary in Concepts: Manifestations of a Compositional System of Perceptual Symbols. In: Alan F. Collins / Susan E. Gathercole / Martin A. Conway / Peter E. Morris (eds.): Theories of Memory. Hove, UK / Hillsdale, NJ: Lawrence Erlbaum, 29–101.

Brandt, Bettina (2010): Germania und ihre Söhne: Repräsentationen von Nation, Geschlecht und Politik in der Moderne. Göttingen: Vandenhoeck & Ruprecht.

Burke, Peter (2003): Augenzeugenschaft. Bilder als historische Quellen. Berlin: Verlag Klaus Wagenbach.

Busse, Dietrich (2012): Frame-Semantik. Ein Kompendium. Einführung – Diskussion – Weiterentwicklung. Berlin / Boston: de Gruyter.

Comenius, Johann Amos (1658/1978): Orbis sensualium pictus. Dortmund: Harenberg.

Fillmore, Charles J. (1985): Frames and the semantics of understanding. In: Quaderni di Semantica 6, 222–254.

Geise, Stephanie / Katharina Lobinger (Hrsg.) (2013): Visual Framing. Perspektiven und Herausforderungen der Visuellen Kommunikationsforschung. Köln: von Halem.

Hofmann, Wilhelm (Hrsg.) (1999): Die Sichtbarkeit der Macht. Theoretische und empirische Untersuchungen zur visuellen Politik. Baden-Baden: Nomos.

Holly, Werner (2010): Besprochene Bilder – bebildertes Sprechen. Audiovisuelle Transkriptivität in Nachrichtenfilmen und Polit-Talkshows. In: Arnulf Deppermann / Angelika Linke (Hrsg.): Sprache intermedial: Stimme und Schrift, Bild und Ton. Berlin / New York: de Gruyter, 359–382.

Holly, Werner (2012): Transkriptiv kontrollgemindert: Automatismen und Sprach-Bild-Überschreibungen in Polit-Talkshows. In: Tobias Conradi / Gisela Ecker / Norbert Otto Eke / Florian Muhle (Hrsg.): Schemata und Praktiken. München, 161–189.

Holly, Werner (2015): Bildinszenierungen in Talkshows. Medienlinguistische Anmerkungen zu einer Form von „Bild-Sprach-Transkription". In: Heiko Girnth / Sascha Michel (Hrsg.): Multimodale Kommunikation in Polit-Talkshows. Stuttgart: ibidem, 123–144.

Jäger, Ludwig (2002): Transkriptivität. Zur medialen Logik der kulturellen Semantik. In: Ludwig Jäger / Georg Stanitzek (Hrsg.): Transkribieren. Medien / Lektüre. München: Fink, 19–41.

Jäger, Ludwig (2004): Die Verfahren der Medien: Transkribieren – Adressieren – Lokalisieren". In: Jürgen Fohrmann / Erhard Schüttpelz (Hrsg.): Die Kommunikation der Medien. Tübingen: Niemeyer, 69–79.

Jäger, Ludwig (2010): Ferdinand de Saussure zur Einführung. Hamburg: Junius.

Johnson, Mark (1987): The Body in the Mind. The Bodily Basis of Meaning, Imagination, and Reason. Chicago: University of Chicago Press.

Konerding, Klaus-Peter (1993): Frames und lexikalisches Bedeutungswissen. Untersuchungen zur linguistischen Grundlegung einer Frametheorie und zu ihrer Anwendung in der Lexikographie. Tübingen: Niemeyer.

Kress, Gunther / Theo van Leeuwen (1996): Reading images. The grammar of visual design. London / New York: Routledge.

Lakoff, George (1987): Woman, Fire, and Dangerous Things. What Categories Reveal about the Mind. Chicago: University of Chicago Press

Lakoff, George / Mark Johnson (1980): Metaphors We Live By. Chicago: University of Chicago Press.

Lucht, Petra / Lisa-Marian Schmidt / René Tuma (Hrsg.) (2013): Visuelles Wissen und Bilder des Sozialen. Aktuelle Entwicklungen in der Soziologie des Visuellen. Wiesbaden: Springer.

Meier, Stephan (2010): Bild und Frame. Eine diskursanalytische Perspektive auf visuelle Kommunikation und deren methodische Operationalisierung. In: Anna Duszak / Juliane House / Łukasz Kumięga (eds.): Globalization, Discourse, Media: In a Critical Perspective. Warschau: Wydawnictwo Uniwersytetu Warszawskiego, 371–392.

Paivio, Allen (1971): Imagery and Verbal Processes. New York: Holt, Rinehart and Winston.

Paul, Gerhard (2006): Visual History. Göttingen: Vandenhoeck & Ruprecht.

Raab, Jürgen (2008): Visuelle Wissenssoziologie. Theoretische Konzeption und materiale Analysen. Konstanz: UVK Verlagsgesellschaft.

Sachs-Hombach, Klaus (2003): Das Bild als kommunikatives Medium. Elemente einer allgemeinen Bildwissenschaft. Köln: von Halem.

Schwarz, Monika (1996): Einführung in die Kognitive Linguistik. 2. Auflage Tübingen / Basel: UTB.

Ziem, Alexander (2008): Frames und sprachliches Wissen. Kognitive Aspekte der semantischen Kompetenz. Berlin / New York: de Gruyter.

www.ingramcontent.com/pod-product-compliance
Lightning Source LLC
Chambersburg PA
CBHW021116300426
44113CB00006B/175